大学生职业生涯规划与就业指导

李鹏林　主编

中国农业大学出版社
·北京·

内容简介

本教材在内容编排上从适应大学生活导入，启发大学生建立职业生涯规划意识，认知自我，认知职业到职业决策，指导大学生掌握自我探索、职业探索和职业决策的方法和技能，帮助并引导大学生确立职业发展目标，制定个性化职业发展规划；通过就业政策、就业程序、求职方法、权益保护及职场适应的学习，指导大学生树立正确的就业观和择业观，明确主体地位，激发内在动力，做好充足的就业准备，为实现及时就业、顺利就业奠定基础；对自主创业方面，普及了创业基本知识和技能，为有意成就个人创业梦想的大学生提供了实用有效的指导和帮助。

图书在版编目(CIP)数据

大学生职业生涯规划与就业指导/李鹏林主编. —北京：中国农业大学出版社，2015.7
ISBN 978-7-5655-1320-6

Ⅰ.①大…　Ⅱ.①李…　Ⅲ.①大学生-职业选择　Ⅳ.①G647.38

中国版本图书馆 CIP 数据核字(2015)第 145706 号

书　　名　大学生职业生涯规划与就业指导
作　　者　李鹏林　主编

策划编辑　康昊婷　伍　斌　　　责任编辑　洪重光
封面设计　郑　川　　　责任校对　王晓凤
出版发行　中国农业大学出版社
社　　址　北京市海淀区圆明园西路 2 号　　　邮政编码　100193
电　　话　发行部 010-62731190，2620　　　读者服务部 010-62732336
　　　　　编辑部 010-62732617，2618　　　出　版　部 010-62733440
网　　址　http://www.cau.edu.cn/caup　　　e-mail cbsszs @ cau.edu.cn
经　　销　新华书店
印　　刷　涿州市星河印刷有限公司
版　　次　2015 年 7 月第 1 版　　2015 年 7 月第 1 次印刷
规　　格　787×1092　　16 开本　　19.75 印张　　493 千字
定　　价　42.00 元

图书如有质量问题本社发行部负责调换

丛书编委会
EDITORIAL COMMITTEE

编写人员 CONTRIBUTORS

主　编　李鹏林

副主编　姚　睿　丁国亮

参　编　陈　新　敬燕萍　张　棋　王凌云　王立咏　郭秋生
宋国云　王　超　梁　冲　李芙蓉

前言 PREFACE

《国务院关于加快发展现代职业教育的决定》(国发[2014]19 号)文件明确指出:“加快现代职业教育体系建设,深化产教融合、校企合作,培养数以亿计的高素质劳动者和技术技能人才。”高校毕业生是国家宝贵的重要人力资源财富,是我国现代化建设中的一支高素质生力军。

目前,职业教育已成为我国发展实体经济、转变经济发展方式、推进产业结构调整和新型城镇化建设的重要支撑。高职院校已经成为现代企业须臾离不开的力量。随着我国高等教育大众化、用人机制市场化、经济体制转轨、经济发展方式转型升级、产业结构调整等进程的不断深入,以及社会整体就业压力的加大,高校毕业生就业问题已成为社会关注的热点。高校毕业生就业不仅关系到自身择业和职业发展,也关系到我国高等职业教育事业的持续发展。为此,高职大学生必须及早建立职业规划意识,树立正确的就业观和择业观,做好创业知识和创业技能储备,处理好学业与未来职业发展的关系,努力提高职业规划能力和就业能力,才能在竞争日趋激烈的人才市场中立足,才能更具针对性地开发自身的潜能,体现“人人尽展其才。”

职业生涯规划与就业指导是一门实践性很强的课程。本教材根据教育部《关于印发大学生职业发展与就业指导课程教学要求的通知》(〔2007〕26 号)要求,按照高等职业教育人才培养要求,结合高职大学生特点以及课程教学规律,在内容编排上从适应大学生活导入,启发大学生建立职业生涯规划意识,从认知自我、认知职业到职业决策,指导大学生掌握自我探索、职业探索和职业决策的方法和技能,帮助并引导大学生确立职业发展目标,制定个性化职业发展规划;通过就业政策、就业程序、求职方法、权益保护及职场适应的学习,指导大学生树立正确的就业观和择业观,明确主体地位,激发内在动力,做好充足的就业准备,为实现及时就业、顺利就业奠定基础;对自主创业方面,普及了创业基本知识和技能,为有意成就个人创业梦想的大学生提供了实用有效的指导和帮助。教材中引入了大量典型案例、课堂活动项目、测试项目以及知识拓展等内容,力求注重理论联系实际,突出实用性和针对性。

本教材在编写过程中，参考、借鉴并引用了许多专家和学者的研究成果和著作，在此表示衷心地感谢！

由于编者水平有限及时间仓促，书中难免有错漏及不妥之处，在实际应用中可能还会暴露出一些问题，我们真诚地欢迎广大学生和教师对此提出宝贵的建议和意见。

编　者
2015 年 3 月

目录 CONTENTS

第一章　建立职业生涯规划意识 …… 1
第一节　适应大学生活 …… 2
一、转变角色，适应新环境 …… 2
二、培养习惯，塑造新形象 …… 3
三、利用资源，拓展新知识 …… 4
四、实践锻炼，提升新能力 …… 4
第二节　职业生涯规划概述 …… 4
一、职业生涯规划的有关概念 …… 5
二、影响职业生涯规划的主要因素 …… 6
三、大学生职业生涯规划的意义 …… 8
第二章　职业生涯规划的基本原则与步骤 …… 11
第一节　职业生涯规划的基本原则 …… 12
一、个性化与社会需求相结合的原则 …… 12
二、清晰具体与挑战激励的原则 …… 12
三、可持续与动态调整相结合的原则 …… 12
四、实事求是的原则 …… 13
五、可评量的原则 …… 13
第二节　职业生涯规划的步骤 …… 14
一、自我分析与评估 …… 14
二、客观环境因素分析 …… 15
三、职业目标确定 …… 16
四、职业生涯路线选择 …… 19
五、具体实施 …… 20
六、评估反馈与调整 …… 20
第三章　职业生涯基本理论 …… 22
第一节　人职匹配理论 …… 23
一、特质因素理论 …… 23
二、职业性向理论 …… 24

第二节　职业生涯发展理论 …… 26
一、职业锚理论 …… 26
二、职业生涯发展阶段理论 …… 29
第四章　认知自我 …… 33
第一节　我的气质 …… 34
一、气质类型及其特征 …… 34
二、气质类型与职业 …… 36
三、气质测试 …… 37
第二节　我的性格 …… 39
一、性格类型 …… 40
二、性格测评 …… 41
三、16 种性格类型的特征 …… 44
四、性格类型与职业 …… 46
第三节　我的兴趣 …… 56
一、兴趣分类 …… 56
二、职业兴趣类型与职业 …… 57
三、职业倾向(兴趣)测试 …… 58
第四节　我的能力 …… 74
一、能力分类 …… 74
二、能力与职业 …… 78
三、职业能力测试 …… 80
第五节　我的价值观 …… 86
一、价值观概述 …… 86
二、职业价值观与职业类型 …… 87
三、职业价值观测试 …… 90
第五章　认知职业 …… 94
第一节　职业概述 …… 95
一、职业及其分类 …… 95
二、职业标准 …… 97
三、职业资格 …… 97
四、职业的发展趋势 …… 99
第二节　行业概述 …… 100
一、行业分类 …… 100
二、产业、行业、职业与专业的关系 …… 105
第三节　职业环境分析 …… 107
一、社会环境分析 …… 107
二、组织环境分析 …… 108
三、行业环境分析 …… 110
四、岗位环境分析 …… 110

第四节 企业概述 …… 111
一、企业类型 …… 111
二、企业文化与职业胜任 …… 111
第五节 职业素质与就业能力 …… 117
一、职业素质与提升 …… 117
二、就业能力培养 …… 122
第六章 职业生涯决策 …… 125
第一节 职业生涯决策类型 …… 126
一、职业生涯决策要素 …… 126
二、职业生涯决策类型 …… 126
第二节 职业生涯决策方法 …… 128
一、CASVE 循环 …… 128
二、SWOT 分析法 …… 130
三、生涯决策平衡单 …… 132
第三节 职业生涯规划书的撰写 …… 134
一、撰写要求 …… 134
二、基本格式 …… 135
第七章 就业观念与就业政策 …… 146
第一节 转变就业观念 …… 147
一、我国现行的就业制度 …… 147
二、大学生就业市场 …… 149
三、树立正确的就业观 …… 150
第二节 我国现行的就业政策 …… 153
一、国家鼓励中小型企业吸纳高校毕业生的政策 …… 153
二、国家引导国有企业吸纳高校毕业生就业的政策 …… 153
三、国家鼓励高校毕业生到基层就业的主要优惠政策 …… 154
四、选聘高校毕业生到村任职政策 …… 155
五、大学生志愿服务西部政策 …… 155
六、鼓励大学生应征入伍的政策 …… 157
七、鼓励支持大学生自主创业的优惠政策 …… 158
八、针对大学毕业生灵活就业的政策 …… 158
九、高职升本科的政策 …… 159
第八章 就业程序与就业准备 …… 160
第一节 就业程序 …… 161
一、毕业生就业基本程序 …… 161
二、用人单位招聘程序 …… 161
三、毕业生派遣程序 …… 165
四、毕业生离校报到程序 …… 170
五、毕业生改派程序 …… 171

第二节　就业心理准备 …… 172
一、求职过程中常见的心理问题及分析 …… 172
二、心理调适方法 …… 176
三、建立个性化的心理调适方法 …… 178
第三节　就业信息准备 …… 180
一、就业信息收集的渠道和方法 …… 180
二、就业信息的整理、筛选与运用 …… 181
第四节　求职材料准备 …… 183
一、求职信的写作 …… 183
二、求职简历的写作 …… 185
三、相关证书的准备 …… 190
第九章　求职方法与面试技巧 …… 191
第一节　求职方法 …… 192
一、求职途径 …… 192
二、求职技巧与方法 …… 194
第二节　面试技巧和礼仪 …… 197
一、面试的类型 …… 197
二、面试的前期准备 …… 199
三、面试的礼仪和技巧 …… 205
四、面试常见问题分析 …… 212
第十章　劳动合同与权益保护 …… 215
第一节　劳动合同的签订 …… 216
一、劳动合同的基本内容 …… 216
二、劳动合同签订的法律依据 …… 217
第二节　社会保险 …… 218
一、社会保险的种类 …… 218
二、社会保险缴纳 …… 219
第三节　就业权益及保护 …… 220
一、求职过程中常见的侵权、违法行为 …… 220
二、违约的责任与劳动争议的处理 …… 222
第十一章　职场适应与职业发展 …… 225
第一节　转换角色 …… 226
一、什么是角色转换 …… 226
二、正确认识角色转换 …… 226
三、如何转换角色 …… 227
第二节　职业适应 …… 228
一、什么是职业适应 …… 228
二、职业适应的表现 …… 229
三、如何快速适应职业 …… 229

四、初入职场应注意的几个问题 …… 231
第三节 职业发展 …… 233
一、什么是职业发展 …… 233
二、制定符合自身特点的职业发展方向 …… 233
三、积极促进职业发展的途径 …… 233
第十二章 自主创业 …… 236
第一节 认知创业 …… 237
一、创业的价值 …… 237
二、创业者应具备的素质和能力 …… 239
三、创业成功所需的外部条件 …… 247
四、创业的代价和风险 …… 248
五、创业评估 …… 251
第二节 创业调研 …… 254
一、调研的目的和内容 …… 254
二、调研的方法 …… 257
三、调研过程中需要注意的问题 …… 260
第三节 选择创业项目 …… 261
一、创业项目的确定 …… 261
二、制订创业计划书 …… 267
第四节 创业开办 …… 275
一、企业的申报条件与命名 …… 275
二、选择经营场址 …… 282
三、企业的注册登记 …… 285
第五节 创业营销 …… 290
一、营销概述 …… 290
二、产品策略 …… 292
三、价格策略 …… 294
四、销售渠道策略 …… 296
五、促销策略 …… 298
附录 主要就业网站 …… 301
参考文献 …… 303

Chapter 1

建立职业生涯规划意识

学习目标

1. 了解大学新环境和学习方法的特点，尽快适应大学生活。
2. 了解生涯、职业生涯、职业生涯规划和职业生涯管理的基本概念。
3. 了解影响职业生涯规划的主要因素。
4. 明确职业生涯规划的重要意义，掌握大学期间职业生涯管理的主要内容，建立职业生涯规划意识。

第一节　适应大学生活

大学是人才成长、积累能量的关键时期，同时也是人生道路上的一次重大转折。迈入大学校门的大一新生在思想上、学习上和生活上都进入了一个不同于中学阶段的时间和空间，在各个方面都表现出了不同程度的不适应。面对新的环境和学习任务，首要问题是如何尽快地去适应大学生活。

一、转变角色，适应新环境

中学与大学是教育发展中的两个不同阶段，从中学生到大学生，是人生道路的转折，面临的是一个崭新的世界。在一个人的成长过程中，接受大学教育是人生最关键、最重要的阶段，是人生成才、成就事业的一个新起点，是培养独立生活能力、学会做人、学会做事、学会与人相处、学会承担责任，掌握专业基本理论和技能的重要时期，它将为终身教育和今后的工作奠定坚实的基础。

大学的学习环境、人际关系环境、生活环境和社会地位环境等与中学迥然不同，正确地认识这种变化，适应新的角色是迈向大学生活的第一步。

对于大多数新生来说，经过一段时间的调整都能够比较顺利地适应环境的变化，但还是有相当一部分学生存在不适应的状况。如有的新生不适应大学学习环境，学习目标不明确，学习动力不足，学习独立性和主动性不够。生活方面突出表现在气候差异、饮食习惯和作息时间等方面不适应，独立生活能力不强，不会合理安排课余时间。有的新生在高中时期是班上的佼佼者，而进入大学后，特别是在人才济济的新环境中，自身具有的优势可能已不复存在，一时无法接受现实，自尊心受到挫折。由于个性的差异、生活习惯的差异，很多大学生变得“不会交往了”，他们不懂得如何与室友友好相处，甚至有部分学生不愿意与人交往，明显表现出人际交往的不适应。

“自主、自立、自律”是大学生活的主旋律。“注重自我教育、自我管理、自我完善和自我发展”是对当代大学生的必然要求。人与环境的正确关系是既要适应又要改造，是适应与改造的辩证统一。适应就是改变自身以迎合客观环境的要求；改造就是改变客观环境使之符合自身发展的要求。社会生活的纷繁多样和生活环境的不断变化，要求每一个人必须培养自己适应环境的能力，培养与人和谐共处能力，妥善处理人与人之间关系的能力，只有这样才能在社会上和工作岗位中立足，也才能谈得上对环境的改造。

大学新生要尽早地正确认识和处理好个人与集体的关系、自私与无私的关系，使他们在日常学习生活中不断地修身养性。逐步培养自信、自强、诚信、友爱等诸多方面的健全人格。“适者生存”，当今世界唯一不变的就是变化本身，不要想着回到过去，沉溺于过去解决不了问题，时光不会倒流，唯一能做的，就是适应这变化。

二、培养习惯，塑造新形象

古希腊哲学家亚里士多德曾经说过："我们每一个人都是由自己一再重复的行为所铸造的。因而优秀不是一种行为，而是一种习惯。"从某种意义上说，世界上不存在优秀的行为，习惯优秀才是真正的优秀。

(一)养成良好的生活习惯

俗话说，习惯决定性格，性格决定命运。好习惯是一个人终生受用不尽的财富，坏习惯是一生偿还不完的债务。

生活习惯代表着个人的生活方式，它直接影响身心健康。大学生精力旺盛，正处于长身体、长知识的阶段，良好的生活习惯是确保能够顺利走过大学阶段的重要基础。因此，大学新生一开始就要注意养成良好的生活习惯，要摆脱依赖心理，养成独立生活的自理能力。控制生活的节奏，不管做什么事情都要掌握适度原则，处理好学习与娱乐休闲的关系，养成良好的生活习惯，敢对自己的不良习惯说"不"。

(二)养成自主学习习惯

当代著名哲学家、作家、学者周国平在谈到学习时说道："大学最重要的是做自己学习的主人，培养兴趣和习惯。在大学阶段，要为将来的事业打基础，很重要的一点就是你要做自己学习的主人。你今天能否做自己学习的主人，关系到你明天能不能成为自己事业的主人，有没有真正属于你的事业。大学生最重要的应该是自主学习。在大学里什么样的学生才是合格的？并不是说考试考好了就算合格了，最重要的是两种能力，一种就是快乐学习的能力，你觉得学习是件快乐的事情，你喜欢看书，喜欢自己去阅读、去思考。另外一种能力就是自主学习的能力，你喜欢学习，而且你能够安排自己的学习，按照自己的兴趣方向，自己安排自己要看的书目，来规划自己的学习，这是最重要的能力"。

大学学习是一种具有相对自由时间和空间的学习，强调学习的独立性、自觉性和主动性，方式上主要是以自主学习、主动吸收、发现学习为主。"以学生为中心"的教育教学模式是高等职业教育的典型特征之一。学生在教师课堂讲授知识后，不仅要消化理解课堂上学习的内容，而且还要养成大量阅读相关方面的书籍和文献资料的习惯。虽然高职生经过了中学阶段的学习，基本上形成了独立学习的能力，掌握了一些学习技能，但如果一味承袭之前的学习方式，很难获得理想的成绩。因此，大学新生要掌握科学的学习方法，培养自主学习、独立思考、分析问题和解决问题的能力。

(三)时间管理

管理学界泰斗彼得·杜拉克曾经说过："时间是最稀有的资源，除非能有效地管理它，否则其他的资源就更无法管理。"

时间是人最大的成本，同样也是每个人的资本和财富。大学时光可能是人任何时刻都无法比拟的，合理安排大学时间的重要性不言而喻。调查反映，有些同学习惯了高中时每天时间被安排得满满的，上了大学，时间一下子宽裕很多，反而觉得不知所措、无所事事，不知道自己在忙什么。时间对于大学新生有着重要意义，他们知识的积累、素质的提升大部分是在课余时间里潜移默化完成的。

对于时间的管理，要记住一个有趣的现象：当你踏进校门展望未来大学生活时，你觉得时间很长，可以雄心勃勃地去实现自己的理想和计划。但是，当你临近毕业的那一刻，回头一望觉得几年大学的光阴真是弹指一挥间，与其到那时“空怅望”，还不如现在用好每一分钟。

三、利用资源，拓展新知识

大学的教学内容信息量大，单凭教材是远远不够的，必须更多地利用其他学习资源和渠道广泛涉猎相关知识。

书是最好的引路人，书是人生的最好导师。可以说人类学习知识大多是从书本上学到的，这也是学习知识技能最好、最方便、最快捷的方式。大学图书馆资料和各种信息丰富，获取知识的渠道更加多样化，熟练利用图书馆和互联网搜集资料和掌握信息，成了同学们必备的学习技能。当前，数字化校园资源应用已成为大学生的第二课堂，是他们获得课本以外知识、获得动态信息的数字化资源“场所”。

此外，广泛的社会圈子则会开阔你的眼界，充实你的知识，并培养你的社会交往能力。交流才会碰撞出更多的思想火花，交流才能使你进步得更快。

四、实践锻炼，提升新能力

阿里巴巴集团创始人马云曾说过：“趁着年轻，多出去走走看看。读万卷书，不如行万里路，行万里路，不如阅人无数。”大学生能力成长的关键首先是专业学习，即通过建立合理的智能结构而成为高级专门人才；其次是通过各种活动锻炼人的实际能力，如勤工助学、科研实践、创业实践、游学甚至体育比赛等。“有能力，才能与社会无缝对接。”

实践教学活动是高等职业教育重要环节，如教学实训、顶岗实习、生产实习、毕业实习等。通过实践教学不但提高了自身的实际动手能力，掌握职业技能，同时也培养了综合运用知识的能力、分析问题和解决问题能力以及创造性思维能力。通过实习，还可以增加对未来工作环境、工作性质、工作要求以及自己所学专业的职业发展路径的了解，从而发现自己的长处与不足，明确自己为适应未来职业发展再学习、再努力的方向。

大学生还要积极参加各项社会实践活动，有计划、有针对性地进行社会调查，接触校门外广阔的天地，增进对社会的了解。在实践过程中，不断调整自我评估，摆正自己在社会活动中的位置；同时也会提高自己的社会活动能力、社会交往能力、人际沟通能力和团队协作能力。社会实践包括参加学校社团活动、假期社会实践活动、勤工助学、校外兼职、创业体验和各种公益活动等。实践活动不但可以让课余时间过得充实而有意义，而且也为将来走入社会打下了良好的基础，为今后求职就业增加社会经历的筹码。

第二节　职业生涯规划概述

著名哲学家罗素曾说过：“选择职业是人生大事，因为职业决定了一个人的未来……选择职业就是选择将来的自己。”

职业犹如一个人生命的台阶，人们需要在不同的时候站在不同的高度和位置，去审视自己，进行选择。精心的职业生涯规划就是为了实现适宜的选择。

一、职业生涯规划的有关概念

(一)生涯与职业生涯

1.生涯

生涯是指个人通过从事工作所创造出的一个有目的、延续一定时间的生活模式。生涯具有独特性、发展性和终身性三个特点。

2.职业生涯

职业生涯是指人一生的工作历程的总和。狭义的职业生涯是指一个人从职业学习开始，到职业劳动结束，专指人生职业工作历程。而广义的职业生涯是从职业能力的获得，职业兴趣的培养，到就业、职业发展，直至最后退出职业劳动这一个完整的职业发展过程，其起点可以说从一出生就开始了。职业生涯具有如下四个基本特征：

(1)独特性　职业生涯是个体的概念，它是个体的行为经历，而非群体或组织的行为经历。每个人作为社会的个体都是独特的，具有不同的特点，在职业条件、职业理想、职业选择等方面都有所不同，有着各自独特的职业生涯历程。

(2)终生性　职业生涯是动态发展的历程，是指一个人一生之中的职业经历或里程，是一个人终生的活动。

(3)阶段性　职业生涯的发展过程有着不同的阶段，可以划分为不同的时期，每个阶段都有不同的目标和任务，各个阶段之间存在着递进关系，互相关联。

(4)发展性　职业生涯是发展变化的概念，每个人的具体职业内容和职位是在不断发展变化的。它既体现了时间的长短，也反映着职业变更和发展的经历和过程，包括职业的选择、职业的发展、职业的转换和晋升等具体内容。

(二)职业生涯规划

职业生涯规划，又叫职业生涯设计，是指个人与组织相结合，在对一个人职业生涯的主客观条件进行测定、分析、总结的基础上，对自己的兴趣、爱好、能力、特点进行综合分析与权衡，结合时代特点，根据自己的职业倾向，确定其最佳的职业奋斗目标，并为实现这一目标做出行之有效的安排。简而言之，职业生涯规划就是“知己知彼，科学决策，明确目标，合理安排。”

(三)职业生涯管理

职业生涯管理是指个人和组织对职业历程的规划、职业发展的促进等一系列活动的总和。它包含职业生涯决策、设计、发展和开发等内容。

对于高职大学生来说，三年的职业生涯管理可分为三个阶段：

第一阶段：大学一年级，属于职业试探期。此期的主要任务是适应大学生活，认知自我，认知专业培养目标和培养方案，了解自己未来从事的职业，培养专业学习兴趣，建立职业生涯规划意识并制订初步规划。

第二阶段：大学二年级，属于能力提升期。此期的主要任务是掌握职业技能和培养综合素质，参加社会实践活动，认知社会和职业领域，提高实践能力，修订职业生涯规划。

第三阶段：大学三年级，属于职业定向期。此期的主要任务是明确职业方向，了解就业政策，提高就业能力，积极准备步入职场。

【专家建议】职业生涯规划 3D——Different，Dream，Detail

台湾就业情报咨讯股份有限公司董事长翁静玉指出：现在学生最大的问题在于对自己职业生涯的不了解，如何在茫茫 365 行中找到适才适所，是他们最大的困惑。这需要有家人、老师，甚至专家共同支持与辅导，才能为他们解惑。我认为在职涯规划的过程中，有 3 个不可忽略的重点，也就是所谓职涯规划 3D。

第一个 D 是 Different，就是职业生涯要有差异性，要与众不同。一个人要清楚地勾勒出自己的未来，目标清楚，并懂得创造个人差异性。Different，并不是指特意为了不同而不同。这里的不同更多的是指一种认知自我的清醒和不盲目跟风的勇气。

第二个 D 是 Dream，要有梦想，但这个梦想最好与现有资源或是学习经历背景相符合，才算是可达成的梦想力。有远大的理想，加上脚踏实地累积实务经验，才能让美梦成真。Dream，一切从梦想开始，有梦想，才会有进步。梦想不仅能给人带来目标和期待，它也能激发你的潜能，唤醒你内在的活力。

第三个 D 是 Detail，对梦想要有规划的细节力，必须筑梦踏实，而非只是高喊口号，要将想法落实，做 3～5 年计划。路需要一步一步走，职业生涯规划的细节做得越好，你以后的路就能走得越顺。

二、影响职业生涯规划的主要因素

(一)内部因素

1. 气质

从心理学的角度来讲，气质是个体与生俱来的表现在心理活动中稳定的动力特征。同样一件事，让不同气质类型的人来做，有的人喜欢快马加鞭，尽早把它做完；有的人则喜欢慢条斯理、劳逸适度地进行。对于同样的不幸，有的人可能整天闷闷不乐，甚至终生耿耿于怀，而有的人则可能失望一段时间后，就很快从失败的阴影中走出，继续努力奋斗下一个目标。简单地说就是这个动力特征并不会推动人们去做什么事，而是决定一个人在做事情时的具体表现。

气质本身并无“好”与“坏”之分。各种气质类型既有向积极方向发展的一面，也有向消极方向发展的一面。通常人的气质可分为多血质、胆汁质、黏液质和抑郁质四种类型。胆汁质的人适合从事开拓性的、富有挑战性的工作；多血质的人适合从事有表达力、活动力、组织力的工作。黏液质的人适合做安静的、有条不紊的、思维性较强的工作。抑郁质的人适合从事有较强分析力和观察力、耐心细致的工作。大多数人都是上述几种气质的综合体，只是在这几种气质中，更倾向于某一种气质类型而已。所以在做职业生涯规划的时候，首先要认清自己的气质特点。

2. 性格

性格是个人稳定的态度和习惯的行为方式，它相对于气质的稳定性来说，具有更大的变性。一个人的性格容易因为个体的经历和遭遇而改变。俗话说：“性格决定命运。”当遇到某些事情的时候，每个人的反映及处理方式会有差异，不同的处理方式必然导致不同的结果，不同的结果自然形成了每个人特有的生命轨迹，也就是命运。不同的职业对人的性格要求不一样。因此，性格也影响着一个人的职业选择。

3.兴趣

兴趣是影响人择业的关键因素，我们在职业生涯规划的时候，首先要在主观上确定你喜欢什么，不喜欢什么，之后再做慎重的职业选择。有研究表明，如果一个人从事他感兴趣的工作，能发挥他全部才能的80%～90%，长时间保持高效率并且不感到疲劳；如果对他从事的工作不感兴趣，则只能发挥他才能的20%～30%，而且容易筋疲力尽。兴趣能影响工作满意感和稳定性，一般来说，从事自己不感兴趣的职业，很难让人感到满意，并因此感到工作不稳定。

4.能力

能力包括职业能力和非职业能力（通用职业能力）。职业能力由专业知识和专业能力构成；通用职业能力适用于各种职业，适应岗位的不断变换，是伴随人终生的可持续发展能力，如自我管理能力、学习能力、适应能力、解决问题能力、创新能力、团队工作能力、语言表达能力、信息处理能力、人际交往能力、系统化工作能力等。大学生在择业时要注重考虑自己具备的通用职业能力，只有在多个职业中需要做出选择时，专项职业技能才会派上用场。

5.性别

性别也是职业选择的影响因素之一。一般来说，女性更倾向于选择较稳定的工作，男性更倾向于选择有挑战性和更能体现自己能力的工作，自主创业的几率也较大。此外，对于不同性质的工种、岗位，也存在一定的性别选择。比如：需要经常出差的工作，建筑工程的工作等都是优先选择男性；而细致、需要有耐心的工作则更倾向于选择女性应聘者。

6.职业价值观

职业价值观是指一个人的人生目标和人生态度在职业选择方面的具体表现，也就是一个人对职业的认识和态度以及他对职业目标的追求和向往。价值观支配着个人的看法、行为和态度等，直接影响个人的职业选择和职业生涯规划。由于个人的身心条件、兴趣爱好、年龄阅历、教育状况、家庭影响、社会环境等方面的不同，人们对各种职业有着不同的主观评价。每种职业也都有各自的特性，在人们心目中的声望地位便也有好坏高低之见，这些评价就形成了人的职业价值观，并影响着个体对就业方向和具体职业岗位的选择，决定着人们就业后的工作态度和劳动绩效水平，从而决定了人们的职业发展情况。哪种职业好？什么样的岗位才是适合自己的？从事这项工作后能达到什么样的目标？这些问题都是职业价值观的具体表现。

7.职业理想

职业理想是人们在职业上依据社会要求和个人条件，借助想象力而确立的奋斗目标，即：自己愿意从事何种职业、个人渴望达到的职业境界等。职业理想是每个人对未来从事职业的向往和追求，是人们对职业成就的超前反应，与人的世界观、价值观、人生观是密切相关的。如果一个人对某种职业产生了强烈的兴趣，就会迸发出强大的行为动力，推动着他去挖掘自身全部潜能，一步一步达成当初设想的职业目标。大学生不仅应该有生活理想和社会理想，更应该尽早地树立起远大的职业理想，这样才有助于职业生涯的规划。

(二)外部因素

1.教育因素

一个人受教育的程度直接决定他职业选择的方向。教育是培养个人品德、塑造个体人格、赋予个人才能的社会活动,它奠定了一个人的基本素质,对人的一生有着巨大的影响。个体受教育的层次和受教育的类别不同,职业选择就会截然不同。因此,教育因素是影响职业生涯规划的重要因素。

2.家庭因素

家庭成长环境直接影响到一个人的价值观、性格、兴趣偏好等的形成。比如父母的素质高低、家庭氛围、父母的教育方式以及家人和亲友邻里的亲疏程度等,这些都会对一个人产生潜移默化的影响。

3.社会因素

社会因素包括政治环境、经济环境、文化环境等。对大学生来说,还包括所学专业和未来行业与职业的发展趋势。通过对社会因素的分析,使自己掌握国家的政治、经济、文化等方面政策的动向,以及国家政策对自己未来从事行业与职业的影响、在社会中的地位及发展趋势。

(1)政治制度　政治制度作为上层建筑的一部分,它不仅影响一国的经济体制,而且影响着千千万万家企事业单位的组织体制,也影响着某些行业的兴衰走向。因此,要了解国家政策的导向,鼓励和提倡发展什么产业、行业。例如我国实施的西部大开发政策,家电下乡政策,大学生村官政策等,对相关行业发展的影响都是十分巨大的。

(2)经济环境　在我国的长三角、珠三角、京津冀等地区经济发展水平较高,优秀企业相对比较多,职业选择面就比较广,个人职业选择的机会也比较多,因而有利于个人职业的发展;反之,在经济相对落后的地区,个人职业选择的机会就比较少,个人职业生涯发展也会受限。同时从经济大环境看,当经济发展非常景气的时候,百业兴旺,职业发展的机会就会大增;反之,经济萧条就会使人的职业发展受阻。

(3)社会文化环境　社会文化是影响人们行为的重要因素。它包括教育条件、教育水平、社会的核心价值观、社会文化基础设施等。人在很大程度上都会被社会主流价值取向所左右,在良好的社会文化环境中,个人受到良好的教育和熏陶,自然就会为职业生涯打下良好的基础。社会文化环境正是通过影响个人价值观而影响个人的职业选择的。

三、大学生职业生涯规划的意义

(一)有利于促进大学生职业理想的形成,提高职业生涯规划意识

古人云:“预则立,不预则废。”大学是人生中非常重要的黄金时期,每个人都在设计着自己五彩斑斓的大学生活,每个人也都为实现自己的梦想而不断努力。遗憾的是很多人却没有很好地规划自己的大学生活,有的人仅仅是期待着明天会更美好,而错过了无数美好的今天;有的人虽然做了无数份详尽的计划,然而每一份计划还未正式实施就已经破产;有的人计划早起,却在诱人的懒觉中蹉跎岁月;有的人因为贪恋网络游戏而面色憔悴!

人生需要规划,事业需要经营。职业生涯规划就是策划你的人生,让你的青春不在漫漫的等待中消失殆尽,从而树立起远大的职业理想和奋斗目标,将命运掌控在自己手中。

(二)有利于明确职业发展目标,促进全面发展

当代大学生的核心问题是今后怎么发展的问题。从发展的理论来说,其发展包括三个层次,第一是生存性发展,第二是职业发展,第三是事业发展。在当今物质财富极大丰富的社会条件下,人最重要的不是生存,而是发展,唯有发展,才能实现自己人生的更大价值。

大学生职业生涯规划实际上就是目标管理,以未来发展目标为导向,自觉地按预期目标开发潜能,获得未来工作所需要的各种职业素质和职业能力。凭借这种良好的职业素质和职业能力,就一定能够成就一番事业,真正实现自身价值,实现全人发展。规划好个人的职业生涯,使职业目标和实施策略了然于心,也便于从宏观上予以调整和掌控,避免学习的盲目性和被动性,在职业探索和发展中少走弯路,节省时间和精力。

(三)有利于挖掘自身潜能,构建合理的知识结构和培养综合能力

一个人的潜能是无限的,需要我们充分地挖掘。天赋也不是与生俱来的,只有善于激发自己的潜能,不断努力学习,才能使自己的能力得以锻炼和提高。

职业生涯规划能够有效地调动大学生的积极性,激发主动学习的内在动力,充分挖掘自己的潜能。根据职业和社会不断发展的具体要求,构建既能适应社会需要,又能充分体现个人特色,既能满足专业要求,又有良好人文修养,既能发挥群体优势,又能展现个人专长的合理知识结构。同时,有意识地提高职业技能,培养适应职业发展需要的交流沟通、人际交往、组织管理和团队协作等综合能力,为将来走向社会步入职场做好充分准备。

(四)有利于增强竞争意识,提高大学生的求职就业能力

毕业后有一个理想职业、满意的工作岗位,是每一名大学生合理的诉求。但是这绝对不是靠运气而得来的。未来职场上有三种人最能找到工作:一是有主见的人,知道自己能干什么,能干好什么,也就是对自我有清晰的认识和定位的人;二是具备敬业精神的人,热爱自己的工作,忠于职守,兢兢业业;三是有所长的人,不仅有求职竞争力,更有保职竞争力。在竞争异常激烈的今天,生涯即人生,生涯即竞争,生涯规划就是个人一生的竞争策略规划。职业生涯规划可以帮助大学生将竞争压力转变为学习动力,努力提高自身的综合素质、职业能力和就业竞争能力,从而在激烈的职场竞争中脱颖而出。

【专家建议】"90后"应届生如何规则好自己的职业生涯

北森公司总裁王朝晖认为:"90后"在求职时要问三个什么:要什么、为什么、凭什么。

第一,"要什么"。无欲则刚,但在求职上如果无欲,这个人是没有力量的,所以"要什么"这个问题是求职者首先要思考的问题。

第二,"为什么"。例如同是求职软件工程师,但各人选择的理由是不一样的,有的是发自内心的喜悦,有的是父母希望他成为工程师,有的觉得这是潮流,不做这个就落伍了。不同的理由给人的支撑时间不一样,只有兴趣对人的支撑是持久的。所以一个人应该根据职业兴趣来做选择。

第三,"凭什么"。别人为什么把机会给你,你要给别人一个理由,是你积累了丰富的经验,还是看了很多书,还是有很多思考。"90后"大学生求职要把这三个问题想清楚。

思考:结合自己的实际,你的"要什么"、"为什么"、"凭什么"到底是什么?

在我们的有限生命中,职业生涯占有绝对重要的位置。从走上职业岗位前的学习和教育,到离职退休,职业生涯伴随着绝大部分人的大半生时间,也左右着个人的生活质量和生命价值。因此，职业生涯的规划对人的一生有着重要的意义和作用，为人生事业成功提供了科学的指导与基本的操作方法，是个人职业生涯成功的战略指南。拥有成功的职业生涯，才可能实现完美的人生。

【课后活动】学长访谈

访谈同专业的学长或事业有成的校友，倾听他们大学生活的真实感悟，整理一份自己需要接受、改进或避免的建议清单。

思考题

1. 怎样合理安排你的大学生活？
2. 影响职业生涯规划的因素有哪些？
3. 大学期间的职业生涯管理包括哪些内容？

Chapter 2

职业生涯规划的基本原则与步骤

学习目标

1. 了解职业生涯规划的基本原则。
2. 了解职业生涯规划的基本流程。
3. 掌握职业生涯规划的步骤和要点。

第一节 职业生涯规划的基本原则

职业生涯规划具有很强的导向作用。职业生涯目标定位是否准确、职业路线选择是否正确、规划措施是否得当，将直接影响职业发展和事业成功。科学合理可行的职业生涯规划，应该把握以下几项原则。

一、个性化与社会需求相结合的原则

择业是一种社会活动，必定要受到社会的制约。如果脱离了社会，将很难被社会接纳，正所谓“适者生存”。大学生学习的现实目标就是就业，而就业作为一种社会活动必定受到一定的社会需求制约，如果自身的知识与个人的观念、能力脱离社会需要，将很难被社会接纳。

不同的职业对人的要求是不一样的，别人适合的职业不一定适合自己。大学生职业生涯规划一方面要结合自己的职业倾向、个性心理及个人能力特长等个性化特征；另一方面要将个人发展与社会需求要结合，要依据客观现实，看清现实社会与未来的发展趋势，根据社会需要锻炼自己的能力，培养自己的综合素质，完善自己的人格，做到社会需求与个人能力的统一、社会需要与个人愿望的有机结合。这样才能人尽其才、才尽其用，职业生涯规划才具有现实性和可行性。

二、清晰具体与挑战激励的原则

职业目标一定要明确，生涯规划各阶段的路线划分与安排必须具体可行，实现目标的步骤要直截了当。只有这样，才能排除不必要的犹豫和干扰，全力以赴地致力于职业目标的实现。同时，目标的设定要具有一定的挑战性，能够对自己产生内在激励作用，在体验阶段性成功快乐的过程中不断激励自己向设定的目标勇往前行。

三、可持续与动态调整相结合的原则

对于高职大学生来说，首先要保持大学三年目标的连续性，三年期间也许会对目标做一些调整，但不应频繁。毕业后职业生涯设计的目标也应保持与大学期间的连续性和一致性，使之贯穿一生。目标如果不具有连续性，将会使某些学习变得徒劳，因而难以实现自己的职业理想。

当然，任何事物的发生和发展过程都不是一成不变的。职业生涯规划也是一个动态调整的过程，会受到内外环境变化的影响。要适应社会发展和时代特征的变化而适时调整、改进与修订职业发展方向、实现的路径和手段。

四、实事求是的原则

实现生涯目标的途径很多，在“衡外情，量己力”的前提下，以自己的最佳才能、最优性格、最大兴趣等条件为依据，对所处的社会环境和组织环境进行客观分析，制订自己的职业发展设想和计划，设计出合理且可行的职业生涯发展方案。

五、可评量的原则

规划的设计应有明确的时间限制或标准，以便评量、检查，随时掌握执行状况，并为规划的修正提供参考依据。

【名人启示】史蒂夫·乔布斯（美国苹果公司联合创始人）的个人职业生涯七大处事原则

原则一：做你喜爱做的事情。

乔布斯曾经说过：“唯有有热情的人才能够改变世界！”他认为人生很短暂，我们并不应该为别人的梦想而活，因此千万不要为那些无法帮助你取得成功的人卖命。

原则二：眼光要放长远。

乔布斯的过人之处之一便是在个人职业规划和企业经营中具备长远的眼光。他当年将百事公司总裁约翰·斯库莱(John Sculley)挖来苹果担任首席执行官之前曾经询问后者这样一个问题：“你是愿意一辈子卖这种甜味的汽水还是做些别的事情改变世界？”

原则三：广纳贤才，融会贯通。

乔布斯曾经说过：“创造力便是将各种事物从内部关联起来以发挥出惊人的作用。”他常说只有富有生活经验的人才能发现常人发现不了的事物，当年Mac电脑的问世便是集中了艺术、诗句、历史以及计算机技术等多个领域和人才之力才得以完成的。

原则四：简单至上。

在苹果公司内部，朴素简单是“至高无上”的原则，任何可能有碍于用户使用习惯的设置都会被公司消除。这就是为什么iPad表面只单独设置了一个案件，而iPhone也并未配备内嵌式键盘。

原则五：获取不同方面的经验。

乔布斯一生中创造出了许多项技术和产品的创新项目，与此同时他在客户服务方面也获得了很多经验，而这也是乔布斯难以被别人彻底超越的优势之一。

原则六：善于传播消息。

好的创意和杰出的表达能力总是相辅相成的。乔布斯堪称全世界“最会讲故事的人”，不同于一般人只是单纯的叙述，乔布斯除了是一位优秀的“推销员”以外，更是“教育家”、“激励者”和“娱乐明星”。

原则七：“出售”梦想。

正因为准确地抓住了客户们的心思，乔布斯才得以取得如此巨大的成功。想想如何帮助你的客户实现梦想，你便会取得成功。

第二节　职业生涯规划的步骤

职业生涯规划是一个长期的连续过程。一般认为这个过程包括自我分析与评估、客观环境因素分析、职业目标确定、职业生涯路线选择、具体实施、评估反馈与调整等步骤(图 2-1)。

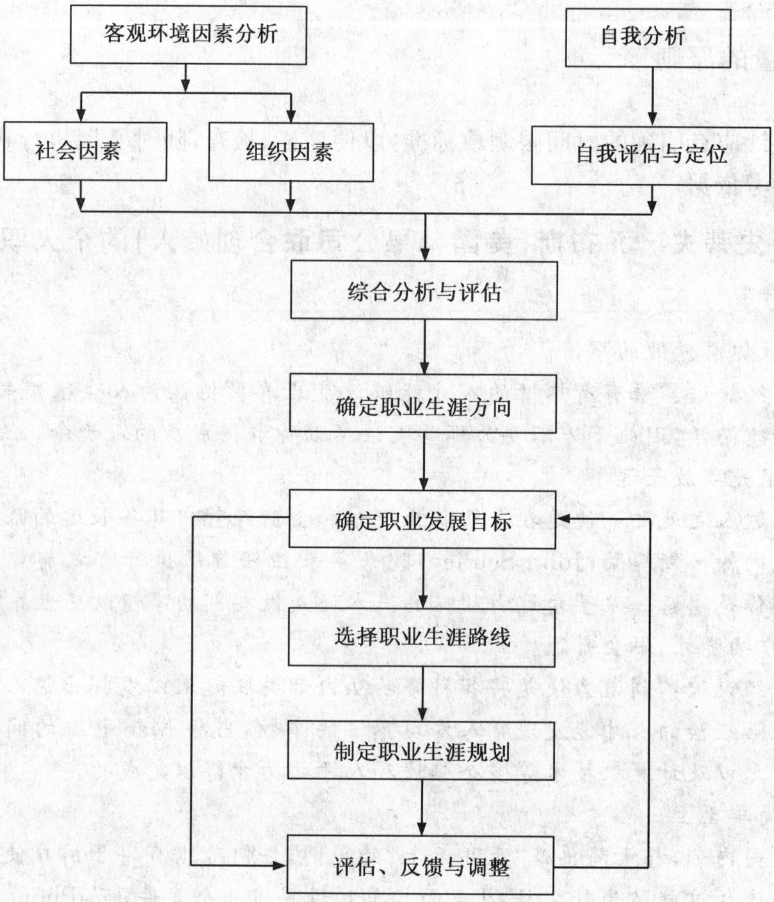

图 2-1　职业生涯规划的基本流程

一、自我分析与评估

自我分析与评估是运用相应的测评体系对自己的兴趣、特长、性格、学识、技能、智商、情商以及管理、协调、活动能力等多方面的测评与评估。

古希腊智者苏格拉底曾经提过一个著名的命题:“认识你自己。”我国古代伟大的哲学家、思想家、道家学派创始人老子也说过:“知人者智,自知者明。”古代大军事家孙子则有“知己知彼,百战不殆”的名言传世。在进行职业生涯规划时,首先就是要帮助个体进行自我评估,即了解自我。其主要内容包括:了解自己的态度、气质、性格、能力、兴趣、志向、价值观、限制及其原因等。清楚地认识自己的优势与长处、劣势与缺点，才能避免职业生涯规划中的盲目性，达到对自我及其适应职业的准确判断，才能有一个基本的职业定位。自我分析评估除了运用资源分析的方法以外，一般也可以借助心理测评工具加以确定。

著名职业生涯规划专家罗双平曾用公式总结出了职业生涯规划的三大要素：职业生涯规划＝知己＋知彼＋抉择。实质上就是通过自我分析，能够知己之长、知己之短，知己所能、知己之所不能，确定自己的职业兴趣、价值观和行为倾向，既要弄清我想干什么、我能干什么、我应该干什么，又要在众多的职业面前明白我可以选择什么等问题(图 2-2)。

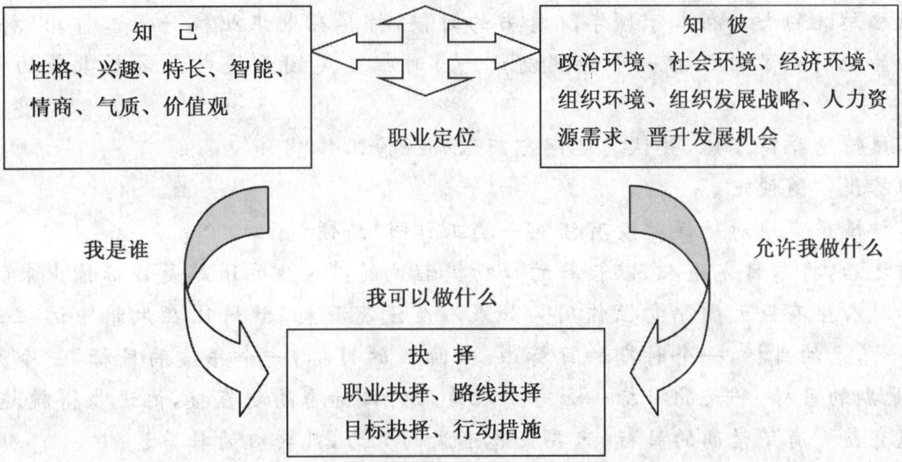

图 2-2 职业生涯规划三要素之间的关系

二、客观环境因素分析

任何一个人的职业生涯都必须依附于一定的组织环境条件和资源，都必然受到一定社会、经济、政治、文化和科技环境的影响。环境提供或决定着每个人职业生涯的发展空间、发展条件、成功机遇和前进的威胁。环境分析主要是分析外部环境因素对自己生涯发展的影响，包括社会环境分析、政治环境分析、经济环境分析、组织环境分析和职业环境分析。个人在自我评估基础上进行环境分析旨在知己知彼，使个人职业生涯规划客观现实。

社会环境评估主要是对国家和社会政策制定、社会发展变迁、社会价值观变化及社会科学技术的发展等进行分析；政治环境评估主要是对国家政治方面的基本政策、法律法规(如劳动合同法)等进行分析；经济环境评估主要包括对经济景气情况、经济增速、经济建设速度等进行分析；组织环境评估主要是指对企业环境的了解，包括组织文化、组织规模、组织结构、组织经营战略、组织人力评估、组织工作分析、组织人力资源管理等。对大学生来说，进行职业规划时还要对职业环境进行分析评估，包括行业的人员供需情况、目标职业的工作内容、岗位对从业人员知识和技能要求等，从中明确职业环境对自己有利和不利的方面。

三、职业目标确定

《礼记·中庸》:"凡事预则立,不预则废",说的是做事要有预先规划的重要性。通过职业规划,每个人都有自己的明确目标,并朝着目标不断前进;通过小目标的不断实现达到最终目标的不断逼近,最终取得成功。

【案例】人生的路是目标铺出来的

罗斯福总统的夫人在本宁顿学院念书的时候,打算在电讯业找一份工作,以补助生活。他的父亲为她引见了自己的一个好朋友——当时担任美国无线电公司董事长的萨尔洛夫将军。

将军热情地接待了她,并认真地问:"想做哪一份工作?"

她回答说:"随便吧。"

将军神情严肃地对她说:"没有任何一类工作叫'随便'。"

片刻之后,将军目光逼人,以长辈的口吻提醒她说:"人生的道路是目标铺出来的。"

目标对人生有巨大的导向性作用。如果人生没有目标,就好比在黑暗中远征。人生要有目标,一辈子的目标,一个时期的目标,一个阶段的目标,一个年度的目标,一个月份的目标,一个星期的目标,一天的目标……一个人追求的目标越高越直接,他进步得就越快,对社会也就越有益。有了崇高的目标,只要矢志不渝的努力,就会成为壮举。

(一)目标确定

一个人事业的成败,很大程度上取决于有无正确适当的目标。没有志向,事业成功就无从谈起,没有目标如同驶入大海的孤舟,四野茫茫,没有方向,不知道自己走向何方。只有树立了目标,才能明确奋斗方向,犹如海洋中的灯塔,引导你避开险礁暗石,走向成功。

【案例】目标对行动的影响

心理学家曾经做过一个这样的实验:组织三组人,让他们分别向着10公里以外的三个村子进发。

第一组的人既不知道村庄的名字,又不知道路程有多远,只告诉他们跟着向导走就行了。刚走出两三公里,就开始有人叫苦;走到一半的时候,有人几乎愤怒了,他们抱怨为什么要走这么远,何时才能走到头,有人甚至坐在路边不愿走了;越往后走,他们的情绪也就越低落。

第二组的人知道村庄的名字和路程有多远,但路边没有里程碑,只能凭经验来估计行程的时间和距离。走到一半的时候,大多数人想知道已经走了多远,比较有经验的人说:"大概走了一半的路程。"于是,大家又簇拥着继续向前走。当走到全程的四分之三的时候,大家情绪开始低落,觉得疲惫不堪,而路程似乎还有很长。当有人说:"快到了!""快到了!"大家又振作起来,加快了行进的步伐。

第三组的人不仅知道村子的名字、路程,而且公路旁每一公里就有一块里程碑。人们边走边看里程碑,每缩短一公里大家便有一小阵的快乐。行进中他们用歌声和笑声来消除疲劳,情绪一直很高涨,所以很快就到达了目的地。

心理学家得出了这样的结论：当人们的行动有了明确的目标的时候，并能把自己的行动与目标不断地加以对照，进而清楚地知道自己的行进速度和与目标之间的距离，人们行动的动机就会得到维持和加强，就会自觉地克服一切困难，努力达到目标。

职业生涯目标是职业生涯规划的核心，是以自我评估和客观环境分析为基础，以自己的最大兴趣、最佳才能和最有利的环境等信息为依据，通过综合分析与生涯机会评估，最终确定的自己未来职业方向和发展目标。按时间可分解为人生目标（最终目标）、长期目标、中期目标和短期目标。它们分别与人生规划、长期规划、中期规划和短期规划相对应（表 2-1）。

表 2-1　不同阶段职业生涯目标特征及其制定要求

职业生涯目标	基本特征	制定要求
短期目标	目标可能是自己选择，也可能是企业或上级安排的、被动接受的；未必由自己的价值观决定，但是可以接受的；目标切合实际；具备可操作性，明确具体的完成时间；对实现目标有把握，需要适应环境；现实眼光；朝向长期目标，以“迂”为直；接受已经发生的事实	（1）短期目标必须清楚、明确、现实和可行；如果您对短期内期望完成的事业有清晰而完整的概念，那么这个短期目标的制定就差不多完成了 （2）每一短期目标设输出目标和能力目标
中期目标	结合自己的志愿和所在单位的环境及要求制定目标；基本符合自己的价值观，充满信心，且愿意公之于众；目标切合实际并有所创新；能用明确的语言定量说明；比较明确的时间，且可做适当的调整；对目标的实现可能性做过评估；可以利用环境；全局眼光；与长期目标一致；改变有可能改变的事情	（1）中期目标制定中有比较明确的时间和语言规定 （2）中期目标应既有激励价值，又要现实可行
长期目标及人生目标	目标是自己认真选择的，和社会发展需求相结合；非常符合自己的价值观，为自己的选择感到骄傲；有实现的可能，并有挑战性；能用明确语言定性说明；在一定时间范围内实现即可；对实现充满渴望；立志改造环境；长期眼光；目标始终如一，长期坚持不懈；创造美好未来	（1）人生目标、长期目标要尽可能地远大，但不要求具体详细 （2）能够配合工作环境的需求 （3）在符合自己的价值的基础上，与社会发展需求相适应 （4）放眼未来，推测可能的职业进步

1. 人生目标

人生目标是整个人生的发展目标，与我们的职业发展目标是一致的，也就是我们的职业理想，即我们要从事什么职业，在这个职业要取得哪些成就，这是职业生涯设计的核心，时间长至 40 年左右。

2. 长期目标

一般为 10～20 年的较长远的目标。长远目标需要个人经过长期艰苦努力、不懈奋斗才有可能实现，确立长远目标时要立足现实、慎重选择、全面考虑，使之既有现实性又有前瞻性。

3. 中期目标

一般为 3～5 年的目标。对于高职生来说，应该是顺利完成学业、走上工作岗位，并且能够独立胜任本岗位的工作，也就是职业发展初期要达到的阶段性目标。对于有志提升学历层次的同学来说，则是通过“专升本”进入本科院校相关专业学习深造并完成学业。

4.短期目标

一般为 1～3 年的目标，对于高职学生来讲，实质上就是在校期间的学业目标。短期目标更具体，对人的影响也更直接。短期目标又分日目标、周目标、月目标、年目标。

（二）目标分解

职业生涯是漫长的，职业理想的实现也是需要一个过程的。所以，我们需要将职业理想这个远期目标做出分解，制定出分阶段实现的阶段性目标（图 2-3）。

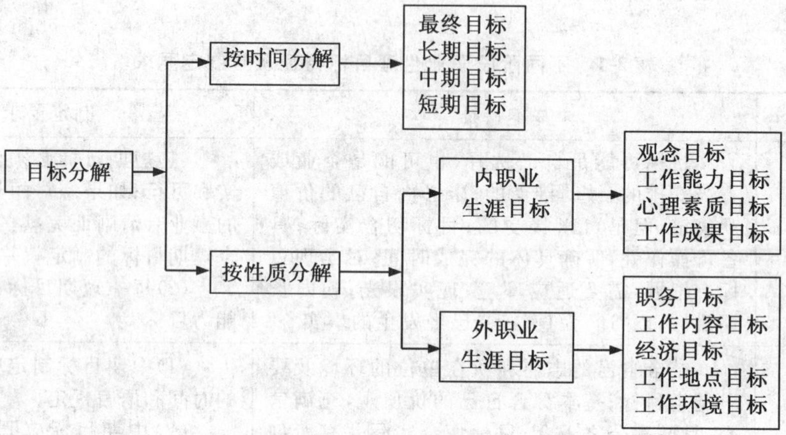

图 2-3　职业生涯目标分解

按时间目标分解可从最高目标开始，逐步分解到最近、最具体的目标。它是将目标清晰化和具体化的过程，是将目标量化成可操作方案的有效手段。

按性质可分解为外职业生涯目标和内职业生涯目标。内职业生涯是指在职业生涯发展中透过提升自身素质与职业技能而获取的个人综合能力、社会地位及荣誉的总和，它是别人无法替代和窃取的人生财富。外职业生涯是指在职业生涯过程中所经历的职业角色（职位）及获取的物质财富的总和，它是依赖于内职业生涯的发展而增长的。内职业生涯是原因，外职业生涯是结果。

职业生涯规划目标是具体可行的，不能是空泛的。每一个阶段目标之间的关系是梯进的，前一个目标是后一个目标的基础。比如可以将人生总目标分解为几个 10～20 年的长期目标，再根据长期目标的实现条件，将其分解为若干个 3～5 年的中期目标，再继续将其分解为若干半年至 1 年的短期目标，进而将每一个短期目标分解成月目标，月目标量化分解为若干个周目标，周目标分解成若干个日目标。通过目标分解，不但可以帮助我们在职业理想与现实环境之间建立起可以拾阶而上的通径，明确每一个阶段目标的任务和行动计划，而且可以借助阶段目标达成带来的喜悦，激励着我们不断向新的目标前行。

目标分解的过程也是职业能力要求分解的过程。高职学生可以在一年级了解自我；二年级锁定感兴趣的职业，有目的提升职业修养；三年级通过社会实践、就业实习等，为初步完成学业到职业者的角色转换做好准备。这样有利于充分挖掘个人的潜力，有序从容地提高自己的能力，推进个人条件与职业要求的吻合。

【名人启示】成功的秘诀在于坚持目标

英国前首相本杰明·迪斯累里原本是一名并不成功的作家,出版数部作品却无一能给人留下深刻印象。后来迪斯累里涉足政坛,决心成为英国首相。他克服重重阻力,先后当选议员、下议院主席、高等法院首席法官,直至1868年实现既定目标成为英国首相。对于自己的成功,在一次简短的演说中迪斯累里一言以蔽之:"成功的秘诀在于坚持目标。"

明确而坚定的目标是赢得成功、有所作为的基本前提,因为坚定目标的意义,不仅在于面对种种挫折与困难时能百折不挠,抓住成功的契机,让梦想一步步变为现实,更重要的还在于身处逆境能产生巨大的奋进激情,使自己的潜能得到最大发掘与释放。

四、职业生涯路线选择

所谓职业生涯路线,是指当一个人选定职业后,从什么方向上实现自己的职业目标,是从专业技术方向发展,还是向行政管理方向发展,还是先走技术路线,再转向行政管理路线……

在职业生涯规划中,由于发展路线不同,对其要求也就不相同。就如登山一样,要达到山顶的目标,就要选择最佳的登山路线与方式。选择了捷径,就如同进入职业发展的快车道,否则,就会耽搁在路上。如果没有一个职业发展的路线蓝图,就不可避免要走错路、走弯路、走回头路,这将直接影响我们的心情和成就,导致我们的努力、动力、能力不能直接作用于目标,从而产生资源、时间、精力的浪费,在无形中延长了成功的期限。

因此,在职业确定之后,必须对职业生涯路线进行选择,以使今后的学习和工作沿着职业生涯路线和预定的方向发展。通常在职业生涯路线的选择上须考虑以下三个问题(图2-4):

我想往哪方面发展(我的职业性向)?

我能往哪方面发展(我的职业能力)?

我可以往哪方面发展(职业发展条件)?

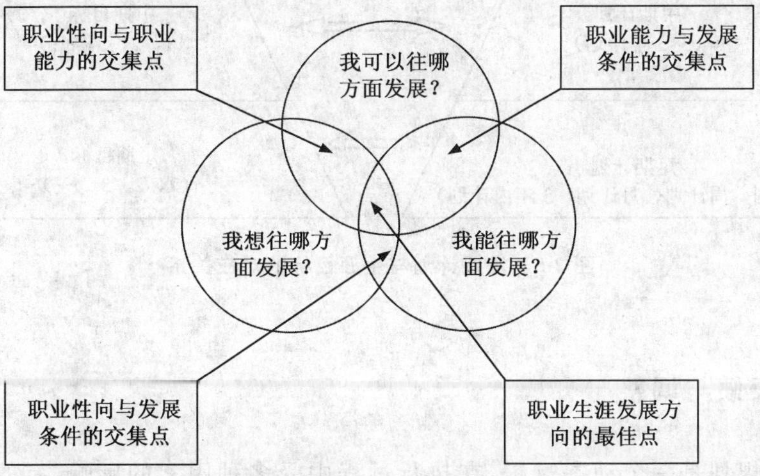

图2-4 职业生涯发展方向的确定

回答上述三个问题，是对“知己”、“知彼”有关情况进行综合分析并加以利用的过程。第一个问题是通过对自己的价值、理想、动机和兴趣的分析，确定自己的目标取向。第二个问题是通过对自己的性格、特长、经历、学历以及专业的分析，确定自己的能力取向。第三个问题是通过对自己所处的社会、经济、政治、组织环境分析，确定自己的机会取向。

通过对以上三个问题的思考和综合分析，可以得知：职业性向、职业能力和职业条件三者的交集就是自己的最佳职业生涯路线。

职业生涯发展方向＝职业性向＋职业发展条件＋职业能力

五、具体实施

所有的规划设计都要依靠个体具体的行动计划来完成。计划的制订也如同职业目标分解一样，应该制订出长期计划、中期计划、短期计划，并且与相应的职业目标相应一致。计划的内容包括专业学习、技能培训、社会实践等多方面的具体措施。要注意行动计划的可行性，区分轻重缓急，学会时间管理和应对干扰，高效行动，直达目标（图 2-5）。

美国的成功学大师安东尼曾提出过成功的万能公式：

成功＝明确目标＋详细计划＋马上行动＋检查修正＋坚持到底

所以，明确、具体、可行的行动计划是实现职业生涯目标重要保证。

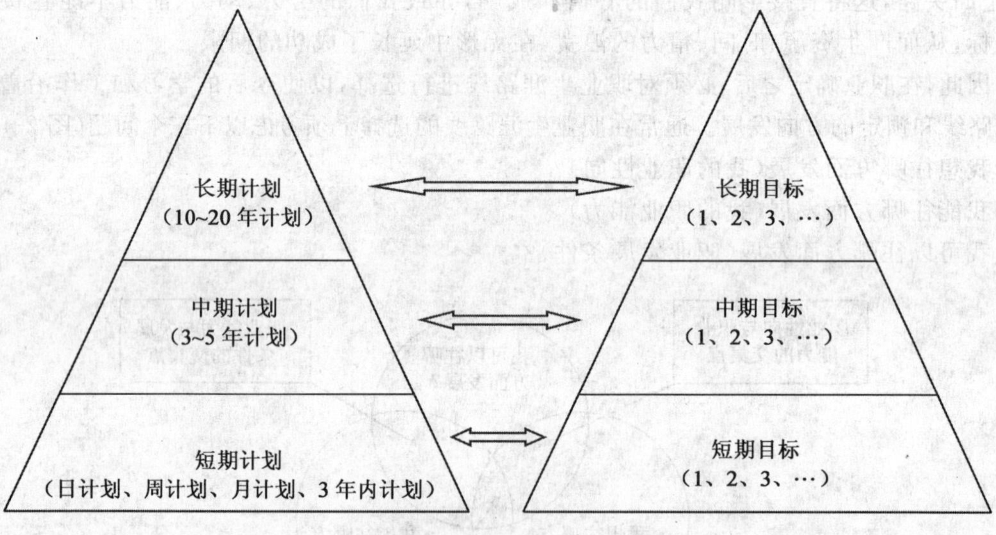

图 2-5　发展计划与生涯目标的对应关系

六、评估反馈与调整

职业生涯规划是一个动态过程，在执行过程中受多种因素的影响，有的可以预测，而有的则是难以预测的突发情况。要使职业生涯规划行之有效，就需要根据自我发展变化与社会需求的变化，不断地对职业生涯规划进行评估与修订、优化职业生涯规划。修订的内容包括：职业的重新选择、职业生涯路线的选择、人生目标的修正、实施措施与计划的变更等。

思考题

1. 为什么说“知己”、“知彼”和“决策”是职业生涯规划的三要素？
2. 职业生涯规划的步骤有哪些？
3. 确定职业生涯目标需要注意哪些问题？
4. 怎样做到职业生涯目标与实施计划的统一？

Chapter 3

职业生涯基本理论

学习目标

1. 理解人职匹配的含义,掌握霍兰德职业类型的主要特征。
2. 了解职业锚类型及主要特征。
3. 了解职业生涯发展阶段理论以及各阶段的主要任务。

第一节　人职匹配理论

一、特质因素理论

(一)特质因素理论要素

任何一种职业岗位都对从业人员有一定的素质要求，只有当人的素质特点符合特定任职资格要求时，才能胜任职位，取得最佳绩效。

特质因素理论(又称“人职匹配理论”)，是由“职业辅导之父”——美国波士顿大学教授弗兰克·帕森斯(Fronk Porsons)提出的，是最早的职业选择、职业指导的经典性理论。

1908 年，帕森斯创办了波士顿职业指导局，从事职业指导工作，这也成为人们公认的职业指导工作的滥觞。1909 年，帕森斯在撰写的《选择职业》一书中第一次运用了“职业辅导”这一专门学术用语，建构了帮助青少年了解自己、了解职业以及人职相配的职业指导模式，标志着职业指导活动的历史性开端。1909 年，帕森斯出版了《特质因素》一书，在该书中提出了著名的“特质因素理论”。所谓“特质”，就是指个人的人格特征，包括能力倾向、兴趣、价值观和人格等，这些都可以通过心理测量工具来加以评量。所谓“因素”，则是指在工作上要取得成功所必需具备的条件或资格，这可以通过对工作的分析而了解。

特性与因素理论的核心是人与职业的匹配，其理论前提是：每个人都有一系列独特的特性，并且可以客观而有效地进行测量；为了取得成功，不同职业需要配备不同特性的人员；选择一种职业是一个相当易行的过程，而且人职匹配是可能的；个人特性与工作要求之间配合得越紧密，职业成功的可能性越大。

“人职匹配理论”阐明了职业选择的三大要素或条件：

①清楚地了解自己的态度、能力、兴趣、智谋、局限和其他特征。

②清楚地了解职业选择成功的条件、各种职业必备的条件及所需的知识，在不同职业工作岗位上所占有的优势、不利和补偿、机会和前途。

③上述两个条件的平衡。帕森斯的理论内涵即是在清楚认识、了解个人的主观条件和社会职业岗位需求条件基础上，将主客观条件与社会职业岗位(对自己有一定可能性的)相对照，相匹配，最后选择一个职业与个人匹配相当的职业。

(二)人职匹配理论应用

三要素模式被认为是职业设计的至理名言，并得到不断的发展和完善，形成职业选择和职业指导过程的三个步骤：

第一步：自我认知，进行人员分析，评价个体的生理和心理特征。

第二步：职业认知，分析职业对人的要求，并向求职者提供有关的职业信息。

第三步：人职匹配，个人在了解自己的特点和职业要求的基础上，借助职业指导者的帮助，选择一项既适合自己特点又有可能获得的职业。从现实理论的应用上来讲，“人职匹配”可以具体地指：兴趣与职业的匹配、性格与职业的匹配、气质与职业的匹配、价值观与职业的匹配、能力与职业的匹配、特长与职业的匹配。

二、职业性向理论

(一)职业类型划分

约翰·霍兰德(John Holland)是美国著名的心理学家和职业指导专家,他提出了职业性向(人格-职业匹配)理论。认为一个人的性格类型(包括价值观、兴趣、动机、需要等)与其从事的职业密切相关,不同的人格特征适应于不同的职业。通过几十年间一百多次大规模的实验研究,他发现一共存在六种不同的性格类型或者说"性向":现实型或实际型(realistic)、研究型(investigative)、艺术型(artistic)、社会型(social)、企业型或事业型(enterprising)、常规型(conventional),我们每个人都归属于其中的一种或几种类型(图 3-1,表 3-1)。

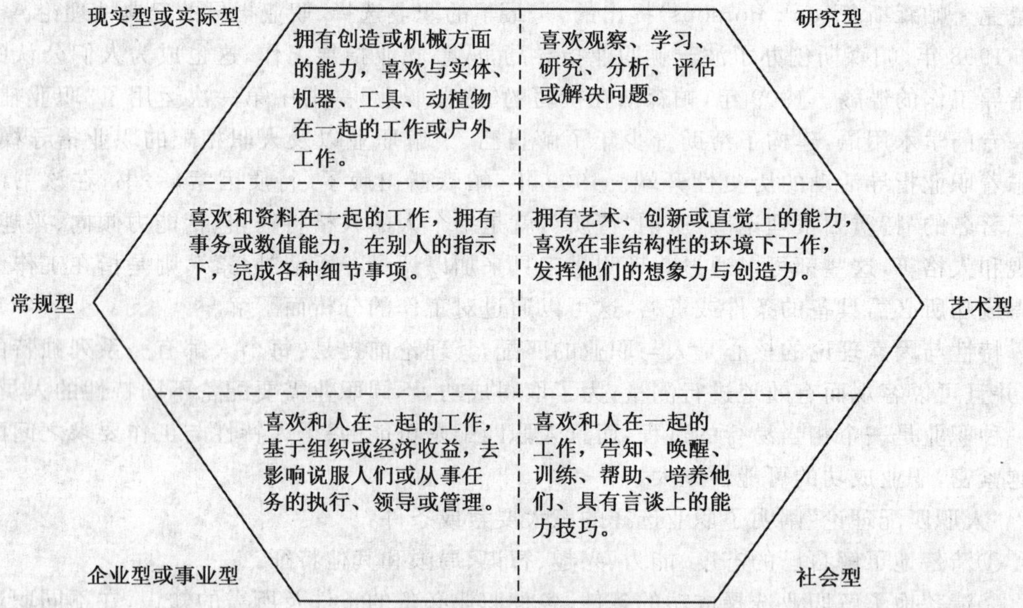

图 3-1　霍兰德职业性向类型

表 3-1　不同的职业类型对从业者能力及倾向的要求

型　态	职业能力及倾向
现实型或实际型 R	能够切实可行地解决工作及其他方面问题的能力。重视实际利益,如金钱、权利、社会地位等
研究型 I	研究问题的能力。重视客观的数据等科学方面的问题
艺术型 A	创意及自觉、不墨守成规,重视对美的追求
社会型 S	了解别人、教导别人的能力,重视社会问题及人际关系
企业型或事业型 E	领导与表达能力,社交及说服能力。重视权力与成就
常规型 C	文字书写及教学能力,重视商业与经济上的成就

(二)职业类型之间的关系

霍兰德所划分的六种性格类型之间也并非完全独立的，每一种类型与其他类型之间存在着不同程度的关系，性向与性向之间的关系可分为兼容、中性、相斥三种情况(图 3-2)：

1.兼容

如 RI、IR、IA、AI、AS、SA、SE、ES、EC、CE、RC、CR 彼此相邻，两种类型之间共同点较多，相似性最大，属于“密切相关，一致性高，人职协调”类型，个体的人格类型与职业相匹配，他会感到内在的满足，并充分发挥自己的聪明才智。

2.中性

如 RA、RE、IC、IS、AR、AE、SI、SC、EA、ER、CI、CS 彼此相隔，两种类型之间的共同点相对较少，属于“一般相关，一致性中等，人职次协调”类型。人格类型与职业相近，择职业时比较容易和迅速，经过努力也会适应工作，取得成就。

3.相斥

如 RS;IE、AC、SR、EI、CA 彼此相对，人格类型近乎相反。属于“相互排斥，一致性低等，人职不协调”类型。人格类型与职业相斥时，就会觉得工作索然无味，最终无法胜任。这种情况较为少见。

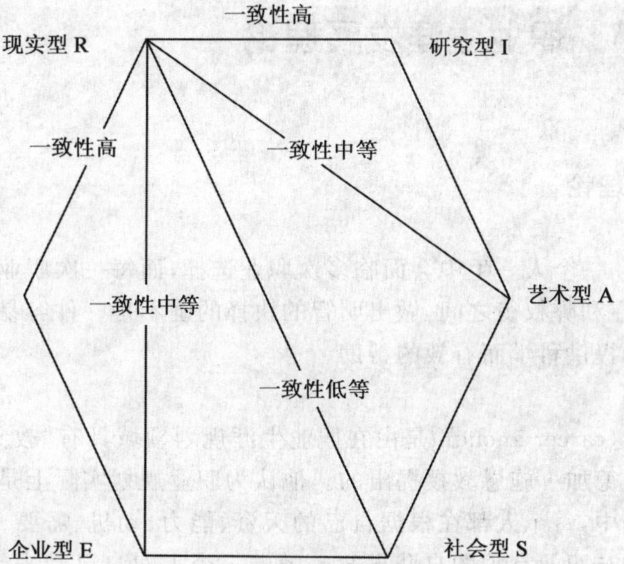

图 3-2　霍兰德职业性向类型之间的关系

(三)职业性向理论应用

在实际生活和工作中，纯属于一种性格的人并不多。霍兰德也指出，大多数人并非只有一种性向，而可能同时包含数种不同的性向。所以，在实际应用中将霍兰德的职业兴趣测试作为主要工具，将职业性向中得分居于前三位的类型进行组合，组合时根据分数的高低依次排列字母，构成个体的兴趣类型，如 RCA、AIS 等。

职业咨询专家认为，职业兴趣与从事职业相吻合是最理想的情况，一个人如果能根据自己的爱好去选择职业生涯，他的主动性将会得到充分发挥。即使十分疲倦和辛劳，也总是兴致勃勃、心情愉快；即使困难重重，也绝不灰心丧气，想尽各种办法，百折不挠地去克服它，甚至废寝忘食，如醉如痴。因此，在选择长期、稳定的职业生涯时，不仅需要知道自己有能力从事什么样的工作，更重要的是需要知道自己对哪类工作感兴趣。只有将能力和兴趣结合起来考虑，才更有可能规划好职业生涯并取得职业生涯的成功。

【案例】择己所爱，选择自己喜欢且擅长的行业

冉·库哈斯(RemKoolhaas)是国际著名的建筑师。但很少人知道，他的第一份工作是做记者。19 岁时，库哈斯开始在《海牙邮报》当记者，同时还在一个年轻的电影小组从事剧本创作。因为这两项工作，他开始了对政治和建筑的思考。24 岁时，他开始学习建筑学，从此一发不可收拾。31 岁时，他有了自己的工作室。从此，他对建筑与人的活动关系进行了长达二十年的研究。他相信建筑应该包容一切文化形态和人们多种多样的行为。库哈斯在解释鸟巢的设计思路时表示，借助鸟巢可以传达这样的精神：众生平等。

库哈斯的经历验证了百度公司董事长兼首席执行官李彦宏说过的一句话："内心的喜好是推动事业进步的最大动力，它能有助你克服困难，坚持到底；如果你喜欢的事情有很多，要挑选自己最擅长做的事，这样就能在感受快乐的同时取得超乎常人的成就。"

第二节　职业生涯发展理论

一、职业锚理论

在当今世界，一个人一生中会面临多次职业选择，而每一次职业的变更无不是一次抉择的过程，特别是在利弊权衡之间，做出明智的抉择的确不是一件容易的事情。职业锚理论可以为我们的选择提供科学而有效的帮助。

(一)职业锚

职业锚理论(career anchor)是由在职业生涯规划领域具有"教父"级地位的美国著名的职业指导专家埃德加·施恩教授提出的。他认为职业规划实际上是一个持续不断的探索过程。在这一过程中，每个人都在根据自己的天资、能力、动机、需要、态度和价值观等慢慢地形成较为明晰的与职业有关的自我概念。随着一个人对自己越来越了解，这个人就会越来越明显地形成一个占主要地位的职业锚。

"锚"是使船只停泊定位用的铁制器具。所谓"职业锚"就是指当一个人不得不做出选择的时候，他或她无论如何都不会放弃的职业中的那种至关重要的东西或价值观。正如"职业锚"这一名词中"锚"的含义一样，职业锚实际上就是人们选择和发展自己的职业时所围绕的中心。职业锚强调个人能力、动机和价值观三方面的相互作用与整合。一个人对自己的天资和能力、动机和需要以及态度和价值观有了清楚的了解之后，就会意识到自己的职业锚到底是什么。

(二)职业锚类型

1978 年，施恩教授提出的职业锚理论包括五种类型：自主型职业锚、创造型职业锚、管理型职业锚、技术职能型职业锚、安全型职业锚。在 20 世纪 90 年代又发现了挑战型、生活型、服务型三种类型职业锚。施恩将职业锚增加到八种类型，并推出了职业锚测试量表（表 3-2）。

表 3-2　职业锚类型及主要表现特征

职业锚类型	主要表现特征
技术职能型	追求在技术/职能领域的成长和技能的不断提高，以及应用这种技术/职能的机会。他们对自己的认可来自他们的专业水平，他们喜欢面对来自专业领域的挑战。他们一般不喜欢从事一般的管理工作，因为这将意味着他们放弃在技术/职能领域的成就。
管理型	追求并致力于工作晋升，倾心于全面管理，独自负责一个部分，可以跨部门整合其他人的努力成果，他们想去承担整个部分的责任，并将公司的成功与否看成自己的工作。具体的技术/功能工作仅仅被看作是通向更高、更全面管理层的必经之路。
自主型	希望随心所欲安排自己的工作方式、工作习惯和生活方式。追求能施展个人能力的工作环境，最大限度地摆脱组织的限制和制约。他们愿意放弃提升或工作扩展机会，也不愿意放弃自由与独立。
安全型	追求工作中的安全与稳定感。他们可以预测将来的成功从而感到放松。他们关心财务安全，例如：退休金和退休计划。稳定感包括诚信、忠诚以及完成老板交待的工作。尽管有时他们可以达到一个高的职位，但他们并不关心具体的职位和具体的工作内容。
创造型	希望使用自己能力去创建属于自己的公司或创建完全属于自己的产品（或服务），而且愿意去冒风险，并克服面临的障碍。他们想向世界证明公司是他们靠自己的努力创建的。他们可能正在别人的公司工作，但同时他们在学习并评估将来的机会。一旦他们感觉时机到了，他们便会自己走出去创建自己的事业。
服务型	指那些一直追求他们认可的核心价值，例如：帮助他人，改善人们的安全，通过新的产品消除疾病。他们一直追寻这种机会，即使这意味着即使变换公司，他们也不会接受不允许他们实现这种价值的工作变换或工作提升。
挑战型	喜欢解决看上去无法解决的问题，战胜强硬的对手，克服无法克服的困难障碍等。对他们而言，参加工作或职业的原因是工作允许他们去战胜各种不可能。新奇、变化和困难是他们的终极目标。如果事情非常容易，它马上变得非常令人厌烦。
生活型	喜欢允许他们平衡并结合个人的需要、家庭的需要和职业的需要的工作环境。他们希望将生活的各个主要方面整合为一个整体。正因为如此，他们需要一个能够提供足够的弹性让他们实现这一目标的职业环境。甚至可以牺牲他们职业的一些方面，如：提升带来的职业转换，他们将成功定义得比职业成功更广泛。他们认为自己在如何去生活，在哪里居住，以及如何处理家庭事情及在组织中的发展道路是与众不同的。

（三）职业锚理论应用

职业锚理论主要用于在职员工，已经对自己的职业有所了解，尤其是前五年的工作，是处于职业转变期，需要在一次次的职业转变中找到真正属于自己的那份职业锚。例如在转行、跳槽时先使用职业锚测评对自我的定位有个真实的认识。

了解职业锚的概念，要注意几个方面：

①职业锚以员工习得的工作经验为基础。职业锚发生于早期职业阶段，新员工已经工作若干年，习得工作经验后，方能够选定自己稳定的长期贡献区。个人在面临各种各样的实际工作生活情境之前，不可能真切地了解自己的能力、动机和价值观以及在多大程度上适应可行的职业选择。因此，新员工的工作经验产生、演变和发展了职业锚。换句话说，职业锚在某种程度上由员工实际工作所决定，而不只是取决于潜在的才干和动机。

②职业锚不是员工根据各种测试出来的能力、才干或者作业动机、价值观，而是在工作实践中，依据自身和已被证明的才干、动机、需要和价值观，现实地选择和准确地进行职业定位。

③职业锚是员工自我发展过程中的动机、需要、价值观、能力相互作用和逐步整合的结果。

④员工个人及其职业不是固定不变的。职业锚是个人稳定的职业贡献区和成长区。但是，这并不是意味着个人将停止变化和发展。员工以职业锚为其稳定源，可以获得该职业工作的进一步发展，以及个人社会生命周期和家庭生命周期的成长、变化。此外，职业锚本身也可能变化，员工在职业生涯的中后期可能会根据变化了的情况，重新选定自己的职业锚。

对于大学生来说，职业锚理论在职业生涯规划和就业选择过程中也有非常积极的作用。如有的毕业生极为重视长期的职业稳定和工作的保障，他们似乎比较愿意去从事能够提供有保障的工作、体面的收入以及可靠的未来生活。对于那些对地理安全性更感兴趣的人来说，如果追求更为优越的职业，意味着将要在他们的生活中注入一种不稳定或保障较差的地域因素的话，那么他们会觉得在一个熟悉的环境中维持一种稳定的、有保障的职业对他们来说是更为重要的。对于另外一些追求安全型职业锚的人来说，安全则是意味着所依托的组织的安全性。他们可能优先选择到政府机关工作，因为政府公务员看来还是一种终身性的职业，这些人显然更愿意让他们的雇主来决定他们去从事何种职业。

【技能训练】找出你的职业锚

准备好一张纸，仔细思考以下问题，并将要点记录在纸上：

1.你在高中时期主要对哪些领域比较感兴趣(如果有的话)？为什么会对这些领域感兴趣？你对这些领域的感受是怎样的？

2.你在大学时期主要对哪些领域比较感兴趣？为什么会对这些领域感兴趣？你对这些领域的感受是怎样的？

3.你毕业之后所从事的第一种工作是什么？(如果相关的话，服役也算在其中。)你期望从这种工作中得到些什么？

4.当你开始自己的职业生涯的时候，你的抱负或长期目标是什么？这种抱负或长期目标是否曾经出现过变化？如果有，那么是在什么时候？为什么会变化？

5.你第一次换工作或换公司的情况是怎样的？你指望下一个工作能给你带来什么？

6.你后来换工作、换公司或换职业的情况是怎样的？你怎么会做出变动决定？你所追求的是什么？(请根据你每一次更换工作、公司或职业的情况来回答这几个问题。)

7. 当你回首自己的职业经历时，你觉得最令自己感到愉快的是哪些时候？你认为这些时候的什么东西最令你感到愉快？

8. 当你回首自己的职业经历时，你觉得最让自己感到不愉快的是哪些时候？你认为这些时候的什么东西最令你感到不愉快？

9. 你是否曾经拒绝过从事某种工作的机会或晋升机会？为什么？

现在请你仔细检查自己的所有答案，并认真阅读关于五种职业锚（管理型、技术职能型、安全型、创造型、自主型）的描述。

根据你对上述这些问题的回答，分别将每一种职业锚赋予从 1～5 之间的某一分数，其中 1 代表重要性最低；5 代表重要性最高。然后根据上面五类职业定位的解释，确定你的主导职业定位。

二、职业生涯发展阶段理论

（一）职业生涯发展阶段

舒伯（Donald E. Super）是美国一位有代表性的职业管理学家。1953 年，舒伯提出了生涯发展理论，重在对个人的职业倾向和职业选择过程本身进行研究。他以差异心理学和现象学作为解释职业选择的理论基础，提出了个体生涯发展中成长、探索、建立、维持以及衰退五个阶段以及不同阶段的发展任务（图 3-3）。这一思想把职业指导上升到更高的层面，不仅以个人的发展为着眼点，同时也兼顾社会的需要和利益，从个体发展和整体生活的高度来考察个人与职业、个人与社会的关系。舒伯生涯发展理论的提出被认为是职业生涯管理理论形成的标志。

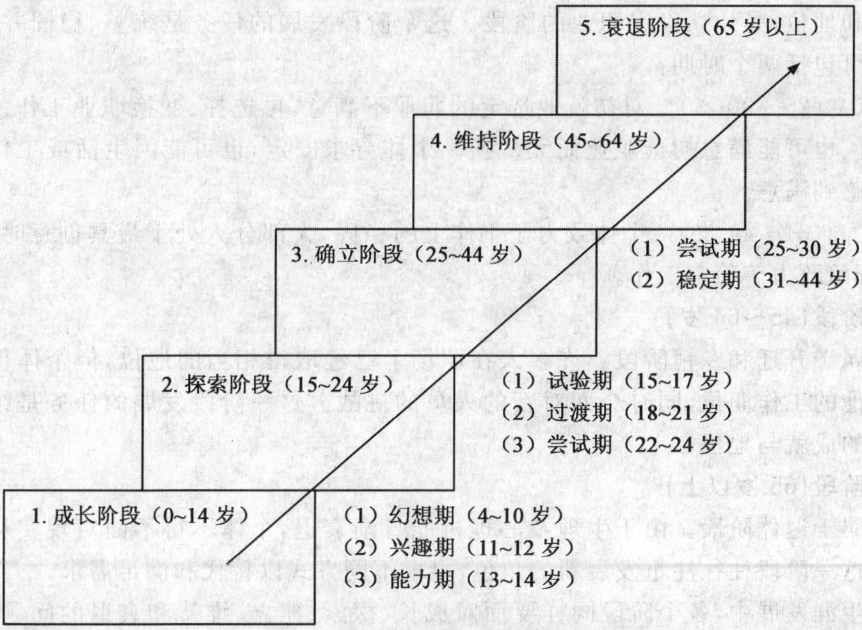

图 3-3　个体的职业生涯阶段

1.成长阶段(0～14 岁)

此阶段属于认知阶段。孩童开始逐渐建立起了自我概念,学会以各种不同的方式来表达自己的需要,且经过对现实世界不断地尝试,修饰他自己的角色。此阶段发展的任务是:发展自我形象,发展对工作世界的正确态度,并了解工作的意义。这个阶段包括三个时期:

(1)幻想期(4～10 岁) 以“需要”为主要考虑因素,儿童从外界感知到许多职业,对于自己觉得好玩和喜爱的职业充满幻想,进行模仿和角色扮演。

(2)兴趣期(11～12 岁) 以“兴趣”为中心,理解、评价职业,开始作职业选择。

(3)能力期(13～14 岁) 以“能力”为主要考虑因素,开始考虑自身条件与喜爱的职业相符合否,有意识地进行能力培养。

2.探索阶段(15～24 岁)

此阶段属于学习打基础的阶段。该阶段的青少年通过学校的活动、社团休闲活动、打零工等机会,对自我能力及角色、职业作了一番探索,因此选择职业时有较大弹性。此阶段发展的任务是:使职业偏好逐渐具体化、特定化并实现职业偏好。这阶段包括三个时期:

(1)试验期(15～17 岁) 通过综合认识和考虑自己的兴趣、能力与职业社会价值、就业机会等,作暂时的决定,开始进行择业尝试。

(2)过渡期(18～21 岁) 进入劳动力市场,或者进行专门的职业培训。更重视现实,并力图实现自我观念,将一般性的选择转为特定的选择。

(3)尝试期(22～24 岁) 选定工作领域,职业生涯初步确定,开始从事某种职业。

3.确立阶段(25～44 岁)

此阶段属于选择、安置阶段。此阶段是大多数人工作生命周期中的核心部分,经过上一阶段的尝试,不合适者会谋求变迁或做其他探索,最终确定个人的职业领域,建立稳固的职业类别形态和地位,是建立稳定职业的阶段。这个阶段发展的任务是统整、稳固并求上进。这个阶段又可包括两个时期:

(1)尝试期(25～30 岁) 对初就业选定的职业不满意,再选择、变换职业工作。变换次数各人不等。也可能满意初选职业而无变换。个体寻求安定,也可能因生活或工作上若干变动而尚未感到满意。

(2)稳定期(31～44 岁) 个体致力于工作上的稳固,大部分人处于最具创意时期,最终职业确定,开始致力于稳定工作。

4.维持阶段(45～64 岁)

此阶段属于升迁和专精阶段。许多人在职场上已经取得相当的地位,但个体仍希望继续维持属于他的工作职位,同时会面对新的人员的挑战。这一阶段发展的任务是维持职业领域中既有的成就与地位。

5.衰退阶段(65 岁以上)

此阶段属于退休阶段。由于生理及心理机能日渐衰退,个体不得不面对现实从积极参与到隐退。这一阶段往往注重发展新的角色,寻求不同方式以替代和满足需求。

人生的生涯发展中,各个阶段同样要面对成长、探索、建立、维持和衰退的问题,因而形成“成长—探索—建立—维持—衰退”的循环。例如一个大学一年级的新生,必须适应新的角色与学习环境,经过“成长”和“探索”,一旦“建立”了较固定的适应模式,同时“维持”了大学学习生活之后,又要开始面对另一个阶段——准备求职。原有的已经适应了的习惯会逐渐衰退，继而对新阶段的任务又要进行“成长—探索—建立—维持—衰退”循环，如此周而复始(表 3-3)。

表 3-3 循环式发展任务(舒伯，1984)

阶段	年龄			
	青年 (14～25 岁)	成年早期 (25～45 岁)	中年 (45～65 岁)	老年 (65 岁以上)
成长	发展适宜的自我观念	学习与他人间的关系	接纳个人的限制	发展非职业性的角色
探索	学习更多的工作机会	寻找机会，做自己喜欢做的事	辨识新问题并设法解决	寻找合适的退休后活动场所
建立	开始创业	安于现职	学习新的技能	从事向往已久的事
维持	验证当前的职业选择	设法保持工作的安定	巩固自己面对竞争	保持仍有兴趣的事
衰退	减少用于嗜好的时间	减少用于运动时间	集中于主要活动	减少工作时间

(二)生涯彩虹

舒伯于 1980 年提出了一个更为广阔的新观念——“生活广度、生活空间的生涯发展观”(life-span，life-space career development)。这个职业生涯发展观，除了原有的发展阶段理论之外，舒伯又加入了角色理论，并将生涯发展阶段与角色彼此间交互影响的状况，描绘出一个多重角色生涯发展的综合图形，舒伯将它命名为“一生生涯的彩虹图”(life-career rainbow)，参见图 3-4。

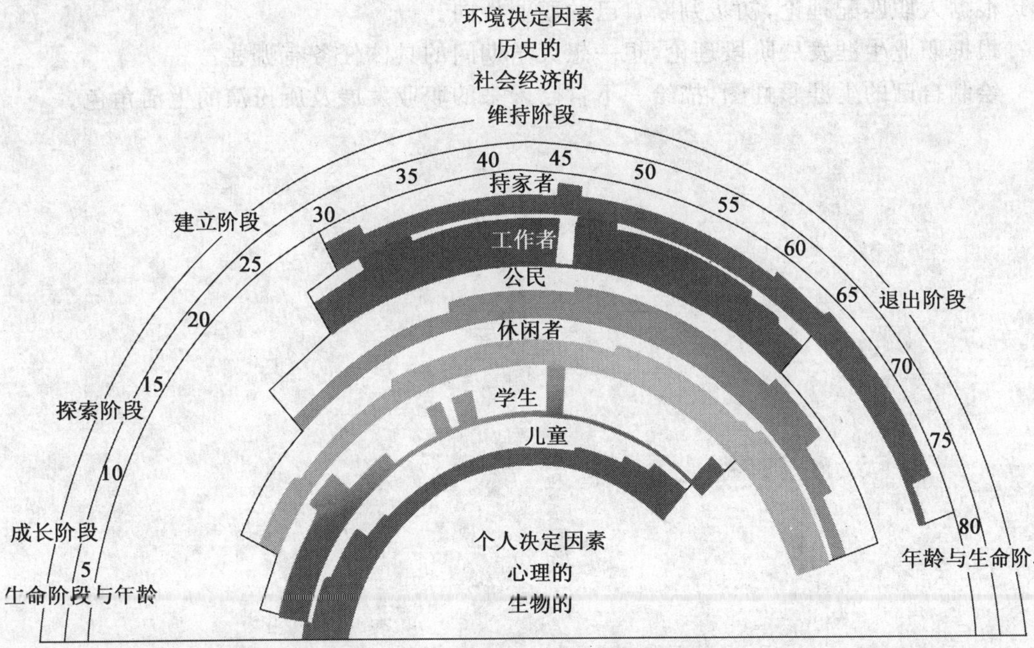

图 3-4 舒伯的一生生涯的彩虹图

在生涯彩虹图中，纵向层面代表的是纵贯上下的生活空间，是由一组职位和角色所组成的。舒伯认为人在一生当中必须扮演九种主要的角色，依序是：儿童、学生、休闲者、公民、工作者、夫妻、家长、父母和退休者（彩虹图中未将“退休者”列入；夫妻、家长、父母等角色则并入“持家者”一类中），九项角色也活跃于四种主要的人生舞台：家庭、社区、学校和工作场所。不管一个人愿不愿意，每个人踏入学校之后，其一生必然多数时候同时在不同的舞台上扮演不同的角色。从结婚、谋得第一个职业开始，六种不同角色先后或同时在人生的舞台上层见叠出，直至退休。退休之后，仍有几种角色延续至终。角色之间交互影响交织出个人独特的生涯类型。某一个角色上的成功，可能带动其他角色的成功；反之，某一个角色的失败，也可能导致另一个角色的失败。不过舒伯进一步指出，为了某一角色的成功付出太大的代价，也有可能导致其他角色的失败。彩虹图中的阴影部分表示角色的互相替换、盛衰消长。它除了受到年龄增长和社会对个人发展任务期待的影响外，往往跟个人在各个角色上所花的时间和感情投入的程度有关。

横向层面代表的是横跨一生的生活广度。彩虹的外层显示人生主要的发展阶段和大致估算的年龄：成长期（约相当于儿童期），探索期（约相当于青春期），建立期（约相当于成人前期），维持期（约相当于中年期）以及衰退期（约相当于老年期）。在这五个主要的人生发展阶段内，各个阶段还有小的阶段，舒伯特别强调各个时期年龄划分有相当大的弹性；应依据个体不同的情况而定。

思考题

1. 根据人职匹配理论，初步判断自己的职业性向。
2. 根据职业生涯发展阶段理论，想一想大学期间的具体任务有哪些？
3. 绘制自己的生涯彩虹图，描绘一下自己未来的职业发展及所扮演的生活角色。

Chapter 4

认知自我

学习目标

1. 学会自我认知的方法，掌握科学的途径进行自我测试和结果分析，客观地评价自我，指导个体的自我生涯规划。
2. 掌握气质的含义及类型的特点，理解气质类型与职业的关系，通过测评了解自我的气质类型。
3. 了解 MBTI 性格类型理论，领会性格、性格类型及其偏好的概念，通过测评了解自我性格类型。
4. 了解职业兴趣与职业趣向的关系，通过测评了解个体的自我职业兴趣。
5. 了解能力的概念和分类，理解能力与职业的关系，通过测评感知自我能力。
6. 领会职业价值观的含义，理解职业价值观与职业的关系，通过测评明确自我职业价值取向。

正确认识自我是职业生涯规划的起点，只有认知自我，才能未雨绸缪，赢在职场。职业心理学的研究证明：一个面临求职择业的人，只有对自己的先天气质、人格特征、职业兴趣、价值观和综合能力等，都有了一个实事求是的正确认识和评估之后，从实际出发选择最适合自己的职业，才能够最大限度地发挥自己的潜能，有效地实现自我价值，从而保证在事业上取得更大的成功。因此，大学生在发展规划形成和求职择业过程中，搞清楚自己适合做什么、喜欢做什么、能做什么、我最看重什么，这是大学生做好学业规划和求职择业过程中非常关键的一步。

第一节 我的气质

我们这里所讲的气质不同于日常生活中的“气质”概念，类似于平常生活中所说的一个人的“脾气”、“秉性”，主要是指个人心理活动的、稳定的人格特征。气质影响个体活动的方方面面，并且使个体不论活动内容、场合、兴趣、动机如何，都稳定地显示出同样性质特征。例如，我们常说某人稳重、文静、办事慢条斯理，某人爽快、泼辣、手脚麻利，就是指人的气质表现。气质是在人的行为中所表现出的典型而又稳定的心理活动动力特征的总和。所谓心理活动的动力特征主要指心理过程的速度和稳定性，如知觉的速度、对刺激反应的快慢、思维的灵活程度、注意力集中时间的长短、印象保留时间的长短等；心理过程的强度，如情绪爆发的强弱、意志努力的强弱等；心理过程的指向性，指心理活动倾向于外部世界还是倾向于内心世界。上述心理活动的动力特征在每个人身上的独特结合，且能稳定地表现在人的心理和行为中，就构成了每个人的气质。

从个体发展来看，气质出现得较早，是构成人格的一个重要部分，是人格发展的自然基础和内因。气质是与人的行为模式相联系的，气质更多同生理因素而不是环境因素相联系。气质会影响一个人在自己的职业中以何种方式、格调或节奏来从事并适应工作。气质在预测工作绩效与工作满意度时，不是决定性的因素，但却是影响因素之一。它对工作绩效的影响是间接、缓慢的，是个人与职业匹配中的缓冲因素，是一种难改变的个人特征，因此，它的影响又是长期的、弥散性的，会随着时间的增加产生越来越强的影响。因此了解人格的这一生理层面上的自然倾向性，对于人的自我了解以及从事某种职业的适应性等都有非常重要的作用。

一、气质类型及其特征

古今中外，学者们对气质类型进行了大量的研究。其中影响最大的是古希腊著名医生希波克拉底，他认为人体内有血液、黄胆汁、黑胆汁、黏液四种基本体液。根据四种体液在人体中所占比重不同把人的气质分为：胆汁质、多血质、黏液质和抑郁质四种类型。

(一)胆汁质

胆汁质的人的神经类型属于兴奋型，即具有强烈的兴奋过程和比较弱的抑制过程。在情绪方面，胆汁质的人大多是热情而性急的人，往往易于激动，不能自制。在行为方面，胆汁质的人表现出精力旺盛、反应迅速、具有较高的反应性与主动性。在思维方面，胆汁质的人接受能力强，对知识理解得快，思维具有一定的灵活性，但对问题的理解具有粗枝大叶、不求甚解的倾向，考虑问题往往不够细致。意志坚强，果断勇敢，注意稳定而集中但难于转移；行动利落而又敏捷，说话速度快且声音洪亮。

这种人的工作特点带有周期性，当精力消耗殆尽时，便会失去信心，由狂热转为沮丧，甚至半途而废、前功尽弃。

(二)多血质

多血质的人的神经类型属于活泼型，神经过程具有强、平衡而且灵活的特点。多血质的人大多机智、聪敏、开朗、兴趣广泛，能迅速把握新事物。在行动方面，多血质的人反应迅速而灵活，在从事复杂多变和多样化的工作中往往成绩显著。多血质的人情绪较为温和，能很快同别人接近并产生感情，但这类人情感发生得很快，变化得也快；语言具有表达力和感染力，姿态活泼，表情生动，有明显的外倾性特点；机智灵敏，思维灵活，但常表现出对问题不求甚解；注意力与兴趣点易于转移，不稳定，一旦没有足够的刺激的吸引，常常会变得厌倦而怠惰，开始所具有的热情会很快冰消瓦解；在意志力方面，缺乏忍耐性，毅力不强。

在日常生活和工作中，多血质的人给予人们的印象是聪明热情、活泼好动。

(三)黏液质

黏液质人的神经类型属于安静型，其神经过程具有强、平衡，但不灵活的特点。黏液质的人情绪比较稳定，经常表现得心平气和，不轻易发脾气，情绪不易发生，也不易外露，很少产生激情，不大喜欢交际，对人不容易很快产生强烈的情感。在行动方面，黏液质的人表现比较迟缓，反应比较慢，但是冷静、踏实、稳重，不论环境如何变化，都能保持心理平衡，注意力稳定、持久；思维灵活性较差，但比较细致，喜欢沉思。在意志力方面，他们具有耐性，对自己的行为有较大的自制力；态度持重，沉默寡言，谨慎细致，从不鲁莽，但对新的工作较难适应，行为和情绪都表现出内倾性，可塑性差。

黏液质的人善于克制自己的冲动，能严格地遵守既定的生活秩序和工作制度，他们的兴趣不易转移，具有较好的坚持性，常常表现得有耐心、有毅力，一旦对自己的力量做好了估计，选定了目标，就能一干到底，不容易受外界的干扰而分心。黏液质的人不足之处是不够灵活，有惰性。惰性使他们在振作精神，集中注意力，把注意力转移到新的对象以及适应新环境上，都需要有一个过程；惰性也容易使他们因循守旧、保守固执。

(四)抑郁质

抑郁质的人的神经类型属于抑制型，外表温柔、恬静，也可称为弱型。在行动方面，抑郁质的人尽量摆脱出头露面的活动，喜欢独处，不愿意与他人交往，行动上表现得非常迟缓，在遇到困难和危险时，常常有胆怯畏缩、惊慌失措的表现。在意志方面，他们常表现出胆小怕事、优柔寡断、忸怩腼腆、迟疑不决。但是，他们具有较高的敏感性，思想敏锐，观察细致，谨慎小心，常常能观察到别人观察不到的东西，体验到别人体验不到的东西，且情感体验深刻、有力、持久，往往为一些微不足道的缘由而动感情，而产生的波动和挫折，却很少表现在外表上，有的心理学家把抑郁质的人的这种特点称为艺术气质。

抑郁质的人大多是一些情感深厚而沉默寡言的人，有较高的感受性，隐晦而不外露，易多愁善感，且富于想象。他们聪明且观察力敏锐，善于观察他人观察不到的细微事物，敏感性高，思维深刻，对力所能及的工作表现出坚忍的精神。抑郁质的人不善交往，受挫后常心神不安，较为孤僻，具有明显的内倾性。

值得注意的是，在实际生活中，只有少数人是四种气质类型的典型代表，大多数人是某一种气质类型特征较为突出并兼有其他气质类型的特征，属于混合型。在判断某人的气质时，重要的是观察和测定他实际具有哪些气质特征，而不是勉强地把个体归为某种典型的类型中去。

【知识拓展】

以上介绍的是四种气质类型的典型表现。当这四种人如果遇到相同的事情，其表现如何呢？

苏联心理学家巧妙设计了“看戏迟到”的特定问题情境，对四种典型气质类型的人进行观察研究，结果发现，四种基本气质类型的观众，在面临同一情境时有截然不同的行为表现，气质使其心理活动染上了一种独特的色彩。

1. 胆汁质的人面红耳赤地与检票员争吵起来，甚至企图推开检票员，冲过检票口，径直跑到自己的坐位上去，并且还会埋怨说，戏院时钟走得太快了。

2. 多血质的人明白检票员不会放他进去，他不与检票员发生争吵，而是悄悄跑到楼上另寻一个适当的地方来看戏剧表演。

3. 黏液质的人看到检票员不让他从检票口进去，便想反正第一场戏不太精彩，还是暂且到小卖部待一会儿，待幕间休息再进去。

4. 抑郁质的人对此情景会说自己老是不走运，偶尔来一次戏院，就这样倒霉，接着就垂头丧气地回家了。

在现实生活中，并不是每个人的气质都能归入某一气质类型。除少数人具有某种气质类型的典型特征之外，大多数人都偏于中间型或混合型，也就是说，他们较多地具有某一类型的特点，同时又具有其他气质类型的一些特点。

二、气质类型与职业

虽然人们的气质各不相同，但气质本身并无好坏之分。每种气质类型的特点，都具有好的一面，又有不好的一面。同一种气质类型的人，有的可能是非常成功，有的可能只是平庸之辈。问题的关键并不在于你是什么气质类型，而在于气质与职业是否相适应。

不同的职业对人都有特定的要求，了解职业对气质的要求，了解个体的气质类型，有利于发挥每个人的长处，提高适应职业的能力。一些研究者根据气质特点及职业要求，划分出四种类型及相应的职业（表 4-1）。

表 4-1　气质类型与职业方向

气质类型	比较适合的职业	不适合的职业
胆汁质	较适合做反应迅速、应急性强、冒险性强、难度较高而费力的职业，如：导游、抢险、救护、外贸、勘探、管理、推销、节目主持、演讲、外事接待等。	不适合从事稳重、细致的职业，如：外科医生、财务会计、计算机程序员、出版和媒体采编等。
多血质	较适合做反应敏捷、社交性、文艺性、多变性职业，如外交、推销、管理、驾驶员、律师、运动员、新闻记者、教师、冒险家、服务员、侦察员、干警、演员等。	不适合做需要细心钻研的职业。如从事流水线工作、出版业和报业的编辑校对，IT 制造业工程师、电子维护及软件工程师等职业。
黏液质	较适合做原则性强、细致、持久、有条不紊、刻板平静、耐受性较高的职业。如统计、科研、调查、保管、金融、外科医生、管理人员、法官、IT 产业人员、编辑、行政人员、会计、咨询员等。	不适合从事激烈多变的职业。如外事人员、公关人员、营销员、媒体策划者等职业。
抑郁质	适合从事平静的、刻板的、按部就班、持久细致的职业，如技术人员、会计、统计、打字、排版员、检录师、化验员、研究员、艺术工作者、护士、心理咨询员、幼儿教师、软件开发人员、机要秘书、保管员等。	不适合从事要求反应灵敏、处理果断的职业，如：演讲主持、推销员、运动员、军事指挥员、探险者等职业。

三、气质测试

(一)测一测你属于哪种气质类型

1.指导语

下列各题中，每题都有 5 个备选答案，请按照你的实际情况，选择一个最适合你的答案。其中“2”表示很符合自己情况；“1”表示比较符合；“0”表示介于符合与不符合之间；“－1”表示比较不符合自己；“－2”表示非常不符合。

2.测试题目

(1)做事力求稳妥，不做无把握的事；

(2)遇到可气的事就怒不可遏，想把心里话说出来才痛快；

(3)宁肯一个人待着，不愿很多人一起；

(4)到一个新环境很快就能适应；

(5)厌恶那些强烈的刺激，如尖叫、噪声、危险镜头等；

(6)和人争吵时，总是先发制人，喜欢挑衅；

(7)喜欢安静的环境；

(8)善于和人交往；

(9)羡慕那种善于克制自己感情的人；

(10)生活有规律，很少违反作息制度；

(11)在大多数情况下情绪是乐观的；

(12)碰到陌生人觉得很拘束；

(13)遇到令人气愤的事，能很好地自我克制；
(14)做事总是有旺盛的精力；
(15)遇到问题常常举棋不定、优柔寡断；
(16)在人群中不觉得过分拘束；
(17)情绪高昂时，觉得干什么都有趣，情绪低落时，又觉得干什么都没意思；
(18)当注意力集中于一事物时，别的事很难使我分心；
(19)理解问题总比别人快；
(20)碰到危险情形，常有一种极度恐惧感；
(21)对学习、工作、事业怀有很高的热情；
(22)能够长时间做枯燥、单调的工作；
(23)符合兴趣的事情，干起来劲头十足，否则就不想干；
(24)一点小事就能引起情绪波动；
(25)讨厌做那种需要耐心的工作；
(26)与人交往不卑不亢；
(27)喜欢参加气氛热烈的活动；
(28)爱看感情细腻、描写人物内心活动的文学作品；
(29)工作、学习时间长了，常感到厌倦；
(30)不喜欢长时间谈论一个问题，愿意实际动手干；
(31)宁愿侃侃而谈，不愿窃窃私语；
(32)当别人说我时，我总是闷闷不乐；
(33)理解问题常比别人慢；
(34)疲倦时只要短暂的休息就能精神抖擞地重新投入工作；
(35)心里有话宁愿自己想，不愿说出来；
(36)认准一个目标，就希望尽快实现，不达目的誓不罢休；
(37)学习或工作同样一段时间，常比别人更疲倦；
(38)做事有些莽撞，常常不考虑后果；
(39)老师讲授新知识、新技术时，总希望能够讲慢些，多重复几遍；
(40)能够很快地忘记那些不愉快的事情；
(41)做作业或完成一件工作总比别人花的时间多；
(42)喜欢运动量大的剧烈体育活动，或参加各种文艺活动；
(43)不能很快把注意力从一件事转移到另一件事上；
(44)接受一个任务后就希望迅速把它完成；
(45)认为墨守成规比冒风险强些；
(46)能够同时注意几件事物；
(47)当烦闷时，别人很难使我高兴起来；
(48)爱看情节起伏跌宕、激动人心的小说；
(49)对工作抱认真严谨、始终一贯的态度；
(50)和周围人的关系总是相处不好；
(51)喜欢复习学过的知识，重复已经掌握的工作；

(52)希望做变化大、花样多的工作；

(53)小时候会背的诗歌，我似乎比别人记得清楚；

(54)别人说我“出语伤人”，可我并不觉得这样；

(55)在体育活动中，常因反应慢而落后；

(56)反应敏捷，头脑机智；

(57)喜欢有条理而不甚麻烦的工作；

(58)兴奋的事常使我失眠；

(59)老师讲新概念时，常常听不懂、但是弄懂以后就很难忘记；

(60)假如工作枯燥无味，马上就会情绪低落。

(二)评分规则

每题选“2”记＋2 分；选“1”记＋1 分；选“0”记 0 分；选“－1”记－1 分；选“－2”记－2 分。将各题按下面的题号分类，分别计算总分。

胆汁质：2、6、9、14、17、21、27、31、36、38、42、48、50、54、58。

多血质：4、8、11、16、19、23、25、29、34、40、44、46、52、56、60。

黏液质：1、7、10、13、18、22、26、30、33、39、43、45、49、55、57。

抑郁质：3、5、12、15、20、24、28、32、35、37、41、47、51、53、59。

(三)你的分数

胆汁质分数________________ 多血质分数________________

黏液质分数________________ 抑郁质分数________________

①如果其中一种气质的得分高于其他三种气质的得分，且高出 4 分以上，则可定为该气质类型。某种气质类型得分超过 20 分，则为典型气质；得分在 10～20 分之间，为一般型。

②如果两种气质得分相差 3 分以下，又明显高于其他两种气质的得分，且在 4 分以上，则定为两种气质的混合型，如胆汁质-多血质、多血质-抑郁质等。

③如果三种气质均高于第四种，而且接近，则属于三种气质混合型，如多血-胆汁-抑郁型。

一般来说，正分值越高，表明该项气质特征越明显，反之，分值越低或越负，表明越不具备该项气质特征。

第二节　我的性格

“性格”一词源于希腊语，意为雕刻的痕迹或戳记的痕迹。这个概念强调“个人的典型行为表现”和“由外部条件决定的行为”。

我国心理学界倾向于把性格(character)定义为：一个人对现实的、稳定的态度和习惯化了的行为方式，是在外界环境的影响下，个人生活中态度、认知、情绪和意志活动所形成的、特有的行为模式。例如，大公无私、勤劳、勇敢、自私、懒惰、沉默、懦弱等，都是反映自身性格特点的表述。

恩格斯曾说过：“人物的性格不仅表现在做什么，而且表现在他怎样做”。“做什么”表明一个人追求什么，拒绝什么，反映了人对现实的态度；“怎样做”表明一个人用什么方式去做，一定涉及人的行为方式。一般来说，人对现实的稳定态度决定着他的行为方式，而人惯常的行为方式又体现了他对现实的态度。性格表现了人们对现实和周围世界的态度，并最终表现在他的言行举止中。

性格是在社会生活实践过程中逐步形成的，性格是一种与社会相关最密切的人格特征，所以性格一词一开始就带有道德评价的含义，我们这里探讨的性格是把性格中的道德评价去掉，性格作为人格的同义词，比如，“某人的人格特征如何”，和“某人有何性格特点”意思是相同的。

一、性格类型

世界上关于划分性格类型的理论有很多种，目前最普遍使用的是 MBTI 性格类型理论。MBTI 性格类型揭示了一个人“深层的本我、真实的我、自我的核心”和“最本能、最自然的思维、感觉、行为模式”，而不是在别人面前所表现出来的、表面的性格特征。MBTI 性格类型理论以著名心理学家卡尔·荣格关于心理类型的划分为基础，经凯瑟琳·布里格斯及其女儿伊莎贝尔·迈尔斯研究并加以发展形成的。

（一）四个维度

MBTI 性格类型系统分为四个维度，每个维度有两个方向，共计八个方面。

①从我们发泄及获得心理能量的方向可分为：E（Extraversion）外向—内向 I（Introversion）。

外向型（E）偏向专注于外在的人和事，倾向将能量往外释放。

内向型（I）偏向专注于内在世界的意念、记忆和情绪等，倾向将能量往内收敛。

②从我们获取信息主要方式可分为：S（Sensing）感觉—直觉 N（Intuition）。

感觉型（S）喜欢着眼于当前事物，惯于先使用五官来感受世界。

直觉型（N）喜欢着眼未来，着重可能性及预感，从潜意识及事物间的关联来理解世界。

③从我们的决策方式可分为：T（Thinking）思考—情感 F（Feeling）。

思考型（T）用头脑来作决定，偏好用“是、非”、“如果…就”的逻辑分析作决定。感情型（F）用内心感受来作决定，偏好用价值观及自我中心的主观评价来作决定。

④从我们做事的方式可分为：J（Judging）判断—知觉 P（Perceiving）。

判断型（J）倾向于井然有序及有组织的生活，喜欢安顿一切事物。

知觉型（P）倾向于自然发生及有弹性的生活，对任何意见都抱开放态度。

以上四个维度上的方向划分，体现了每个人都会有自己的倾向性，也就是说，处在两个方向分界点的这边或那边，我们称之为“偏好”。例如：如果落在内向的那边，称为“具有内向的偏好”；如果落在外向的那边，称为“具有外向的偏好”。在现实生活中，每个维度的两个方面都会用到，只是其中的一个方面用得更频繁、更舒适，就好像每个人都会用到左手和右手，习惯用左手的人是左撇子，习惯用右手的人是右撇子。同样，在四个维度上用得最频繁、最熟练的那种方式就是具有这个维度上的偏好，而这四个偏好加以组合，就形成了性格类型，它反映了个体在一系列心理过程和行为方式上的特点。

(二)十六种性格类型

四个维度各有的两个方向,形成了性格类型的16种组合(2×2×2×2)。分别是:ESTJ、ESTP、ISTP、ISTJ、ESFJ、ESFP、ISFP、ISFJ、ENFJ、ENFP、INFP、INFJ、ENTJ、ENTP、INTP、INTJ。

每个人的性格通过科学的测试都会对应一种性格类型,进而了解自我已知的外显特征和模糊未知内在特征,更好地依据性格上的倾向,为个体的发展明确方向,做好规划。

二、性格测评

(一)指导语

这里没有“对”或“错”的答案,请仔细阅读每一道问题,然后选择您的答案。不要花太多时间思考任何一题。

1.认识你的人倾向形容你为

A.热情和敏感。

B.逻辑和明确。

2.下列哪一件事听起来比较吸引你?

A.与情人到有很多人且社交活动频繁的地方。

B.待在家中与情人做一些特别的事情,例如说观赏一部有趣的录影带并享用你最喜欢的外卖食物。

3.你倾向通过以下哪种方式收集信息?

A.你对有可能发生之事的想象和期望。

B.你对目前状况的实际认知。

4.你把大部分和别人的相遇视为

A.友善及重要的。

B.另有目的。

5.当和某人分手时,

A.你通常让自己的情绪深陷其中,很难抽身出来。

B.虽然你觉得受伤,但一旦下定决心,你会直截了当地将过去恋人的影子甩开。

6.当与一个人交往时,你倾向于看重

A.情感上的相容性:表达爱意和对另一半的需求很敏感。

B.智慧上的相容性:沟通重要的想法;客观地讨论和辩论事情。

7.你倾向拥有

A.很多认识的人和很亲密的朋友。

B.一些很亲密的朋友和一些认识的人。

8.过去,你的爱人和情人倾向对你说:

A.你难道不可以安静一会儿吗?

B.可以请你从你的世界中出来一下吗?

9.当你对一个约会觉得放心时,你偏向谈论

A.未来,关于改进或发明事物和生活的种种可能性。例如,你也许会谈论一个新的科

学发明，或一个更好的方法来表达你的感受。

B. 实际的、具体的、关于“此时此地”的事物。例如，你也许会谈论品酒的好方法，或你即将要参加的新奇旅程。

10. 你倾向相信

A. 你的直觉。

B. 你直接的观察和现成的经验。

11. 在约会中，你通常

A. 整体来说很健谈。

B. 较安静并保留，直到你觉得舒服。

12. 在第一次约会中，

A. 若你所约的人来迟了，你会很不高兴。

B. 一点儿都不在乎，因为你自己常常迟到。

13. 当你置身于一段关系中时，你倾向相信

A. 永远有进步的空间。

B. 若它没有被破坏，不予修补。

14. 你是这种人：

A. 喜欢先纵观全局。

B. 喜欢先掌握细节。

15. 过去，你遇见你大部分的情人是

A. 在宴会、夜总会、工作、休闲活动中、会议上或当朋友介绍我给他们的朋友时。

B. 通过私人的方式，例如个人广告、录影约会，或是由亲密的朋友和家人介绍。

16. 你是这类型的人：

A. 与其活在现实中，不如活在想象里。

B. 与其活在想象里，不如活在现实中。

17. 哪一项较常见？

A. 你准时出席而其他人都迟到。

B. 其他人都准时出席而你迟到。

18. 你偏好

A. 事先知道约会的行程：要去哪里、有谁参加、你会在那里多久、该如何打扮。

B. 让约会自然地发生，不做太多事先的计划。

19. 你是此类型的人：

A. 喜欢在一段时间里专心于一件事情直到完成。

B. 享受同时进行好几件事情。

20. 你倾向如此做决定：

A. 首先依你的心意，然后依你的逻辑。

B. 首先依你的逻辑，然后依你的心意。

21. 你倾向从何处得到力量？

A. 别人。

B. 自己的想法。

22. 你通常

A. 偏向于去想象一大堆关于即将来临的约会的事情。

B. 偏向于拘谨地想象即将来临的约会，只期待让它自然地发生。

23. 当你参加一个社交聚会时，你会

A. 在夜色很深时，一旦你开始投入，也许就是最晚离开的那一个。

B. 在夜晚刚开始的时候，我就疲倦了并且想回家。

24. 当你不同意情人的想法时，

A. 你尽可能地避免伤害对方的感情；若是会对对方造成伤害的话，你就不会说。

B. 你通常毫无保留地说话，并且对情人直言不讳，因为对的就是对的。

25. 你倾向比较能够察觉到，

A. 当人们需要情感上的支持时。

B. 当人们不合逻辑时。

26. 若你有时间和金钱，你的朋友邀请你到国外度假，并且在前一天才通知，你会：

A. 必须先检查你的时间表。

B. 立刻收拾行装。

27. 你选择的生活充满着

A. 日程表和组织。

B. 自然发生和弹性。

28. 你是这种喜欢……的人。

A. 下定决心并且做出最后肯定的结论

B. 放宽你的选择面并且持续收集信息

(二)评分规则

在这个问卷中，每道题中的选项代表了 8 种特征中的一种，每被选择一次计 1 分，请根据下面的计分表，计算出你在每个特征上的得分，比较外向—内向、感觉—直觉、思考—情感、判断—知觉。四个维度中，计算哪一个特征的分数较高，以分数较高的为主要特征。

外向	内向	感觉	直觉	思考	情感	判断	知觉
2A	2B	3B	3A	1B	1A	12A	12B
7A	7B	9B	9A	4B	4A	17A	17B
8A	8B	10B	10A	5B	5A	18A	18B
11A	11B	13B	13A	6B	6A	19A	19B
15A	15B	14B	14A	20B	20A	26A	26B
21A	21B	16B	16A	24B	24A	27A	27B
23A	23B	22B	22A	25B	25A	28A	28B
总计：	总计：	总计：	总计：	总计：	总计：	总计：	总计：

三、16种性格类型的特征

(一)ESTJ

这类人办事能力强,喜欢出风头,责任心强。务实、事实倾向,具有企业管理天分。对抽象理论不感兴趣,希望学习的知识、方法和经验可以直接或立即应用。他们喜好组织与管理活动,且专注以最有效率的方式行事以达到成效,具有决断力、关注细节且很快做出决策,却会忽略他人感受,喜作领导者或企业主管。

(二)ESTP

这类人无忧无虑,属乐天派。擅长现场解决问题。喜欢行动,对任何进展都感到高兴。具有适应性、包容性、务实性,喜欢投入心力到很快有成效的工作。为人随和,愿意与许多人交流,工作中充满冒险和乐趣,能随时抓住新的机遇。喜欢机械的东西和运动,并愿意朋友在身边。不喜欢冗长概念的解释及理论。

(三)ISTP

这类人奉行实用主义,喜欢行动,不爱空谈。冷静客观、安静、预留余地观察,具有弹性地以无偏见的好奇心和原始的幽默分析问题。他们对于探索原因和效果有极大的兴趣,重视效能。擅长于分析成事的缘由,且能实时地由大量资料中找出实际问题的核心,寻找最佳的解决方案。

(四)ISTJ

这类人严肃、有责任心、通情达理,对细节有很强的记忆和判断。他们能够引证准确的事实支持自己的观点,把过去的经历运用到现在的决策中。他们重视和利用符合逻辑、客观的分析,以坚持不懈的态度准时地完成工作,并且总是安排有序,很有条理。他们重视必要的理论体系和传统惯例,对于那些不是如此做事的人很不耐烦。

(五)ESFJ

这类人喜欢通过直接合作去切实帮助别人。诚挚、爱说话、合作性高、受欢迎、光明正大,重和谐且长于创造和谐,是天生的合作者和组织的活跃成员。他们常作对他人有益的事务,最有兴趣于能直接影响人们生活的事务,喜欢与他人共事,一起精确且准时地完成工作,得到鼓励和称许,会有更佳的工作成效。

(六)ESFP

这类人生性爱玩、充满活力,热爱生命,享受外在条件所带来的乐趣,用自己的陶醉来为别人增添乐趣。外向、和善、接纳、乐于分享、喜欢给予,喜欢与他人一起行动并促成事件发生。他们知晓事件未来的发展并热烈参与,最擅长于人际交往,处世有弹性,能立即适应他人与环境。

(七)ISFP

这类人温柔、体贴、敏感、羞怯、安宁、和善、亲切、谦虚,不对他人强加己见或价值观,喜欢有自由的空间及照自己拟订的计划办事。他们办事不急躁,常通过行动,而非语言来表达炽烈的情感,对领导工作不感兴趣,非成果导向,安于现状无意于急切或努力地改变现状,经常是忠诚的追随者。

(八)ISFJ

这类人忠心耿耿、有奉献精神和同情心，理解别人的感受，喜欢助人为乐，考虑周到，知性，具有传统的价值观，保守，安定性高，努力构建有序、和谐的工作与家庭环境。他们安静、和善、有责任感，坚定地致力于完成他们的义务，对细节事务有耐心、愿投入、能吃苦且力求精确，是团体中重要的安定力量。

(九)ENFJ

这类人热忱、易感应、负责任、爱交际、受欢迎及富同情心，对生活充满热情。他们对别人所想或需求会表达真正关切，且能用心去处理；能怡然、有技巧性地带领团体讨论或演示文稿提案，对社会称许及批评很在意，喜欢带领别人，并使团体或个体发挥潜能。

(十)ENFP

这类人热情奔放、充满活力、聪明、富想象力、乐观、率性、充满自信和创造性，几乎能达成所有有兴趣的事。他们认为生命中充满了机会，对难题很快就有对策，并能对有困难的人施予援手，无须预做规划准备，为达目的常能找出强制自己而为之的理由，期望能得到他人的肯定与支持，是即兴执行者。

(十一)INFP

这类人敏感、很灵活、有包容心、理想化，对重要之人忠心耿耿，对内心忠诚的事业义无反顾，希望外在的生活形态与内在的价值观相吻合，珍视内在和谐胜过一切。他们具有较强的好奇心，能很快看出机会所在，具有想了解及发展他人潜能的企图，想做很多事，而且做事全神贯注，经常充当开发、创意的角色，但对财富和周围的事物不太关心。

(十二)INFJ

这类人极富创意、感情强烈、原则性强，具有良好的个人品质，光明正大，坚信个人的价值观。善于独立进行创造性思考，因坚守原则而倍受敬重。他们关爱他人，会在工作中投注最大的努力，且由于在为公共利益服务等方面具有明晰洞察力，可能会被人尊敬与追随，坚韧、创意及必须达成的意图使之成功。

(十三)ENTJ

这类人坦诚、具有较强决策力，乐于战略性规划及目标设定，喜欢发号施令，易生过度自信，会强于表达自己的创见。他们能明察一切事物中的各种可能性，乐于经常吸收新知识且能广开信息管道，长于发展、实施广泛的系统，以解决组织的问题，专精于如公众演讲等具内涵与智能的谈话，是极为有力的领导者。

(十四)ENTP

这类人好激动、健谈、反应快、聪明、长于看清楚他人，擅长处理多样事务，兴趣多元化、易倾向于转移至新生的兴趣。他们可能因为有趣而争论问题的任何一个方面，对所需要的条件会有技巧地找出符合逻辑的理由，富有策略地、有智能地去解决新的或有挑战性的问题，但会轻视或厌烦经常的任务与细节，是个多面手。

(十五)INTP

这类人外表恬静，内心专注，总忙于分析问题，特别喜爱追求理论与科学事理，追求可发挥个人强烈兴趣的职业生涯，追求发展对有兴趣事务之逻辑解释。他们习惯于用逻辑和分析来解决问题，善于解决抽象问题，最有兴趣于创意事务及特定工作，对聚会与闲聊无大兴趣。

（十六）INTJ

这类人思维严谨、有逻辑性、具有较强的怀疑性、挑剔性、独立性、果断性，对专业水准及绩效要求高。足智多谋，是所有性格类型中最独立的。他们拥有宏大的愿景，强烈地要求个人自由和能力，能快速在众多外界事件中找出有意义的典范，对所承担的职务认真负责，积极策划并努力完成任务，在他们独创的思想中，不可动摇的信仰促使他们达到目标。

四、性格类型与职业

职业心理学研究表明：性格影响一个人对职业的适应性；不同职业有不同的性格要求。即，每个人的性格都不能百分之百地适应某种职业，但却可以根据自己的职业倾向来培养、发展相应的职业性格；也可根据自己的性格特征选择适合自己的职业。

性格类型没有好坏，但工作的成就感往往来自性格与职业的匹配（表 4-2）。

表 4-2　16 种性格类型与职业方向简表

性格类型	比较适合的职业
外向感觉思考判断（ESTJ）	法律工作者、政治家、警务人员、银行官员、项目经理、工厂主管、保险代理、后勤与供应经理、数据库经理、证券经济人、承包商等。
外向感觉思考知觉（ESTP）	各类贸易商、批发商、零售商、房地产、保险经济人、汽车销售、私人侦探、餐饮、娱乐业业主，证券分析师、理财顾问、个人投资者等。
内向感觉思考知觉（ISTP）	银行职员、证券分析师、商品经销商、产品代理商（有形产品为主）、机械、电气、电子工程师、警察、体育工作者、手工制作、画家等。
内向感觉思考判断（ISTJ）	审计师、会计、财务经理、办公室行政管理、后勤和供应管理、公务（法律、税务）执行人员、实验室技术人员、律师等。
外向感觉情感判断（ESFJ）	办公室行政或管理人员、秘书、总经理助理、客户服务人员、采购和物流管理人员、小学教师、营养学专家、学校管理者、商场经理等。
外向感觉情感知觉（ESFP）	公关专业人士、服务人员、时装设计和表演人员、导游、客户经理、市场营销、节目主持人、社区工作人员、运动教练、医护人员等。
内向感觉情感知觉（ISFP）	时装、首饰设计师、装潢、园艺设计师、漫画制作者、画家、舞蹈演员、餐饮业、娱乐业业主、个人健康和运动教练等。
内向感觉情感判断（ISFJ）	行政管理人员、总经理助理、秘书、人事管理者、项目经理、律师、医生、特教教师、心理学家、会计师、室内设计师等。
外向直觉情感判断（ENFJ）	人力资源培训主任、公司培训师、职业指导顾问、教育学、心理学研究人员、记者、撰稿人、社会活动、公关专家等。
外向直觉情感知觉（ENFP）	儿童教育、心理学工作者、职业规划顾问、社会工作者、培训师、演讲家、记者（访谈类）、人力资源、电影制作等。
内向直觉情感知觉（INFP）	各类艺术家、记者、诗人、建筑师、设计师、文学编辑、艺术指导、心理学工作者、社会工作者、教育顾问、翻译等。
内向直觉情感判断（INFJ）	心理咨询师、心理诊疗师、职业指导顾问、心理学、教育学、社会学、哲学及其他领域的研究人员、作家、诗人、剧作家、电影导演、画家、雕塑家、音乐家、艺术指导、设计师等。

续表 4-2

性格类型	比较适合的职业
外向直觉思考判断(ENTJ)	各类企业的高级主管、企业主、政治家、投资银行家、财务经理、经济学家、项目顾问、律师、法官、股票经济人、专项培训师等。
外向直觉思考知觉(ENTP)	投资顾问(房地产、金融、贸易、商业等)、各类项目的策划和发起人、风险投资人、市场营销、公关、广告创意总监、创新事业领导等。
内向直觉思考知觉(INTP)	证券分析师、律师、财务专家、软件设计、系统分析师、大学教师、科研机构研究人员、数学、物理、经济学、考古学、历史学家等。
内向直觉思考判断(INTJ)	各类科学家、研究人员、设计工程师、技术顾问、投资专家、法律顾问、医学专家、各类发明家、建筑师、财务计划人等。

【知识拓展】8种典型性格偏好的典型特征及适合职业

1.性格偏好:外向 E

优点:能运用外在的环境资源,乐意与他人来往,开放的态度,行动派,易被他人了解。

不足:不够独立,需要和他人共事,喜欢变化、行动,讨厌规范约束。

适合职业举例:导游、公关等。

2.性格偏好:内向 I

优点:独立自主、埋头工作、勤勉,沉思。以自己理想行事,不轻易以偏概全,不冲动行事。

不足:对外在环境了解不多,逃避他人,掩饰自己,易为他人误会,不喜欢工作被打断。

适合职业举例:钢琴师、诗人、心理学家等。

3.性格偏好:敏感 S

优点:耐心、细心、有条理,注意细节,重视实际,能记住琐碎细节,耐得住烦闷的工作。

不足:缺乏整体概念,想不出各种解决的途径,不相信直觉,不求创新,很难应付太复杂的工作,不喜欢预测未来。

适合职业举例:律师、秘书、会计师等。

4.性格偏好:直觉 N

优点:整体观念强,看问题全面,富有想象力,喜欢创新。

不足:不注重细节,不注重实际,不能忍受沉闷,不合逻辑,把握不住现在,骤下断言。

适合职业举例:影评师、室内设计师、美容师等。

5.性格偏好:思考 T

优点:合乎逻辑,善于分析,客观公正,有组织系统的思考,具有判断能力,坚定。

不足:忽略他人感受,误解别人的价值观,不在意和谐的人际关系,不暴露感情,较少同情心,不愿说服别人。

适合职业举例:教导员、法官等。

6.性格偏好:情感 F

优点:体谅他人感受,了解他人需要,喜欢和谐人际关系,易表露情感,喜欢说服别人。

不足：不合乎逻辑，不够客观，缺乏组织系统的思考，不具批判精神，全盘接受，感情用事。

适合职业举例：辅导人员、宗教人员等。

7. 性格偏好：判断J

优点：有计划、有步骤系统、果断有决心，有控制能力，明确、快速做决定。

不足：固执、不易妥协，没有弹性，依赖手边少有的资讯做决定，任何的修正意见都被预定计划所埋没。

适合职业举例：企业家、生产线主管、投资顾问等。

8. 性格偏好：知觉P

优点：善于协调，可由各种角度欣赏事物，具有弹性、开放态度，依据可靠资料做决定，不任意批评。

不足：犹豫不决，散漫无计划，不能有效控制情况，易于分心，计划常常更改。

适合职业举例：保险顾问、社会工作者、漫画家等。

【知识拓展】九型人格特征与职业

九型人格测试

请圈出你认为对的句子：

1. 当我有困难时，我会试着不让人知道。
2. 我不想成为一个喜欢批评的人，但很难做到。
3. 我喜欢当主角，希望得到大家的注意。
4. 被人误解对我而言是一件十分痛苦的事。
5. 我喜欢研究宇宙的道理、哲理。
6. 我常常设想最糟的结果而使自己陷入苦恼中。
7. 我喜欢让事情呈现得轻松、幽默。
8. 我是个易于满足的人，极少感到忧虑，几乎常是心平气和的。
9. 我很善于挺身而出，为自己的需要争持到底。
10. 我常为事情未能按意想中的方向发展而烦躁不乐。
11. 我需要在别人生活上占重要席位，我喜欢别人需要我。
12. 我是一个天生的推销员，说服别人对我来说是一件轻易的事。
13. 我不善于小组讨论或作简短谈话，我需要很多私人时间和空间。
14. 我对过去的事有着一份近乎执着的怀恋。
15. 我常常试探或考验朋友、伴侣的忠诚。
16. 我善于计划却不善于施行。
17. 我喜欢独立自主，一切都靠自己。
18. 身体上的舒适对我非常重要。
19. 我对现存的总觉不满。
20. 我做事有效率，也会找捷径，模仿力特强。
21. 许多人感到很愿意和我接近。
22. 我常被有象征性的事物吸引。

23. 当我感到窘促或被人询问实时感受时，我脑里常是一片空白。
24. 我很难违抗有权者的意见。
25. 我对于别人和他们做事的动机从不抱很大的怀疑态度。
26. 我知错能改，但由于执著好强，周围的人还是感觉到压力。
27. 我喜欢享有完全不用工作的时间。
28. 别人不能完成他的分内事，会令我失望和愤怒。
29. 帮助不到别人会让我觉得痛苦。
30. 我似具有策划、组织工作的本能而且能使工作顺利完成。
31. 别人常欠缺那份深深去了解我的感受。
32. 我讨厌自己貌似愚笨也憎恶被人视为愚笨。
33. 我似乎比大多数人更懂得享受生命。
34. 我在作任何抉择前必先搜集多方面资料，确保准确充足。
35. 当沉浸在工作或我擅长的领域时，别人会觉得我冷酷无情。
36. 我是很容易说话的人，凡事都有商量余地。
37. 我的面部表情严肃而生硬。
38. 我喜欢把别人从困难或尴尬的境况下解救出来。
39. 我习惯推销自己，对自己的能力十分有信心。
40. 我认为自己非常的不完善。
41. 我喜欢从旁观看别人怎样做而自己却不参与。
42. 我需要较长时间才能做出决定，一般来说，我喜欢行事谨慎。
43. 生命中没有很多事物是我不能欣赏的。
44. 我向往掌权的职位，喜欢行使权力。
45. 即使存在着个别差异，但我仍觉得大多数人是善良的、美好的。
46. 我常对自己挑剔，期望不断改善自己的缺点，以成为一个完美的人。
47. 我知道如何让别人喜欢我。
48. 我外向、精力充沛，喜欢不断追求成就，这使我的自我感觉十分良好。
49. 我有时很欣赏自己充满权威，有时却又优柔寡断，依赖别人。
50. 我喜欢把事情安排得井井有条和具有高贵品味，亦很重视仪态。
51. 我常怀疑自己有否足够的勇气去完成那应做的事。
52. 我生命中经历过的痛苦和不愉快的事很少。
53. 我野心勃勃，喜欢挑战和登上高峰的经验。
54. 一般来说，我不会过分投入任何一件事。
55. 我经常因少许细节而破坏了整件事。
56. 我感到助人是应分的，不论我是否喜欢，我也会迫使自己这样做。
57. 我做事喜欢事先知道自己在进展途上所在的位置。
58. 我不喜欢想象自己仅只是个平凡人，在很多方面我都是与众不同。
59. 我较其他人沉默，别人往往要问我在想什么。
60. 我认为没有严格的规律很难指示人该做什么。
61. 我很注意自己是否年轻，因为那是快乐的本钱。

62.如果周遭的人行为太过分时,我准会让他难堪。
63.别人批评我,我也不会回应和辩解,因为我不想发生任何争执与冲突。
64.我很容易知道别人的功劳和好处。
65.我对别人做的事总是不放心,批评一番后,自己会动手再做。
66.我喜欢用进度表、等级表或其他指针显示自己工作进展状况。
67.我常常表现得十分忧郁的样子,充满痛苦而且内向。
68.当别人请教我一些问题,我会巨细无遗地分析得很清楚。
69.我很重视别人对我所持的原则的观点,不论他们是赞成或反对。
70.在我生命里不论任何事物都是以最佳状态出现的。
71.我是一个很主动甚或具攻击性和自我肯定的人。
72.我需要有外来的动力,或刺激我继续工作、行动。
73.我脑子里常自我批评,也批评别人。
74.我多次感到别人对我的倚赖成了我无法负荷的重担。
75.我常因所完成的工作较多而招人妒忌。
76.我的忧苦和重压,别人常觉察不到。
77.我不喜欢人家问我广泛、笼统的问题。
78.我觉得任何事情在采取行动前应先取得有职权人士的批准才好。
79.我是个近乎反常的乐观主义者,“理想”对于我来说重于一切。
80.我爱依惯例行事,不大喜欢改变。
81.我十分抗拒别人干预我的行径,或强把他们的行径加诸我。
82.我似乎不太懂得幽默,没有弹性。
83.我不觉得自己有许多需要,总是最后才想到自己。
84.我重视在人眼前展示一个成功的形象。
85.初见陌生人时,我会表现得很冷漠、高傲。
86.我通常是等别人来接近我,而不是我去接近他们。
87.我常受怀疑所困扰,对存在着的矛盾别具警觉,也很敏感。
88.我希望别人对事情看得轻松点。
89.我觉得很难把自己品性上较温柔的一面呈露出来,例如温柔、接纳关怀等。
90.我可被尊为最公正的仲裁者,因为我认为诉讼双方都是同样好的。
91.我重视做事准确无误。
92.我有时会觉得别人不欣赏我为他们所做的一切。
93.要成功有时要对自己的原则或标准适度协调。
94.我很飘忽,常常不知自己下一刻想要什么。
95.我很有包容力,彬彬有礼,但跟人的感情互动不深。
96.我工作纯为了责任和职务。
97.我经常想事情光明的一面,而不看生命中黑暗的另一面。
98.我处事通常选择没有太多阻力的途径。
99.我会极力保护我所爱的人。
100.我常感到要和时间竞赛,许多应做的事情仍待完成。

101. 有时候，我觉得自己是个受害者，别人都在利用我。
102. 我喜欢展露出一个年轻活泼的形象。
103. 我似乎较其他人更深刻地感受人际关系终断时的那份困扰。
104. 如果不能完美地表态，我宁愿不说。
105. 我对一切不清楚的事，一定要问个明白，含糊不清是我最接受不了的。
106. 我想自己是个怀有赤子童心的人，能与人同乐。
107. 我要求光明正大，为此不惜与人发生冲突。
108. 我被动而优柔寡断。
109. 我待人热情而有耐性。
110. 我觉得必须对自己每时每刻负责。
111. 每遇到新事物的出现，我通常会走在活动的最前端。
112. 我感受特别深刻，并怀疑那些总是很快乐的人。
113. 我对时间、金钱和所拥有的一切都很吝啬。
114. 面对威胁时，我一是变得焦虑，一是对抗迎面而来的危险。
115. 我喜欢把事情“描绘”出来，看看我曾到过那些地方，也计划往哪儿去。
116. 我很有正义感，有时会支持不利的一方。
117. 我为自己性情稳定而自豪。
118. 每天晚上，我定要细心反省当日所做的，看是否每件工作都做得妥当。
119. 帮助别人达到快乐和成功是我重要的成就。
120. 我是活跃的竞争分子，亦很渴望别人的赞赏。
121. 我常因感到被遗弃，孤独而饱受煎熬。
122. 我比任何人更关心自己，更重视如何保护自己和自己的地位。
123. 我对别人侵犯性的行为很敏感，我不喜欢别人勉强我做任何事。
124. 我喜欢戏剧性、多彩多姿的生活。
125. 我想我是个不受限制、不愿妥协的人。
126. 我喜欢以低调处理事情，让别人也因而安稳下来。
127. 我不但不会说甜言蜜语，而且别人会觉得我唠叨不停。
128. 付出时，别人若不欣然接纳，我便会有挫折感。
129. 我争强好胜，喜欢跟别人比较。
130. 我理解小丑笑脸背后隐藏着忧伤，也对这事实很共鸣。
131. 我声线柔弱，人们常要我说话大声点，而这却使我动怒。
132. 当我和有权势的人接近时，我一方面感到安全，但另一方面却惧怕他们。
133. 我对感官的需求特别强烈，喜欢美食、服装、身体的触觉刺激，并纵情享乐。
134. 我能够坚持己见，甚至在处于下风的时候。
135. 我总没法记得前次我睡不安宁是多久以前的事。
136. 我是循规蹈矩的人，秩序对我十分有意义。
137. 我觉得许多人依赖我的帮忙和慷慨。
138. 我常常刻意保持兴奋的情绪。
139. 我有很强的创造天分和想象力，喜欢将事情重新整合。

140. 我倾向于独自判断并自己解决问题。
141. 我有时期待别人的指导，有时却忽略别人的忠告，径直去做我想做的事。
142. 我常觉得很多事情都很好玩，很有趣，人生真是快乐。
143. 我觉得大多数事件都是无关紧要的，那又何需如此紧张让它们牵着走呢？
144. 我若按自己安排的计划去工作，定然较按别人为我编排的工作会有更佳成绩。
145. “感情”对我来说很重要。
146. 我极其投入自己的工作，认同工作上的角色，有时甚而忘记“我”是谁。
147. 我注重小节而效率不高。
148. 我非常情绪化，一天的喜怒哀乐多变。
149. 我保留我所拥有的，也收集一些日后可能适用的物资。
150. 我常常保持警觉。
151. 我不喜欢要对人尽义务的感觉。
152. 我很重视现在，我常感到一份催迫，现在应是要行动的一刻。
153. 我不要求得到很多的注意力。
154. 我认为要别人爱我和认同我，我必先样样做到最好。
155. 我若有一天假期，我常不知道可以为自己做些什么。
156. 有时我会讲求效率而牺牲完美和原则。
157. 艺术及艺术性的表达方式对我很重要，他们可以帮助我疏导情绪。
158. 我常幻想自己是某方面的英雄人物或属于某重要阶层。
159. 我常静悄悄地进出，不为同室中人觉察。
160. 我大部分时间都避免卷入严肃的问题。
161. 在危机发生时，我会挺身而出，控制大局。
162. 我很容易认同别人所做的事和所知的一切。
163. 我习惯将自己对外界的不满压抑在心中而非释放出来。
164. 我觉得因我所做的一切，我堪当在人们心中占重要席位。
165. 我认为大多数人都不懂得欣赏生命的内在美。
166. 我认为必须多方面有成就，别人才会注意我。
167. 当我觉我自己处于无大作为的景况时，我会一事不理。
168. 我衡量他人时，常以他们是否对我构成威胁为据点。
169. 我的计划目标通常高于我的实际完成。
170. 我容易感到沮丧和麻木更多于愤怒。
171. 我很容易觉察到欺骗和羞辱，我当我意识到受骗时，我会极度愤怒。
172. 我对事物的观点似乎紧于事情的“对与错”或“好与坏”。
173. 我认为自己能滋养别人比任何工作更令我自豪。
174. 我喜欢告诉别人我所做的事和所知的一切。
175. 我对大部分的社交集会不太有兴趣，除非那是我熟识的和喜爱的人。
176. 我感到有些时候自己像是一个被流放的贵族。
177. 我常担心自由被剥夺，因此不爱作承诺。
178. 我是一位忠实的朋友和伙伴。

179.我感到有必要向别人表示我的不满。

180.我温和平静，不自夸，不爱与人竞争。

辨别“九型性格”——将有圈的句子的数目加起来

型号：题目

＃1:2、10、19、28、37、46、55、65、73、82、91、100、110、118、127、136、147、154、163、172 总分：________

＃2:1、11、21、29、38、47、56、64、74、83、92、101、109、119、128、137、145、155、164、173 总分：________

＃3:3、12、20、30、39、48、57、66、75、84、93、102、111、120、129、138、146、156、166、174 总分：________

＃4:4、14、22、31、40、50、58、67、76、85、94、103、112、121、130、139、148、157、165、176 总分：________

＃5:5、13、23、32、41、51、59、68、77、86、95、104、113、123、131、140、149、159、167、175 总分：________

＃6:6、15、24、34、42、49、60、69、78、87、96、105、114、122、132、141、150、158、168、178 总分：________

＃7:7、16、25、33、43、52、61、70、79、88、97、106、115、124、133、142、151、160、169、177 总分：________

＃8:9、17、26、35、44、53、62、71、81、89、99、107、116、125、134、144、152、161、171、179 总分：________

＃9:8、18、27、36、45、54、63、72、80、90、98、108、117、126、135、143、153、162、170、180 总分：________

最高分的三项性格，有可能是你的主要型号，但切忌以此结果为你的终极目标，你应多留意及反省自己，切勿只依赖问卷测试。

资料来源：http://lgeg.net/blognt/xxjk/index.aspx

九型人格与职业

第一型：完美型

1.相信原则，贯彻始终，诚实可靠，有让人信赖的本领；

2.组织能力强，有条理，做事井井有条；

3.对组织的缺陷有警觉性和觉察力，并会提出实质性改进建议；

4.道德感强、理想主义，是团体中的精神领袖；

5.客观、公平、公正，追求真理，锲而不舍，坚持到底；

6.喜爱学习和认识事物，并极力将它们用于事业和生活中；

7.自律能力强，勇于自我批评。

适合需要坚持原则与公正的领域，如法官、医生、质量检查、纪律检查、安全检查、财会等。

第二型：助人型

1.有爱心和同情心，较易感知别人的需要，易与人产生共鸣；

2.乐于助人，主动地驱动自己把事情做好；

3.适应力强，善于同不同类型的人交往，获得他人的欢心和信任；

4.钟情，对人一往情深，并富于表达情感，容易建立长久友谊；

5.慷慨热情、友善体贴，外在具有弹性，调整自己迎合他人需要；

6.有欣赏能力，自发赞美他人，容易赢得他人友谊。

所有跟人打交道的工作都能发挥第二型天赋的才能，如客服、教师、护士、工会主席、推销人员。

第三型：成就型

1.精力充沛、活力十足，与人融洽相处、有凝聚力；

2.有效率、灵活变通，实际、不好高骛远；

3.乐观、自信，是让人信服的领导者，会授权、组织、领导能力强；

4.勤奋、自我推动，为实现目标卧薪尝胆、奋发图强；

5.目标明确、头脑清醒、条理分明；

6.有能力处理危机，知道如何避免冲突。

充满弹性，擅长说服别人，又很有目标性，在具有挑战性和说服别人的工作中尤其能发挥天赋的才能，如在推销、保险、演讲等领域尤其容易成功。

给第三型一个团队也能充分发挥他的才华。

第四型：自我型/艺术型

1.有创意、创造力和艺术感；

2.敏感性高，慈悲情怀，同情他人的不幸遭遇，并乐于提供帮助；

3.敏锐的直觉、有内省能力，对日常事务有着过人的洞察力；

4.真诚、忠于自己的感情和真诚的朋友，直率，善于表达；

5.热情洋溢、精神亢奋时能量惊人、精力饱满地投入工作；

6.举止优雅、智慧、机智，为人和善。

适合从事要求高度创意的工作，他们有对美的发现能力，所有涉及美的工作都能发挥他们天赋的才能。如美术、音乐、艺术、时装、戏剧、文学、装潢、广告、产品设计等领域。

第四型幻想力丰富，对不同角色扮演的适应力强，亦可担当如律师、医生、工程师等专业人士。

富有同情心，凭着丰富的创意和与人为善的交际能力，也将成为优秀的市场策划和推广人员。

第五型：思考型

1.乐于收集大量资讯，善于分门别类管理，以得到合乎逻辑的结论；

2.聪明，分析力强，能提出见解深刻的解决方案；

3.观察敏锐，很快便能捕捉到问题的关键，善于理解；

4.客观、冷静、理智、心思缜密，能将自己的感情因素抽离事外；

5.学习能力强，特别对于深奥的观念和学问，有融会贯通的能力；

6.可以独立处理很多问题，做事井井有条；

7.表达能力强，在自己的专业内，乐于提供咨询，答疑解惑；

8.有创造力，能提出独到而有价值的新观念。

擅长将大量数据有条不紊地分门别类，有过人的洞察和分析能力，会成为某个特定领域的专家，适合科学家、咨询顾问、决策分析、数据分析整理、研究等岗位。

第五型亦适合担当侦察、刺探情报等任务。

第六型：忠诚型

1. 忠诚、诚实，忠于领袖赋予的信念，循规蹈矩，不偏离团体轨迹；
2. 感官敏锐，警觉性高，能察觉到潜伏的危机；
3. 责任心强、实干、慎重，对下属要求高，能带领团队共同完成目标；
4. 照顾别人、乐于付出，重视团体价值，与他人互相依赖、平等合作；
5. 富有同情心、风趣幽默、讨人喜欢。

在需要细心、耐心、警惕、忠诚的岗位上能发挥他们天赋的才能，如策划、规划、警察、情报人员、保卫人员等。

第七型：活跃型

1. 喜爱欢乐、慷慨大方、魅力十足，有助于舒缓紧张气氛；
2. 富想象力，创意丰富，尤其适应于商业领域；
3. 热情、乐观、开朗，易于吸引不同类型的人与之为友，善于公关；
4. 喜欢冒险，只要认为信念正确，会不计后果地采取行动；
5. 善于累积人际网络，能快速辨识对自己有用的人；
6. 有效率，办事能力强，可同时在不同类型的工作中做出成绩；
7. 聪敏灵活、求知欲强、多才多艺，善于表达。

一切能吸引第七型兴趣的岗位，尤其是公关、社交、计算机、需要创意的工作。

第八型：领导型

1. 富有领导才能、组织能力，能激励团体中的成员全力以赴；
2. 果断、有决断力，不会轻易改变决定，精力充沛，处事效率高；
3. 有开创力，不因循守旧，在事业上会突围而出；
4. 尽力保护家人、朋友，不计付出，维护正义，不平则鸣；
5. 无惧艰难，排除情绪干扰思考解决方法，善于处理很大的危机；
6. 自信、斗志旺盛、永不言败，即便失败也会总结经验，迅即东山再起；
7. 直接、诚实，不拘小节、光明正大。

在需要勇气、智慧面对冲突时，最能够展现天赋的才能。做领导者，带领团队，或作为创业者。

第九型：和平型

1. 和平、亲切而肯妥协，有调解纷争的本领；
2. 有耐性、肯倾听别人的疑难，并有能力稳定他人的情绪；
3. 宽容、包容力强，接受不同意见，不苛求别人，更能认同他人；
4. 有同情心、仁慈，具外交手腕，会支持人得到信任，吸引他人与之交往；
5. 冷静平和、能平等对待不同身份、类型的人；
6. 触觉敏锐，有移情作用，无需别人详细表达，已能明白其感受。

不需要面对冲突的和人打交道的工作，最能发挥第九型天赋的能力。如人力资源师、教师、护士、咨询师、治疗师、服务人员等岗位。

资料来源：http://www.hrloo.com/rz/4048.html

第三节　我的兴趣

兴趣是人们认识事物所表现出来的积极态度与心理倾向，或是个体积极探究某种事物的认识倾向。当某一个人对某一个事物产生浓厚的兴趣时，他一定会对这个事物保持充分的注意，并进行积极的探索活动。

兴趣会影响一个人有无意愿或动机从事某项职业，以及在工作中的努力程度；兴趣可以通过工作动机来促进能力的发挥，当兴趣与能力合理结合起来时，能大大提高工作效率，增强职业生涯的选择性。

但是，要特别注意，你对某一特定的职业有兴趣，并不意味着你有能力干好这个职业；同样，如果你具有从事某项工作的能力，但对此项工作缺乏兴趣，那么你在该职业生涯上成功的可能性也非常小。只有你对某一种职业感兴趣，同时又具有该职业所要求的能力才能做好这项工作。

兴趣既有天生的成分，也可以通过后天来培养，它的主要培养途径是社会实践。兴趣爱好往往经不起时间的考验，甚至会走偏方向。因此，我们在追求职业成功时，不要简单从兴趣出发，而要把自己的兴趣爱好和所学的专业以及现实情况结合起来。假如你所学的专业与你的兴趣爱好相一致，那是最好不过了。但如果你所学专业并不是你最感兴趣的，然而你的专业又很有意义，你也很愿意做下去，那么就不要过分强调自己的兴趣爱好而拒绝你的专业学习，你可以通过社会实践去努力培养自己的兴趣。

一、兴趣分类

人的兴趣是多种多样的，概括起来可以分为“物质兴趣和精神兴趣”与“直接兴趣和间接兴趣”两大类。

（一）物质兴趣和精神兴趣

按兴趣的内容，兴趣可分为物质兴趣和精神兴趣。

物质兴趣表现为对舒适、食物、衣着等物质的迷恋和追求，例如对高档汽车、豪华住宅、名牌手表等兴趣。

精神兴趣主要表现为对科学知识以及对文学、艺术的迷恋和追求，例如数学、写作、绘画、发明创造等兴趣。

（二）直接兴趣和间接兴趣

按兴趣的目的可分为直接兴趣和间接兴趣。

直接兴趣是因事物本身引人入胜而产生的兴趣。如喜欢乒乓球、跳舞，可能是因为这些活动本身对你有吸引力，通过这些活动你会获得愉快和满足——这就是直接兴趣。

间接兴趣是事物或活动本身并不能引起人们的兴趣，而是事物的作用或活动的结果引起人们的兴趣。如你可能感到学外语是一件很枯燥的事情，但对它仍然兴致很浓，这并不是学外语本身会给你带来轻松愉快，而是学外语可以继续攻读学位，可以直接了解国外最新信息，可以出国学习或交流，可以找到满意的工作等，是这些结果在吸引你学习——这就是间接兴趣。

直接兴趣和间接兴趣可以互相转化,也可以相互结合,从而更有效地调动你的积极性。

【知识拓展】兴趣发展的三个阶段

通常,兴趣的发生和发展要经历一个“有趣—乐趣—志趣(职业兴趣)”的过程。

有趣是兴趣过程的第一个阶段,也是兴趣发展的初级阶段,往往非常短暂和不稳定,有时候是盲目的。处于这一阶段的兴趣常常与对某一事物的新奇感相联系,随着这种新奇感的消失,兴趣也会自然消失。

乐趣是兴趣过程的第二个阶段,它是在有趣定向发展的基础上形成的,是兴趣发展的中级阶段。在这一阶段,人的兴趣变得专一、深入起来。

志趣是兴趣过程的第三个阶段,当乐趣同社会责任感、理想和奋斗目标结合起来时,乐趣便转化为志趣,即职业兴趣。这往往是一个人取得成功的根本动力,是成功的重要保证。

二、职业兴趣类型与职业

职业兴趣指人们对某种职业所表现出来的积极态度与心理倾向,或者说是一个人想从事某种职业的愿望。职业兴趣是职业生涯成功的一个重要推动力,美国曾对 2 000 多位著名的科学家进行调查,发现很少有人是由于谋生的目的而工作,他们大多是出于个人对某一领域问题的强烈兴趣而孜孜以求,不计名利报酬,忘我地工作,显然,他们职业生涯的成功是与他们的职业兴趣紧密相连的。因此,职业兴趣是大学生职业选择应考虑的重要因素之一。

美国心理学家霍兰德(Holland)将职业兴趣分为六种类型,现实型(realistic,R)、研究型(investigative,I)、艺术型(artistic,A)、社会型(social,S)、企业型(enterprising,E)、常规型(conventional,C)。每种类型具有不同的典型特征。每种类型的人对应一定的职业需要,从而可以根据职业需求进行合理的搭配(表 4-3)。

表 4-3 兴趣类型与职业方向简表

兴趣类型	共同特征	适合职业
现实型(R)	动手能力强,做事手脚灵活,动作协调,愿意使用工具从事操作性强的工作;偏好具体任务,不善言辞,不善交际。	喜欢使用工具、机器,需要基本操作技能的工作。对要求具备机械方面才能、体力或从事与物件、机器、工作、运动器材、植物、动物相关的职业有兴趣,并具备相应能力,如工程师、技术员;机械操作、维修安装工人、木工、电工、鞋匠等;司机;测绘员、描图员;农民、牧民、渔民等。
研究型(I)	抽象能力强,求知欲强,知识渊博,有学识才能,肯动脑筋,善思考,考虑问题理性,喜欢逻辑分析和推论,不愿动手;喜欢独立和富有创造性的工作,不善于领导他人。	喜欢智力的、抽象的、分析的、独立的定向任务,要求具备将观察、估测、衡量形成理论,以探讨、建立、寻求最终解决问题方法和途径的能力,如自然科学和社会科学方面的研究人员、专家;化学、冶金、电子、无线电、电视、飞机等方面的工程师、技术人员;飞行驾驶员、计算机操作人员等。

续表 4-3

兴趣类型	共同特征	适合职业
艺术型(A)	喜欢以各种艺术形式的创作来表现自己的才能,实现自身价值;具有特殊艺术才能和个性;乐于创造新颖的、与众不同的艺术成果,渴望表现自己的个性,不善于事务性工作。	喜欢的工作要求具备艺术修养、创造力、表达能力和直觉,具备用语言、行为、声音、颜色和形式体现、呈现审美、思索和感受的能力。如音乐、舞蹈、戏剧等方面的演员、艺术家编导、教师;文学、艺术方面的评论员;广播节目的主持人、编辑、作者;绘图、书法、摄影家;艺术、家具、珠宝、房屋装饰等行业的设计师等。
社会型(S)	比较看重社会义务和社会道德,喜欢从事为他人服务和教育他人的工作;喜欢参与解决人们共同关心的社会问题,渴望发挥自己的社会作用。	喜欢要求与人打交道的工作,能够不断结交新的朋友,具备从事提供信息、启迪、帮助、培训、开发或治疗等事务的能力,如教师,保育员、行政人员;医护人员;衣食住行服务行业经理、管理人员和服务人员;社会工作者、咨询人员、福利人员等。
企业型(E)	精力充沛、自信、善交际,做事有较强的目的性,具有领导才能,喜欢权力、地位和物质财富;喜欢竞争,敢冒风险。	喜欢以实现机构、政治、社会及经济目标的工作,要求具备经营、管理、劝服、监督和领导才能,如项目经理、企业家、政府官员、行政部门和单位的领导者、管理者、销售人员、营销管理人员等。
常规型(C)	喜欢按计划办事,细心、有条理,工作踏实,不喜欢冒险和竞争;习惯接受他人的智慧和领导,忠诚可靠,遵守纪律,不谋求领导职位。	喜欢要求注意细节、精确度、有系统、有条理的工作,具有记录、归档和根据特定要求或程序组织数据、文字信息的能力,如会计、出纳、统计人员;办公室人员;秘书和文书;图书管理员;旅游、外贸职员,保管员,邮递员,审计人员,人事职员等。

三、职业倾向(兴趣)测试

职业兴趣决定的是这个职业你是否喜欢。理想在客观上确定了你要做什么,而兴趣在主观上确定了你喜欢什么。兴趣是影响人择业最主观的因素,也是判断一个职业是否适合息的关键因素。所以,大学生在择业时一定要充分考虑自己的兴趣。

【测一测】霍兰德职业倾向测验量表

本测验量表将帮助您发现和确定自己的职业兴趣和能力特长,从而更好地做出求职择业的决策。如果您已经考虑好或选择好了自己的职业,本测验将使您的这种考虑或选择具有理论基础,或向您展示其他合适的职业;如果您至今尚未确定职业方向,本测验将帮助您根据自己的情况选择一个恰当的职业目标。本测验共有七个部分,每部分测验都没有时间限制但请您尽快按要求完成。

第一部分　您心目中的理想职业(专业)

对于未来的职业(或升学进修的专业),您得早有考虑,它可能很抽象、很朦胧,也可能很具体、很清晰。不论是哪种情况,现在都请您把自己最想干的 3 种工作或最想读的 3 种专业,按顺序写下来。

1. ______________,2. ______________,3. ______________。

第二部分　您所感兴趣的活动

下面列举了若干种活动，请就这些活动判断你的好恶。喜欢的，请在“是”栏里打√，不喜欢的，请在“否”里打×。请按顺序回答全部问题。

R:实际型活动

1.装配修理电器或玩具　是□　否□
2.修理自行车　是□　否□
3.用木头做东西　是□　否□
4.开汽车或摩托车　是□　否□
5.用机器做东西　是□　否□
6.参加木工技术学习班　是□　否□
7.参加制图描图学习班　是□　否□
8.驾驶卡车或拖拉机　是□　否□
9.参加机械和电气学习班　是□　否□
10.装配修理机器　是□　否□

统计“是”一栏得分：________

A:艺术型活动

1.素描/制图或绘画　是□　否□
2.参加话剧/戏剧　是□　否□
3.设计家具/布置室内　是□　否□
4.练习乐器/参加乐队　是□　否□
5.欣赏音乐或戏剧　是□　否□
6.看小说/读剧本　是□　否□
7.从事摄影创作　是□　否□
8.写诗或吟诗　是□　否□
9.进艺术(美术/音乐)培训　是□　否□
10.练习书法　是□　否□

统计“是”一栏得分：________

I:调查型活动

1.读科技图书和杂志　是□　否□
2.在实验室工作　是□　否□
3.改良水果品种，培育新的水果　是□　否□
4.调查了解土和金属等物质的成分　是□　否□
5.研究自己选择的特殊问题　是□　否□
6.解算术或玩数学游戏　是□　否□
7.物理课　是□　否□
8.化学课　是□　否□
9.几何课　是□　否□
10.生物课　是□　否□

统计“是”一栏得分：________

S:社会型活动

1.学校或单位组织的正式活动 是□ 否□
2.参加某个社会团体或俱乐部活动 是□ 否□
3.帮助别人解决困难 是□ 否□
4.照顾儿童 是□ 否□
5.出席晚会、联欢会、茶话会 是□ 否□
6.和大家一起出去郊游 是□ 否□
7.想获得关于心理方面的知识 是□ 否□
8.参加讲座会或辩论会 是□ 否□
9.观看或参加体育比赛和运动会 是□ 否□
10.结交新朋友 是□ 否□

统计"是"一栏得分:________

E:事业型活动

1.说服鼓动他人 是□ 否□
2.卖东西 是□ 否□
3.谈论政治 是□ 否□
4.制定计划、参加会议 是□ 否□
5.以自己的意志影响别人的行为 是□ 否□
6.在社会团体中担任职务 是□ 否□
7.检查与评价别人的工作 是□ 否□
8.结交名流 是□ 否□
9.指导有某种目标的团体 是□ 否□
10.参与政治活动 是□ 否□

统计"是"一栏得分:________

C:常规型(传统型)活动

1.整理好桌面和房间 是□ 否□
2.抄写文件和信件 是□ 否□
3.为领导写报告或公务信函 是□ 否□
4.检查个人收支情况 是□ 否□
5.打字培训班 是□ 否□
6.参加算盘、文秘等实务培训 是□ 否□
7.参加商业会计培训班 是□ 否□
8.参加情报处理培训班 是□ 否□
9.整理信件、报告、记录等 是□ 否□
10.写商业贸易信 是□ 否□

统计"是"一栏得分:________

第三部分　您所擅长的活动

下面列举了若干种活动,其中你能做或大概能做的事,请在"是"栏里打√;反之,在"否"栏里打×。请回答全部问题。

R:实际型活动

1.能使用电锯、电钻和锉刀等木工工具 是□ 否□

2.知道万用表的使用方法 是□ 否□

3.能够修理自行车或其他机械 是□ 否□

4.能够使用电钻床、磨床或缝纫机 是□ 否□

5.能给家具和木制品刷漆 是□ 否□

6.能看建筑设计图 是□ 否□

7.能够修理简单的电气用品 是□ 否□

8.能修理家具 是□ 否□

9.能修理收录机 是□ 否□

10.能简单地修理水管 是□ 否□

统计"是"一栏得分：________

A:艺术型能力

1.能演奏乐器 是□ 否□

2.能参加二部或四部合唱 是□ 否□

3.独唱或独奏 是□ 否□

4.扮演剧中角色 是□ 否□

5.能创作简单的乐曲 是□ 否□

6.会跳舞 是□ 否□

7.能绘画、素描或书法 是□ 否□

8.能雕刻、剪纸或泥塑 是□ 否□

9.能设计板报、服装或家具 是□ 否□

10.写得一手好文章 是□ 否□

统计"是"一栏得分：________

I:调研型能力

1.懂得真空管或晶体管的作用 是□ 否□

2.能够列举三种蛋白质多的食品 是□ 否□

3.理解铀的裂变 是□ 否□

4.能用计算尺、计算器、对数表 是□ 否□

5.会使用显微镜 是□ 否□

6.能找到三个星座 是□ 否□

7.能独立进行调查研究 是□ 否□

8.能解释简单的化学 是□ 否□

9.理解人造卫星为什么不落地 是□ 否□

10.经常参加学术的会议 是□ 否□

统计"是"一栏得分：________

S:社会型能力

1.有向各种人说明解释的能力 是□ 否□

2.常参加社会福利活动 是□ 否□
3.能和大家一起友好相处地工作 是□ 否□
4.善于与年长者相处 是□ 否□
5.会邀请人、招待人 是□ 否□
6.能简单易懂地教育儿童 是□ 否□
7.能安排会议等活动顺序 是□ 否□
8.善于体察人心和帮助他人 是□ 否□
9.帮助护理病人和伤员 是□ 否□
10.安排社团组织的各种事务 是□ 否□

统计"是"一栏得分：________

E:事业型能力

1.担任过学生干部并且干得不错 是□ 否□
2.工作上能指导和监督他人 是□ 否□
3.做事充满活力和热情 是□ 否□
4.有效利用自身的做法调动他人 是□ 否□
5.销售能力强 是□ 否□
6.曾作为俱乐部或社团的负责人 是□ 否□
7.向领导提出建议或反映意见 是□ 否□
8.有开创事业的能力 是□ 否□
9.知道怎样做能成为一个优秀的领导者 是□ 否□
10.健谈善辩 是□ 否□

统计"是"一栏得分：________

C:常规型能力

1.会熟练的打印中文 是□ 否□
2.会用外文打字机或复印机 是□ 否□
3.能快速记笔记和抄写文章 是□ 否□
4.善于整理保管文件和资料 是□ 否□
5.善于从事事务性的工作 是□ 否□
6.会用算盘 是□ 否□
7.能在短时间内分类和处理大量文件 是□ 否□
8.能使用计算机 是□ 否□
9.能搜集数据 是□ 否□
10.善于为自己或集体做财务预算表 是□ 否□

统计"是"一栏得分：________

第四部分　你所喜欢的职业

下面列举了多种职业，请逐一认真地看，如果是你有兴趣的工作，请在"是"栏里打√；如果你不太喜欢、不关心的工作，请在"否"栏里打×。请回答全部问题。

R:实际型活动

1.飞机机械师 是□ 否□

2. 野生动物专家 是□ 否□

3. 汽车维修工 是□ 否□

4. 木匠 是□ 否□

5. 测量工程师 是□ 否□

6. 无线电报务员 是□ 否□

7. 园艺师 是□ 否□

8. 长途公共汽车司机 是□ 否□

9. 火车司机 是□ 否□

10. 电工 是□ 否□

统计"是"一栏得分:________

S:社会型职业

1. 街道、工会或妇联干部 是□ 否□

2. 小学、中学教师 是□ 否□

3. 精神病医生 是□ 否□

4. 婚姻介绍所工作人员 是□ 否□

5. 体育教练 是□ 否□

6. 福利机构负责人 是□ 否□

7. 心理咨询员 是□ 否□

8. 共青团干部 是□ 否□

9. 导游 是□ 否□

10. 国家机关工作人员 是□ 否□

统计"是"一栏得分:________

I:调研型职业

1. 气象学或天文学者 是□ 否□

2. 生物学者 是□ 否□

3. 医学实验室的技术人员 是□ 否□

4. 人类学者 是□ 否□

5. 动物学者 是□ 否□

6. 化学者 是□ 否□

7. 数学学者 是□ 否□

8. 科学杂志的编辑或作家 是□ 否□

9. 地质学者 是□ 否□

10. 物理学者 是□ 否□

统计"是"一栏得分:________

E:事业型职业

1. 厂长 是□ 否□

2. 电视片编制人 是□ 否□

3. 公司经理 是□ 否□

4.销售员 是□ 否□

5.不动产推销员 是□ 否□

6.广告部长 是□ 否□

7.体育活动主办者 是□ 否□

8.销售部长 是□ 否□

9.个体工商业者 是□ 否□

10.企业管理咨询人员 是□ 否□

统计"是"一栏得分：________

A:艺术型职业

1.乐队指挥 是□ 否□

2.演奏家 是□ 否□

3.作家 是□ 否□

4.摄影家 是□ 否□

5.记者 是□ 否□

6.画家、书法家 是□ 否□

7.歌唱家 是□ 否□

8.作曲家 是□ 否□

9.电影电视演员 是□ 否□

10.电视节目主持人 是□ 否□

统计"是"一栏得分：________

C:常规型职业

1.会计师 是□ 否□

2.银行出纳员 是□ 否□

3.税收管理员 是□ 否□

4.计算机操作员 是□ 否□

5.簿记人员 是□ 否□

6.成本核算员 是□ 否□

7.文书档案管理员 是□ 否□

8.打字员 是□ 否□

9.法庭书记员 是□ 否□

10.人口普查登记员 是□ 否□

统计"是"一栏得分：________

第五部分 您的能力类型简评

下面两张表是您在6个职业能力方面的自我评定表。您可以先与同龄者比较出自己在每一方面的能力，然后经斟酌后对自己的能力作评估。请在表中适当的数字上画圈。数字越大，表示你的能力越强。注意，请勿全部画同样的数字，因为人的每项能力不可能完全一样。

表 A

R 型	I 型	A 型	S 型	E 型	C 型
机械操作能力	科学研究能力	艺术创作能力	解释表达能力	商业洽谈能力	事务执行能力
7	7	7	7	7	7
6	6	6	6	6	6
5	5	5	5	5	5
4	4	4	4	4	4
3	3	3	3	3	3
2	2	2	2	2	2
1	1	1	1	1	1

表 B

R 型	I 型	A 型	S 型	E 型	C 型
体育技能	数学技能	音乐技能	交际技能	领导技能	办公技能
7	7	7	7	7	7
6	6	6	6	6	6
5	5	5	5	5	5
4	4	4	4	4	4
3	3	3	3	3	3
2	2	2	2	2	2
1	1	1	1	1	1

第六部分　统计和确定您的职业倾向

请将第二部分至第五部分的全部测验分数按前面已统计好的 6 种职业倾向(R 型、I 型、A 型、S 型、E 型和 C 型)得分填入下表,并作纵向累加。

测试	R 型	I 型	A 型	S 型	E 型	C 型
第二部分						
第三部分						
第四部分						
第五部分 A						
第五部分 B						
总分						

请将上表中的 6 种职业倾向总分按大小顺序依次从左到右排列:

______型、______型、______型、______型、______型、______型

最高分←——您的职业倾向性得分——→最低分

第七部分　您所看重的东西——职业价值观

这一部分测验列出了人们在选择工作时通常会考虑的9种因素(见所附工作价值标准)。现在请您在其中选出最重要的两项因素,并将序号填入下边相应空格上。

最重要:________,次重要:________,最不重要:________,次不重要:________。

附:工作价值标准:

1. 工资高、福利好
2. 工作环境(物质方面)舒适
3. 人际关系良好
4. 工作稳定有保障
5. 能提供较好的受教育机会
6. 有较高的社会地位
7. 工作不太紧张、外部压力少
8. 能充分发挥自己的能力特长
9. 社会需要与社会贡献大

以上全部测验完毕。

现在,将你测验得分居第一位的职业类型找出来,对照下表,判断一下自己适合的职业类型。

职业索引——职业兴趣代号与其相应的职业对照:

R(实际型):木匠、农民、操作X光的技师、工程师、飞机机械师、鱼类和野生动物专家、自动化技师、机械工(车工、钳工等)、电工、无线电报务员、火车司机、长途公共汽车司机、机械制图员、修理机器、电器师。

I(调查型):气象学者、生物学者、天文学家、药剂师、动物学者、化学家、科学报刊编辑、地质学者、植物学者、物理学者、数学家、实验员、科研人员、科技工作者。

A(艺术型):室内装饰专家、图书管理专家、摄影师、音乐教师、作家、演员、记者、诗人、作曲家、编剧、雕刻家、漫画家。

S(社会型):社会学者、导游、福利机构工作者、咨询人员、社会工作者、社会科学教师、学校领导、精神病工作者、公共保健护士。

E(事业型):推销员、进货员、商品批发员、旅馆经理、饭店经理、广告宣传员、调度员、律师、政治家、零售商。

C(常规型):记账员、会计、银行出纳、法庭速记员、成本估算员、税务员、核算员、打字员、办公室职员、统计员、计算机操作员、秘书。

下面介绍与你3个代号的职业兴趣类型一致的职业系列,对照的方法如下:首先根据你的职业兴趣代号,在下面的系列中找出相应的职业,例如你的职业兴趣代号是RIA,那么牙科技术人员、陶工等是适合你兴趣的职业。然后寻找与你职业兴趣代号相近的职业,如你的职业兴趣代号是RIA,那么,其他由这三个字母组合成的编号(如IRA、IAR、ARI等)对应的职业,也较适合你的兴趣。

RIA:牙科技术员、陶工、建筑设计员、模型工、细木工、制作链条人员。

RIS:厨师、林务员、跳水员、潜水员、染色员、电器修理、眼镜制作、电工、纺织机器装配工、服务员、装玻璃工人、发电厂工人、焊接工。

RIE：建筑和桥梁工程、环境工程、航空工程、公路工程、电力工程、信号工程、电话工程、一般机械工程、自动工程、矿业工程、海洋工程、交通工程技术人员、制图员、家政经济人员、计量员、农民、农场工人、农业机械操作、清洁工、无线电修理、汽车修理、手表修理、管工、线路装配工、工具仓库管理员。

RIC：船上工作人员、接待员、杂志保管员、牙医助手、制帽工、磨坊工、石匠、机器制造、机车（火车头）制造、农业机器装配、汽车装配工、缝纫机装配工、钟表装配和检验、电动器具装配、鞋匠、锁匠、货物检验员、电梯机修工、托儿所所长、钢琴调音员、装配工、印刷工、建筑钢铁工作、卡车司机。

RAI：手工雕刻、玻璃雕刻、制作模型人员、家具木工、制作皮革品、手工绣花、手工钩针纺织、排字工作、印刷工作、图画雕刻、装订工。

RSE：消防员、交通巡警、警察、门卫、理发师、房间清洁工、屠夫、锻工、开凿工人、管道安装工、出租汽车驾驶员、货物搬运工、送报员、勘探员、娱乐场所的服务员、起卸机操作工、灭害虫者、电梯操作工、厨房助手。

RSI：纺织工、编织工、农业学校教师、某些职业课程教师（诸如艺术、商业、技术、工艺课程）、雨衣上胶工。

REC：抄水表员、保姆、实验室动物饲养员、动物管理员。

REI：轮船船长、航海领航员、大副、试管实验员。

RES：旅馆服务员、家畜饲养员、渔民、渔网修补工、水手长、收割机操作工、搬运行李工人、公园服务员、救生员、登山导游、火车工程技术员、建筑工作、铺轨工人。

RCI：测量员、勘测员、仪表操作者、农业工程技术、化学工程技师、民用工程技师、石油工程技师、资料室管理员、探矿工、煅烧工、烧窖工、矿工、保养工、磨床工、取样工、样品检验员、纺纱工、炮手、漂洗工、电焊工、锯木工、刨床工、制帽工、手工缝纫工、油漆工、染色工、按摩工、木匠、农民建筑工作、电影放映员、勘测员助手。

RCS：公共汽车驾驶员、一等水手、游泳池服务员、裁缝、建筑工作、石匠、烟囱修建工、混凝土工、电话修理工、爆炸手、邮递员、矿工、裱糊工人、纺纱工。

RCE：打井工、吊车驾驶员、农场工人、邮件分类员、铲车司机、拖拉机司机。

IAS：普通经济学家、农场经济学家、财政经济学家、国际贸易经济学家、实验心理学家、工程心理学家、心理学家、哲学家、内科医生、数学家。

IAR：人类学家、天文学家、化学家、物理学家、医学病理、动物标本剥制者、化石修复者、艺术品管理者。

ISE：营养学家、饮食顾问、火灾检查员、邮政服务检查员。

ISC：侦察员、电视播音室修理员、电视修理服务员、验尸室人员、编目录者、医学实验定技师、调查研究者。

ISR：水生生物学者，昆虫学者、微生物学家、配镜师、矫正视力者、细菌学家、牙科医生、骨科医生。

ISA：实验心理学家、普通心理学家、发展心理学家、教育心理学家、社会心理学家、临床心理学家、目标学家、皮肤病学家、精神病学家、妇产科医师、眼科医生、五官科医生、医学实验室技术专家、民航医务人员、护士。

IES：细菌学家、生理学家、化学专家、地质专家、地理物理学专家、纺织技术专家、医院药剂师、工业药剂师、药房营业员。

IEC:档案保管员、保险统计员。

ICR:质量检验技术员、地质学技师、工程师、法官、图书馆技术辅导员、计算机操作员、医院听诊员、家禽检查员。

IRA:地理学家、地质学家、声学物理学家、矿物学家、古生物学家、石油学家、地震学家、声学物理学家、原子和分子物理学家、电学和磁学物理学家、气象学家、设计审核员、人口统计学家、数学统计学家、外科医生、城市规划家、气象员。

IRS:流体物理学家、物理海洋学家、等离子体物理学家、农业科学家、动物学家、食品科学家、园艺学家、植物学家、细菌学家、解剖学家、动物病理学家、作物病理学家、药物学家、生物化学家、生物物理学家、细胞生物学家、临床化学家、遗传学家、分子生物学家、质量控制工程师、地理学家、兽医、放射性治疗技师。

IRE:化验员、化学工程师、纺织工程师、食品技师、渔业技术专家、材料和测试工程师、电气工程师、土木工程师、航空工程师、行政官员、冶金专家、原子核工程师、陶瓷工程师、地质工程师、电力工程师、口腔科医生、牙科医生。

IRC:飞机领航员、飞行员、物理实验室技师、文献检查员、农业技术专家、动植物技术专家、生物技师、油管检查员、工商业规划者、矿藏安全检查员、纺织品检验员、照相机修理者、工程技术员、编计算程序者、工具设计者、仪器维修工。

CRI:簿记员、会计、记时员、铸造机操作工、打字员、按键操作工、复印机操作工。

CRS:仓库保管员、档案管理员、缝纫工、讲述员、收款人。

CRE:标价员、实验室工作者、广告管理员、自动打字机操作员、电动机装配工、缝纫机操作工。

CIS:记账员、顾客服务员、报刊发行员、土地测量员、保险公司职员、会计师、估价员、邮政检查员、外贸检查员。

CIE:打字员、统计员、支票记录员、订货员、校对员、办公室工作人员。

CIR:校对员、工程职员、海底电报员、检修计划员、发报员。

CSE:接待员、通信员、电话接线员、卖票员、旅馆服务员、私人职员、商学教师、旅游办事员。

CSR:运货代理商、铁路职员、交通检查员、办公室通信员、簿记员、出纳员、银行财务职员。

CSA:秘书、图书管理员、办公室办事员。

CER:邮递员、数据处理员、办公室办事员。

CEI:推销员、经济分析家。

CES:银行会计、记账员、法人秘书、速记员、法院报告人。

ECI:银行行长、审计员、信用管理员、地产管理员、商业管理员。

ECS:信用办事员、保险人员、各类进货员、海关服务经理、售货员,购买员、会计。

ERI:建筑物管理员、工业工程师、农场管理员、护士长、农业经营管理人员。

ERS:仓库管理员、房屋管理员、货栈监督管理员。

ERC:邮政局长、渔船船长、机械操作领班、木工领班、瓦工领班、驾驶员领班。

EIR:科学、技术和有关周期出版物的管理员。

EIC：专利代理人、鉴定人、运输服务检查员、安全检查员、废品收购人员。

EIS：警官、侦察员、交通检验员、安全咨询员、合同管理者、商人。

EAS：法官、律师、公证人。

EAR：展览室管理员、舞台管理员、播音员、驯兽员。

ESC：理发师、裁判员、政府行政管理员、财政管理员、工程管理员、职业病防治、售货员、商业经理、办公室主任、人事负责人、调度员。

ESR：家具售货员、书店售货员、公共汽车的驾驶员、日用品售货员、护士长、自然科学和工程的行政领导。

ESI：博物馆管理员、图书馆管理员、古迹管理员、饮食业经理、地区安全服务管理员、技术服务咨询者、超级市场管理员、零售商品店店员、批发商、出租汽车服务站调度。

ESA：博物馆馆长、报刊管理员、音乐器材售货员、广告商售画营业员、导游、(轮船或班机上的)事务长、飞机上的服务员、船员、法官、律师。

ASE：戏剧导演、舞蹈教师、广告撰稿人，报刊、专栏作者、记者、演员、英语翻译。

ASI：音乐教师、乐器教师、美术教师、管弦乐指挥，合唱队指挥、歌星、演奏家、哲学家、作家、广告经理、时装模特。

AER：新闻摄影师、电视摄影师、艺术指导、录音指导、丑角演员、魔术师、木偶戏演员、骑士、跳水员。

AEI：音乐指挥、舞台指导、电影导演。

AES：流行歌手、舞蹈演员、电影导演、广播节目主持人、舞蹈教师、口技表演者、喜剧演员、模特。

AIS：画家、剧作家、编辑、评论家、时装艺术大师、新闻摄影师、男演员、文学作者。

AIE：花匠、皮衣设计师、工业产品设计师、剪影艺术家、复制雕刻品大师。

AIR：建筑师、画家、摄影师、绘图员、环境美化工、雕刻家、包装设计师、陶器设计师、绣花工、漫画工。

SEC：社会活动家、退伍军人服务官员、工商会事务代表、教育咨询者、宿舍管理员、旅馆经理、饮食服务管理员。

SER：体育教练、游泳指导。

SEI：大学校长、学院院长、医院行政管理员、历史学家、家政经济学家、职业学校教师、资料员。

SEA：娱乐活动管理员、国外服务办事员、社会服务助理、一般咨询者、宗教教育工作者。

SCE：部长助理、福利机构职员、生产协调人、环境卫生管理人员、戏院经理、餐馆经理、售票员。

SRI：外科医师助手、医院服务员。

SRE：体育教师、职业病治疗者、体育教练、专业运动员、房管员、儿童家庭教师、警察、引座员、传达员、保姆。

SRC：护理员、护理助理、医院勤杂工、理发师、学校儿童服务人员。

SIA：社会学家、心理咨询者、学校心理学家、政治科学家、大学或学院的系主任、大学或学院的教育学教师、大学农业教师、大学工程和建筑课程的教师、大学法律教师、大学数学、医学、物理、社会科学和生命科学的教师、研究生助教、成人教育教师。

SIE：营养学家、饮食学家、海关检查员、安全检查员、税务稽查员、校长。

SIC：描图员、兽医助手、诊所助理、体检检查员、监督缓刑犯的工作者、娱乐指导者、咨询人员、社会科学教师。

SIR：理疗员、救护队工作人员、手足病医生、职业病治疗助手。

【课堂活动】我的岛屿计划

你获得了一次免费度假游的机会，有机会去下列六个岛屿中的一个。唯一的要求是你必须要在这个岛上和岛上的居民一起生活至少半年的时间。请不要考虑其他因素，仅凭自己的兴趣挑出你最想前往的岛屿。

让我们先来参观一下六个神奇的职业兴趣岛：

A 岛——美丽浪漫岛

这个岛上到处是美术馆、音乐厅，弥漫着浓厚的艺术文化气息。岛民们保留着传统的舞蹈、音乐与绘画，许多文艺界人士都喜欢来到这里，沙龙派对，寻找灵感。

C 岛——现代井然岛

岛上处处耸立着现代建筑，标志着这是一个进步的、都市形态的岛屿。岛上的户政管理、物业管理及金融管理都十分完善。岛民们个性冷静保守，办事井井有条。

E 岛——显赫富庶岛

岛上的居民热情豪爽，善于企业经营和贸易。岛上的经济高度发达，处处是高级饭店、俱乐部、高尔夫球场。岛上往来者多是企业家、经理人、政治家、律师等等，这些商界名流与上等阶层人士在岛上享受着高品质的生活。

I 岛——深思冥想岛

这个岛平畴绿野，人少僻静，适合夜观星象。岛上有很多天文馆、科技博物馆、科学图书馆。岛上居民喜好沉思、钻研学问、探究真知，喜欢和来自各地的哲学家、科学家讨论学术问题，交流思想。

R 岛——自然原始岛

岛上保留有热带的原始植物，自然生态保持得很好，也有相当规模的动物园、植物园、水族馆。岛上居民以手工见长，自己种植花果蔬菜、修缮房屋、打造器物、制作工具。

S 岛——温暖友善岛

岛上居民性情温和、十分友善、乐于助人，社区均自成一个密切互动的服务网络，人们多互助合作，重视教育，弦歌不辍，处处充满着人文关怀气息。

下面，你总共有 15 秒钟时间回答以下问题：

1. 你第一会选择哪一个岛？

2. 你第二会选择哪一个岛？

3. 你第三会选择哪一个岛？

4. 你打死都不愿意选择哪一个岛？

选好之后，依次记下 4 个问题的答案。

测试分析：

ACEIRS 六个岛事实上分别代表了六种 Holland 职业类型，它们的描述以及矛盾关系如下：

A 岛——艺术型(Artistic)　　C 岛——常规型(Conventional)

E 岛——企业型(Enterprising)　I 岛——研究型(Investigative)

R 岛——实用型(Realistic)　　S 岛——社会型(Social)

问题 1 的答案体现了你最显著的职业性格特征、最喜欢的活动类型以及最喜欢(很可能是最适合)的大致职业范围。反之,问题 4 的答案则是你最不喜欢的活动等。

深度思考:自己选择的岛屿与自己的人格类型和职业兴趣是否吻合?

【知识拓展】

在《加拿大职业分类词典》中,有 10 种职业兴趣类型,各种职业兴趣类型的特点和相对应的职业如下:

1. 愿与事物打交道。这类人喜欢同事物打交道(比如:工具、器具或数字),而不喜欢从事与人和动物打交道的职业。

相应的职业有:制图员、勘测员、修理工、裁缝、木匠、出纳员、记账员、会计、建筑工、工程技术、机械制造等。

2. 愿与人接触。这类人喜欢与他人接触的工作,他们喜欢销售、采访、传递信息一类的活动。

相应的职业有:记者、推销员、教师、营业员、服务员、行政管理人员、外交联络等。

3. 愿干有规律的工作。这类人喜欢常规的、有规律的活动,在预先安排的条件下做细致工作。

相应的职业有:办公室职员、图书馆管理员、档案整理员、邮件分类员、统计员等。

4. 愿从事社会福利和助人的工作。这类人乐意帮助别人,试图改善他人的状况,喜欢独自与人接触。

相应的职业有:医生、教师、律师、护士、咨询人员、科技推广人员等。

5. 愿做领导和组织工作。这类人喜欢管理工作,爱好掌管一些事情,他们在企事业单位中起着重要的作用。

相应的职业有:学校领导和辅导员、行政人员、企业管理干部等。

6. 愿研究人的行为。这类人喜欢谈论涉及人的主题,他们爱研究人的行为举止和心理状态。

相应的职业有:心理学、政治学、人事管理、思想政治教育研究工作以及教育、行为管理工作、社会科学工作者、作家等。

7. 愿从事科学技术事业。这类人喜欢分析的、推理的、测试的活动,擅长理论分析,喜欢独立解决问题,也喜欢通过实验获得新发现。

相应的职业有:生物、化学、工程学、物理学、自然科学工作者、工程技术人员等。

8. 愿从事抽象性和创造性的工作。这类人喜爱需要有想象力和创造力的工作。

相应的职业有:化验、新产品开发、社会调查、经济分析、演员、创作人员、设计人员、画家等。

9. 愿做操纵机器的技术工作。这些人喜欢运用一定的技术,操纵各种机械,制造产品或完成其他任务。

相应的职业有:机床工、驾驶员、飞行员等。

10. 愿从事具体的工作。这类人喜欢制作看得见、摸得着的产品,希望很快看到自己的劳动成果,他们从完成的产品中得到自我满足。

相应的职业有:厨师、机械维修、园林工,理发师、美容师、室内装饰、手工制作等。

【课堂活动】10 种职业兴趣类型的测试

指导语:请仔细阅读下面的问题,对于每项活动,如果你的回答是肯定的话,则回答"是",如果回答是否定的话,回答"否",然后统计每一组回答"是"的次数。

第一组

1. 你喜欢自己动手修理收音机、自行车、缝纫机、钟表、电线开关一类器具吗?(　　)
2. 你对自己家里使用的电扇、电熨斗、缝纫机等器具的质量和性能了解吗?(　　)
3. 你喜欢动手做小型的模型(诸如滑翔机、汽车、轮船、建筑模型等)吗?(　　)
4. 你喜欢与数字、图表打交道(诸如记账、制表、制图)一类的工作吗?(　　)
5. 你喜欢制作工艺品、装饰品和衣服吗?(　　)

回答"是"的次数(　　)

第二组

1. 你喜欢给别人买东西当顾问吗?(　　)
2. 你热衷于参加集体活动吗?(　　)
3. 你喜欢接触不同类型的人吗?(　　)
4. 你喜欢拜访别人、爱与人讨论各种问题吗?(　　)
5. 你喜欢在会议上积极发言吗?(　　)

回答"是"的次数(　　)

第三组

1. 你喜欢没有干扰的、有规则的从事日常工作吗?(　　)
2. 你喜欢对任何事情都预先做周密的安排吗?(　　)
3. 你善于查阅字典、辞典和资料索引吗?(　　)
4. 你喜欢按固定的程序有条不紊地工作吗?(　　)
5. 你喜欢把事物分类和归档的工作吗?(　　)

回答"是"的次数(　　)

第四组

1. 你喜欢倾听别人的难处并乐于帮助他们解决困难吗?(　　)
2. 你愿意为残疾人服务吗?(　　)
3. 在日常生活中,你愿给人们提供帮助吗?(　　)
4. 你喜欢向别人传授知识和经验吗?(　　)
5. 你喜欢防病治病和照顾病人的工作吗?(　　)

回答"是"的次数(　　)

第五组

1. 你喜欢主持班级集体活动吗?(　　)
2. 你喜欢接近领导和老师吗?(　　)
3. 你喜欢在人多时,当众发表自己的观点和意见吗?(　　)

4. 如果老师不在时，你能主动维持班里学习和生活的正常秩序吗？（   ）
5. 你具有强烈的责任感和工作魄力吗？（   ）
回答“是”的次数（   ）

第六组

1. 你特别爱读文学著作中对人内心世界的细致描写吗？（   ）
2. 你喜欢听人们谈论他们的活动和想法吗？（   ）
3. 你喜欢观察和研究人的心理和行为吗？（   ）
4. 你喜欢阅读有关领导人物、政治家、科学家等名人传记吗（   ）
5. 你很想了解世界各国的政治和经济制度吗？（   ）
回答“是”的次数（   ）

第七组

1. 你喜欢参观技术展览会或收听（收看）技术新消息的节目吗？（   ）
2. 你喜欢阅读科技杂志吗？（   ）
3. 你想了解生机勃勃的大自然的奥秘吗？（   ）
4. 你想了解使用科学精密仪器和电子仪器的工作吗？（   ）
5. 你喜欢复杂的绘图和设计工作吗？（   ）
回答“是”的次数（   ）

第八组

1. 你想设计一种新的发型或服装吗？（   ）
2. 你喜欢创作画吗？（   ）
3. 你尝试着写小说或编剧吗？（   ）
4. 你很想参加学校宣传队或演出小组吗？（   ）
5. 你爱用新方法、新途径来解决问题吗？（   ）
回答“是”的次数（   ）

第九组

1. 你喜欢操作机器吗？（   ）
2. 你很羡慕机械类工程师的工作吗？（   ）
3. 你想了解机器的构造和工作性能吗？（   ）
4. 你喜欢交通驾驶一类的工作吗？（   ）
5. 你喜欢参观和研究新的机器设备吗？（   ）
回答“是”的次数（   ）

第十组

1. 你喜欢从事非常具体的工作吗？（   ）
2. 你喜欢做很快就看到产品的工作吗？（   ）
3. 你喜欢做让别人看到效果的工作吗？（   ）
4. 你喜欢做那种时间短、但可以做得很好的工作吗？（   ）
5. 你喜欢做有形的事情（诸如编织、烧饭等），而不是喜欢抽象的活动吗？（   ）
回答“是”的次数（   ）

统计方法：

在每组中统计答"是"的总次数，得分越高，相应的兴趣类型就越符合你的职业兴趣特点；得分越低，相应的兴趣类型越不符合你的职业兴趣的特点。然后对照加拿大分类词典中兴趣类型所对应的职业，给你的职业生涯定位。

组别	"是"的总次数	兴趣类型
第一组		愿与事物打交道
第二组		愿与人接触
第三组		愿干有规律的工作
第四组		愿从事社会福利和助人的工作
第五组		愿做领导和组织工作
第六组		愿研究人的行为
第七组		愿从事科学技术事业
第八组		愿从事抽象性和创造性的工作
第九组		愿做操纵机器的技术工作
第十组		愿从事具体的工作

第四节　我的能力

能力是直接影响人们活动的效率，保证人们顺利完成某种活动所必须具备的个性心理特征，也是人们成功完成某种活动所表现出来的个性心理特征。能力是与活动紧密联系在一起的，并在一定的活动中表现出来。人的一生要从事各种各样的社会生活和社会生产活动，需要人具备多种能力与之相适应。当一个人的能力和工作的要求相匹配时，最容易发挥个人的潜能，并且获得一种满足感。相反，当一个人做自己力所不能及的工作时，就会感到焦虑，甚至产生挫败感。而当一个人能力超出工作要求太多时，又容易感到乏味，工作缺乏挑战。

无论从事什么职业都需要一定的能力作保证。大学生在选择职业时，要清楚我们能做什么和不能做什么。能力不同，对职业选择就有差异，应注意自己的能力与职业的吻合。因此，了解自己的能力倾向及不同职业的能力要求，对合理地进行职业选择具有重要意义。

一、能力分类

(一)一般能力和特殊能力

按能力所表现的活动领域不同，可把能力分为一般能力和特殊能力。

(1)一般能力又称普通能力　指不同种类活动中表现出来的，人们所共有的、最基本的能力，也就是人们常说的智力，即个人认识过程中的各种能力。一般能力包括感知能力、观察能力、记忆力能力、思维能力、想象能力、言语能力等。

(2)特殊能力又称专门能力　指某种专业活动表现出的能力，是一般能力在职业活动中的延伸，也称为特长。特殊能力只在特殊活动领域内发生作用。一般认为，音乐能力、绘画能力、数学能力、协作能力、管理能力等都是特殊能力。

每个个体要顺利完成某项工作，除要具有一般能力外，又要具有该项工作所要求的特殊能力。一般能力是各种特殊能力形成和发展的基础，一般能力越是发展，就越能为特殊能力的发展创造有利条件；特殊能力的发展，同时也会促进一般能力的提高。

(二)模仿能力和创造能力

按照活动中能力的创造性大小，可把能力分为模仿能力和创造能力。

(1)模仿能力也称再造能力　指人们通过观察别人的行为、活动来学习各种知识，然后以相同的方式做出反应的能力。如成年人学画、习字时的临摹，儿童模仿父母的说话、表情等。

(2)创造能力　指在活动中创造出独特的、新颖的、有社会价值的产品能力。创造能力是从模仿能力的基础上发展起来的，人们的活动一般总是先模仿，后创造。模仿是创造的前提和基础，创造是模仿的发展。模仿能力和创造能力又是相互渗透的，模仿能力中包含有创造能力的成分，创造能力中包含模仿能力的因素。

(三)认知能力、操作能力和社交能力

按照能力的功能，可把能力划分为认知能力、操作能力和社交能力。

(1)认知能力　指人脑加工、存储和提取信息的能力，如观察力、记忆力、想象力等。人们认识客观世界，获取各种各样知识，主要依赖人的认知能力。

(2)操作能力　指操作自己的肢体以完成各项活动的能力，如劳动能力、表演能力、实验操作能力、运动能力等。操作能力与认知能力不能截然分开。不通过认知能力积累一定的知识和经验，就不会有操作能力的形成和发展。反过来，操作能力不发展，人的认知能力也不可能得到很好的发展。

(3)社交能力　指在社会交往中表现出的能力，如组织管理能力、判断决策能力、调解纠纷能力、理解他人的能力等。在社交能力中包含有认知能力和操作能力。

(四)能力倾向和技能

按照能力的获得方式(先天具有与后天培养)可把能力划分为能力倾向和技能。

(1)能力倾向　指每个人都有的，上天赋予我们的特殊才能，如音乐、运动能力等。它是与生俱来的，不过也有可能因未被开发而荒废。因此，这是一种潜能。

(2)技能　指经过后天学习和练习，培养而形成的能力。辛迪·梵和理查德·鲍尔斯(Sidney Fine & Richard Bolles)将技能分为三种类型：

①专业知识技能：需要通过教育或者培训才能获得的特别的知识或能力，也就是个人所学习的科目、所懂得的知识。专业知识技能一般用名词来表示。

②自我管理技能(或叫适应技能)：是个体在不同的环境中如何管理自己。它被用来描述或说明人具有的某些特征。如是认真的还是拖沓的，是创新的还是保守的等等。良好的自我管理技能能够帮助个体更好地适应周围的环境、应对工作中出现的问题。自我管理技

能一般用形容词或副词来表示。

③可迁移技能(或叫通用技能):是一个人会做的事。如维修、设计、组织协调等。是职业生涯中除岗位专业能力之外的基本能力,适用于各种职业,能适用岗位不断变化,是伴随人终身的可持续发展能力。一般用行为动词来描述。

在这三种类型的技能中,专业知识技能是通过学习专业知识获取的,也是最基本的、最容易提升的一项技能,而可迁移技能和自我管理技能则是要通过不断的实践,并在实践中不断的提炼获取的。

【知识拓展】三种技能解析与词汇列表

各项词汇列表清单不可能涵盖全部技能词汇,列出部分仅供激发思考。

一、知识技能

1.概念:需要通过教育或者培训才能获得的特别的知识或能力,也就是个人所学习的科目、所懂得的知识。

2.可以在下面的知识技能词汇表清单中圈出你所知道的。

3.列表:如有可能,用一个更具体的词来替换这里的词汇。比如,如果你圈出了"外语"这个词,根据你所掌握的外语方面的知识,你可以把它替换成"英语"或"日语"。

美学　会计　管理　农业　解剖学　声学　青春期　杂技　飞机　动物　古董
人类学　制陶术　工程学　地理　开胃食品　庆典　发动机　构造　仪器　椅子
娱乐　设备　仲裁　化学药品　建筑　教堂　高尔夫球　数学　城市　政府
艺术　艺术史　家庭　机构　气候　图表　衣服　时尚　天文学　语法　运动
颜色　肥料　原子　喜剧　电影　金融　手工艺品　儿童养育　计算机　财务记录
卫生保健　信仰　消防　化妆品　急救　历史　生物学　园艺　插花　植物学
外语　卫生　卡通　地理学　新闻业　商品　心理学　养育

二、自我管理技能

1.概念:通常被看作个性品质而非技能,因为它被用来描述或说明人具有的某些特征。

2.列表:

活跃的—活泼的,精力充沛的;
精通的—娴熟的,内行的,熟练的;
胆大的—勇敢的,冒险的;
攻击性强的—强有力的,好斗的;
坚持己见的—强调的,坚持的;
健壮的—强壮的,肌肉发达的;
平衡的—公平的,公正的,无私的;
心胸开阔的—宽容的,开明的;
有条理的—有效率的,勤勉的;
正直的—直率的,坦率的,真诚的;
平静的—沉着,不动摇的,镇定的;
仔细的—谨慎的,小心的;
清楚的—明白的,明确的,确切的;
好分析的—逻辑的,批判的;
能说会道的—善于表达的,擅长辞令的;
艺术的—美学的,优美的;
随和的—放松的,随意的;
有效的—多产的,有说服力的;
有效率的—省力的,省时的;
同情的—理解的,关心的;
着重的—强调的,有力的,有把握的;
精力充沛的—活泼的,活跃的,有生气的;
热情的—热切的,热烈的;
进取的—冒险的,努力的;
慷慨的—乐善好施的,仁慈的;
富于表现力的—生动的,有力的;

聪明的—伶俐的，敏锐的，敏捷的；
有能力的—熟练的，高效的；
志趣相投的—愉快的，融洽的；
有信心的—自信的，有把握的；
常规的—传统的，认可的；
有勇气的—勇敢的，无畏的，英勇的；
有创造性的—新颖的，有创意的；
好奇的—好问的，爱探究的；
慎重的—小心的，审慎的；
谨慎的—小心的，精明的；
拘谨的—矜持的，客气的；
反应灵敏的—活泼的，能接纳的；
负责的—充分考虑的，成熟的；
严肃的—冷静的，认真的，坚决的；
精明的—机敏的，爱算计的，机警的；
真诚的—诚恳的，可信的，诚挚的；
好交际的—随和的，亲切的；
稳定的—坚固的，稳固的，可靠的；
有说服力的—令人信服的；
公平的—无私的，无偏见的；
有远见的—明智的，有预见的；
灵活的—适应性强的，易调教的；
坚定的—不动摇的，稳定的，不屈不挠的；
大方的—慷慨的，无私的，乐善好施的；
温和的—好心的，温柔的，有同情心的；
吃苦耐劳的—坚强的，坚韧不拔的；
健康的—精力充沛的，强壮的，健壮的；
诚实的—真诚的，坦率的；
特意的—有目的的，故意的；
忠诚的—真诚的，忠实的，坚定的；
小心翼翼的—精确的，完美主义的；
有条理的—系统的，整洁的，精确的；
观察敏锐的—专注的，留心的，警觉的；
头脑开放的—接纳的，客观的；
有秩序的—整洁的，训练有素的，整齐的；
独创的—创造性的，罕有的；
充满热情的—狂喜的，强烈的，热心的；
完全的—彻底的，全部的。

三、可迁移技能

1. 概念：一个人能做、会做的事。比如教学、组织、说服、设计、考察、分析、搜索等等。它们可以从生活中的方方面面，特别是工作之外得到发展，却可以迁移应用于不同的工作之中。可迁移技能也是个人最能持续运用和最能够依靠的技能。

2. 列表：

执行　照顾　巩固　指导　声称　编辑　建设　洞察　适应　制图　联系　发现
管理　选择　控制　拆除　装配　分类　烹调　展示　劝告　打扫　协调　证明
开玩笑　攀登　培养　鼓励　分析　训练　纠正　绘制　预测　收集　联络　训练
申请　着色　咨询　驾驶　评价　交流　计数　编辑　安排　比较　创造　授受
评估　完成　决定　忍耐　权衡　集中　设计　估计　协助　构成　代表　提高
参加　领会　运送　娱乐　审核　计算　证明　建立　美化　调和　探测　膨胀
预算　面对　发展　解释　购买　联结　发明　探索　计算　保存　诊断　表达
促进　领导　生产　分享　喂养　学习　编程　运送　感受　搬运　提升　演出
填充　倾听　校对　简化　融资　装载　保护　唱歌　调整　定位　提供　绘图
装配　维修　证明　交际　追随　制造　宣扬　分类　预见　管理　测量　演讲
伪造　操纵　提问　拼写　构成　调解　阅读　驾驶　阐述　收集　推理　激励
测量　记忆　记录　建议　给予　指导　招聘　总结　统治　最小化　减少　监督
引导　修改　讲述　合成　处理　教导　研究　系统化　收获　激发　回忆　列表
识别　养育　描绘　趋向　举例　观察　研究　测验　执行　操作　解决　贸易
即兴表演　创造　找回　翻译

附:21 世纪雇主们最重视的 11 项技能

1.沟通能力	2.积极主动性	3.团队合作精神	4.领导能力
5.学习成绩	6.人际交往能力	7.适应能力	8.专业技术
9.诚实正直	10.工作道德	11.分析和解决问题的能力	

注:5、8 表示知识技能;2、3、9、10 表示自我管理技能;1、4、6、7、11 表示可迁移技能。

资料来源:

http://wenku.baidu.com/link?url=19DoxGcajDuGG3xthXZjwUGoIBd87zB9y71YZjnZ52HbBCsVywsvouhY066iK8E3PvH_A9wOI3XMltld0O9KqScIluOsii-bCuLiRCInTHW

二、能力与职业

社会上任何一种职业对工作者都有相应的能力要求,要保证成功有效地完成某项工作,既要有一般能力作为基础,又要有特殊能力的保证。能力是职业适应性首要的和基本的制约因素。职业活动中所需的能力(职业能力)经常是多种能力的综合。例如:一位教师只具有语言表达能力是不够的,还必须具有对教学的组织和管理能力,对教材的理解和使用能力,对教学问题和教学效果的分析、判断能力等。

因此,大学生在进行择业时,明确自己能力的优势以及胜任某种工作的可能性,是非常必要的。下面列举的常见能力与适合职业,供大家进行职业选择时参考。

(一)一般学习能力(又称智力)

一般学习能力是指人认识、理解客观事物,并运用知识、经验等解决问题的能力。它包括记忆能力、观察能力、注意能力,其核心是逻辑思维能力。

一般学习能力是人在学习、工作、日常生活中必须具备、广泛使用的能力。职业或专业的水平越高,对人的一般学习能力的要求越高。例如,要当好一名医生,必须具有较高的智力水平;当一名护士,则只需要中等的智力水平;而当一名护理员,智力水平稍低的人亦能胜任。

(二)语言表达能力

语言表达能力是指对语言文字的使用与驾驭能力,以及运用语言文字编辑和处理资料、表达自己思想、观点的能力。简单说来,它包括语言文字的理解能力和口头表达能力。

不同的职业对人的语言能力要求不相同,例如,教师、营销员、公关人员等必须具备较好的语言表达能力。要胜任教师、公关、管理和市场营销员、营业员、服务员、护士等职业,必须具备较强的语言能力;而对于机械工程技术人员、电子技术人员、计算机技术人员、科学研究者等来说,则不一定需要较强的语言能力。

(三)数学逻辑能力

数学逻辑能力是指个体运用数学思维分析和处理问题的能力,是解决逻辑、推理和数学、物理、机械工程等问题的基本能力。

大部分职业都要求职员有一定的数学逻辑能力,但不同专业或职业对数学逻辑能力要求程度不同。例如,对于数学家、哲学家、统计师、建筑师、化学家等来说,必须具有较强的数学逻辑能力;而对于法官、律师、历史学家、文艺工作者、研究者等,要求工作者具备中等水平的数学逻辑能力;对于演员、话务员、招待员、厨师、理发员、导游、矿工、石匠、渔民等来说,则对工作者的数学逻辑能力要求较低。

(四)空间判断能力

空间判断能力指对空间事物的空间关系的感知能力，是处理空间信息和工程技术、几何、美术及各种设计问题的必备基本能力。空间判断能力高的人一般具有非常强的看懂几何图形、立体图形的三个面的理解力，非常善于识别物体在空间运动中的联系、位置关系等。

一般来说，与图纸、工程、建筑等打交道的工作，以及牙科医生、内外科医生等职业，对人的空间判断能力要求很高；对于裁缝、电工、木工、无线电修理工、机床工来说，也要求具有一般的空间判断能力，才能胜任；而对于律师、公证人、政治学研究者、哲学研究者、经济学研究者、会计、出纳、营业员、服务员、秘书、译员等人员来说，其空间判断能力的要求就较低。

(五)形态知觉能力

形态知觉能力是对事物的视觉特征（包括形状、大小、颜色、明暗、结构等）等的观察、比较和辨别的能力。形态知觉能力高的人一般具有较强的对事物细节的观察和感知能力，善于对物体的颜色、明暗、线条的宽度和长度等视觉特征进行辨别和比较，发现其细微的差异。

对于生物学家、建筑师、测量员、制图员、农业技术员、动植物技术员、医生、兽医、药剂师、配镜师、画家、理发员、无线电修理工来说，需要较强的形态知觉能力。

对于法官、哲学家、教师、护理员、护士、营养学家、演员来说，需要中等以上的形态知觉；而对于历史学家、政治学家、社会服务工作人员、招待员、营销人员、办公室职员来说，形态知觉就要求不太高。

(六)事务能力

事务能力是指对言语或表格式的材料的细节的知觉能力，发现错字或正确地校对数字的能力等。像文秘、编辑、会计、记账、出纳、行政办公室人员等工作，都必须具备一定的事务能力。

(七)动作协作能力

动作协调能力是指能迅速准确和协调地做出精确的动作和运动反应的能力。具有这种能力的人包括那些动手能力很强的人和善于把艺术带进人们生活的人。对于驾驶员、飞行员、牙科医生、外科医生、雕刻家、运动员、舞蹈家来说，这种能力是非常重要的。

(八)人际交往能力

人际交往能力是指妥善处理组织内外关系的能力。包括与周围环境建立广泛联系和对外界信息的吸收、转化能力，以及正确处理上下、左右关系的能力。

人际交往能力高的人一般比较善于交际，具有很强的人际沟通潜力。大部分职业都要求工作者有非常强的人际交往能力，但不同的职业对人际交往能力要求的程度不同。例如，对于营销人员、市场经理、导游、律师、记者、咨询人员、社会工作者等职业来说，工作者必须具有较强的人际交往能力。

(九)手指灵活能力

手指灵活能力是指手指迅速、准确、和谐地操作小物体的能力。像体育运动家、舞蹈家、画家、外科医生、五官科医生、护士、雕刻家、兽医、裁缝等，这种能力是非常重要。

三、职业能力测试

(一)指导语

下面有9组题,每组题有6个题目,每个题目有5个备选答案,请根据自己的实际情况作答,其中"1"表示"强"、"2"表示"较强"、"3"表示"一般"、"4"表示"较弱"、"5"表示"弱",每题只能选择一个答案。通过测验,你可以大致了解自己的职业能力情况。

第一组

(1)善于表达自己的观点;

(2)阅读速度快,并能抓住中心内容;

(3)清楚地向别人解释难懂的概念;

(4)对文章中的字、词、段落和篇章的理解、分析和综合的能力;

(5)掌握词汇的程度;

(6)中学时你的语文成绩。

第二组

(1)做出精确的测量(如测长、宽、高等);

(2)解算术应用题;

(3)笔算能力;

(4)心算能力;

(5)使用工具(如计算器)的计算能力;

(6)中学时的数学成绩。

第三组

(1)美术素描画的水平;

(2)画三维度的立体图形;

(3)看几何图形的立方体感;

(4)想象盒子展开后平面形状;

(5)玩拼板(图)游戏;

(6)中学时对立体几何题的理解及解题能力。

第四组

(1)发现相似图形中的细微差异;

(2)识别物体的形状差异;

(3)注意到多数人忽视的物体的细节;

(4)检查物体的细节;

(5)观察图案是否正确;

(6)学习时善于找出数学作业中的细小错误。

第五组

(1)快而正确地抄写资料(如姓名、数字等);

(2)阅读中发现错误字;

(3)发现计算错误；

(4)在图书馆很快地查找编码卡片；

(5)发现图表中的细小错误；

(6)自我控制能力(如较长时间做抄写工作)。

第六组

(1)劳动技术课中做操纵机器一类活动；

(2)玩电子游戏或瞄准打靶；

(3)在体操、广播操一类活动中身体的协调能力；

(4)打球的姿势的水平度；

(5)打字比赛或算盘比赛；

(6)闭眼单脚站立的平衡能力。

第七组

(1)灵巧地使用手工工具(如榔头、锤子)；

(2)灵巧地使用很小的工具(如镊子、缝衣针等)；

(3)弹乐器时手指的灵活度；

(4)动手做一件小手工品；

(5)很快地削水果(如苹果、梨)；

(6)修理、装配、拆卸、编织、缝补等一类活动。

第八组

(1)善于在陌生的场合发表自己的意见；

(2)善于在新场所结交新朋友；

(3)口头表达能力；

(4)善于与人友好交往,并协同工作；

(5)善于帮助别人；

(6)擅长做别人的思想工作。

第九组

(1)善于组织单位或班级的集体活动；

(2)在集体活动中或学习中,时常关心他人的情况；

(3)在日常生活中能经常动脑筋,想出别人想不到的好点子；

(4)冷静果断处理突然发生的事情；

(5)在你曾做过的组织工作中.你认为自己的能力属于哪一水平；

(6)善于解决同事或同学之间的矛盾。

(二)评分说明

职业能力的评定采用“五级量表”:强、较强、一般、较弱、弱。每级评定都有相应的权重参数。将评定等级乘以权重参数,然后把6项数值加起来,再除以6,就得到一组评定的评定等级分数。

评分方法举例:如小强第二组的选择和计分办法如下:(选择的项打√)

题号	强	较强	一般	较弱	弱
(1)做出精确的测量(如测长、宽、高等)			√		
(2)解算术应用题	√				
(3)笔算能力		√			
(4)心算能力	√				
(5)使用工具(如计算器)的计算能力		√			
(6)中学时的数学成绩		√			
	×1	×2	×3	×4	×5

总次数 $\sum=11$

评定等级＝总次数÷6≈1.6

小强的总次数 $\sum$ ＝(“强”的项目数)2×1＋(“较强”的项目数)3×2＋(“一般”的项目数量)1×3＋(“较弱”的项目数量)0×4＋(“弱”的项目数量)0×5＝11。

第二组的最后评定的等级＝总次数÷6＝11÷6≈1.6,表示此种能力水平稍低于强水平,高于较强水平。

(三)统计和确定职业能力的方法

把每一组的评定等级填入下表,填写完成后请根据评定的各组等级在表4-4职业能力与职业的匹配表中查出自已匹配的职业。

统计评分表

组别	评定等级	相应的职业能力
第一组		言语能力
第二组		数理能力
第三组		空间判断能力
第四组		察觉细节能力
第五组		书写能力
第六组		运动协调能力
第七组		动手能力
第八组		社会交往能力
第九组		组织管理能力

(四)测验结果解释

1.各种职业能力的特点

(1)言语能力　指对词及其含义的理解和使用能力,对问题、句子、段落、篇章的理解能力,以及善于清楚正确地表达自己的观念和向别人介绍信息的能力。

(2)数理能力　指迅速而准确地运算以及在准确的同时,能推理、解决应用问题的能力。

(3)空间判断能力　指对立体图形以及平面图形与立体图形之间关系的理解能力，包括能看懂几何图形，对立体图形的三个面的理解力，识别物体在空间运动中的联系，解决几何问题。

(4)察觉细节能力　指对物体或图形的有关细节具有正确的知觉能力，对于图形的明暗、线的宽度与长度做出区别和比较，看出其细微的差异。

(5)书写能力　对词、印刷物、账目、表格等材料的细微部分具有正确知觉的能力，善于发现错字和正确地校对数字的能力。

(6)运动协调能力　指眼、手、脚、身体迅速准确随活动的动作，做出精确的运作和运动反应，手能跟随眼所看到的东西迅速行动，进行正确控制的能力。

(7)动手能力　指手、手指、手腕能迅速而准确地活动和操作小的物体，在拿取、放置、换、翻转物体时，手能做出精巧运动和腕部的自由运动能力。

(8)社会交往能力　指善于人与人之间的相互交往、相互联系、相互帮助、相互影响，从而协同工作或建立良好的人际关系。

(9)组织管理能力　指擅长组织和安排各种活动，以及协调参加活动中人的人际关系的能力。

2.职业匹配

请对照职业能力与职业的匹配表查出自己匹配的职业(表4-4)。

3.注意问题

并不是不具有职业要求的相应能力就不能从事这一职业，由于职业能力特别是专门能力，可以在职业实践中培养出来，择业者可以通过发挥自己的能动性，并在学习和工作中培养和发展自己的职业能力，使之适应职业的需要。

表4-4　职业能力与职业的匹配表

职业类型	能力类型								
	言语能力	数理能力	空间判断能力	察觉细节能力	书写能力	运动协调能力	动手能力	社会交往能力	组织管理能力
工艺设计师	4	2	2	2	3	3	3	3	3
园林绿化工作者	3	3	3	3	4	2	2	4	4
会计、出纳、统计	3	1	4	1	2	4	3	2	3
银行信贷职员	2	1	4	1	2	4	3	2	3
保险职员	2	1	4	3	2	4	3	2	3
税收员	2	2	4	3	3	4	3	2	2
秘书	2	2	3	2	1	3	3	2	2
行政办公人员	2	3	2	2	1	3	3	3	3
公关人员	1	3	3	2	3	3	3	1	2
物业管理员	1	3	3	2	3	3	3	2	2
房地产销售员	1	2	3	3	3	4	3	2	3
计算机网络技术员	3	2	3	2	3	3	2	3	2
计算机硬件技术员	4	2	2	2	3	2	1	3	2

续表 4-4

职业类型	能力类型								
	言语能力	数理能力	空间判断能力	察觉细节能力	书写能力	运动协调能力	动手能力	社会交往能力	组织管理能力
电信业务员	2	2	3	3	2	3	2	3	3
市政管理职员	3	2	2	2	3	3	3	3	3
城建规划工程师	3	2	2	2	3	3	3	3	3
商业经营管理人员	2	2	4	3	2	4	3	2	2
零售商业从业者	2	2	4	3	2	3	2	3	3
人力资源管理人员	2	2	3	2	2	3	3	1	1
部门经理	2	2	3	2	2	3	2	2	1
中小学教师	1	2	3	2	1	3	2	2	1
中小学管理员	2	2	4	3	2	3	3	2	1
教学辅助人员	2	2	4	3	2	3	3	2	1
幼儿园教师	1	3	3	2	2	3	2	2	2
审判员	1	3	3	2	3	3	3	2	2
警察	2	2	3	3	3	2	2	2	2
律师	1	2	3	2	3	3	3	2	2
业务员	2	2	3	2	1	3	3	2	2
运动员	3	3	3	2	4	1	1	3	3
教练员	2	3	3	2	4	1	1	3	1
社会体育指导员	2	3	3	2	4	1	1	2	2
服装设计师	3	2	2	2	2	3	3	2	3
化学工程师	3	2	2	2	3	3	3	3	3
机械工程师	3	2	2	2	3	3	3	3	3
电子仪器表装配工	3	2	3	2	3	2	1	3	3
化学检验员	3	2	3	1	3	2	1	3	3
餐厅服务员	2	3	3	3	3	2	2	3	3
家政服务员	3	3	3	3	4	3	2	3	3
化学检验员	3	2	3	1	3	2	1	3	3
餐厅服务员	2	3	3	3	3	2	2	3	3
汽车驾驶员	3	2	2	3	3	2	2	3	4
售货员	2	2	4	3	2	3	2	3	2
商业采购员、供销员	2	2	4	3	3	3	3	1	2
外贸职员	1	2	4	3	3	3	3	1	2
导游	1	3	4	4	3	2	3	2	1
中介代理	1	3	3	2	3	3	3	2	2

续表 4-4

职业类型	能力类型								
	言语能力	数理能力	空间判断能力	察觉细节能力	书写能力	运动协调能力	动手能力	社会交往能力	组织管理能力
摄影师	3	2	2	2	3	3	2	3	3
影视作品制作员	2	3	2	1	3	3	2	3	2
影视动画制作员	3	3	2	2	3	3	2	3	2
家电修理人员	3	3	2	2	3	3	2	3	3
维修电工	3	3	3	3	4	3	2	3	3
职业咨询工作者	2	3	3	3	3	4	3	2	2
社会工作者	2	3	4	4	3	3	2	3	2
心理咨询工作者	2	3	3	3	2	4	3	2	2
医生	2	2	3	3	3	2	1	3	3
护士	2	3	3	3	3	2	1	3	3
演员、艺员	1	3	3	2	2	2	2	2	1
导演	1	3	3	2	2	2	2	2	1
编辑	1	2	3	1	2	3	3	1	1
记者	1	3	3	2	1	2	3	1	2
文学作家	1	4	3	1	2	4	4	3	3
图书管理员	3	2	4	2	2	3	3	3	3
播音员、主持人	1	2	3	1	3	3	3	2	3
广播、电视工程师	3	2	2	2	3	3	2	2	2
自然科学家	3	1	2	1	2	3	1	2	3
社会科学家	2	3	3	2	1	3	3	2	2
科技情报人员	2	2	3	2	2	3	2	2	3

【课堂活动】

一、成功经历回顾练习

首先仔细回想一下，从小到大，让你感到自豪和有成就感的事情，写的越多越好。不管这件事是很大还是很微小，不管别人怎么看都没有关系，只要这件事让你觉得很自豪。

写完后，按照让你自豪程度对这些事进行排序，把让你最自豪的排在前面，然后一一来分析一下这些事情。问自己以下几个问题：

1. 在这件事里，我做了什么？

2. 从这件事里，我发现了什么？

3. 做完这个练习，我对自身的能力有何发现？

二、写下你现在已具备的技能

目前已经具备的技能是：________________________________。

最擅长的技能是：____。
最不擅长的技能是：____。
最欠缺的技能是：____。
还想具备的技能是：____。
对于自己想具备的技能，可以从哪些途径获得？

____。

对所需技能，我的计划是：____。

第五节　我的价值观

对你而言，什么是最重要的？家庭？工作？还是金钱？大多数时候，我们根据自己的价值观采取行动，虽然往往并不是很清晰地意识到这一点。

我们应该明白，大学生在选择职业时，受控于个人价值观的指引。价值观在大学生的职业生涯发展中起到极其重要的决定方向的作用，甚至往往超过了兴趣和性格对我们的影响。当我们有矛盾冲突，或妥协与放弃时，常常是出于价值观的考虑。

一、价值观概述

价值观是指一个人对周围的客观事物（包括人、事、物）的意义、重要性的总的评价和看法。这种对各种事物的看法和评价在心目中的主次、轻重的排列次序，就是价值观体系。当我们评价行为、事物以及各种可能的目标的好坏对错、做取舍选择时，我们就是在用价值观来衡量。

价值观可以说是一种深藏于内心的、衡量客观事物标准的准绳，是在面临抉择时的一项依据。价值观会指引一个人去从事某些行为，例如，“诚信”的价值观，会让人坦承面对困境，并对别人说明事情的真相，提升别人对其的信任度。“关怀”的价值观，会让人关心别人，了解别人的困境，让别人有同理心。“自我”的价值观，会使人“自我中心”。

价值观也可以说是我们在生活和工作中，所看重的原则、标准和品质，是决定人的行为的心理基础。价值观具有三个特性。

（一）价值观是因人而异的

由于每个人的成长环境不同，包括先天条件和后天环境，所以每个人价值观的形成会受到不同的影响。因此，每个人都有自己的价值观和价值观体系。在同样的客观条件下，具有不同价值观和价值观体系的人，其动机模式不同，产生的行为也不同。

（二）价值观是相对稳定的

价值观通过人们的行为取向及对事物的评价、态度反映出来，是世界观的核心，是驱使人们行为的内部动力。价值观是人们认识的基础，它是随着人们认知能力的发展，在环境、教育的影响下，逐步培养而成的。人们的价值观一旦形成，便是相对稳定的，具有持久性。

（三）价值观在特定的环境下又是可以改变的

个人由于所处的生涯发展阶段、社会环境的不同，他的需求会发生改变，从而可能导致价值观的变化。当今多元社会中多种价值观的冲击，也会导致原有价值观体系的混乱乃至改变。因此，价值观需要不断地审视和澄清，价值观既具有相对的稳定性，又会随着社会生活的变化而变化。

二、职业价值观与职业类型

职业价值观也叫工作价值观，是价值观在所从事的职业上的体现，是人们对待职业的一种信念和态度，或者是在职业生涯中表现出来的一种价值取向。每个人对自己的职业生活，总有一定的价值指向，理想、信念、世界观对于职业的影响，集中体现在职业价值观上。哪个职业好？通过工作所要追求的是什么，是为了财富，还是为了地位或其他因素。每个人的职业价值观会因为个人身心条件、家庭环境、教育、兴趣爱好、年龄阅历等方面的不同而不同。职业价值观决定了人们的职业期望，影响着人们对职业方向和职业目标的选择。

不管是有意识的还是无意识的，大学生在考虑自己将来的职业时，都会不知不觉地受职业价值观的影响。因此，大学生需要认真分析和了解个人的职业价值观，对自己正确开展职业生涯规划有重要意义。

（一）职业价值观的分类

根据不同的划分标准，人们对职业价值观的种类划分也不同。美国心理学家洛特克在其所著《人类价值观的本质》一书中，提出 13 种价值观，即成就感、审美追求、挑战、健康、收入与财富、独立性、爱、家庭与人际关系、道德感、欢乐、权利、安全感、自我成长与社会交往。

心理学家马丁·凯茨找出了 10 种与工作有关的价值观，它们可以帮助一个人澄清在某个工作中所能得到的回报和满足。这 10 种价值观包括：

（1）高收入　指足够生活的费用之外，还有可以随意支配的经费。

（2）社会声望　指是否受到人们的尊重。

（3）独立性　指可以在职业中有更多的自己做决定的自由。

（4）帮助别人　愿意把助人作为职业的重要部分，帮助他人改善其健康、教育与福利。

（5）稳定性　在一定时间内始终有工作，不会被轻易解雇，收入稳定。

（6）多样性　所从事的职业要参与不同的活动，解决不同的问题，不断变化工作场所，结识新人。

（7）领导力　在工作中可以控制事情的发展，愿意影响别人，承担责任。

（8）在自己感兴趣的领域内工作　坚持所从事的职业必须是自己感兴趣的领域。

（9）休闲　把休闲看得很重要，不愿意让工作影响休闲。

（10）尽早地进入工作领域　涉及一个人是否在意进入工作领域的早晚，是否希望节省时间和不支付高等教育的费用而尽早进入工作领域。

我国学者将职业价值观分为12类：

(1)收入与财富　工作能够明显有效地改变自己的财务状况，将薪酬作为选择工作的重要依据。工作的目的或动力主要来源于对收入和财富的追求，并以此改善生活质量，显示自己的身份和地位。

(2)兴趣特长　以自己的兴趣和特长作为选择职业最重要的因素，能够扬长避短、趋利避害、择我所爱、爱我所选，可以从工作中得到乐趣、得到成就感。在很多时候，会拒绝做自己不喜欢、不擅长的工作。

(3)权力地位　有较高的权力欲望，希望能够影响或控制他人，使他人照着自己的意思去行动；认为有较高的权力地位会受到他人尊重，从中可以得到较强的成就感和满足感。

(4)自由独立　在工作中能有弹性，不想受太多的约束，可以充分掌握自己的时间和行动，自由度高，不想与太多人发生工作关系，既不想治人也不想受治于人。

(5)自我成长　工作能够给予受培训和锻炼的机会，使自己的经验与阅历能够在一定的时间内得以丰富和提高。

(6)自我实现　工作能够提供平台和机会，使自己的专业和能力得以全面运用和施展，实现自身价值。

(7)人际关系　将工作单位的人际关系看得非常重要，渴望能够在一个和谐、友好甚至被关爱的环境工作。

(8)身心健康　工作能够免于危险、过度劳累，免于焦虑、紧张和恐惧，使自己的身心健康不受影响。

(9)环境舒适　工作环境舒适宜人。

(10)工作稳定　工作相对稳定，不必担心经常出现裁员和辞退现象，免于经常奔波找工作。

(11)社会需要　能够根据组织和社会的需要响应某一号召，为集体和社会做出贡献。

(12)追求新意　希望工作的内容经常变换，使工作和生活显得丰富多彩，不单调枯燥。

职业价值观测评理论则将人的职业价值观分为利他主义、美感、智力刺激、成就感、独立性等13种类型(表4-5)，它认为每个人的职业价值观类型都是这些类型的结合体。

表4-5　职业测评理论中的13种职业价值观

职业价值观	工作的目的和价值
利他主义	总是为他人着想，把直接为大众的幸福和利益尽一份力作为自己的追求。
美感	不断地追求美的东西，得到美感的享受。
智力刺激	不断进行智力开发、动脑思考、学习和探索新事物，解决新问题。
成就感	不断创新、不断取得成就、不断得到领导与同事的赞扬，或不断实现自己想要做的事，最大限度地实现自我价值。
自主独立	能充分发挥自己的独立性和主动性，按自己的方式、步调或想法去做，不受他人的干扰。
社会地位	所从事的工作在人们的心目中有较高的社会地位，从而使自己得到别人的重视与尊敬。

续表 4-5

职业价值观	工作的目的和价值
权利控制	获得对他人或某事的管理支配权,能指挥和调遣一定范围内的人或事物。
经济报酬	获得优厚的报酬,使自己有足够的财力去获得自己想要的东西,使生活过得较为富足。
社会交往	能和各种人交往,建立比较广泛的社会联系和关系,甚至能和知名人物结识。
安全稳定	希望不管自己能力怎样,在工作中有一个安稳局面,不会因为奖金、长工资、调动工作或领导训斥等经常提心吊胆、心烦意乱。
轻松舒适	希望能将工作作为一种消遣、休息或享受的形式,追求比较舒适、轻松、自由、优越的工作条件和环境。
人际关系	希望一起工作的大多数同事和领导人品较好,一起相处感到愉快、自然。
追求新意	希望工作的内容应该经常变换,使工作和生活显得丰富多彩,不单调枯燥。

生活中很少有工作能够完全满足一个人所有的重要价值观。因此我们总是要不断地做出妥协和放弃,它们是不可避免也是必要的。我们需要对自己的价值观进行澄清和排序,才能知道如何取舍。

(二)职业价值观与职业

职业价值观通常都是与某种职业紧密相连的,并且职业价值观也可以作为在你和职业之间进行匹配的基础。生涯规划中,我们常常需要做出选择:是要工作舒适轻松,还是要高报酬的工资,我最希望在工作中得到什么呢?什么样的工作最能帮助我实现我的期望?

职业测评理论中几个常见的职业价值观类型和与之相匹配的职业,可以为同学们提供参考(表 4-6)。

表 4-6　职业价值观与工作

职业价值观	比较适合的工作
利他主义	医生、教师、警察等社会型工作。
美感	画家、设计师、音乐家、舞蹈家等艺术型工作。
智力刺激	研发人员、学者等研究型工作。
成就感	适合项目经理、公司管理等企业型工作。
自主独立	高校教师、科技工作者、设计师、作家等艺术型研究型工作。
社会地位	教师、公务员、医生、高层管理人员等研究型、社会型、企业型工作。
权利控制	部门经理、高级主管、校长等管理工作,职业倾向主要体现为企业型和一部分社会型职业。
经济报酬	企业型的高薪职业。
社会交往	销售、市场、人力资源、教师、咨询师等社会型、企业型工作。
安全稳定	教师、公务员、医生等稳定的工作。
轻松舒适	办公室人员等工作环境好、工作压力小的工作。
人际关系	科研人员、技术人员、培训师等需要良好团队合作的工作。
追求新意	证券、投资类人员、策划、创意等企业型工作。

三、职业价值观测试

(一)指导语

下面有52道题目,每个题目都有5个备选答案,请根据自己的实际情况或想法,在题目后面圈出相应字母(A—非常重要,B—比较重要,C—一般,D—较不重要,E—很不重要),每题只能选择一个答案。通过测验,你可以大致了解自己的职业价值观念倾向。

1.你的工作必须经常解决新的问题。 A B C D E

2.你的工作能为社会福利带来看得见的效果。 A B C D E

3.你的工作奖金很高。 A B C D E

4.你的工作内容经常变换。 A B C D E

5.你能在你的工作范围内自由发挥。 A B C D E

6.工作能使你的同学、朋友非常羡慕你。 A B C D E

7.工作带有艺术性。 A B C D E

8.你的工作能使人感觉到你是团体中的一分子。 A B C D E

9.不论你怎么干,你总能和大多数人一样晋级和长工资。 A B C D E

10.你的工作使你有可能经常变换工作地点、场所或方式。 A B C D E

11.在工作中你能接触到各种不同的人。 A B C D E

12.你的工作上下班时间比较随便、自由。 A B C D E

13.你的工作使你不断获得成功的感觉。 A B C D E

14.你的工作赋予你高于别人的权力。 A B C D E

15.在工作中,你能试行一些自己的新想法。 A B C D E

16.在工作中,你不会因为身体或能力等因素,被人瞧不起。 A B C D E

17.你能从工作的成果中,知道自己做得不错。 A B C D E

18.你的工作经常要外出、参加各种集会和活动。 A B C D E

19.只要你干上这份工作,就不再被调到其他意想不到的单位和工种上去。 A B C D E

20.你的工作能使世界更美丽。 A B C D E

21.在你的工作中,不会有人常来打扰你。 A B C D E

22.只要努力,你的工资会高于其他同年龄的人,升级或长工资的可能性比干其他工作大得多。 A B C D E

23.你的工作是一项对智力的挑战。 A B C D E

24.你的工作要求你把一些事务管理得井井有条。 A B C D E

25.你的工作单位有舒适的休息室、更衣室、浴室及其他设备。 A B C D E

26.你的工作有可能结识各行各业的知名人物。 A B C D E

27.在你的工作中,能和同事建立良好的关系。 A B C D E

28.在别人眼中,你的工作是很重要的。 A B C D E

29.在工作中你经常接触到新鲜的事物。 A B C D E

30.你的工作使你能常常帮助别人。 A B C D E

31.你在工作单位中，有可能经常变换工作。 A B C D E

32.你的作风使你被别人尊重。 A B C D E

33.同事和领导人品较好，相处比较随便。 A B C D E

34.你的工作会使许多人认识你。 A B C D E

35.你的工作场所很好，比如有适度的灯光，安静、清洁的工作环境，甚至恒温、恒湿等优越的条件。 A B C D E

36.在工作中，你为他人服务，使他人感到很满意，你自己也很高兴。 A B C D E

37.你的工作需要计划和组织别人的工作。 A B C D E

38.你的工作需要敏锐的思考。 A B C D E

39.你的工作可以使你获得较多的额外收入，比如，常发实物、常购买打折扣的商品、常发商品的提货券、有机会购买进口货等。 A B C D E

40.在工作中你是不受别人差遣的。 A B C D E

41.你的工作结果应该是一种艺术而不是一般的产品。 A B C D E

42.在工作中不必担心会因为所做的事情领导不满意，而受到训斥或经济惩罚。 A B C D E

43.在你的工作中能和领导有融洽的关系。 A B C D E

44.你可以看见你的努力工作的成果。 A B C D E

45.在工作中常常要你提出许多新的想法。 A B C D E

46.由于你的工作，经常有许多人来感谢你。 A B C D E

47.你的工作成果常常能得到上级、同事或社会的肯定。 A B C D E

48.在工作中，你可能做一个负责人，虽然可能只领导很少几个人，你信奉“宁做兵头，不做将尾”的俗语。 A B C D E

49.你从事的那种工作，经常在报刊、电视中被提到，因而在人们的心目中很有地位。 A B C D E

50.你的工作有数量可观的夜班费、加班费、保健费或营养费。 A B C D E

51.你的工作比较轻松，精神上也不紧张。 A B C D E

52.你的工作需要和影视、戏剧、音乐、美术、文学等艺术打交道。 A B C D E

(二)评分规则

上面的52道题分别代表十三项工作价值观。每圈一个A得5分、B得4分、C得3分、D得2分、E得1分。请你根据下面评价表中每一项前面的题号，计算一下每一项的得分总数，并把它填在每一项的得分栏上。然后在表格下面依次列出得分最高和最低的三项。

职业价值观评价表

职业价值观类型	题号	总分
利他主义	2,30,36,46	
美感	7,20,41,52	
智力刺激	1,23,38,45	
成就感	13,17,44,47	

续表

职业价值观类型	题号	总分
自主独立	5,15,21,40	
社会地位	6,28,32,49	
权利控制	14,24,37,48	
经济报酬	3,22,39,50	
社会交际	11,18,26,34	
安全稳定	9,16,19,42	
轻松舒适	12,25,35,51	
人际关系	8,27,33,43	
追求新意	4,10,29,31	

(三)你的分数

得分最高的三项是:1.__________;2.__________;3.__________。

得分最低的三项是:1.__________;2.__________;3.__________。

从得分最高和最低的三项中,大致看出你的价值倾向,在选择职业时,可以加以考虑。

职业价值观测评得分最高的三个类型,最能代表这个人最看重的职业价值。个人在进行职业选择时,应重点考虑自己得分最高的价值观类型适合从事什么样的工作,并综合考虑得分第二高、第三高的价值观类型适合从事的工作。得分很低的价值观往往是你在职业发展中不看重的因素,可以不考虑。

【知识拓展】

为了论证自我认知的局限性和探索性,美国心理学家 Jone 和 Hary 提出关于人自我认识的窗口理论,被称为"乔韩窗口"理论。他们认为人对自己的认识是一个不断探索的过程。因为每个人的自我都有四部分(图 4-1):

1. 公开的自我:也就是透明真实的自我,这部分自己很了解,别人也很了解;

2. 盲目的自我:别人看得很清楚,自己却不了解;

3. 秘密的自我:是自己了解但别人不了解的部分;

4. 未知的自我:是别人和自己都不了解的潜在部分,通过一些契机可以激发出来。

【拓展训练】"乔韩窗口"理论应用——找到真实的我

每名同学采访自己的家长、朋友、同学、老师,征求他们对自己客观的评价,对比自己固有的自我认知,按照窗口理论,静心思考并用心地比较一下,认识一下真实的自己。

【知识拓展】

认识自己并不是一件很容易的事,心理测评可以帮助我们在很短的时间内,了解每个人的自身气质、性格特征、职业兴趣、能力倾向和价值观。但是我们并不能完全依赖于心理测评,心理测评也只能是我们了解自我的一个参考工具。因为对自己究竟适合从事一个什么

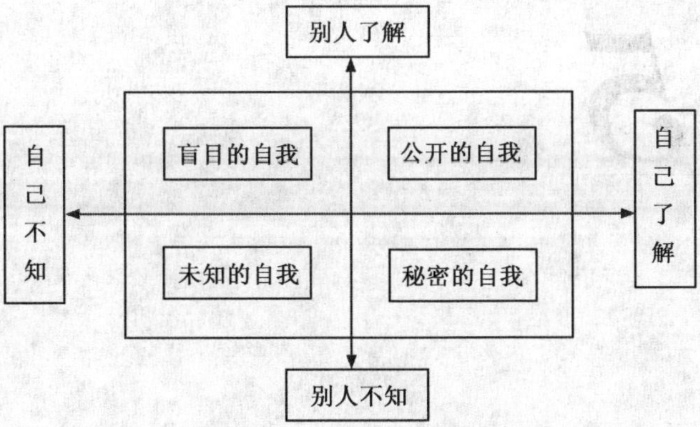

图 4-1 “乔韩窗口”示意图

样的职业，想有一个清晰的判断，就不是一朝一夕的事情，需要我们在实际生活中不断自我探索和自我体验。

人是复杂并且是发展变化的，职业也是发展变化的，我们很难用固定格式把人与职业匹配起来，职业选择需要一个过程，一个渐进变化的自我认识和判断过程。

我们进行职业生涯规划时，首先，应密切结合性格、能力倾向和兴趣，以获得对自我的综合性评价。如果性格特征、能力倾向和职业兴趣直接有明显矛盾，应以偏重性格特征和能力倾向为原则。因为如果一个人的性格特征和能力倾向适合这个职业，即使现在没有兴趣，只要能够坚持下去，而且做得还不错，将来自然会产生兴趣；但如果一个人的性格特征和能力倾向不适合这个职业，即使开始对这个工作有兴趣，也做不好，做不长久，原来的兴趣也会渐渐退去。

我们知道，人们容易对适合自己和自己能够胜任的事情感兴趣，对自己不适合和没有能力做好的事情会逐渐失去兴趣。其次，如果是性格特征与能力倾向直接出现了矛盾，就要参考个人的职业价值观。有的人喜欢选择适合自己的(性格特征、自身气质)的职业，他在进行职业规划时应偏重性格特征；有的人喜欢在工作中表现优异，这种人在进行职业规划时应偏重能力倾向。

思考题

1. 认知自我包括哪几方面的内容？
2. 认知自我在职业生涯规划中有什么作用？
3. 你对自身的气质、性格、兴趣、能力、价值观有什么样的了解？
4. 根据本章的学习，你找到的可能适合你的职业发展方向有哪些？

Chapter 5

认知职业

学习目标

1. 了解职业、行业、职业环境分析、企业的概念及其要素。
2. 理解职业、行业、专业之间的关系。
3. 掌握职业环境分析的主要内容和方法。
4. 领会职业素质与就业能力提升的重要意义和作用。
5. 掌握提升职业素质与就业能力的方法和途径。

第一节 职业概述

职业在人的社会经济生活中居于首要地位,解决好职业问题对人的一生发展具有重大的意义。俗话说:“人生三件事——事业、家庭和朋友。”在人生最重要的三件事当中,事业是最基础、最根本,也是最重要的。家庭的幸福美满、朋友的数量和质量在很大程度上都是建立在事业的基础之上的。因此,从事一份自己喜爱的、体面的职业,并在事业上有所发展和成就,对于一个人的一生来说至关重要。

一、职业及其分类

(一)职业的含义

职业是参加社会分工,利用专门的知识和技能,为社会创造物质财富和精神财富,获取合理报酬作为物质生活来源,并满足精神需求的工作。

从职业的含义来分析,职业包括四个方面的内容:

第一,从人类的需求和职业结构的角度看,强调社会分工;

第二,从职业内在属性的角度看,强调利用专门的知识和技能;

第三,从社会伦理的角度看,强调创造物质财富和精神财富,获得合理报酬;

第四,从个人生活的角度看,强调物质生活来源,并设法满足精神生活。

综上所述,职业是有劳动能力的人为了维持生活,发挥个人能力并为社会作贡献的持续性活动,它由三个要素构成:一是劳动;二是有固定的报酬;三是承担一定的职责并得到社会的承认。这些要素充分体现了职业是社会与个人、整体与个体的联结点,社会整体依靠每一个个体通过职业活动来推动和实现发展目标,个体则通过职业活动对整体做出贡献并索取一定的回报以维持生活,因此,职业活动对员工和组织都具有重要意义。

(二)职业分类

所谓职业分类,是指采用一定的标准和方法,依据一定的分类原则,对从业人员按照从事工作的种类和性质进行全面、系统的划分与归类。

职业分类是形成产业结构、产业组织以及进行产业政策研究的前提,也是择业者了解职业、认识职业特点并结合自身情况切合实际地选择职业的前提。职业分类实质上是精细化的社会劳动分工。现代社会的职业体系是一种人力资源配置,是社会经济制度的重要组成部分。正确地进行职业分类对促进社会经济合理有效、健康有序的发展具有重大意义。同时职业分类也恰当地赋予劳动者以劳动角色,以利于劳动者能力和劳动积极性的充分发挥。

由于各国的国情不同,划分职业的标准也有所区别。随着科技的发展、产业结构的调整和职业的变化,其分类的标准、内容和方法也在不断地变化。

1.国际上的职业分类

根据西方国家一些学者提出的理论,在国外一般将职业分为以下三种类型:

(1)按脑力劳动和体力劳动的性质、层次进行分类　这种分类方法把工作人员划分为白领工作人员和蓝领工作人员两大类。白领工作人员包括:专业性和技术性的工作,农场以外的经理和行政管理人员、销售人员、办公室人员。蓝领工作人员包括:手工艺及类似的工人、非运输性的技工、运输装置机工人、农场以外的工人、服务性行业工人。这种分类方法明显地表现出职业的等级性。

(2)按心理的个别差异进行分类　这种分类方法是根据美国著名的职业指导专家霍兰德创立的"人格—职业"类型匹配理论,把人格类型划分为六种,即现实型、研究型、艺术型、社会型、企业型和常规型。与其相对应的是六种职业类型,如现实型的职业包括工程技术员、汽车驾驶员、木匠、警察、农民等;研究型的职业包括数学家、天文学家、内科医生、物理学家、心理学家、工程师等;艺术型的职业包括导演、演员、记者、画家、作家等;社会型的职业包括政治家、教师、护士、安检员等;企业型的职业包括经理人、商人、保险经济人等;常规型的职业包括会计、打字员、统计员、讲解员、秘书等。

(3)依据各个职业的主要职责或"从事的工作"进行分类　这种分类方法较为普遍,以两种代表示例:

其一,是国际标准职业分类。国际标准职业分类把职业由粗至细分为四个层次,即8个大类、83个小类、284个细类、1 506个职业项目,总共列出职业1 881个。其中8个大类是:①专家、技术人员及有关工作者;②政府官员和企业经理;③事务工作者和有关工作者;④销售工作者;⑤服务工作者;⑥农业、牧业、林业工作者及渔民、猎人;⑦生产和有关工作者、运输设备操作者和劳动者;⑧不能按职业分类的劳动者。这种分类方法便于提高国际之间职业统计资料的可比性和国际交流。

其二,是加拿大《职业岗位分类词典》的分类。它把分属于国民经济中主要行业的职业划分为23个主类,主类下分81个子类,489个细类,7 200多个职业。此种分类对每种职业都有定义,逐一说明了各种职业的内容及从业人员在普通教育程度、职业培训、能力倾向、兴趣、性格以及体质等方面的要求,有较大的参考价值。

2.我国的职业分类

我国的职业分类参照国际标准,在区分物质资料生产与非物质资料生产的基础上,按从业人员所从事的社会经济活动的同一性或工作性质的同一性进行职业分类。

我国的职业分类结构包括四个层次,即大类、中类、小类和细类,依次体现由大到小的职业类别。国家统计局和国家标准局于1986年发布了《中华人民共和国标准职业分类和代码》。2000年颁布了《中华人民共和国职业分类大典》,比照国际标准把职业分为四个层次,包括8个大类,66个中类,413个小类,1 838个细类。职业分类大典中的"细类"是我国分类体系中的最基本类别,即通常所谓的"职业"。其内容包括职业编码、职业名称、职业概述、职业定义、职业内容描述,以及归属于本职业的工种名称和编码。

二、职业标准

(一)职业标准的含义

职业标准属于工作标准，是在职业分类的基础上，根据职业(工种)的活动内容，对从业人员工作能力水平的规范性要求。它是从业人员从事职业活动，接受职业教育培训和职业技能鉴定以及用人单位录用、使用人员的基本依据。

(二)职业标准的内容

职业标准包括职业概况、基本要求、工作要求和比重表四个部分，其中工作要求为职业标准的主体部分。

1.职业概况

职业概况是对本职业的基本情况的描述，包括职业名称、职业定义、职业等级、职业环境条件、职业能力特征、培训要求、鉴定要求等内容。

2.基本要求

包括职业道德和基础知识，其中职业道德是指从事本职业工作应具备的基本观念、意识、品质和行为的要求，一般包括职业道德知识、职业态度、行为规范；基础知识是指本职业各等级从业人员都必须掌握的通用基础知识，主要是与本职业密切相关并贯穿于整个职业的基本理论知识、有关法律知识和安全卫生、环境保护知识。

3.工作要求

工作要求是在对职业活动内容进行分解和细化的基础上，从技能和知识两个方面对完成各项具体工作所需职业能力的描述。包括职业功能、工作内容、技能要求、相关知识。其中职业功能是指一个职业所要实现的活动目标，或是一个职业活动的主要方面(活动项目)。根据不同职业的性质和特点，可按工作领域、项目或工作程序来划分。工作内容是指完成职业功能所应做的工作，可以按种类划分，也可以按照程序划分。每项职业功能一般包含两个或两个以上的工作内容。技能要求是指完成每一项工作内容应达到的结果或应具备的技能。相关知识是指完成每项操作技能应具备的知识，主要指与技能要求相对应的技术要求、有关法规、操作规程、安全知识和理论知识等。

4.比重表

比重表包括理论知识比重表和技能比重表。其中，理论知识比重表反映基础知识和每一项工作内容的相关知识在培训考核中应占的比例；技能比重表反映各项工作内容在培训考核中所占的比例。

二、职业资格

(一)职业资格的含义

职业资格是对从事某一职业所必备的学识、技术和能力的基本要求。职业资格包括从业资格和执业资格。从业资格是指从事某一专业(工种)学识、技术和能力的起点标准。执业资格是指政府对某些责任较大，社会通用性强，关系公共利益的专业（工种）实行准入控制，是依法独立开业或从事某一特定专业（工种）学识、技术和能力的必备标准。职业资格分别由国务院劳动、人事行政部门通过学历认定、资格考试、专家评定、职业技能鉴定等方式进行评价，对合格者授予国家职业资格证书。从业资格通过学历认定或考试取得。执业资格通过考试方法取得。

（二）职业资格证书制度

职业资格证书制度是我国劳动就业制度的一项重要内容。职业资格证书是表明劳动者具有从事某一职业所必备的知识和技能的证明，是劳动者求职、任职、开业的资格证明，也是用人单位招聘、录用劳动者的主要依据。

1.职业资格证书等级

国家职业资格等级分为初级技能（五级）、中级技能（四级）、高级技能（三级）、技师（二级）和高级技师（一级）（表5-1）。

表5-1 职业资格等级及工作任务

国家职业资格五级（初级技能）	能够运用基本技能独立完成本职业的常规工作。
国家职业资格四级（中级技能）	能够熟练运用基本技能独立完成本职业的常规工作；并在特定情况下，能够运用专门技能完成较为复杂的工作；能够与他人进行合作。
国家职业资格三级（高级技能）	能够熟练运用基本技能和专门技能完成较为复杂的工作；包括完成部分非常规性工作；能够独立处理工作中出现的问题；能指导他人进行工作或协助培训一般操作人员。
国家职业资格二级（技师）	能够熟练运用基本技能和专门技能完成较为复杂的、非常规性的工作；掌握本职业的关键操作技能技术；能够独立处理和解决技术或工艺问题；在操作技能技术方面有创新；能组织指导他人进行工作；能培训一般操作人员；具有一定的管理能力。
国家职业资格一级（高级技师）	能够熟练运用基本技能和特殊技能在本职业的各个领域完成复杂的、非常规性的工作；熟练掌握本职业的关键操作技能技术；能够独立处理和解决高难度的技术或工艺问题；在技术攻关、工艺革新和技术改革方面有创新；能组织开展技术改造、技术革新和进行专业技术培训；具有管理能力。

2.申请职业资格证书

职业资格分别由国务院劳动、人事行政部门通过学历认定、资格考试、专家评定、职业技能鉴定等方式进行评价，对合格者授予国家职业资格证书。申请职业技能鉴定的人员，可向当地职业技能鉴定所（站）提出申请，根据申报职业的资格条件，确定自己申报鉴定的等级。如果需要培训，要到经政府有关部门批准的培训机构参加培训。

职业技能鉴定包括职业知识、操作技能和职业道德三个方面，分为知识要求考核（笔试）和操作技能考核（实操）两部分。计分采用百分制，两部分成绩都在60分以上为合格，80分以上为良好，95分以上为优秀。经鉴定合格者，由劳动和社会保障部门核发相应的国家职业资格证书。

3.就业准入制度

根据《劳动法》和《职业教育法》的有关规定，对从事技术复杂、通用性广，涉及国家财产、人民生命安全和消费者利益的职业（工种）的劳动者，只要从事国家规定的技术工种（职业）工作，必须经过培训并取得相应的职业资格证书，方可就业上岗。目前，劳动和社会保障部依据《中华人民共和国职业分类大典》确定了实行就业准入的87个职业目录。

(1)生产、运输设备操作人员　车工、铣工、磨工、镗工、组合机床操作工、加工中心操作工、铸造工、锻造工、焊工、金属热处理工、冷作钣金工、涂装工、装配钳工、工具钳工、锅炉设备装配工、电机装配工、高低压电器装配工、电子仪器仪表装配工、电工仪器仪表装配工、机修钳工、汽车修理工、摩托车维修工、精密仪器仪表维修工、锅炉设备安装工、变电设备安装工、维修电工、计算机维修工、手工木工、精细木工、音响调音员、贵金属首饰手工制作工、土石方机械操作工、砌筑工、混凝土工、钢筋工、架子工、防水工、装饰装修工、电气设备安装工、管工、汽车驾驶员、起重装卸机械操作工、化学检验工、食品检验工、纺织纤维检验工、贵金属首饰钻石珠宝检验员、防腐蚀工。

(2)农林牧渔水利业生产人员　动物疫病防治员、动物检疫检验员、食品检验工、沼气生产工。

(3)商业、服务业人员　营业员、推销员、出版物发行员、中药购销员、鉴定估价师、医药商品购销员、中药调剂员、冷藏工、中式烹调师、中式面点师、西式烹调师、西式面点师、调酒师、营养配餐员、前厅服务员、客房服务员、保健按摩师、职业指导员、物业管理员、锅炉操作工、美容师、美发师、摄影师、眼镜验光员、眼镜定配工、家用电子产品维修工、家用电器产品维修工、钟表维修工、办公设备维修工、养老护理员。

(4)办事人员和有关人员　秘书、公关员、计算机操作员、制图员、话务员、用户通信终端维修员、速录师。

四、职业的发展趋势

职业是社会分工的产物，是社会进步的标志。随着社会的不断进步，职业也在不断地发展变迁，并呈现出逐渐加快的趋势。不适应社会发展的职业逐渐消失，新的职业不断产生。了解职业变迁和发展趋势，有助于大学生把握好个人职业目标的选择，找准个人职业生涯发展的方向，从而更好地适应变革中的社会职业环境，避免择业的盲目性。总体上看，职业的发展呈现出以下几种趋势。

(一)职业分类在数量上由少到多，变化的频率加快

在职业产生初期，种类少，发展缓慢。随着社会的发展，职业种类增加的速度逐渐加快。尤其是工业革命以来的200多年的时间里，新的职业日益增多，从事脑力劳动的职业在职业总数中所占的比例也呈现快速增长的趋势。同时，现代社会的职业兴衰变化迅速，许多传统职业逐渐消失，新的职业和自由职业不断出现和发展。

(二)社会分工的细化使职业分工由简单到精细

职业是社会分工的产物，并随着社会分工的细化而发生变迁。科学技术的进步、生产工具的改进和生产社会化使社会分工更为精细和具体，专业化程度越来越高，从而使职业也随之发生了深刻的变化。

以农业为例，在早期，农业既是社会分工中一个最大的生产领域，又是人们从事的一种职业。随着农业生产的发展，农业分为了种植业与其他农业，形成既有分工又有联系的职业。到了现在，种植业又细分为粮农作物种植业、经济作物种植业、蔬菜瓜果种植业、果树种植业、茶桑种植业等等。再如计算机出现后，有了硬件、软件操作员，专门的计算机教师、网络工程师、程序设计员、电脑维修员等。

(三)职业活动的内容不断推陈出新

随着科学技术的不断进步，许多旧的业务知识、技术方法都已过时，被新的业务知识和方法所取代。例如照相，以前用胶片，现在用数码；拍摄电影不仅数码取代了胶片，还出现了3D、4D、IMAX、DMAX等技术含量更高、观赏效果更好的技术。传呼机(BB机)从出现、普及到最后销声匿迹只用了不到10年的时间，已经完全被手机所代替。伴随而来的，就是职业活动的内容也在随着旧技术的退出和新技术的出现而不断推陈出新。

(四)职业呈现专业化、综合化和多元化的趋势

随着科学技术的发展，有些职业的专业化程度越来越高，若不具备一定的专业能力就达不到职业的要求，就不能适应职业的需要。比如在邮电行业，由于新技术的广泛应用，不懂现代电子技术的人难以胜任工作的要求。职业除了专业性越来越强以外，还开始向综合化、多元化方向发展，打破了以往每种职业都有相对固定范畴的界限，职业与职业之间相互交叉延伸，界限日益模糊。过去单一技能就能胜任的工作，现在往往需要相关专业的许多知识和技能，跨专业和复合型的人才越来越受到用人单位的青睐。以前研究人员只管科研成果，现在的很多研究人员既是研究者又是市场开拓者和经营者，有的还是管理者。从生产部门来看，现在很多企业变成一业为主、兼营其他，这些企业的工作人员在一个职业岗位却同时具有几种职能和身份。

(五)第三产业的兴起对职业发展的作用越来越大

第一产业指农业、林业、渔业、畜牧业等国民经济基础行业。第二产业指工业、建筑业等国民经济的支柱行业。第三产业是指商业、服务业、旅游业、信息业等行业。以往人们重视第一产业和第二产业，忽视发展第三产业。而现在随着第三产业在国民经济发展中的作用越来越大，第三产业受到前所未有的重视，第三产业的职业数量迅速增加、就业人员显著增多。

第二节　行业概述

一、行业分类

(一)行业分类的含义

行业是指根据单位所使用加工原料、所生产的物品或提供的服务不同来表示的社会分工类别。通俗地讲，行业分类就是有规则的按照一定的科学依据，对从事国民经济生产和经营的单位或者个体的组织结构体系的详细划分，如农林牧渔水利业、工业、建筑业、交通运输业、商业等。

行业是采用经济活动的同质性原则划分的，即每一个行业类别都按照同一种经济活动的性质划分。国民经济行业分类是对全社会经济活动进行的标准分类，它为国民经济核算和各项专业统计按照经济活动观察事物提供了详细、科学的分类依据。

(二)我国的行业分类

根据1984年国家有关部门颁布的《国民经济行业分类和代码》，共分为13个门类，分属于三大产业部门(表5-2)。

表5-2 我国的行业分类

序号	行业名称
1	农、林、牧、渔、水利业
2	工业
3	地质普查和勘探业
4	建筑业
5	交通运输业、邮电通信业
6	商业、公共饮食业、物资供销和仓储业
7	房地产管理、公共事业、居民服务业和咨询服务业
8	卫生、体育和社会福利事业
9	教育、文化艺术和广播电视事业
10	科学研究和综合技术服务事业
11	金融、保险业
12	国家机关、党政机关和社会团体
13	其他行业

《财富中国》根据发达国家的行业界定与行业演变规则，对中国的行业进行了新分类，主要分为以下几个大类：机构组织、农林牧渔、医药卫生、建筑建材、冶金矿产、石油化工、水利水电、交通运输、信息产业、机械机电、轻工食品、服装纺织、专业服务、安全防护、环保绿化、旅游休闲、办公文教、电子电工、玩具礼品、家居用品、物资、包装、体育和办公。

1.机构组织

政府机构，各国驻华行政机构，贸易公司，经济组织，协会，其他机构。

2.农林牧渔

粮食，豆类，蔬菜及制品，水果及制品，坚果，杂果，干果，咖啡，可可及制品，棉类，麻类，含油子仁，果仁，籽，食用菌，烟草，花木，竹木，藤苇，干草，木炭，植物提取物，动物提取物，动植物油，动植物种苗，家禽，牲畜，养殖动物，蚕茧，蚕丝，羽毛，羽绒，羊绒，生皮，毛皮，动物毛鬃，肠衣，禽蛋，饲料，饲料添加剂，肥料，农药，园艺用具，农用品，农用机械，林业设备及用具，畜牧养殖业设备及用具，渔业设备及用具，粮油加工机械，饲料加工机械，屠宰及肉类初加工设备，农副产品加工，木材加工，家具制造机械，其他。

3.医药卫生

保健用品，减肥增重产品，个人保养，药材，中药饮片，康复产品，制药设备，医疗器械制造设备，计生用品，其他。

4.建筑建材

房地产，市政工程：市政道路建设，市政公用设施建设，自来水输水工程，集中供暖、供热、供气工程，文教、卫生、体育、音乐等公益设施建设，纪念性建筑设施建设，各类建筑工程，木材板材，石材石料，水泥及制品，石灰，石膏，混凝土及制品，建筑玻璃，陶瓷，搪瓷及制品，塑料建材，金属建材，防水，防潮材料，耐火，防火材料，隔热，吸声材料，绝缘材料，特种建材，施工材料，砖，瓦及砌块，墙体材料，天花板，地板，门窗，壁纸，锁具，建筑装饰五金，管件管材，厨房设施，卫浴设施，涂料，胶粘剂，作业保护，活动房，堆垛搬运机械，建筑及相关设备，陶瓷，木工机械设备，搪瓷生产加工机械，工程承包，建筑装潢设计，其他。

5.冶金矿产

金属矿产，有色金属，有色金属制品，有色金属合金，有色金属合金制品，稀土及稀土制品，黑色金属及制品，铁合金及制品，钢铁及制品，铸锻件，金属丝网，粉末冶金，磁性材料，非金属，非金属矿产，非金属矿物制品，石墨及碳素产品，矿业设备，冶金设备，金属线，管、板制造设备，冶炼加工，其他。

6.石油化工

石油及制品，煤矿，天然气，煤气矿业设备，其他石油专用机械设备；化工：无机化工原料，有机化工原料，树脂，其他聚合物，化学纤维，食品添加剂，饲料添加剂，化学试剂，催化剂及化学助剂，日用化学品，香料，香精，染料，颜料，涂料，胶粘剂，火工产品，油墨，塑料及制品，橡胶及制品，玻璃及制品，实验室用品，仪器，仪表，塑料生产加工机械，橡胶生产加工机械，玻璃生产加工机械，化工设备，化工废料，化工产品设计加工，其他。

7.水利水电

水利、火力发电设备，水利、防洪工程及用品，河道疏浚工程，大坝、水库、闸门、泄洪工程，农田水利工程，江河、湖泊治理工程，电力工程，电力、太阳能及再生能源，其他水利水电设备，其他水利水电设施。

8.交通运输

汽车，轿车，越野汽车，吉普车，卡车，载客汽车，旅行面包车，公共汽车，微型客车，其他载客汽车，专用汽车，工程汽车，工具汽车，消防车，警车，救护车，通信和广播用车，皮卡，洒水车，道路清扫车，垃圾车，其他专用汽车，电车，汽车配件，摩托车及配件，专用车辆，二手汽摩，汽摩附属及相关产品，停车场，加油站设备，汽车保养，交通安全，汽摩产品制造设备，船只，飞机，其他交通工具，其他；自行车，三轮车及配件，铁路，地铁用设备器材，船舶及配件，电梯，缆车及配件，飞行器及配件，集装箱，二手交通产品及用具，轮胎，废气处理设施，交通安全设施，运输、仓储，其他；机场、航空工程，港口工程，铁路工程，公路、桥梁、涵洞。

9. 信息产业

(1)电脑与软件　计算机，消耗品，插卡类，主机配件，电脑外设，机箱，UPS与电源，网络设备，配件，电脑，电子记事簿，笔记本电脑，服务器，工作站，二手电脑及用品。

(2)软件　网络工程，电脑相关用品，电脑产品制造设备，软件开发，其他。

(3)通信产品　通信产品配件部件，锂电池，镍氢电池，磁卡，IP卡，IC卡，来电显示器，拨号器，充电器，天线，控制和调整设备，电话机，可视电话，移动电话，集团电话，交换机，传真机，寻呼机，对讲机，网络通信产品，通信，声讯系统，GPS系统，通信电缆相关产品，雷达及无线导航，广电、电信设备，通信产品制造设备，系统工程，网络工程，其他。

10. 机械机电

(1)机械及工业制品　仪器，仪表，行业专用机械及设备，磨具，磨料，通用零部件，焊接、切割设备与材料。

(2)工具　五金工具，气动工具，电动工具，减速机，变速机，泵及真空设备，液压机械及部件，风机，排风设备，压缩、分离设备，其他工控设备及配件装置，换热、制冷空调设备，发电机，发电机组，内燃机，节能装置，电线电缆，机械设计加工，家电制造设备，量器量具，其他。

11. 轻工食品

饮料，酒类，茶叶及制品，咖啡，可可及制品，水产及制品，禽畜肉及制品，罐头食品，速冻食品，方便食品，休闲食品，豆制品，蛋制品，蜜制品，乳制品，糖类，淀粉，食用油，调味品，糕饼面包，面条，粉丝，香烟，食品添加剂，食品饮料加工设备，食品饮料原料，其他。

12. 服装纺织

(1)服饰　服装辅料，帽子，领带，围巾，头巾，手套，袜子，鞋及鞋材，针织服装，梭织服装，品牌服装，男装，女装，婴儿服装，儿童服装，内衣，睡衣，浴衣，T恤，衬衣，毛衣，西服，夹克，外衣，外套，大衣，风衣，裤子，休闲服装，运动服装，民族服装，婚纱，礼服，工作服，制服，特制服装，牛仔服装，丝绸服装，皮革，毛皮服装，羊毛，羊绒衫，羽绒服装，防寒服。

(2)服装加工设备　整熨洗涤设备，鞋加工及修理设备，服饰鞋帽设计加工，皮革加工机械，纺织设备和器材，纺织废料，皮革废料，纺织品设计加工，皮革及制品设计加工，其他。

(3)纺织　皮革，纺织、皮革原料，纱线，线，纺织辅料，棉织物，麻织物，丝织物，毛织物，化纤织物，混纺织物，坯布，色织、扎染、印花布，针织布，工业用布，无纺布，面料。

(4)抽纱及其他工艺纺织　地毯，毛巾，浴巾，床上用品，家用纺织，皮革及人造皮革，皮革制品，其他。

13. 专业服务

不干胶制品，广告材料，印刷出版物，音像制品及电子读物，广播，电视节目，排版，制版设备，印刷设备，二手印刷设备，印刷出版服，媒体和传播，专业咨询，工程监理，工程设计，信息技术，信息管理软件开发设计，维修，保险，租赁，会议，培训，物业管理，其他。

14.安全防护

锁具，保险柜，门铃，可视门铃，防盗设施，报警装置，监视，监控设备，避雷产品，防弹器材，防暴器材，防身用具，军需用品，救生器材，消防器材，作业保护器材，交通安全，运动护具，保安设备，警用设备，紧急服务，其他。

15.环保绿化

废金属处理设施，纺织废料处理设施，皮革废料及处理设施，化工废料及处理设施，废气处理设施，水、污水处理设施，废料回收再利用，降噪音设备，公共环卫设施，公共环卫机械，园林绿化用品及机械，园林绿化工程，垃圾处理、荒山绿化、天然林保护、防沙等工程和设施，其他。

16.旅游休闲

旅游休闲旅游用品，宾馆酒店用品，宠物及用品，纪念品，扑克，棋类，乐器，钓鱼，健身，游艺设施，旅行服务，其他。

17.办公文教

图书资料，光学及照相器材，耗材，文具，计算器，办公纸张，簿，本，册，信封，档案夹，软盘，硒鼓，墨盒，墨粉，色带，教学模型、用具，教学设施，实验室用品，电话机，可视电话，集团电话，传真机，复印机，打印机，打字机，投影机，碎纸机，考勤机，绘图机，晒图机，视讯会议系统，文艺设备，舞台灯光音响设备，摄影器材，录像设备，艺术部门专用材料及用品，其他。

18.电子电工

磁性材料，半导体材料，绝缘材料，电工陶瓷材料，电子元器件、组件，电池，照明与灯具，插头，插座，充电器，电动机，电动工具，光电子，激光仪器仪器，仪表，光仪及配件，电线电缆，配电装置，开关柜，照明箱，输电设备及材料，显示设备，电热设备，工业自动化装置，地震设备，天线、雷达及无线导航，广电、电信设备，电子电工产品制造设备，电子电工产品设计加工，其他。

19.玩具礼品

木制玩具，塑料玩具，填充，绒毛玩具，电子玩具，电动玩具，玩具珠，球，娃娃，玩具车，玩具枪，模型玩具，益智玩具，童车及配件，玩具配件，工美礼品玩具设计加工，其他抽纱及其他工艺纺织，木制工艺品，植物编织工艺品，石料工艺品，宝石玉石工艺品，陶瓷工艺品，金属工艺品，玻璃工艺品，水晶工艺品，塑料工艺品，树脂工艺品，泥塑工艺品，纸制工艺品，天然工艺品，针钩及编结工艺品，雕刻工艺品，仿古工艺品，仿生工艺品，宗教工艺品，民间工艺品，雕塑，字画，古董和收藏品，珠宝首饰，金银器，时尚饰品，打火机，烟具，钟表，相框，画框，蜡烛及烛台，熏香及熏香炉，装饰盒，钥匙扣，链，盆景，玩具，工艺礼品，纪念品，广告礼品，节日用品，殡葬用品，工美礼品、玩具设计加工，其他。

20.家居用品

(1)家用电器，家用电脑，家用空调，家用电视机，净水器，饮水机，榨汁机，搅拌机，咖啡机，豆浆机，电热壶，电热杯，电炒锅，电饭煲，微波炉，洗碗机，消毒柜，抽油烟机，冰箱，冷柜，湿度调节器，空气净化器，取暖电器，热水器，电吹风，吸尘器，电扇，排气扇，电熨斗，洗衣机，干衣设备，干手机，给皂液机，氧气机，电驱虫器，视听器材，遥控器，其他。

(2)家用纸品，家用塑料制品，家用玻璃制品，家用陶瓷，搪瓷制品，家用金属制品，时尚饰品，珠宝首饰，金银器，打火机，烟具，钟表，相框，画框，熏香及熏香炉，个人保养、日用化学品，餐具，炊具厨具，保温容器，厨房设施，卫浴设施，清洁用具，园艺用具，家具，童车及配件，箱，包，袋，伞，雨具，太阳伞，刀，剪，刷，缝纫编织，婴儿用品，定时器，宠物及用品，门铃，可视门铃，照明与灯具，其他。

21. 物资专材

救灾物资，防汛物资，抗旱物资，农用专用物资，储备物资(包括粮食)，燃料，锅炉，供热设备，殡仪火化设备，其他物资；劳保用品，兽医用品，其他物资专材。

22. 包装用品

各种材料的包装物。

23. 体育用品

体育器材，体育场馆专用材料，体育场馆建设工程，康复器械，比赛服装，体育设施，其他体育用品。

24. 办公家具

办公木制品，其他材料办公家具，病床等医院用家具，剧场，影院桌椅，实验室家具，课桌，椅，保险柜，档案柜，密集架，其他办公家具。

二、产业、行业、职业与专业的关系

(一)产业与职业

产业是由社会劳动分工而独立出来的、专门从事某一类别生产经营活动的单位总和。国民经济部门按产业结构通常分为第一产业、第二产业和第三产业三大产业部门。

(1)第一产业　包括农业、林业、渔业、畜牧业。农业部门的职业包括农林牧渔劳动者、管理人员、专业技术人员、技术工人等。

(2)第二产业　指广义上的工业。包括采掘业、制造业、自来水业、电力、蒸汽、热水、煤气和建筑业等。按产品的经济用途分为"重工业"(生产生产资料的工业。如机械、冶金、煤炭、石油、燃料、化工等)和"轻工业"(生产消费资料的工业。纺织、造纸、食品、皮革等)。第二产业职业从业人员主要有经营管理人员、生产工人、工程技术人员、其他辅助人员等类型。

(3)第三产业　指广义上的服务业，主要包括以下四大部分：

①流通部门。如商业、饮食业、交通运输业、邮政电信通讯业、物资供销和仓储业等。

②服务部门。金融、保险、房地产、公用事业、居民服务业、旅游和咨询服务业等。

③科教文卫体育部门。教育、文化、广播电视业、科学研究事业、卫生、体育和社会福利事业等。

④机关团体。如国家机关、党群组织和社会团体等。

(二)行业与职业

行业是根据单位所使用加工原料、所生产的物品或提供的服务不同来表示的社会分工类别。

行业与职业之间相互交叉,一种职业主要存在于某一行业之中,而不同行业可以含有相同的职业。各种职业之间存在密切联系,它们共同推动国民经济的正常运转,整个国民经济的分工体系正是由产业到行业再到职业这三个层次组成的。

(三)职业与专业

如前所述,职业是参加社会分工,利用专门的知识和技能,为社会创造物质财富和精神财富,获取合理报酬作为物质生活来源,并满足精神需求的工作。

专业则是指在职或在读人员为了从事某种职业,或提升、拓宽自身的职业能力,通过相应的学习和训练,使之达到相应的专业学历层次和职业技术等级水准。专业具有文化基础、专业理论、专业技能、专业实操训练、职业发展指导五大要素。专业与职业相比较同样具有社会特性、经济特性、技术特性三大特性,而最大的不同在于专业的层次特性。专业的层次性可以从两个方面划分:从学历层次上来分有中技、中专、高职、专科、本科;从技术层面来分职业资格有初级(技术工人)、中级(技术员)、高级(助理技师)、技师(工程师)、高级技师(高级工程师)。

总之,专业是学业门类,职业是工作门类,专业与职业之间有四种关系:

(1)专业包容职业　在这种情况下,个人的职业发展一直在所学专业的领域内,选择的职业与学习的专业相吻合,能够做到学以致用。

(2)专业为核心,职业包容专业　是指以专业为核心发展职业,个人的职业发展以所学专业为核心,向外扩展。不同的职业需要不同的知识、技能及德、体条件,而不同的知识和技能则是专业的主要内容。

(3)专业与职业交叉　以专业为基础发展职业,个人的职业发展在所学专业基础上有重点地沿某一方向拓展。所学专业在个人职业发展中仍有重要意义,需要在职业生涯规划的指导下,在学好本专业的基础上,同时辅修或自学自己规划要从事的其他专业课程。

(4)专业与职业分离　个人规划要从事的职业与所学专业基本无关,所学专业的某些方面在个人职业发展中有一定的重要性,但方向并不一致。

从经济和效率地角度来看,我们所选择的专业当然应该是职业目标所需要的知识和技能。然而从专业与职业的相关性来讲,它们并不都是一一对应的关系,而是呈现出一对一、一对多、多对多等非常复杂的相关关系。

(1)一对一　这种情况最为简单。它一个专业方向对应一个职业目标,这类专业一般都存在于中职类学校或高职学院。培养目标单一明确。此类职业的技术含量比较高,也比较单一。它属于学业规划中比较主动的一种态势。可以让我们先定目标,后选路线,在各种路线中选择求学成本最低的一条,这类专业和职业一般都适合于专业技术人员。

(2)一对多　宽口径,厚基础类专业。所对应的职业目标有多个,从职业的人格特征来看,许多都对应了两种以上甚至六种人格类型的职业都有涉及。比如经济学专业。

(3)多对一　多种专业都可以发展到某一种职业的情形。这类职业一般属于管理型人格的职业。比如新闻记者,比如政府公务员,比如营销主管,比如企业管理等等。

第三节 职业环境分析

职业环境分析，就是要分析了解某一特定职业在社会大环境中所处的地位、过去的发展状况和未来的发展趋势，以及社会发展对此职业的影响，职业本身对从业者的素质要求、报酬水平、岗位满足程度等等。

曾经有一名高职一年级的学生对她的职业指导老师倾诉了自己的职业理想：毕业后想要回自己的家乡当一名小学老师。但当指导老师问她高职学历是否符合小学老师的任职条件、小学教师是否必须要求师范类院校的毕业生、当老师是否需要考教师资格证等问题时，她对此都一概不知。试想对这些最基本的职业环境都不了解，这位同学当小学老师的道路会一帆风顺吗？

我们每个人都生活在一定的环境当中，我们的成长和发展都与周围的环境密不可分，或多或少都会受到环境的影响。职业也不例外，了解一个职业，就要对职业环境进行分析，分析职业环境的特点、职业环境的发展变化过程、自己在职业环境中的位置、职业环境对从业者的要求，以及职业环境中对自己有利或不利的条件等。只有对这些职业环境因素充分地分析和了解，才能制定与职业环境相匹配的职业发展目标，才能在职业生涯中扬长避短，沿着正确的方向前进。

对职业环境进行分析，一般从社会环境、组织环境、行业环境、岗位环境四个方面入手。

一、社会环境分析

社会环境是指人类生存及活动范围内的社会物质、精神条件的总和。广义包括整个社会经济文化体系，狭义仅指人类生活的直接环境。社会环境就是职业发展的宏观环境及其发展变化趋势。

(一)社会环境分析的含义

社会环境分析，就是对我们所处的社会政治环境、经济环境、法制环境、科技环境、文化环境等宏观因素的分析。社会环境对我们职业生涯乃至人生发展都有重大影响。通过对社会大环境包括国际、国内与所在地区 3 个层次的分析，来了解和认清国际、国内和自己所在地区的政治、经济、科技、文化、法制建设、政策要求及发展方向，以更好地寻求各种发展机会。

(二)社会环境分析的内容

1.中国社会现状

中国现在正处于近两百年以来最好的历史时期。虽然社会上还有许多的体制弊端，还有许多没有解决的矛盾，但是政治上比较稳定，法制化进程已经开始，市场经济已经初步形成并步入正轨。21 世纪的中华大地充满各种人才成长发展的机遇。

但是我们也要看到，人才的竞争日趋激烈，大学生就业难、失业率居高不下等等，都使我们的就业环境看起来不容乐观，这就更需要在分析好社会现状的基础下，有针对性地做好自己的职业生涯规划。

社会发展趋势对于目前所从事的职业有何影响和需求？你选择的这个职业是不是社会越来越需求的职业？在此行业里，企业是否具有竞争力和发展机会？你如何让自己在选择的职业中保持核心竞争力？可能的风险是哪些？我们可以通过有效的职业环境分析得到启示或答案。

2.区域状况及经济发展水平

地域环境不同，地方的经济水平不同，当地的文化环境也就不同，人才储备、发展空间、竞争状态更是不同。选择在经济发达城市或经济落后城市就业各有利弊。大学生应结合自己的实际情况，综合考虑区域的优势，选择适合自己的区域。

3.社会文化环境

通常是指在一定社会形态下的教育水平、道德规范、宗教信仰以及世代相传的风俗习惯等，体现国家或地区社会文明程度的精神财富的总和。在良好的社会文化环境中，个人在工作、学习、生活等方面能得到更好的教育和熏陶，从而为职业发展打下良好的基础。

4.社会职业价值观念

目前，我国社会职业价值观念的特征为：多元并存，新旧交替。每个人都生活在社会环境中，必然受到社会职业价值观的影响。了解和分析整体社会职业价值取向，有利于自我职业价值观的确立和调整，有利于明确自己的职业方向选择和制定适合社会发展的生涯规划。

社会职业价值观的分析属于意识形态领域的研究，可以从某些社会调查机构近期的职业排行榜来综合分析各类职业在社会上的地位和需求量，了解当时人们的社会职业价值观。在分析的过程中，同样要用动态的发展观综合分析几年来社会职业声望的发展与变化，预测未来职业发展趋势，分析调整自身的职业价值取向。

二、组织环境分析

在进行组织环境分析时，涉及的组织主要是企业、自己所在的学校以及自己的家庭。

(一)企业环境分析

1.企业环境分析的途径

收集企业信息，可以通过企业所在地新闻出版机构的新闻线索来了解企业产品和服务的详细情况、富有深度的财政经济状况；通过有关书籍、企业发展史、当地各种商业活动、企业人物获奖的细节也能了解到可供参考的资料信息；另外，在公司网站上介绍公司价值观念的网页也会透露一些企业文化的有关线索。

2.企业环境分析的主要内容

企业环境分析包括：用人单位的声誉和形象是否良好？企业实力如何？在本行业中的地位、现状和发展前景怎样？所面对的市场状况如何？产品和服务在市场上的发展前景怎样？能够提供哪些工作岗位？这些工作岗位是否适合自己？有无良好的培训机会？企业领导人怎样？企业管理制度怎样？企业文化是否与自己吻合？福利待遇是否完善等若干方面。

(1)企业实力　企业实力一般包括企业在社会中的地位和声望如何？企业目前的产品、服务和活动范畴是什么？企业的发展领域在哪些方面？发展前景如何？战略目标是什么？技术力量和设施是否先进？在本行业中是否具备很强的竞争力？谁是竞争对手？企业目前的财务状况如何？是不是空有其壳还是真的能做大做强？有没有长久的生命力？企业的组织结构怎样？等等。

(2)企业领导人　企业领导人的抱负和能力是企业发展的决定性因素。很多成功的大企业都有一位出色的企业家作为掌舵人。因此，要了解企业的主要领导人是真心要干一番事业，还是想捞取名利？管理是否先进开明？他有足够的能力来带领员工开创新天地吗？他有没有战略眼光和措施？他尊重员工吗？

(3)企业招聘要求和福利待遇　在进行企业环境分析的过程中，要注意了解企业对拟招聘人员规格的要求，包括专业知识、能力、性格等。同时还要了解企业的薪酬标准、工资福利待遇等情况。比如，假如你进入到该单位，起点工资预计是多少？是否有五险一金？

此外，选择一个企业的目的，不仅仅是找到一份工作，更重要的是在这个企业实现个人价值和人生价值，因此，在了解企业的过程中，还要关注企业提供给员工的培训和发展机会。

(4)企业文化和企业制度　除了很好的福利、吸引人的薪酬、舒适的工作环境和出色的管理之外，优秀的企业还会创造积极的企业文化，让员工感受到尊重和快乐，从而使员工工作更有创造性和积极性。员工与企业相互配合是否良好的关键在于企业文化。因此，在求职时选择让你觉得很舒服的企业文化氛围，才是至关重要的。

企业制度包括管理制度、用人制度、培训制度等，尽可能地了解企业在组织结构上的特征与发展变化趋势，分析这种安排对自己的未来可能带来什么样的影响。特别要注意企业用人制度如何，能否提供教育培训机会以及提供的条件是什么？自己将来有没有可能在该企业担任更高级的职务或担负更大的责任？个人待遇提升的空间有多大？待遇提升是基于能力还是工作年限？企业的标准工作时间是多少？

(二)学校环境分析

学校环境分析，是对大学生个体成长过程中所受学校教育的分析。学校教育会对受教育者产生某种积极或消极的影响，是影响个人职业生涯的重要因素。

大学生接受的是专业教育，通过学习某一专业的理论知识和专业技术，形成了适应某类或某种职业需要的专业特长。同时，大学生接受的专业教育也制约了其职业适应的范围。如果大学生所学的专业面较窄，其职业适应的范围就小；反之，职业适应的范围就广。所以，进行学校环境分析，首先要了解本专业开什么课程，培养的是哪些方面的技能；其次要了解这些课程和技能对应的是哪些行业和岗位。

另外，大学分为大专生、本科生、研究生、博士生等不同层次，不同层次反映了不同的受教育程度和水平，并直接影响到职业选择方向。

还有，学校的规模和办学质量、学校在社会上的声誉、自己所学专业的特性，都是学校环境分析的内容。

(三)家庭环境分析

家庭是人们生活的重要场所，人们的价值观、行为模式都会受到家庭生活和家庭成员潜移默化的影响。每个人的成长环境决定他们的价值观和行为模式，而这些对他们的职业选择倾向、就业机会都大有影响。所以，我们在进行职业选择时，要对家庭环境进行客观的分析。

具体来讲，我们应该从家庭环境的角度来判断自身在社会中的位置。一个人的家庭组成、家庭经济条件、社会关系、家庭成员的关系及健康状况等因素，都和自己的职业生涯发展有着密切的关系。

三、行业环境分析

(一)什么是行业环境分析

行业环境分析,就是分析行业本身所处的发展阶段及其在社会经济发展中所处的地位,分析影响行业发展的各种因素,预测行业未来的发展趋势,判断行业对人才选拔的条件,从而为我们的职业准备服务。

选择行业是每一个人一生中的重要决定。在做选择的时候,要知道自己今后想进入哪个行业,调查行业对人才的基本要求、储备和竞争的状况等,并对行业进行认真分析。

随着经济和社会分工的不断发展,社会行业的数量、种类、结构和要求等也在不断发生变化。改革开放以来,由于产业结构的调整和发展,一些新兴的行业和职业在我国不断兴起,如租赁业、房地产业、保险业、广告业、旅游业、娱乐业等。行业发展还将会继续随着社会的发展不断地发生变化,因此要求我们在做生涯规划和就业选择的时候,驻足现在,放眼将来,用动态的眼光审视行业的发展方向。

(二)行业环境分析的内容

行业环境分析是对目前从事或拟从事的目标行业的环境进行分析。社会是由不同行业组成的,进入社会就必须对行业有一个比较全面的了解。了解行业首先要明白这个行业是干什么的。当我们进入大学学习某个专业的时候,应弄清楚这个专业与社会中的哪个行业对接,毕业后自己将服务于哪个行业,这个行业是做什么的?这个行业是如何建立和发展起来的?这个行业目前处于一个什么样的状态?这个行业未来的发展趋势是怎样的?从事这个行业的企业是如何赚钱的?

(三)行业环境分析的意义

俗话说"男怕入错行,女怕嫁错郎"。进入自己适合和喜爱的行业,对个人的职业生涯发展、取得职业成功是非常重要的前提和基础。

对一个行业环境的分析和了解是大学生进行职业生涯规划的依据,也是将来职业生涯能够发展和成功的需要。职业生涯规划理论认为,适合自己的才是最好的。要进入适合自己的行业,就必须对自己准备进入的行业进行深入全面的了解。不论是为了自己的职业生涯规划,还是将来的职业提升、职业发展,分析和了解行业环境对我们每一个人都是必不可少的。

四、岗位环境分析

岗位也称职位。在组织中,在一定的时间内,当由一名员工承担若干项任务,并具有一定的职务、责任和权限时,就构成一个岗位。

岗位环境分析,就是对某个特定工作岗位的工作目的、工作任务、工作职责、工作权利、工作条件、任职资格等相关信息进行收集和分析,以便初步了解和熟悉该岗位。

每个求职者都有必要在做规划时对岗位职责、工作要求、薪资情况、岗位流动状况等进行了解。所有的工作岗位都包括两个方面的要求:一方面是通用要求,包括基本知识、素质和能力，比如敬业精神、责任心、纪律、团队精神等；另一方面是特殊要求，又包括特殊的专业技能要求和在同一组织内部的特殊要求。弄明白这些问题后，无论做职业生涯规划还是做职业选择，都能够使自己把握方向，占有主动权。

第四节 企业概述

企业是以赢利为目的，为满足社会消费者的需要而进行商品生产（或提供服务）和交换活动的经济实体，是从事生产、流通、服务等经济活动，以生产或服务来满足社会需求，实行自主经营、独立核算、依法设立的一种盈利性的经济组织。

一、企业类型

了解企业类型可以帮助我们熟悉不同企业的属性和特点，在就业时对用人单位的情况进行正确的分析判断，以做出正确的就业选择。

按照不同的标准，企业可以分为不同的类型：

按照企业组织形式的不同，可以分为个人独资企业、合伙企业、公司制企业；

按照经营模式或业态的不同，可以分为贸易企业（批发、零售、进出口）、加工制造企业、服务性企业、农林牧渔性质企业；

按照投资者的身份所在地的不同，可以分为内资企业、外资企业、港澳台商投资企业、合资企业；

按照企业所有制的不同，可以分为全民所有制企业、集体所有制企业、私营企业。

二、企业文化与职业胜任

（一）企业文化

关于企业文化，企业界有这样一种说法："一流企业靠文化，二流企业靠营销，三流企业靠生产"，可见企业文化的重要地位。

1.企业文化的概念与内涵

企业文化有广义和狭义两种理解。广义的企业文化是指企业所创造的具有自身特点的物质文化和精神文化，狭义的企业文化是企业所形成的具有自身个性的经营宗旨、价值观念和道德行为准则的综合。企业文化的内涵包括以下内容：

①企业文化是在工作团体中逐步形成的规范。

②企业文化是为一个企业所信奉的主要价值观，是一种含义深远的价值观、神话、英雄人物标志的凝聚。

③企业文化是指导企业制定员工和顾客政策的宗旨。

④企业文化是在企业中寻求生存的竞争"原则"，是新员工要为企业所录用必须掌握的"内在规则"。

⑤企业文化是企业内通过物体布局所传达的感觉或气氛，以及企业成员与顾客或其他

外界成员交往的方式。

⑥企业文化就是传统氛围构成的公司文化，它意味着公司的价值观，诸如进取、守势或是灵活——这些价值观构成公司员工活力、意见和行为的规范。管理人员身体力行，把这些规范灌输给员工并代代相传。

⑦企业文化就是在一个企业中形成的某种文化观念和历史传统，及共同的价值准则、道德规范和生活信息，它将各种内部力量统一于共同的指导思想和经营哲学之下，汇聚到一个共同的方向。

⑧企业文化是经济意义和文化意义的混合，即指在企业界形成的价值观念、行为准则在人群中和社会上发生了文化的影响。它不是指知识修养，而是指人们对知识的态度；不是利润，而是对利润的心理；不是人际关系，而是人际关系所体现的为人处世的哲学。企业文化是一种渗透在企业的一切活动之中的东西，它是企业的美德所在。

⑨企业文化是指企业组织的基本信息、基本价值观和对企业内外环境的基本看法，是由企业的全体成员共同遵守和信仰的行为规范、价值体系，是指导人们从事工作的哲学观念。

⑩企业文化是在一定的社会历史条件下，企业生产经营和管理活动中所创造的具有本企业特色的精神财富和物质形态。它包括文化观念、价值观念、企业精神、道德规范、行为准则、历史传统、企业制度、文化环境、企业产品等。其中，价值观是企业文化的核心。

企业文化是企业的灵魂，是推动企业发展的发动机。它包含着非常丰富的内容，其核心是企业的精神和价值观。

2.企业文化的表现形式

企业文化的内容是十分广泛的，其表现形式也是多种多样，归纳起来，企业文化最主要的表现形式包括以下几个方面：

(1)经营哲学　经营哲学也称企业哲学，是一个企业特有的从事生产经营和管理活动的方法论原则。它是指导企业行为的基础。

(2)价值理念　价值观不是人们在一时一事上的体现，而是在长期实践活动中形成的关于价值的观念体系。企业价值观决定着职工行为的取向，关系企业的生死存亡。只顾企业自身经济效益的价值观，就会偏离社会主义方向，不仅会损害国家和人民的利益，还会影响企业形象；只顾眼前利益的价值观，就会急功近利，搞短期行为，使企业失去后劲，导致灭亡。

(3)企业精神　企业精神是指企业基于自身特定的性质、任务、宗旨、时代要求和发展方向，并经过精心培养而形成的企业成员群体的精神风貌。企业精神是企业文化的核心，在整个企业文化中起着支配的地位。企业精神通常用一些既富哲理，又简洁明快的语言予以表达，便于职工铭记在心，时刻用于激励自己；也便于对外宣传，从而在社会上形成个性鲜明的企业形象。

(4)企业道德　企业道德是指调整本企业与其他企业之间、企业与顾客之间、企业内部职工之间关系的行为规范的总和。企业道德与法律规范和制度规范不同，不具有那样的强制性和约束力，但具有积极的示范效应和强烈的感染力，是约束企业和职工行为的重要手段。

(5)团体意识　团体即组织，团体意识是指组织成员的集体观念。团体意识是企业内部凝聚力形成的重要心理因素。企业团体意识的形成使企业的每个职工把自己的工作和行为都看成是实现企业目标的一个组成部分，使他们对自己作为企业的成员感到自豪，对企业的成就产生荣誉感，从而把企业看成是自己利益的共同体和归属。因此，他们就会为实现企业的目标而努力奋斗，自觉地克服与实现企业目标不一致的行为。

(6)企业形象　企业形象是企业通过外部特征和经营实力表现出来的，被消费者和公众所认同的企业总体印象。由外部特征表现出来的企业的形象称表层形象，它是企业内部要素的集中体现，如人员素质、生产经营能力、管理水平、资本实力、产品质量等。表层形象是以深层形象为基础的，没有深层形象这个基础，表层形象就是虚假的，也不能长久地保持。

(7)企业制度　企业制度是在生产经营实践活动中所形成的，对人的行为带有强制性，并能保障一定权利的各种规定。从企业文化的层次结构看，企业制度属中间层次，它是精神文化的表现形式，是物质文化实现的保证。

3.企业文化的作用

(1)凝聚作用　企业文化像一根纽带，把员工和企业的追求紧紧联系在一起，使每个员工目的明确、协调一致并产生归属感和荣誉感。

(2)导向作用　企业价值观与企业精神，能够为企业提供具有长远意义的、更大范围的正确方向，为企业在市场竞争中基本竞争战略和政策的制定提供依据。

(3)激励作用　企业文化注重研究的是人的因素，强调尊重每一个人，相信每一个人，凡事都以员工的共同价值观念为尺度，能最大限度地激发员工的积极性和创造性。

(4)协调作用　企业文化的协调作用可分为两个方面：对内，使企业员工有了共同的价值观念，对很多问题的认识趋于一致，增强了他们相互之间的信任、相互交流和沟通，使企业的各项活动更加协调；对外，企业文化能够协调企业和社会关系，能使社会和企业和谐一致。

(5)约束作用　企业文化、企业精神为企业确立了正确的方向，对那些不利于企业长远发展的不该做、不能做的行为，常常发挥一种“软约束”的作用，为企业提供“免疫”功能。约束功能能够提高员工的自觉性、积极性、主动性和自我约束，使员工明确工作意义和方法，提高员工的责任感和使命感。

(6)塑造形象作用　优秀的企业文化向社会大众展示着企业成功的管理风格、良好的经营状况和高尚的精神风貌，从而为企业塑造良好的整体形象，树立信誉，扩大影响，是企业巨大的无形资产。

4.大学生与企业文化的关系

大学毕业生在择业和就业时，不仅要关注企业的待遇、工作环境，更应该关注企业文化方面的问题。毕业生在与企业发生纠纷和矛盾时，更多的是因为价值观念和文化的差异；毕业生无法适应企业的规章制度、价值观念等，恰恰是不适应企业文化的表现。因此，现代大学生应主动认识并适应企业文化，这与专业技能、综合素质的培养同样重要。

(1)了解企业文化的途径和方法　了解和学习企业文化的途径和方法有很多。大学生可以积极阅读一些自己比较感兴趣，尤其是有就业意向的企业的文化书籍；可以利用生产实习和毕业实践的机会深入接触企业文化的各个方面；通过学校组织的企业宣讲了解企业文化；通过企业专家到学校开办的讲座来了解企业文化；通过参观企业了解企业文化；通过企业文化调研了解企业文化等等。

(2)大学生与企业文化的关系　适应企业文化，是大学生在择业时不能回避的问题。我们常说，适合自己的工作才是好的工作，那么什么样的工作才是适合自己的工作？这不仅仅是工资待遇、工作条件、专业技术等方面的问题。个人兴趣爱好和企业岗位需求的差异、个人价值观和企业价值观的差异、个人习惯和企业要求的差异等都是要考虑的内容。

企业文化所决定的工作方式、生活方式将直接影响毕业生在企业的发展。一个企业怎样对待新员工，有怎样的工作文化，怎样的思维方式，是否要经常加班，是否干涉员工私生活，是否给员工培训机会等等，都直接影响着员工对企业的忠诚度和满意度，影响到员工的敬业态度和职业责任感。如果毕业生不能适应公司的人际关系，不能理解领导对待员工的管理方式，就无法开心地为公司服务。因此，大学生在择业时，对公司的企业文化所影响下的工作环境进行详细了解是十分必要的。

【知识拓展】各国企业文化简介

文化与民族是分不开的，企业文化同样也是民族文化的一部分。企业文化是一个国家的微观组织文化，它是这个国家民族文化的组成部分，所以一个国家企业文化的特点实际就代表这个国家民族文化的特点。

1. 美国的企业文化模式与管理特点：美国是一个多民族的移民国家，这决定了美国民族文化的个人主义特点。

美国的企业文化以个人主义为核心，但这种个人主义不是一般概念上的自私，而是强调个人的独立性、能动性、个性和个人成就。在这种个人主义思想的支配下，美国的企业管理以个人的能动主义为基础，鼓励职工个人奋斗，实行个人负责、个人决策。因此，在美国企业中个人英雄主义比较突出，许多企业常常把企业的创业者或对企业做出巨大贡献的个人推崇为英雄。企业对职工的评价也是基于能力主义原则，加薪和提职也只看能力和工作业绩，不考虑年龄、资历和学历等因素。

以个人主义为特点的企业文化缺乏共同的价值观念，企业的价值目标和个人的价值目标是不一致的，企业以严密的组织结构、严格的规章制度来管理员工，以追求企业目标的实现。职工仅把企业看成是实现个人目标和自我价值的场所和手段。

2. 欧洲国家的企业文化模式与管理特点：欧洲文化是受基督教的影响，基督教给欧洲提供了理想价值的道德楷模。基督教信仰上帝，认为上帝是仁慈的，上帝要求人与人之间应该互爱。受这一观念的影响，欧洲文化崇尚个人的价值观，强调个人高层次的需求。欧洲人还注重理性和科学，强调逻辑推理和理性的分析。

虽然欧洲企业文化的精神基础是相同的，但由于各个国家民族文化的不同，欧洲各个国家的企业文化也存在着差别。

英国人由于文化背景的原因，世袭观念强，一直把地主贵族视为社会的上层，企业经营者处于较低的社会等级。因此，英国企业家的价值观念比较讲究社会地位和等级差异，不是用优异的管理业绩来证明自己的社会价值，而是千方百计地使自己加入社会上层，因此在企业经营中墨守成规，冒险精神差。

法国最突出的特点是民族主义和优越感，因此法国人的企业管理表现出封闭守旧的观念。

意大利崇尚自由，以自我为中心，所以在企业管理上显得组织纪律性差，企业组织的结构化程度低。但由于意大利绝大多数企业属于中小企业，组织松散对企业生机影响并不突出。

德国人的官僚意识比较浓，组织纪律性强，而且勤奋刻苦。因此，德国的企业管理中，决策机构庞大、决定集体化，保证工人参加管理，往往要花较多的时间论证，但决定质量高。企业执行层划分严格，各部门负责只有一个主管，不设副职。职工参与企业管理广泛而正规，许多法律都保障了职工参与企业管理的权力。职工参与企业管理主要是通过参加企业监事会和董事会来实现。

3. 日本的企业文化模式与管理特点：日本是一个单民族的国家，社会结构长期稳定统一，思想观念具有很强的共同性。同时，日本民族受中国儒家伦理思想的影响较深，尤其是“和”、“信”、“诚”等伦理观念，使日本高度重视人际关系的处理。这些决定了日本企业文化以“和亲一致”的团队精神为其特点。“和”被日本企业作为运用到管理中的哲学观念，是企业行动的指南。

以团队精神为特点的日本企业文化，使企业上下一致地维护和谐，互相谦让，强调合作，反对个人主义和内部竞争。企业是一个利益共同体，共同的价值观念使企业目标和个人目标具有一致性。企业像一个家庭一样，成员和睦相处，上级关心下级，权利和责任划分并不那么明确，集体决策，取得一致意见后才做出决定，一旦出了问题不归咎于个人责任，而是各自多作自我批评。企业对职工实行终身雇用、年功序列工资制。

日本是一个单一民族的岛国，但它并不封闭守旧，革新精神强，大量吸收西方文化中重视科学技术和理性管理的经验，并与传统文化结合起来，形成巨大的生产力。

【知识拓展】海尔的企业文化

青岛市有一个800多名员工的集体小厂——青岛市东风电机厂，以生产电动葫芦等小型机电产品为主。1984年，该厂亏空147万元，陷入发不出工资的困境，濒临倒闭。这就是海尔前身。如今的海尔已成为世界知名企业。

1. 海尔企业文化的核心：创新。海尔文化以观念创新为先导、以战略创新为方向、以组织创新为保障、以技术创新为手段、以市场创新为目标，伴随着海尔从无到有、从小到大、从大到强、从中国走向了世界。

2. 海尔的管理理念：斜坡球体论。企业在市场上的地位犹如斜面上的小球，需要有上升力（目标的提升），使其不断向上发展，还需要有止动力（基础管理），防止下滑。

3. 海尔的管理模式：日事日毕，日清日高。即每天的工作每天完成，每天工作要清理并要每天有所提高。

4. 海尔精神：敬业报国，追求卓越。敬业报国的中心思想是中国传统文化的“忠”，“忠”就是回报，海尔人就是要用最好的产品和服务来回报用户、回报社会、回报国家。能体现海尔精神的两句话：把别人认为绝对办不到的事办成；把别人认为非常简单的事持之以恒地坚持下去。海尔对不简单的诠释是：能够把简单的事情天天做好就是不简单。海尔对不容易的诠释是：大家公认的非常容易的事情，非常认真地做好它，就是不容易。

5. 用人理念：人人是人才，赛马不相马。“你能够翻多大跟头，给你搭建多大舞台。”现在缺的不是人才，而是出人才的机制。管理者的责任就是要通过搭建“赛马场”为每个员工营造创新的空间。

6. 海尔集团形象用语：真诚到永远。

(二)职业胜任

1.职业胜任的概念

职业胜任就是指在职业活动中，个人的知识、技能、能力、品质等能够满足职业要求的状态。无论何种职业，都要求其从业者掌握与其职业活动相关的基础理论知识和专业实践技能，并具有与职业要求相符合的个人品质、身体条件、动机水平等。

对职业胜任的程度就是对所从事职业的胜任力。胜任力是用行为方式描述出来的员工需要具备的知识、技能、能力和特质，是个体能够达到某个职位的绩效要求的一种状态或综合品质。

2.职业胜任的要素

一般来讲，从业人员对某种特定职业的胜任力一般包含知识水平和技术能力两个要素。

(1)知识水平　无论哪一种职业，都需要一定的相关知识，必须要掌握生产活动中所涉及的相关知识，包括人们对各类事实、理论、系统、惯例、规则以及其他一些与工作有关信息的了解。要胜任职业，我们必须要有终身学习的理念和不断学习的能力。

(2)技术能力　技术能力是一种通过训练而获得的，可以顺利完成某种工作任务的动作方式和动作系统。技术能力是通过学习而达到的一种熟练的行为，是将知识应用于实践中的技巧，与经验有很大的相关性。

技术能力包括动作技能、心智技能、个人特质和动机水平。

①动作技能。是指人体所做的一系列操作性的实际动作，如机械操作、汽车驾驶、传真机、打印机等办公设备的使用和修理等。

②心智技能。包括沟通技能、团队合作、时间管理等方面。

③个人特质。是指一个人的性格、气质等。

④动机水平。是指在特定领域内，驱动、指导、选择个体行为的思想。动机可分为内部动机和外部动机。内部动机是指因工作本身具有挑战性、趣味性等而使个体产生的工作愿望；外部动机是指工作的愿望不是由于工作本身所产生的，而是由于工作以外的内容，如报酬、社会的认同等其他与结果相连的因素。

3.职业胜任的类型

职业胜任按照层次可分为三个类型：

(1)门槛类胜任力　是指为保证工作取得成功而界定出的一些最低标准要求。通常包括基本的技能、基础知识和专业知识等。门槛类胜任力是进入某个职业的最基本素质，也是能力继续提升的基础素质。

(2)区辨类胜任力　是指那些能将同一职位上的高绩效者和绩效平平者区分开来的素质。如主动性、影响力和结果导向等。区辨类素质并不是一成不变的，而是可以通过特定的方法来加以影响和改善的。这就要求企业人力资源部门在管理人员开发中，要注意员工区辨类胜任力的开发、培养和提高，因为高胜任力可以产生高绩效。

(3)转化类胜任力　是指管理人员和员工普遍都缺乏的那些胜任素质，如“开发他人”、“系统思考”、“复原力”等。一旦人们在这些胜任力上得到改善和提高，那么将会大大提高工作绩效。当然这些胜任力的开发和提高比门槛类胜任力和区辨类胜任力要困难得多。一个想要出类拔萃的管理者和员工必须要注重转化类胜任力的开发和提高。

第五节 职业素质与就业能力

一、职业素质与提升

(一)职业素质的内涵

我们每一个人都渴望成功,然而,决定成功的最关键的因素是什么？有一种说法,成功=职业素质+专业知识。而职业素质与专业知识相比更加重要,职业素质是人成长的根基,决定着我们成长的高度,如果没有职业素质为基础,专业知识就失去了依托,不仅不能成大事,还可能产生负面影响。

1.职业素质的定义

职业素质是指劳动者在一定的心理和生理条件的基础上,通过教育、培训、劳动实践和自我修养等途径逐步形成和发展的,能在相应职业活动中发挥作用的内在要素和品质。简单地说,职业素质就是指从业人员顺利完成特定职业活动所应具备的综合素质。

2.职业素质的特征

(1)职业性　不同的职业,要求的职业素质是不同的。对建筑工人的素质要求不同于对护士的素质要求,对商业服务人员的素质要求不同于对教师的素质要求。

(2)稳定性　一个人的职业素质是在长期学习、工作实践中日积月累形成的,它一旦形成,便形成了相对的稳定性。受继续学习、工作环境的影响,这种素质还可以继续提高。

(3)内在性　从业人员在长期的职业活动中,经过自己学习、认识和亲身体验,形成了判别是非的能力。这种有意识地内化、积淀和升华,就是职业素质的内在性。

(4)整体性　一个从业人员的职业素质和他的整体素质有关。我们说某某人职业素质高,不仅指他的思想政治素质、职业道德素质好,也指他的科学文化素质、专业技能素质好,甚至还包括身体心理素质好。一个从业人员虽然思想道德素质好,但科学文化素质、专业技能素质差,就不能说这个人整体素质高。相反,一个从业人员的科学文化素质、专业技能素质都不错,但思想道德素质比较差,同样,我们也不能说这个人整体素质好。所以职业素质的一个很重要的特点就是整体性。

(5)发展性　一个人的素质是通过教育、社会实践和社会影响逐步形成的,它具有相对性和稳定性。但是,随着社会发展对人们不断提出新的要求,人们为了更好地适应、满足、促进社会的发展需要,总是会不断地提高自己的素质,所以素质具有发展性。

3.职业素质的构成

(1)职业道德素质　职业道德素质是从业人员的根本素质,是一个合格的职业劳动者的必备条件。所谓职业道德,是指从事一定职业劳动的人在特定的工作和劳动中以其内心信念和特殊社会手段来维系的、以善恶进行评价的心理意识、行为原则和行为规范的总和。它是人们在从事职业劳动的过程中形成的一种内在的、非强制性的约束机制。

一般来说,职业道德素质可以从职业态度和职业伦理两个方面来看。职业态度是劳动者对社会、职业和广大社会成员履行职业义务的基础,其个性品质表现为责任感、自尊、自控、正直和诚实；职业伦理是社会对各种职业规范要求转化为从业人员职业行为、道德品质的重要环节，包括职业的理想、态度、义务、质量、纪律、良心、荣誉和作风等。

在一个社会里，尽管某一特定行业可能对职业道德有一些特殊的要求，但不同职业在职业道德方面的要求往往会存在一些共同性。例如，都要求从业者具有爱岗敬业、诚实守信、办事公道、文明礼貌、服务群众等优秀品质。这些良好的职业道德素质，不仅是自己职业生涯成功的保证，也是保证产品质量、推动企业生产发展和社会发展的需要。

(2)职业知识素质　职业知识素质是指职业要求必备的文化基础知识、专业知识和人文科技素养方面的理论知识，如英语、数学、政治、写作、计算机应用等文化基础知识，各相关职业领域的专业知识，本专业的相近职业、交叉职业的基础理论和基本知识。现在，不少企业往往对一些知识复合型的职业人才更为青睐。例如，许多企业的管理干部都不是学管理出身的，而是既懂技术、又懂管理的复合型人才。

可见，仅有知识的数量积累还不能满足职业的需要，必须具备合理的知识结构才能适应职业的需求。比如，学经济的学生还必须学习人文、自然科学等方面的知识，才能适应职业的需要。

(3)职业能力素质　职业能力是指由专业能力、方法能力、社会能力和自主能力等综合而成的能力素质，而不仅仅是指职业技能或操作能力。其中，专业能力是指从事职业活动所需的单项操作技能和综合专业能力，这是职业能力的核心素质；方法能力是指从事职业活动的工作方法和学习方法；社会能力是指从事职业活动所需的社会行为能力，包括组织管理能力、人际交往和沟通能力等；自主能力是指具有自主、能动性的主体能力，在变化的环境中获得成功的自我提高能力、技能革新与创造能力、迁移能力、发展能力以及职业习惯等。通过对职业能力素质结构的分析也可以看出："高分低能"并不是企业所需要的，创造性地运用知识、解决实际问题的职业能力才是企业最为关注的。当然，我们也不能忘记：知识、经验是形成职业能力的重要基础。

(4)心理生理素质　生理素质和心理素质是从业人员最基础的素质。

生理素质也称为身体素质，是从业人员体格和精力的统称，主要是由人的自然生理结构、生理机能、人体运动状况构成的，如力量、速度、耐力、灵活性、平衡、柔韧性等，还包括劳动后恢复体力的能力。不同职业对从业人员身体素质的要求是不同的。如从事铸造、冶炼、建筑、搬运等劳动强度大的职业，对力量、耐力等要求较高；从事脑力劳动的职业，对智力、思考集中等方面要求较高。良好的身体素质是我们选择职业、从事职业活动的本钱。

心理素质包括的范围比较广，主要包括人的情感、意志、性格、兴趣、气质、价值观等。良好的心理素质对人们职业成功影响极大。实际上很多人的成功都不是取决于智力水平的高低或其他因素，而主要是取决于心理素质的好坏。来自哈佛大学的研究表明，学生在校学习成绩的好坏与他在以后的职业生涯中的成功与否并无多大关系。跟踪调查的事实表明，成功85%取决于积极的职业态度，剩下的15%才是本人的职业技能。许多职场人士也认为，知识水平尚可弥补，能力尚可以培养，人的心理素质却很难改变，而这些非智力因素又会极大地影响其知识、能力水平的发挥。

除了以上所讲述的将职业素质分为职业道德素质、职业知识素质、职业能力素质和心理生理素质外，也有人将职业素质归纳为职业素质基础和职业技能这两个方面。职业素质基础是职业人除职业技能之外的所有职业素质的素养和要素，是许多职业必须具备的基本的职业素质素养，是职业人发展成为高职业素质者必需的素质底蕴。例如，有端正的职业品质，对职业地位有客观的认识，遵守职业道德和社会公德，遵守法律和行规，能与人合作和沟通，诚实守信，爱岗敬业，有积极健康的职业心态，勇于参与竞争，敢于迎接挑战，敢于创业、创新，善于调整心态和精神状态，善于接受新事物、新知识、新观点、新方法等等。

【知识拓展】职业素质的冰山理论

一名员工就像一座冰山，他的素质呈现在人们视野中的部分往往只有1/8，而看不到的则占7/8。看得见的1/8是其资质、知识、行为和技能，看不见的7/8则是由职业意识、职业道德和职业态度三个方面组成的。要培育优秀的职业素质，就要重视这三个方面的隐性内容，因为它占员工素质的7/8，还深刻地影响着员工那另外1/8的显性素质。

员工素质的“水上部分”包括基本知识、基本技能，是显性的，随时可以调用，是人力资源管理中人们一般比较重视的方面。它们相对来说比较容易改变和发展，培训起来也比较容易见成效，但培训很难从根本上解决员工的综合素质问题。

员工素质的“水下部分”包括职业意识、职业道德、职业态度，是隐性的，如果不加以激发，它只能潜在地起作用。这些素质处于冰山的最下层，是人力资源管理中经常被忽视的，也经常被员工所忽视。然而，如果员工的隐性素质能够得到足够的培训，对员工的提升作用将是非常巨大的，同时对企业的影响也将更加深远。

(二)职业素质提升

1.提升专业能力

随着我国高等教育大众化和后学历时代的来临，有些人认为专业知识和技能在就业过程中所起的作用会越来越小，培养综合素质比掌握专业知识和技能更加重要，综合素质对于大学生找工作和职业发展的帮助更大。这种观点有一定的道理，但是过于偏激。专业能力和综合素质就像一个人在职业发展道路上的一双翅膀，失去了一只翅膀，怎么会飞得高、飞得远呢？从我国现在的经济发展状况以及劳动力市场的要求来看，专业知识和技能仍然是影响大学生就业的重要因素。正如西方学者恩德尔斯所言：“专业人员和专家在社会中正在变成更为重要和有影响的群体。”一些研究也表明，找到和保持一个好的工作，专业的知识和技能是十分重要的，没有专业知识和技能的人大多数只能被迫从事没有技能的简单劳动。在经济衰退时期，那些最早被解雇的员工往往是那些没有足够的专门知识的人或仅有过时职业专门知识的人。可以说，职业专门知识和技能能够为大学生将来的职业发展奠定良好的基础。

(1)培养和增强对专业的兴趣　专业兴趣是指一个人喜爱某一专业，是一种专业选择与态度方面的倾向。在我国目前的社会现实状况下，由于不同的职业间社会地位和收入差异较大，再加上高考制度的影响，有相当一部分的大学生所学的专业并不是自己最感兴趣的。这也就造成了这些大学生对专业学习缺乏热情，投入的精力不足，每天都在混日子，应付老师，也应付家长和自己，学习成绩好坏不重要，只要能拿到毕业证就行。这样做的结果，就是白白浪费了大学美好的学习时光，耽误了自己的前程。

兴趣是最好的老师，每个人都会对自己感兴趣的事物给予优先的注意和积极的探索，并从中感到愉悦、轻松和充满乐趣，表现为积极而且自觉自愿的正面情绪。因此，培养对专业的兴趣对大学生的学习和将来的职业发展都是至关重要。兴趣是可以培养的，专业兴趣也不例外。在学习这个专业之前，你可能对这个专业缺乏兴趣，但是通过学习、了解和体会，会慢慢增强对专业的兴趣，从而会增加学习的动力。

培养和增强专业兴趣的途径和方法有很多，主要包括以下几个方面：

①重视课堂学习。课堂是大学生进行专业知识学习的主阵地。课堂学习是一种高效率获取知识的学习途径。

②接受专业兴趣熏陶。在校学习期间，积极参加学校、学生会组织的专业兴趣小组、社团、协会等，通过参加专业活动比较全面地了解专业、熟悉专业，从而进一步喜欢自己的专业。

③拓宽专业视野。充分利用图书馆、网络资源、参加校内外举办的专业知识讲座、去企业实训实习的机会，更全面、更广泛、更深人地了解专业的发展状况及国内外的最新研究成果，通过对专业发展前景的了解，激发自己对专业学习的兴趣。

④获得专业成就。在日常的学习、学生活动中，如参加职业技能比赛、才艺展示等，通过利用自己的专业技能获得成绩，得到心理上的满足感，从而提升专业兴趣。

(2)提高专业技能　专业技能是指将所掌握的专业理论知识综合运用于实践的能力。“行是知之始，知是行之成。”专业知识只有转化为实践能力并在工作中表现出来才能发挥作用。首先，要认真学习文化课和专业理论课，因为文化课和专业理论课是专业技能的基础。其次，只有书本知识，而动手操作能力差的毕业生是不受用人单位的欢迎的。知识的转化需要实践，因此，在学好文化课和专业理论课的基础上，大学生应充分利用实习、实验、实训的机会，有意识地锻炼自己将理论知识转化为实践动手操作能力，多实践、勤思考、善总结，努力培养自己分析问题和解决问题的能力。

2.培养综合素质

综合素质是指专业知识和技能之外的素质，是从业人员取得事业成功必须具备的基本能力，是一种超越具体职业和岗位、对人的终身发展起着重要作用的能力，是人们在教育或工作等各种不同的环境中培养和发展出来的、从事任何职业都必不可少的能力。

(1)决策能力　决策能力就是对未来行为目标的决断和选择的能力。良好的决策能力可以实现对目标及其实现手段的最佳选择，因此，能少走弯路、少犯错误，以较小的代价取得进步和成功。人的一生往往会碰到各种需要自己当机立断、痛下决心来决断的事情。对于即将毕业的大学生来说，走向社会，这是人生的一大转折点。面临求职择业，何去何从，别人的意见和忠告各种各样，最终要靠自己作决定。显然，这是对自己决策能力的一次考验。在未来的工作中，各种问题及其变化进展都需要自己迅速做出反应，及时予以处理。因此，训练和培养自己的决策能力是非常重要的。

培养决策能力要从日常小事做起，不要事事请别人为自己拿主意，要养成多谋善断的习惯。这样日积月累，今后遇到重大事情时，才不至于无所适从。

(2)创新能力　创新能力是在多种能力发展的基础上，利用已知信息，创造新颖独特、具有社会价值的新理论、新思维、新产品的能力。它是一种综合性的、高层次的思维能力和行动能力。从社会角度来讲，经济的发展、科技的进步离不开发明创造。对个人来说，成功成才依赖于发明创造。用人单位需要具有创新能力的大学生。创新能力包含多方面的内容，如强烈的好奇心，细微的观察力，大胆设想、勇于探索的精神以及提出问题、研究问题、解决问题的能力等。大学生要自觉地培养这些能力，为走上工作岗位后进行创造性的工作打下扎实的基础。

(3)适应能力　现实社会常常不尽如人意,错综复杂、千头万绪的现实生活常常使刚刚步入社会的大学毕业生很不适应。大学毕业生面对现实生活中的消极现象往往产生不安、不满的情绪,这对大学生的职业发展是极其不利的。适者生存,生存下来才能够发展。大学生只有注意培养自己适应社会的能力,走向社会后才能尽可能地缩短自己的适应期,充分发挥自己的聪明才智。

一个人适应社会的能力是其素质、能力的综合反映,适应社会能力的强弱是与他的思想品格、知识技能、活动能力、创造能力、处理人际关系以及健康状况等密切相关的。一般来说,一个素质比较高、各方面能力比较强、身心健康的大学毕业生走上社会后,很快就能适应环境,适应工作,即使是在比较困难的条件下和比较差的环境中,也能通过自己的努力取得好的成绩,或者变不利的环境为有利的环境。

对社会、对环境的适应,是主动、积极的适应,不是消极的等待和对困难的屈服,更不是对落后、消极现象的认同。适应要同发展结合起来,如果只讲适应,不思进取,社会和个人都得不到进步。

(4)实操能力　实操能力是专业工作者必须具备的一种实践能力。在现实生活中,大学生实际动手操作能力的强弱,将直接影响到自身作用的发挥。所以,大学生应克服注重理论学习、轻视实践操作的倾向。

一个人操作能力的水平主要体现在操作的速度、准确和灵活性三个方面。大学生要提高自己的动手操作能力,关键在于多看、多练。看得多,接触的多就可以掌握一些基本的操作程序和方法,练得多才可能真正提高自己的动手操作技巧和能力。毕业生如果在实际操作上掌握一个或几个过硬的本领,一定会受到用人单位的青睐。

(5)表达能力　表达能力是指运用语言阐明自己的观点、意见或抒发思想、感情的能力。它包括口头表达能力、文字表达能力、数字表达能力、图示表达能力等几种形式。对于大学毕业生而言,表达能力的重要性是不言而喻的。不仅在参加工作走向社会后会立即且强烈地意识到这一点,还会在求职面试的时候对此有深切的感受。比如求职材料的撰写、个人材料的准备、面试时的交谈表达等,这其中的每一个环节都需要较强的表达能力。

(6)交往能力　交往能力实际上就是与他人相处的能力。社会上的人际关系不像学校中的同学、师生关系那样简单。大学生步入社会后,要与形形色色的人发生这样或那样的关系。能否正确、有效地处理、协调好职业生活中人与人的各种关系,不仅影响一个人对环境的适应状况,而且影响着他的工作效率、心理健康状况、生活的愉快和事业的成败。大学毕业生在刚刚走上工作岗位时,由于阅历不深,缺少经验,往往在各种错综复杂的关系面前茫然无措,苦于无法适应,常常感叹"工作好干,关系难处"。因此,大学生自觉培养良好的人际交往能力就显得尤其重要。

(7)组织能力　尽管不是每个大学毕业生都会从事组织管理工作,但是每个人在将来的工作中都会不同程度地需要组织管理才能。现代社会表明,组织管理能力不仅要求领导干部、管理人员应当具备,其他专业人员都应具备。即使一心科研的科学家,在负责一个科研项目时,也需要具有组织管理能力把所有科研人员的积极性调动起来,把大家的智慧发挥出来。随着时代的发展,纯"书生型"的人才已不能适应社会的需要。不论哪个专业的毕业生,都必须既有精深的专业知识,又有一定的组织管理能力,这不仅是顺利就业的需要,更是职业生涯发展的需要，更是时代的客观要求。

二、就业能力培养

铁饭碗的真正含义不是在一个地方吃一辈子饭，而是一辈子到哪儿都有饭吃。

（一）就业能力的含义

大学生就业能力，如果单从字面上去理解，它指的就是大学生在毕业时顺利找到自己理想的工作的能力。但是，如果进一步深入探讨大学生如何才能在毕业时顺利地找到自己理想的工作？这里面涵盖的内容就变得极其丰富。这时候我们所说的大学生就业能力，就不是单纯指某一项技能或能力，而是学生多种能力的集合，是对学生各种能力的全面包含。

具体地讲，大学生就业能力的主要内容，至少应该包括学习能力、思想能力、实践能力、应聘能力和适应能力等。学习能力是指在工作和生活中不断获取新知识的能力，它是就业能力的基石；思想能力包括思维能力（包括创新能力）和政治鉴别力、社会洞察力、情感道德品质，它是大学生思想成熟与否的标志；实践能力是指将所学习到的知识综合运用到实践中的能力，是各种能力综合应用的外化体现；适应能力是指在各种环境中驾驭自我的心理、生理的调节能力，它是大学生就业乃至完成由学生角色向社会职业角色顺利转变的关键。

由此可以看出，就业能力是一项复杂的、全面的、系统的能力，它需要大学生通过多种途径和方式，采取不同的方法，通过不断地培养才能够得到和提高。

（二）就业能力培养

就业能力不是与生俱来的，它需要我们每一个人通过后天的学习和实践逐步地培养和提高。随着高等院校大规模的连年扩招，每年的毕业生人数越来越多，就业压力也越来越大。要想在毕业时找到自己理想的工作，改变“毕业即失业”的悲惨命运，在校大学生们就必须充分利用大学阶段这个承前启后的关键时期，有意识地培养和提高自身的就业能力，使自己在未来的就业竞争中立于不败之地。

在校大学生如何提高自己的就业能力？主要包括以下几个方面：

1.做好个人的职业生涯规划，是提高就业能力的基础

对于许多毕业生来说，与其说是“就业困难”，不如说是“就业迷茫”。当他（她）们即将毕业走出校门的时候，你问他（她）想要从事什么样的工作？竟然会有许多同学说不知道，这是多么可悲的一件事情。目标都没有或不明确，更谈不上为实现目标而做准备或努力了。很多学生在初入大学校门的时候，所抱的心态都是“先轻松轻松，毕业、找工作那都是遥远的事情，到时候再努力也不迟”，到了毕业找工作的时候才发现为时晚矣、后悔莫及！对自己的大学生活缺乏科学合理的规划，往往成为大学生面对就业压力时手足无措的一个重要原因。

因此，大学生应该意识到，大学生活是大学生职业生涯的第一站，对这一阶段进行科学合理的规划，对大学生的整个职业生涯发展起着至关重要的作用。

首先，从大学一年级开始，就应该在了解社会环境、职业环境、所学专业及个人职业倾向的基础上，初步确立自己的职业目标。

其次，分析职业目标所在行业的行业现状和发展前景，职业目标岗位对求职者职业素质和职业能力的要求，对照自己的现状，围绕着知识结构、行业岗位基本能力、专业能力、实践技能等方面，找出自己所具备的素质和能力与职业目标要求之间的差距。

然后，根据目前与职业目标之间的差距，制订给自己的职业素质和能力拾遗补缺的详细计划，包括时间进度、方式方法、达到的水平程度等。

最后，那就是行动了。严格遵循自己的职业规划循序渐进，切忌“计划上的巨人，行动上的矮子”。

2.有意识地培养社会适应能力，是提高就业能力的关键

“象牙塔”里面的大学生们与真实的社会接触的机会很少，他们意识不到学校与社会之间在运行规则之间的巨大差距。这种环境的隔离，使大学生们对社会的看法往往趋于简单化、片面化和理想化，造成的结果就是大学生们在刚走出校门进入职场的时候，由于缺乏工作经历和生活经验，由“学生”向“职业人”角色转变慢、适应的过程长，甚至有的学生因长期不能适应或与社会格格不入而被辞退。这也是一些企业不愿招聘应届毕业生的一个重要原因。还有一些企业在招聘应届毕业生时，在同等条件下，往往优先录用那些曾经参加过社会实践、有过班干部或学生会干部经历的学生，他们看重的，除了这些学生具有一定的组织管理能力外，更重要的是看重他们的心理承受能力、人际交往能力、应变能力和融入社会的能力都曾经得到过培养和锻炼。

因此，这就要求在校的大学生们，在校期间，在不影响正常学业的前提下，多与社会接触，尽可能地了解社会，并注重培养自己适应社会、融入社会的能力。借助学校组织的社会实践这个平台，既可以帮助大学生走出校门，了解社会，提高大学生的组织管理能力、心理承受能力、人际交往能力和应变能力，还可以使他们了解到就业环境、政策和形势等，有利于学生找到与自己的知识水平、性格特征和能力素质等相匹配的职业。此外，大学生们还应该利用打工、兼职、促销、生产实习等各种途径和渠道，主动地去培养和提高自身的社会适应能力。

适者生存，生存是为了发展。对社会和环境的适应应该是积极主动的，而不是消极的等待和却步。大学生只有具备较强的社会适应能力，走入社会后才能缩短自己的适应期，充分发挥自己的聪明才智。

3.培养良好的心理素质，是提高就业能力的保证

当代大学生在求学期间，只注重对专业知识、专业技能的学习，而忽视了对自身心理素质的培养，尤其是对自信心的培养。这样的情况下，使一些人在面对困惑或逆境时，表现出茫然、焦躁和畏惧，从而影响到自己的学习、生活和工作。尤其在求职过程中，有些学生一旦遭遇失败，便一蹶不振，甚至对面试都产生了恐惧心理，这也是大学生就业难的原因之一。

因此，大学生在求学过程中应注意提高心理素质，尤其是在日常生活中注意锻炼自己坚忍不拔的性格；通过不断提高自身各方面的能力和素质来培养自己的自信心；在求职中，树立正确的求职心态，充分了解自己的优势与不足，扬长避短；沉着、冷静应对所遇到的困难，用积极的心态面对成功道路上的阻碍。

4.掌握正确的求职方法和技巧，是提高就业能力的捷径

凡事都讲究方法和技巧，求职也不例外。正确的求职方法和技巧是就业能力的一个重要组成部分，更是帮助大学生顺利就业的可靠保证。在大学学习期间，在毕业寻找工作之前，大学生就应该掌握就业信息的收集、筛选的方法和原则、求职材料的撰写方法、面试的技巧等，并尽可能地寻找实践这些方法和技巧的机会，使自己在真正求职时胸有成竹。

【技能训练】职业访谈

1.访谈目的。职业访谈是帮助大学生在校期间开展职业探索，完成职业生涯规划的重要环节和途径，目的在于使大学生更多地了解和认识职业需求、职业环境。

2.访谈对象。

(1)访谈单位的人力资源部门负责人或相关工作人员；

(2)访谈单位目前从事该项工作的员工；

(3)访谈单位目前从事该项工作的往届大学毕业生。

3.访谈问题。

(1) 你认为从事这项工作需要具备哪些基本的职业素质和职业技能？

(2) 对应聘这一岗位的应届大学生有哪些具体的要求？

(3) 在从业的过程中，可能遇到的问题和困难有哪些？

4.撰写"职业访谈报告"并与其他同学交流。

思考题

1.什么是职业、行业及专业？三者之间是什么关系？

2.职业环境分析的内容包括哪些方面？

3.企业文化与大学生择业之间是怎样的关系？

4.大学生要培养哪些方面的素质？如何培养？

5.大学生要提高哪些方面的能力？如何提高？

Chapter 6

职业生涯决策

学习目标

1. 了解职业生涯决策的类型及特点。
2. 掌握 CASVE 循环、SWOT 分析法和生涯决策平衡单等职业决策方法的技术要点。
3. 了解职业生涯规划书的撰写要求，结合自身实际撰写个性化的职业生涯规划书。

第一节　职业生涯决策类型

在求职过程中，很多大学生面对各种就业机会感到迷茫、犹豫不决、不知所措。由于对职业决策和择业能力不足，无法做出明确的职业决策，由此而引起一系列的反应，比如焦虑、挫折感，甚至不敢正视现实、面对未来，这其实是职业决策困难的典型表现。

职业决策是在职业生涯发展时在多项选择之间权衡利弊，选择最佳行动方案的活动，是寻求人与职业最佳组合的活动。决策的中心是选择，要对各个方案做出优劣判断，进行取舍，以决定职业选择的方向、路线和目标，就必须采用多种科学的技术和方法。

一、职业生涯决策要素

决策(decision making)是采用一定的科学方法和手段去实现一定的目标，从两个以上的方案中选择一个满意方案的分析判断过程。决策是建立在对决策者自身的剖析和对周边环境的综合分析的基础上，确定行动目标，并对实现目标的若干可行性方案进行比较和选择，最终确定一个最优的解决方案的分析决断过程。简单地说，决策就是做决定的过程。

职业决策是一个复杂的认知过程，通过此过程，决策者组织有关自我和职业环境的信息，仔细考虑各种可供选择职业的前景，最后做出职业行为的公开承诺。职业生涯决策由目标、选择、结果和评价四大要素构成。

目标：是指所要达到的目的，这是职业生涯决策存在的根本。

选择：是指在达到目标的过程中有多种途径，采取哪一种途径做出选择。

结果：是指每一种选择衍生出来的附加物。

评价：是指对各种选择结果进行合理的评估。

职业决策是职业生涯规划中的前导部分，决策制订的可行性与否，直接决定着职业生涯规划是否成功。

二、职业生涯决策类型

(一)理智型

以周全的探求和对选择的逻辑性评估为特征。理智型的决策者具备深思熟虑、分析、逻辑的特性。这类决策者会评估决策的长期效用并以事实为基础做出决策。他们会综合全面信息、理智的思考、冷静的分析判断、慎重的评价待选方案。理智型决策风格也是当今比较受推崇的决策方式，是大学生需要培养的一种良好的思考习惯。但理智型的决策风格也并不是理想的、完美的决策方式，即使采用系统的、逻辑的方式，也会出现因为害怕承担决策的后果而不能整合自己和他人重要观点的困扰。

(二)直觉型

以依赖直觉和感觉为特征。他们比较关注内心的感受，以自我判断为导向，在信息有限时能够快速做出决策，以消除不确定性。当发现他们的决策是错误的时候，能够迅速改变决策。由于这类决策不是以理性分析为基础，发生错误的可能性较大，因此，容易造成决策不确定性，丧失决策者的信心。

(三)依赖型

以寻求他人的指导和建议为特征。依赖型的决策者往往很难自己做决策，他们通常咨询他人以寻求指导。他们允许他人参与决策并共同分享决策成果，因此依赖型的决策者需要了解生活中他人对自己的影响程度。

(四)回避型

以试图回避做出决策为特征。回避型的决策风格是尽量拖延以逃避抉择，是一种不果断的方式。这类决策者不知道自己的目标，不考虑未来的发展方向，也不去做准备，更不寻求帮助，是一种消极的决策方式。

(五)自发型

以渴望即刻、尽快完成决策为特征。自发型的个体往往不能够容忍决策的不确定性以及由此带来的焦虑情绪，是一种具有强烈即时性，并对快速做决策的过程有兴趣的决策风格。自发型决策者常会基于一时的冲动，在缺乏深思熟虑的情况下做出决策，此类决策者通常会给人果断或过于冲动的感觉。

总之，理智型、直觉型和自发型这三种风格比较积极主动，而依赖型和回避型则比较消极被动。不同的决策风格都有其优劣之处，都可以在某种程度上满足决策者的需要，重要的是识别自身的决策风格，并有针对性地进行调整。

【课堂活动】测一测你的决策风格

有一片桃园，你被允许进去摘桃子，但只许前进不许后退，只能摘一次，要摘一个最大的，你会怎么办？

A：对视野内的桃子进行比较，形成一个大概的标准，再根据这个标准选择最大的桃子。

B："我感觉这个大！"就摘这个了。

C："去问看桃园的人，让他告诉我什么样的最大！"或者问 旁边的人什么样的最大。

D：先别管了，走到最后再说吧。

E：稍微比较，迅速摘一个。

参考结果：

A. 理智型。强调综合全面地收集信息、理智的思考和冷静的判断分析。

B. 直觉型。以自我判断为导向，在信息有限时能够快速做出决策，发现错误时能迅速改变决策。

C. 依赖型。倾向采用他人建议与支援，往往不能承担自己做决策的责任。

D. 回避型。拖延不果断，倾向于不考虑未来的方向，不知道自己的目标，也不思考，也不寻求帮助。

E. 自发型。不能容忍决策的不确定性以及由此带来的焦虑情绪，具有强烈的及时性，对快速做决策的过程有兴趣。

请举出最近生活中两三个决策的实例，试着归纳出这些决定的共同特性，思考自己的决策风格。

第二节　职业生涯决策方法

一、CASVE 循环

1991 年，加里・彼得林、詹姆斯・桑普森和罗伯特・里尔登合著了《生涯发展与服务：一种认知的方法》一书，阐述了一种思考生涯发展的新方法。这一认知信息加工（CIP）方法基于以下假设：生涯的选择以我们的思考和感受为基础；进行生涯选择是一种问题解决活动；作为生涯问题解决者，我们的能力以我们所知及我们如何思考为基础；生涯决策需要良好的记忆；生涯发展持续进行，是我们毕生学习和成长的一部分；我们的生涯很大程度上取决于我们思维的内容和方式；我们的生涯质量取决于我们对生涯决策和生涯问题解决所了解的程度。

生涯决策的信息加工金字塔包含了生涯选择所涉及的各种成分。底部第一层的部分称为知识领域，包括自我知识和职业知识。自我知识包括自我的价值观、兴趣、技能以及相关的个人特性。职业知识包括了解特定的职业、专业和工作及其组织方式。第二层的决策制定技能领域包含如何进行良好决策的五个阶段，知道我如何进行决策。金字塔顶端是对决策过程进行思考，即执行加工领域（图 6-1）。

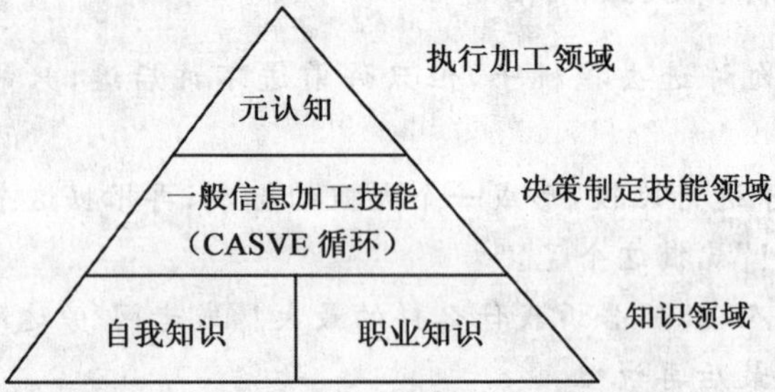

图 6-1　生涯决策的信息加工金字塔模型

CASVE 循环就是职业生涯规划决策技术，包括五个阶段：沟通（communication）、分析（analysis）、综合（synthesis）、评估（valuing）和执行（execution），CASVE 就是这五个词的英文单词首字母（图 6-2）。

（一）沟通

沟通是 CASVE 决策制定的第一阶段，也是决策者“意识到我需要做出一个选择”的阶段。通过内部和外部的信息沟通和交流，使决策者意识到理想和现实之间存在的巨大差距。内部沟通包括情绪，诸如不满意、厌烦、焦虑或者泄气，还包括身体信号，诸如昏昏欲睡、头痛、胃病等。外部沟通包括家人、亲友对你毕业后职业计划的询问、专业所处行业的发展状况等等。这些沟通表明已经有问题或差距存在，需要开始分析问题的来源、探究问题成因。

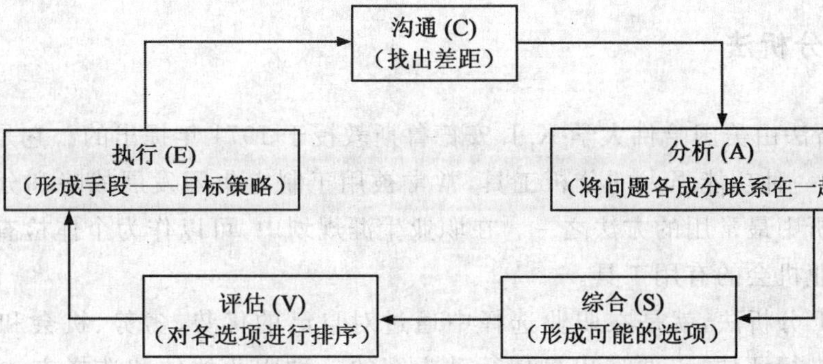

图 6-2 信息加工技能的 CASVE 循环

(二)分析

分析是"了解我自己和我的各种选择"的阶段。通过思考、观察和研究,对兴趣、能力、价值观和人格等自我知识,以及各种环境知识进行分析,了解所有可能导致差距产生的相关因素,从而更好地理解现存状态和理想状态之间的差距,了解自己有效地做出反应的能力。在分析阶段,生涯决策者应尽可能了解造成在第一阶段发现的差距的原因。还需要把各种因素和相关知识联系起来,例如,把自我知识和职业选择联系起来;把家庭和个人生活的需要融入到职业选择中。

(三)综合

综合是"扩大并缩小我的选择清单"的阶段。根据分析阶段所得出的信息,先把选择范围扩展开来,然后再逐步缩小,尽可能多地找到消除差距的方法,发散地思考每一种办法,甚至采用"头脑风暴"进行创造思维。最终确定 3～5 个最可能的选项。

(四)评估

评估是"选择一个职业、工作或学业发展"的阶段。对于综合阶段得出的 3～5 个职业选项进行具体的评价,评估获得该职业的可能性,以及这个选择对自身及他人的影响,从而进行排序。评估的第一步是评估每一种选择对生涯决策者本人以及他人的影响,从对自己和对他人的物质和精神上得失进行评价;第二步是对各种选择进行评级和排序,将能够最好地消除沟通阶段巨大差距的选择,排在第一位,次好的选择排在第二位,依此类推,职业规划决策者会选出一个最佳选项,并且做出承诺去实施这一选择。

(五)执行

执行是"实施我的选择"的阶段。通过制定行动计划,把思考转化为行动。这是整个 CASVE 循环的最后部分,前面的步骤只是确定了最合适的职业,还不能带来职业选择的成功,需要在执行阶段将所有想法付诸实践。

CASVE 循环是一个不断重复的过程,在执行阶段之后,生涯决策者又回到沟通阶段,以确定已经选取的选择是不是最好的,是否能最有效地消除理想与现实间的差距。

二、SWOT 分析法

SWOT 分析法由美国哈佛大学 K. J. 安德鲁斯教授于 1971 年提出的。它是市场营销管理中经常使用的一种功能强大的分析工具，常常被用于制定集团发展战略和分析竞争对手情况，是战略分析中最常用的方法之一。在职业生涯规划中，可以作为个体检查技能、能力、职业、兴趣和职业机会的有用工具。

所谓 SWOT 分析法，就是在职业选择中通过对自己的优势、劣势、机会和威胁进行分析，对各个方面进行评估，以便选出最佳行动方案的一种职业评估和选择方法。SWOT 分析是四个英语单词的缩写，即：优势（strength）、劣势（weakness）、机会（opportunity）和威胁（threat）。

优势：指自己出色的方面，尤其是与竞争对手相比具有优势的方面。如语言表达能力强、社会关系资源丰富、身体素质好等。

劣势：指与竞争对手相比处于落后地位的方面。最不喜欢或最不擅长做的事，如不善于交际、社会活动能力差等。

机会：指有利于职业选择和职业发展的一些机会。如新职业或岗位的设立、高一级职位的补缺等。

威胁：指存在潜在危险的方面。如企业经营不景气等。

SWOT 分析法可以通过以下三个步骤来完成：

（一）分析环境

环境包括内部环境和外部环境。内部环境指能力、优势等因素，外部环境指社会、家庭、行业状况、就业形势等因素。

（二）构建 SWOT 矩阵

将优势、劣势、机会和威胁四个方面的因素按照对职业生涯决策的影响程度进行排列，建立 SWOT 矩阵。从矩阵中可以清晰地看到自己的优势和竞争力，从而确定自身发展的方向，同时也可以看到自身的不足和外在威胁因素，从而为提升自己找到依据。

（三）组合决策类型

遵循内部因素与外部因素相结合的原则，组合出四种类型：机会—优势（OS）、机会—劣势（OW）、威胁—优势（TS）、威胁—劣势（TW）。构建组合的目的是为了制定出相应的策略，发挥优势因素、利用机会因素、克服劣势因素、化解威胁因素（表 6-1，表 6-2）。

（1）OS 策略　即机会优势策略，目的在于使这两个因素趋于最大作用的发挥。比如专业领域急需人才，自己专业对口且专业知识和技能过硬，在参与竞争和实现规划的过程中突出这个优势。

（2）TS 策略　即威胁优势策略，目的是努力发挥优势因素，弱化威胁因素。

（3）OW 策略　即机会劣势策略，目的是努力使劣势因素趋于最小化，使机遇趋于最大化。如自己的管理能力不佳，现有机会担任班级干部，利用这个机会多组织班级活动，提高自己的管理能力。

（4）TW 策略　即威胁劣势策略，目的是使这两个因素都趋于最小，比如学习成绩不佳，利用在校的业余时间努力提高学习成绩；与人交际能力欠缺，通过参加社团、社会实践活动来提高。

表 6-1 SWOT 分析考虑的因素

	优势 （指个体可控并可利用的内在积极因素）	劣势 （指个体可控并经努力改善的内在消极因素）
内部因素	1. 工作经验 2. 教育背景 3. 丰富的专业知识和技能 4. 特定的可转移技巧（如沟通、团队合作、领导能力等） 5. 人格特性（如职业道德、自我约束、承受工作压力的能力、创造性、乐观等） 6. 广泛的个人关系网络 7. 在专业组织中的影响力 ……	1. 缺乏工作经验 2. 学习成绩较差或一般 3. 缺乏目标，且对自我的认识不足和对工作的认识十分不足 4. 较差的能力（如领导能力、人际交往能力、沟通能力和团队合作能力） 5. 较差的寻找工作的能力 6. 负面的人格特性（如职业道德较差、缺乏自律、缺少工作动机、害羞、性格暴躁等） ……
	机会 （指个体不可控但可以的外部积极因素）	威胁 （指个体不可控但可以使其弱化的外部消极因素）
外部因素	1. 国家政策 1. 就业机会增加 2. 专业领域急需人才 3. 专业晋升机会 4. 职业道路选择带来的独特机会 5. 地理位置的优势 6. 强大的关系网络 7. 社会认可度较高 ……	1. 就业机会减少 2. 由同专业的大学毕业生带来的竞争 3. 具有丰富技能、经验、知识的竞争者 4. 名校毕业的竞争者 5. 专业领域发展前景不乐观 ……

表 6-2 SWOT 矩阵

内部因素 / 外部因素	优势（Strength） 1. 2. 3.	劣势（Weakness） 1. 2. 3.
机会（Opportunity） 1. 2. 3.	机会—优势（OS） 1. 2. 3.	机会—劣势（OW） 1. 2. 3.
威胁（Threat） 1. 2. 3.	威胁—优势（TS） 1. 2. 3.	威胁—劣势（TW） 1. 2. 3.

【课堂活动】我的 SWOT 分析

参考表 6-1 和表 6-2，将个人的优势、劣势、机会、威胁列在 SWOT 分析表中，建立 SWOT 矩阵。然后自我分析，确定自己的职业生涯决策方案。每 3 人一组进行交流分享。

三、生涯决策平衡单

生涯决策平衡单是用来协助决策者做出好的重大决定的一种方法，经常被应用于问题解决模式和职业咨询中。它可以帮助决策者具体地分析每一个可能的选择方案，考虑各种方案实施后的利弊得失，排定优先顺序，最后确定最优先或偏好的选择方案。

生涯决策平衡单的主体框架由四个方面构成：自我物质方面的得失、他人物质方面的得失、自我精神方面的得失和他人精神方面的得失。具体实施的步骤如下：

(一)建立决策平衡单

在生涯决策平衡单中列出有待深入评量的潜在职业选项 3～5 个。

(二)判断各个职业选项的利弊得失

根据平衡单四个方面的重要得失，逐一检视各个职业选项，并以“＋5”至“－5”的十一点量表(＋5，＋4，＋3，＋2，＋1，0，－1，－2，－3，－4，－5)来衡量各个职业选项。

(三)设定各项考虑因素的权重

在各方面的利弊得失之间，会因身处于不同情境而有不同的考量。因此，在详细列出各项考虑层面之后，须再进行加权计分。即对每个考虑因素结合自己的情况设置权重(1～5 分)，1 分表示不看重，5 分表示最看重。

(四)计算各个职业选项的得分

把各因素的权重和利弊得失的分数相乘，得出每个选项的加权得分，然后再累加，计算各个职业选项的总分。

(五)排定各个职业选项的优先顺序

依据各职业选项在总分上的高低，排定优先次序。职业选项的优先次序即可作为职业生涯决策的依据(表 6-3)。

表 6-3　生涯决策平衡单

考虑因素 \ 选择项目		权重	职业选择 1		职业选择 2		职业选择 3	
			打分	加权得分	打分	加权得分	打分	加权得分
个人物质方面的得失	1. 经济收入							
	2. 工作的难易程度							
	3. 升迁的机会							
	4. 工作环境的安全							
	5. 休闲时间							
	6. 生活变化							
	7. 对健康的影响							
	8. 就业机会							
	9. 社会资源							
	10. 其他							
他人物质方面的得失	1. 家庭经济收入							
	2. 家庭地位							
	3. 与家人相处的时间							
	4. 与朋友相处的时间							
	5. 其他							
个人精神方面的得失	1. 生活方式的改变							
	2. 成就感							
	3. 自我实现的程度							
	4. 能力和潜能发挥							
	5. 兴趣的满足							
	6. 挑战性							
	7. 社会声望的提高							
	8. 其他							
他人精神方面的得失	1. 父母认同							
	2. 师长认同							
	3. 朋友认同							
	4. 其他							
总分								

【课堂练习】我的生涯平衡单

根据生涯决策平衡单的技术要领，制订自己的职业决策方案。

第三节　职业生涯规划书的撰写

职业生涯规划书是大学生对自己职业生涯发展目标的选择、实施计划及行动方案的书面表述。不仅能呈现大学生的宏观职业生涯规划，也能对具体的学习和工作起到指导和鞭策作用。

美国职业生涯学家泰德曼说，生涯是一种过程，它像一只在海面上航行的船，在开阔的海面上，各种情况变幻莫测，为了使船不沉没，并保持航向，船长常常运用地图、指南针、风向以及自己的经验来做出判断，以保持航向的准确性。在漫漫的职业生涯中，一份翔实的职业生涯规划书就是帮助我们保持航向，督促航行，时时提醒并帮助自己不迷失方向的地图、指南针和风向标。

一、撰写要求

(一)资料翔实，步骤齐全

收集资料有多种途径，可以通过访谈、报刊图书、网络等方式获取，要尽可能注明资料的出处，更多地运用图表数据来说明问题，以提高资料来源的可信度和说服力。撰写步骤主要分为四步：

第一步：分析需求、分析条件及目标设定；

第二步：分析阻碍和可行性研究；

第三步：设计方案和提升(改变)计划；

第四步：制订详细的实施计划和措施。

(二)论证有据，分析到位

要了解有关的测评理论及知识，认真审视并思考自己的测评报告并对照自我认识与测评结果的异同，分析与测评结果形成差距的原因，从而确定自我评估结果，达到“知己”；要理清自己所处的地理环境(包括居住的地方、喜欢的地方等)，明确自己最大兴趣是什么、最喜欢与之共事的人的类型、最重视的价值与目标、最喜欢的工作条件是什么，再通过目前环境评估(社会影响、家庭影响、学校因素、就业形势等)和当前社会环境分析(组织环境分析、技术的发展、经济的兴衰、政策法规的影响等)来确定自己的职业方向，做到说理有据，层层深入。

(三)言简意赅、结构紧凑，重点突出、逻辑严密

语言朴实简洁，用词精练准确，行文流畅，条理清楚，这是最基本的写作要求。撰写时还应密切注意整篇文章的结构和重心所在。

职业生涯规划书一般包含对职业规划的认识、对自我的剖析、对所学专业的认识、对职业方向的探索及确定职业目标并制订计划等五个方面的内容。在对这些内容进行分析阐述时，必须紧紧围绕职业目标这条主线来展开，体现文章论述的逻辑性和连贯性。要将重点放在自我评估、环境评估、目标实施上。

（四）目标明确，合理适中

撰写职业生涯规划书应围绕论述的中心展开，职业生涯目标不能过于理想化，应“择己所爱”、“择己所长”、“择世所需”、“择己所利”。职业生涯规划书撰写是否成功，在很大程度上取决于有无正确适当、切实可行的目标。

（五）分解合理，组合科学，措施具体

目标分解、实现路径选择要有理论依据，而且备用路径之间要有内在联系。目标组合要注意时间上的并进和连续，功能上的因果和互补作用，全方位的组合要涵盖职业生涯、家庭生活和个人事务等方面。

二、基本格式

（一）表格式

表格式是用表格的形式简单地表述计划，这种格式的规划书是不完整的职业生涯规划书。常常仅写有最简单的目标、分阶段实现时间、职业机会评估和发展策略等几个项目，有的只相当于一份完整的职业生涯规划书的计划实施表，适合作为日常警示使用（表 6-4，表 6-5）。

表 6-4　职业生涯规划书参考样式一

<table>
<tr><td colspan="4">一、自我评估</td></tr>
<tr><td rowspan="6">职业规划自我测评结果</td><td>测评内容</td><td colspan="2">测评结果</td></tr>
<tr><td>气质</td><td colspan="2"></td></tr>
<tr><td>性格</td><td colspan="2"></td></tr>
<tr><td>兴趣</td><td colspan="2"></td></tr>
<tr><td>能力</td><td colspan="2"></td></tr>
<tr><td>价值观</td><td colspan="2"></td></tr>
<tr><td rowspan="6">360°评估</td><td>评估项目</td><td>优点</td><td>缺点</td></tr>
<tr><td>自我评价</td><td></td><td></td></tr>
<tr><td>朋友评价</td><td></td><td></td></tr>
<tr><td>父母评价</td><td></td><td></td></tr>
<tr><td>老师评价</td><td></td><td></td></tr>
<tr><td>其他评价</td><td></td><td></td></tr>
</table>

续表 6-4

<table>
<tr><td colspan="4">二、环境与职业分析</td></tr>
<tr><td>人际关系分析</td><td colspan="3"></td></tr>
<tr><td>社会环境分析</td><td colspan="3"></td></tr>
<tr><td>政治环境分析</td><td colspan="3"></td></tr>
<tr><td>经济环境分析</td><td colspan="3"></td></tr>
<tr><td>组织环境分析</td><td colspan="3"></td></tr>
<tr><td rowspan="4">SOWT 分析</td><td>优势</td><td colspan="2"></td></tr>
<tr><td>劣势</td><td colspan="2"></td></tr>
<tr><td>机会</td><td colspan="2"></td></tr>
<tr><td>威胁</td><td colspan="2"></td></tr>
<tr><td rowspan="4">职业目标确定</td><td>目标类型</td><td colspan="2">目标内容</td></tr>
<tr><td>短期目标
（1～2 年）</td><td colspan="2"></td></tr>
<tr><td>中期目标
（3～5 年）</td><td colspan="2"></td></tr>
<tr><td>长期目标
（5～10 年）</td><td colspan="2"></td></tr>
<tr><td rowspan="3">职业生涯
路线选择</td><td colspan="2">A. 想往哪个路线发展？</td><td rowspan="3"></td></tr>
<tr><td colspan="2">B. 能往哪个路线发展？</td></tr>
<tr><td colspan="2">C. 可以往哪个路线发展？</td></tr>
</table>

<table>
<tr><td colspan="6">职业生涯策略</td></tr>
<tr><td rowspan="13">步骤</td><td colspan="2">时　　限</td><td>目标</td><td>提高途径及措施</td><td>评估标准</td></tr>
<tr><td rowspan="6">大学期间</td><td>大一第 1 学期</td><td></td><td></td><td></td></tr>
<tr><td>大一第 2 学期</td><td></td><td></td><td></td></tr>
<tr><td>大二第 1 学期</td><td></td><td></td><td></td></tr>
<tr><td>大二第 2 学期</td><td></td><td></td><td></td></tr>
<tr><td>大三第 1 学期</td><td></td><td></td><td></td></tr>
<tr><td>大三第 2 学期</td><td></td><td></td><td></td></tr>
<tr><td rowspan="6">毕业后</td><td>毕业后第 1 年</td><td></td><td></td><td></td></tr>
<tr><td>毕业后第 2 年</td><td></td><td></td><td></td></tr>
<tr><td>毕业后 3～5 年</td><td></td><td></td><td></td></tr>
<tr><td>毕业后 6～10 年</td><td></td><td></td><td></td></tr>
<tr><td>毕业后 11～15 年</td><td></td><td></td><td></td></tr>
<tr><td>毕业后 16～20 年</td><td></td><td></td><td></td></tr>
<tr><td colspan="6">生涯评估、反馈及调整</td></tr>
<tr><td>评估与反馈</td><td colspan="5"></td></tr>
<tr><td>调整内容</td><td colspan="5"></td></tr>
</table>

表 6-5　职业生涯规划书参考样式二

姓　　名		性　别	
年　　龄			
所学专业			

职业生涯自我剖析与评估

1. 橱窗分析

橱窗	评　　价
(1)公开的自我	
(2)盲目的自我	
(3)秘密的自我	
(4)未知的自我	

2. 360°评估

评价人	优　　点	缺　　点
(1)自我评价		
(2)家人评价		
(3)老师评价		
(4)朋友评价		
(5)同学评价		
(6)其他评价		

3. 职业兴趣测评(霍兰德职业兴趣测试)

结论	

4. 职业性格测评(MBTI职业性格测试)

结论	

5. 职业锚测评

结论	

职业生涯机会评估

1. 社会环境分析	
2. 政治环境分析	
3. 经济环境分析	
4. 组织环境分析	

续表 6-5

职业生涯目标确定		
职业目标类型	目标内容	行动计划
1.短期目标(1～2 年)		
2.中期目标(3～5 年)		
3.长期目标(5～10 年)		
职业生涯路线选择		
1.想往哪个路线发展?		
2.能往哪个路线发展?		
3.可以往哪个路线发展?		
职业生涯策略制定		
1.合理知识结构的建构		
2.基本能力的训练		
职业生涯评估、反馈和调整		
1.风险评估:评估所有不利于职业目标实现的可预见及不可预见因素		
2.方案调整		
(1)调整具体行动措施		
(2)调整阶段性目标		
(3)调整职业生涯路线		
(4)职业目标的重新选择		
3.制订备选职业目标方案		
方案 1:		
方案 2:		

(二)条列式

这种格式的规划书具有职业生涯规划的主要内容,但只是做简单的表述,没有详细的材料分析和评估。文章精练,但逻辑性和说理性不强。

(三)复合式

这种职业生涯规划书是表格式与条列式的综合(表 6-6)。

表 6-6　某物流管理专业学生的职业规划实施表

计划名称	时间跨度	总目标	分目标	实施策略和措施
短期计划（大学期间）	2014 年 9 月—2017 年 7 月	掌握扎实的专业知识，加强职业技能训练，提高综合素质。	通过计算机和英语等级考试；取得助理物流师、报关员、报检员、高级仓管员等职业资格证书；取得奖学金；学生活动比赛获奖。	制定学习计划，认真学习；参加学校组织的社团活动和社会实践活动；职业技能训练并参加技能大赛。
中期计划（毕业后 5 年内）	2017 年 7 月—2022 年 7 月	适应职场，取得成绩，提高个人从业资格。	考取物流师证书	继续成人本科学习，提高学历。
长期计划（毕业后 10～20 年）	2027 年 7 月—2032 年 7 月	外资物流企业高管。	考取高级物流师证书	应聘知名外资物流公司。

详细执行计划如下：

(1)一年级　适应大学生活，养成良好的自主学习习惯，参加社团活动，锻炼社会交往能力。

(2)二年级　学好专业知识，掌握职业技能。考取英语等级证书和高职英语应用能力考试 A 级证书。利用暑假和课余时间在物流相关企业兼职；空余时间可以多方游历，尽可能地了解社会和物流行业；努力完善自己的品格；此期间要对全国的物流企业有较多的了解，以便今后择业。

(3)三年级　取得高职毕业证书，考取助理物流师职业资格证书和叉车上岗证书；取得机动车驾驶执照。应聘物流企业，从基层做起。

(4)毕业后第 1 年　在物流企业基础岗位工作，熟悉业务和岗位要求，勤恳工作，积累工作经验。继续成人本科学习，充分利用空闲时间为自己补充所需的知识和技能。

(5)毕业后 2～5 年　熟悉物流企业运作机制及企业文化，提高业务能力和管理能力，成为企业主管、部门经理，工作业绩在同事中居于突出地位。加强与上级的沟通，充分利用自己的工作条件扩大社交圈，重视同学交际，重视和每个人的交往。取得本科学历和学位。

(6)毕业后 10～20 年　应聘另外一家知名外资物流公司，学习跨国企业先进的管理理念，提升管理水平和领导能力，成为一名外资企业的高层管理人员。

(四)论文格式

论文式职业生涯规划书是最完整的职业生涯规划书，它能够对一个人职业生涯规划做全面、详细的分析和阐述。

论文式职业生涯规划书可分为封面、目录、正文和附表四个大的部分。封面一般包括题目、姓名、专业等个人信息。目录是根据正文要写的章节和所对应的页码来制定的。正文一般分为自我分析、测评分析、影响就业的因素分析、职业定位、实施步骤和评估与调整五个部分。附表一般包括个人简历，也可包括分阶段目标的完成情况，如每学期的成绩单、所取得的各类证书复印件，以此时刻督促自己在计划的时间内完成预定的目标。

【论文式范例】会展策划与管理专业大一女生的职业生涯规划书

大学生职业规划书

姓名：袁××

学校：北京农业职业学院

班级：×××

专业：会展策划与管理

学号：×××

目　　录

引言

一、自我认知

（一）自我分析

（二）性格特征

（三）职业兴趣

（四）职业能力

（五）职业价值观

（六）自我分析小结

二、职业分析

（一）家庭环境分析

（二）学校环境分析

（三）社会环境分析

（四）职业环境分析

三、360°评估

（一）自我评价

（二）家人评价

（三）老师评价

（四）亲密朋友评价

（五）同学评价

（六）其他社会关系评价

四、职业分析

（一）SWOT分析

（二）结论

五、计划实施

（一）短期计划

（二）中期计划

（三）长期计划

六、评估调整

七、结束语

引言

海啸山崩，斗转星移，知何处得意人生？

成功，世人皆欲得之，然，何谓成功？又如何成功？古往今来，有多少人"为著春秋志，破釜沉舟"，然而又有多少人能够"一代英雄纵横"。

诸葛亮未出茅庐而知天下，曹孟德立志高远而铸就一代枭雄，项羽有勇无谋而输天下……鉴于前人的成与败，后人总结出：成功始于规划，但不等于规划，而等于规划加成功。因而，谨以此规划来引导吾未来十年之人生路。

青冥浩荡，万里征途，志愿江湖人生路。

职业不仅一直伴随着人的一生，而且凝聚着太多的喜怒哀乐，塑造着人的行为模式，标示出人的社会地位，体现出人生价值。因此，可以说职业铸就了人生。故欲得多姿多彩的幸福人生，就要拥有一份理想的职业。何谓理想的职业？即在保证生存的情况下可以做自己喜欢的事情。而现在对我们而言，最重要的就是确立一个高远的志向。"孤鸿天涯，志在苍穹”也许听起来有些不可及，不敢想，总觉得平凡如草芥的我们，有何能耐可以拥此苍穹之志。但试问有几人能在一出生就能看出自己是天才还是庸才？因此切勿妄自菲薄，我们应当坚信：目标不怕远，也不怕大，就怕没有。只要我们锁定我们的目标，坚定我们的信念，一步步规划、努力，即使再远再大的目标也终有一天可以达到。事在人为，莫道万般皆是命。十年，有人说只是一眨眼的事，也有人说是一个漫长的过程。但无论是哪一种说法听起来总觉得有些颓废和无奈。假设我们可以活到八十岁，那十年便占去了我们整个人生的八分之一，问我们能有几个八分之一，又能浪费得起几个八分之一？因此，不论我们生来是贫是富，我们都不应顺应天命，应当积极面对我们的人生，对人生进行规划，一步步向着我们的目标前进。

成功应趁早，规划也应趁年轻。我们在大学中就应开始为我们今后的人生进行规划，锁定目标，充实自己，为今后的成功打好基础。切记：莫等闲，白了少年头，空悲切！

一、自我认知

自我认知也叫自我意识，或叫自我，是个体对自己存在的觉察，包括对自己的行为和心理状态和认知。

（一）自我分析

我是一个热心、真诚、坦率、乐于助人的人。在气质类型上属胆汁质和黏液质混合类型。平时严于律己，常常给自己定一个稍微高一点的目标，并朝着这个目标不断地学习和提高。凡事往好的方面想。善于忍耐，不仅能接受自我，也能接受他人，善于发现别人的闪光点，为人处事会为他人着想，与他人相互沟通和交往，人际关系协调和谐，能和集体融为一体。能处处尊重、信任他人。热爱工作，有上进心，要求自己有进步，通过各种学习途径充实自己，更好地从事教学工作。能调节管理情绪，心境良好。虽然也会有消极的情绪，但一般不会长久。能适当地表达自己的情绪，谦虚不卑，自尊自重，学会满足。思考问题的方式是适中和合理的，待人接物能采取恰当灵活的态度，能够与步调合拍，也能与集体融为一体。总的说来，本人能够善待自己，善待他人，适应环境，会享受美好人生，知足常乐。

（二）性格特征

本人性格安静，稳妥、严谨，专心致志，情感不易外泄，心理活动倾向于内部。但我并没有墨守成规，相反喜欢挑战新鲜事物，喜欢与人交往。遇事冷静且处理事情快、狠、准，很少被外界事物所干扰。

（三）职业兴趣

自身的学习和生活经历结合自己的能力，自己在职业的偏向上更加适合于喜欢于人际关系类、需要更大的灵活应变能力要求的工作。这样有利于自己有事的体现。例如现在职场中的管理类、营销类、公关类、人事处理等。

（四）职业能力

这些与人直接打交道的工作中自己可以利用自己比较优势的交际能力和较为满意的口才以及自己比较强势的风格直接给别人留下很深刻的印象，这样有利于合作的进行。同时自己善于处理人的关系，能够协调好人员的配合，并调节在工作中出现的摩擦，有利于一个团体甚至是整个公司的团结，能更好促进企业文化的建立和发展。

1. 自己的工作作风是比较注重细节，这对于在和人直接打交道的活动中显得更加的重要了，因为在人的面前每一个细节都可以体现一个人水平甚至于整个公司的水平。

2. 自己的责任心也使得自己在的每一个活动中会竭尽自己的能力来完成事情。这是很多公司倡导“先做人再成才”文化理念。自己能够在工作中以身作则有利于公司或部门形成积极向上的工作氛围，为企业或政府部门提供了活力。

3. 自己长期的担任班长这一工作经历也给自己增加了更大的筹码。能够很快地适应企业环境并更具实际的环境进行灵活的变通。可以为公司或机构节约更多的人事培训资源并为其创造更大的价值。

4. 有良好的文化素养，这有利于企业整体的形象。有良好的口才和交际能力，能够在各种社交活动中能够有所表现；有比较出色的工作水平，不仅专注于某一方面的能力，可以做到一人都用的水平，能够为其企业带来实质性的利益。

5. 自己的未来职业目标是成为一个高级管理人员或创办一个属于自己的企业，能够有足够的自由空间来实现自己的职业目标。不管在入职的初始阶段自己处于什么样的地位，只要能够按照的职业理想路线，我可以从底层一点点地做起，相信以自己对自己喜欢职业的态度自己一定能够在这个领域展现自己的才能，能够一步步地得到升迁的机会，以至于可以实现自己的目标。或者在职业的过程中认为自己有足够的资本并有足够的资源可以创办属于自己的企业，让自己的影响得到更大的升华。

（五）职业价值观

经济报酬型（经理型）

特点：期望获得优厚的报酬，使自己拥有足够的财力去获得自己想要的东西，使生活过得较为富足。

相应职业类型：企业型的高薪职业。

（六）自我分析小结

根据以上方面的分析总结，我很大程度上重新认识了自己，自己有很多的优点，也有不少的不足。好的开头等于成功的一半，正确认识自己，明确自己适合什么样的职业以及对自己的职业生涯做出合理、正确的规划，可以让自己更加快速地走向自己的成功。在以后的生活中，我会不断学习，不断完善，弥补自己的不足，巩固自己的优势，从而让自己能够在未来有更大的发展。

二、职业分析

（一）家庭环境分析

我出生在山东的一个普通家庭里，父母关系和谐，对我属于放养，也算是宠爱，父母从来就不干涉我的生活，一切由我自己做决定，或许因为此才有了现在遇事冷静的我吧。

（二）学校环境分析

校园环境优美，生活设施齐备，实验实训条件先进，师资力量雄厚。尤其是设施先进的数字化图书馆给我们提供了很好的学习场地。北京农业职业学院是全国高等职业教育示范性院校，开设了新兴的会展策划与管理专业，给我们提供了很好的学习机会。

（三）社会环境分析

当前，在社会主义市场经济条件下，高等教育适应市场经济发展的契合点，首先表现在毕业生就业这一环节上。现在正在运行的毕业生就业制度，是在国家就业方针、政策指导下，毕业生和用人单位双向选择的制度。固然毕业生有自主择业的权力，但不是说，就业政策就失去了导向、调控、约束的功能。用人单位有自主用工的权力。因此毕业生自主择业不是毕业生的一厢情愿或为所欲为。双向选择是选择与被选择的关系,是主客体的辩证同一,选择的双方不是谁必须服从谁的题目,而是双方在相互满足对方需要基础上而达成的一种契约关系。

(四)职业环境分析

中国已经成为亚洲地区的会展大国,会展业正在成为第三产业中的朝阳产业,入世以来保持20%的年递增率,且具有极大的发展潜力和发展空间。会展业的发展需要大量的高素质的专业会展人才,社会对会展人才的需求日益扩大与会展人才培养滞后、会展学科发展还不完善、专业建设很不成熟、课程设置不尽合理等方面的矛盾日益凸显。

三、360°评估

(一)自我评价

安静,严谨,遇事冷静不易慌张,不会做没有把握的事情。自控力差,偶尔会有拖延症。

(二)家人评价

不理智,容易激动,思维跳跃,敢于冒险。

(三)老师评价

做事认真,有责任心,上课容易走神,偶尔叛逆。

(四)亲密朋友评价

安静,不爱讲话,思维严谨,心智成熟,轻微强迫症。

(五)同学评价

性格内向,善良,学习认真。

(六)其他社会关系评价

社交能力强,敢于冒险,爱玩儿,想象力丰富思维跳跃。

四、职业分析

(一)SWOT分析

内部环境因素	优势因素(S)	弱势因素(W)
	遇事冷静,做事严谨	不善于表达
外表环境因素	机会因素(O)	威胁因素(T)
	前景好,人才少	发展不成熟

(二)结论

1.职业目标:从事策划类公关类工作。

2.职业发展策略:积累工作经验。

3.职业发展路径举例:从基层做起,步步为营,在实践中锻炼自己的综合素质和管理能力,积累人脉,直到有足够的能力开起自己的公司。

4.具体路径:

第一步:在校期间努力学习科学文化知识,专业知识,专业技能,参加专业实践活动,利用在校职务培养领导与管理能力。

第二步:毕业后,从基层做起,找一份适合自己综合能力与实际自身状况的工作,踏实工作,在实践中磨炼自己,建立关系网,学习作为领导应具备的能力,争取早日成为领导的得力助手。

第三步：在成为领导得力助手之后，努力学习并在实践中培养自己的管理能力、搞好同事关系、学习专业技能、争取在自身条件与外部条件都允许的情况下，取代领导的职位，并且，不忽视工作与家庭的关系，保持家庭和睦。

第四步：在担任领导工作之后，继续学习专业理论与技能。并发挥自己的领导才能、关注下属工作和生活情况、使自己成为一名企业骨干、称职领导、并逐步成为企业的主心骨。

第五步：充分利用资源，开起属于自己的公司。

五、计划实施

在管理学中，计划具有两种含义，其一是计划工作，是指根据对组织外部环境与内部条件的分析，提出在未来一定时期内要达到的组织目标以及实现目标的方案途径。其二是计划形式，是指用文字和指标等形式所表述的组织以及组织内不同部门和不同成员，在未来一定时期内关于行动方向、内容和方式安排的管理事件。

（一）短期计划（大学）

1.时间跨度：2014—2017年。

2.总目标：完成大学学习任务，圆满取得毕业证书及学位证书；参与社会实践。

3.分目标：学好各科专业知识，掌握会展行业的基本知识。积极准备高职英语应用能力等级考试，强化英语，至少过A级。争取参加英语四级考试。参加报考和营销相关的各种证书；关注各种经济信息，学习关于经济方面的书籍。假期打工积累社会经验。

4.策略和措施：2015年完成计算机证书及英语A级证书；2016年适当出去兼职积累工作经验，2017年完成论文答辩，获得毕业证书。

（二）中期计划（毕业之后的五年计划）

1.时间跨度：2017—2022年。

2.总目标：进入企业后开始基础工作，考取各种与专业相关的证书，成家立业。

3.分目标：进入企业，开始基础工作；努力看书，考取各种与专业相关的证书；在五年中的后阶段开始学习高级管理运作所需知识，培养一个高级管理者所需要的各方面的素质；自由恋爱，找到最适合自己的人组建家庭，孝敬父母，报答父母二十几年的养育之恩；经济收入水平在此阶段的定位为：4 000～8 000元人民币。

4.策略和措施：处理和与公司内部人员的关系，虚心请教经验丰富者，慢慢形成自己的一系列处事方法；养成毕业后仍坚持学习的习惯，多看书学习；处理好与爱人的关系，夫妻间相互体量、相互鼓舞、相互帮助。

（三）长期计划（毕业后十年）

1.时间跨度：2022—2032年。

2.总目标：拥有自己的公司并妥善经营；经营好自己的家庭和生活并开始回报社会。

3.分目标：生儿育女，重视儿女的身心健康教育，并重其文化素养，后期注意其个性的发挥，为其提供良好的深造的经济条件；在第十年管理自己的公司，并深得民心；服务大众，回报社会，尽己所能捐助贫困学生，减少其在经济和精神方面的压力；经济收入在此阶段的定位为年薪50万元左右。

4.策略和措施：为小孩营造一个好的成长环境，经营自己公司的同时不断学习和别人交流，多向优秀的人才学习，多走访高校；建立自己的基金会，为贫困学生尽自己力所能及的帮助。

六、评估调整

职业生涯规划是一个动态的过程，必须根据事实结果的情况以及变化进行及时的调整。

(一)评估的内容

1. 职业目标评估：假如一直无法找到适合自己的工作，那么我将重新学习其他知识技能，从基层做起重新发展。

2. 职业路径评估：当出现不公平的问题或挑战的时候，我就努力克服，挑战自我。

3. 实施策略评估：如果最后没能经营属于我自己的公司，我就安心工作，在自己的职位上努力发展。

4. 自我规划落实状况的评估：努力落实自我规划，必要时进行变通。

5. 其他因素估计：突然患有重病或家里有紧急情况需要大量资金，则暂缓开公司的计划。

(二)评估的时间

一般情况为半年，出现特殊情况时会随变化而调整。

七、结束语

孤鸿天涯，志在苍穹，秋水长天共一色。

十年规划，步步为营，乘风破浪自有时。

【技能训练】

结合自己的实际，撰写一份完整的职业生涯规划书。

思考题

1. 职业生涯决策的类型有哪些？各有什么特点？
2. CASVE 循环各个操作步骤的要点是什么？

Chapter 7

就业观念与就业政策

学习目标

1. 了解我国现行的就业制度、就业市场形势及其特点。
2. 了解我国现行的就业政策。
3. 树立正确的就业观和择业观，增强主体就业和主动就业意识。

第一节 转变就业观念

一、我国现行的就业制度

就业是民生之本，就业制度是我国经济体制的重要组成部分。自1978年我国实行了改革开放制度，1992年正式确立了社会主义市场经济体制，随着经济水平的进一步提高，我国的就业制度也在不断改革，以适应市场经济的发展。

(一)大学毕业生就业制度

我国社会主义市场经济体制建立以来，大学生就业制度发生了较大的变化，经历了由“计划分配”到“供需见面”、“双向选择”、“自主择业”等几个改革发展阶段，最终发展到现行的以“市场为导向、政府调控、学校推荐、学生与用人单位双向选择”的大学生就业制度。

(1)市场导向　学校根据市场需求设置学科专业、调整学科专业结构，确定好培养目标，科学规划学校办学规模及招生数量，以适应市场的需要。

(2)政府调控　政府通过宏观政策引导学校的办学方向，通过制定宏观就业方针、积极的政策，利用各种政策资源和信息资源指导广大毕业生就业，同时通过政府的就业服务机构和就业信息服务网络为广大毕业生搭建就业服务平台。

(3)学校推荐　学校根据国家的就业方针和政策，搜集需求信息，积极开展毕业生就业供需见面活动，为毕业生提供就业服务。

(4)毕业生和用人单位双向选择　用人单位根据自己的需求和用人标准选择毕业生；同样毕业生也可根据自己的专业、特长、兴趣、爱好来挑选用人单位。供需双方直接见面，互相了解对方的有关信息和需求，双向选择，以确定供需双方的关系。

(二)毕业生见习制度

见习制度即是用人单位对刚刚接收来的毕业生有计划、有组织、有目的地进行考察和了解，进而在思想、业务等方面给予指导和帮助，使毕业生尽快适应工作需要的制度。

实行毕业生见习制度是对毕业生培养教育的继续，不仅有利于毕业生全面成长，而且也有利于用人单位更好地考察了解毕业生，合理安排使用毕业生。

见习期一般为一年。某些特殊专业的毕业生，需要更长时间的锻炼，可在见习期满后由单位自行安排。毕业生在见习期间，发生疾病或因事不能坚持工作的，如病(事)假超过一个月者，见习期应顺延相应的时间。见习期满后，所在单位应及时为毕业生办理转正手续，按期为其评定专业职称，聘任相应职务，确定工作岗位。对达不到见习要求的，经所在单位讨论，报主管部门批准，延长见习期半年到一年，并将延长期限和理由通知本人，延长期限结束时仍达不到要求的，不再延长见习期，另行安排工作，工资待遇按毕业生转正工资标准低一级确定。对表现特别不好的，经所在单位领导批准，报主管部门审核同意后，可以辞退。

见习期间，工作单位要有计划地安排毕业生到基层单位或生产第一线锻炼。根据毕业生不同专业、不同工作的特点和今后的培养使用方向，可以分阶段安排不同的见习岗位，每个阶段均要有具体的计划和要求。用人单位一般要有专人负责毕业生的见习，并选派政治素质较好、专业水平较高的专业技术人员，对见习生进行指导和帮助。做到有计划、有要求、有检查考核。

毕业生在见习期间，不得报考研究生（包括出国留学或进修），原则上不得抽调毕业生从事与见习无关的其他工作。毕业生在见习期间，要密切联系群众，深入实际，虚心学习，了解社会，关心改革，参加与所学专业有关的生产和技术工作，熟悉本职工作的"应知应会"，掌握本职工作的规范和职责，全面提高自己的思想、业务素质和独立工作能力。

见习单位在毕业生见习结束时，应对毕业生进行考核。主要内容有政治思想、组织纪律、群众关系、工作态度、业务水平和实际工作能力。毕业生见习期满后，本人写出总结，在自我鉴定基础上，通过民主评议，由基层工作单位做出考核鉴定，合格者予以转正，并将鉴定材料载入档案。

（三）人才聘用制度

人才聘用制度是国家党政机关、社会团体、企事业单位的人员选拔任用、聘任任用的一系列规章制度的总称。其核心内容是以公开、平等、竞争、择优为导向，建立起有利于人才脱颖而出、充分施展才能的选人用人机制，是落实双向选择、自主择业制度的重要保证。

1.国有企业人才聘用制度

我国国有企业人才资源配置已由传统的行政计划配置转变为市场配置，实行专业技术岗位和行政管理岗位公开竞争、择优上岗。除少数应由出资人管理和应由法定程序产生或更换的企业领导人员外，企业可以在全国范围内招聘各类人才，包括高等学校的应届毕业生。凡招聘人员，都要签订劳动（聘用）合同。企业在人才流动中发生争议，由有关当事人按劳动（聘用）合同规定的条款协商解决，协商不成，可向政府劳动人事部门申请裁决。

2.事业单位人才聘用制度

从2003年开始，我国开始在事业单位全面实行人员聘用制度，包括公开招聘、签订合同、定期考核、解聘辞聘、亲属回避及人事争议仲裁等。其核心内容是所有事业单位与职工都要按照国家有关法律、法规，在平等自愿、协商一致的基础上，通过签订聘用合同，确定单位和个人的人事关系，明确单位和个人的权利和义务。

（四）人事代理制度

所谓人事代理制度，是指县级以上政府人事行政部门按照管理权限主管人事代理工作，其所属人才服务机构具体承办人事代理业务。是社会主义市场经济条件下产生的新的人事管理方式，是人事管理社会化的重要标志。

（1）人事代理范围　包括外资企业、民营企业和其他自愿委托的各类企事业单位，暂未落实单位的大中专毕业生，自愿委托代理的各类专业技术人员和管理人员，出国留学人员与用人单位解除合同的人员等。

（2）人事代理方式　人事代理可实行单位或个人委托。委托单位和个人应明确代理项目，可全权委托代理，也可单项或多项委托代理。按照《人才市场管理规定》有关规定，人事代理方式可由单位集体委托代理，也可由个人委托代理；可多项委托代理，也可单项委托代理；可单位全员委托代理，也可部分人员委托代理。单位办理委托人事代理，须向代理机构提交有效证件以及委托书，确定委托代理项目。经代理机构审定后，由代理机构与委托单位签订人事代理合同书，明确双方的权利和义务，确立人事代理关系。

（3）人事代理程序　单位委托需提交申请书、工商营业执照（副本）、事业法人登记（副本)或其他能证明单位性质的材料。个人委托需提交个人申请书、辞职(辞退)证明或其他组织决定文件,以及个人身份证明(身份证、职称证书、毕业证)。经工作人员审核后,办理有关代理手续并收档案管理费,需办理流动手续的,另按规定交付流动手续费。

(4)人事代理内容　公共就业和人才服务机构可在规定业务范围内接受用人单位和个人委托,可以从事下列人事代理服务:①流动人员人事档案管理;②身份确认、因私出国(境)政审、出具有关证明材料;③在规定的范围内申报或组织评审专业技术职务任职资格;④转正定级和工龄核定;⑤大中专毕业生接收手续;⑥党团关系和社会保障事务;⑦其他人事代理事项。

(五)职业资格证书制度及就业准入制度

1.职业资格证书制度

职业资格证书制度是我国劳动就业制度的一项重要内容,是表明劳动者具有从事某一职业所必备的学识和技能的证明,是劳动者求职、任职、开业的资格凭证,是用人单位招聘、录用劳动者的主要依据,也是境外就业、对外劳务合作人员办理技能水平公证的有效证件。

职业资格证书分为初级、中级、高级、技师和高级技师五个等级。大学毕业生除了应获得本专业的毕业证书以外,还应该取得与本专业相关的职业资格证书。此外跨专业的通用能力证书如英语等级证书、计算机等级证书和汽车驾驶证等也是提高求职成功率有关的证书。

2.就业准入制度

所谓就业准入,是指根据《劳动法》和《职业教育法》的有关规定,对从事技术复杂、通用性广、涉及国家财产、人民生命安全和消费者利益的职业(工种)的劳动者,必须经过培训,并取得职业资格证书后,方可就业上岗。实行就业准入的职业范围由劳动和社会保障部确定并向社会发布。目前,已确定并向社会公布的有 87 个,如动物疫病防治员、动物检疫检验员、食品检验工、推销员、速录师、秘书、公关员、物业管理员、计算机操作员等。

二、大学生就业市场

就业市场,又称劳动力市场,指劳动力流动和交换的场所。大学毕业生就业市场就是在国家有关方针政策的指导下,运用市场机制和必要的客观调控手段,通过双向选择、自主择业等途径,优化毕业生人才资源配置的专门人才市场。其形式主要有以下几种。

(一)学校举办的就业市场

学校自行组织的校园“双选会”、“供需见面会”、专场招聘会及就业洽谈会等,是目前大学生就业市场主要形式之一,特别是专场招聘会的效果更好、成功率更高。学校针对本校毕业生的专业特点、就业方向、岗位需求和毕业生就业意愿,邀请有关用人单位参加招聘活动,通过搭建“供需见面,双向选择”平台,为毕业生提供实效性就业服务。

(二)校际联办的就业市场

两个及两个以上的学校依托各自资源优势或利用就业服务机构的场地、服务等资源优势,联合举办的毕业生就业市场信息量大、专业综合性强、岗位多、选择面广大,更大程度地满足了毕业生和用人单位的不同需求,增强了就业市场的效能。

(三)分类别的毕业生就业市场

①各地方毕业生就业主管部门从用人单位和学校两方面考虑，从市场细化的角度出发，分别为理、工、农、医、师等学科类的毕业生和用人单位举办的人才招聘市场。

②由中央部委主管毕业生的就业部门主办的为本系统、本行业毕业生和用人单位服务的行业性就业市场。

③由地方毕业生就业主管部门举办的为本地区经济发展服务的就业市场。

④由大型企业和企业集团举办的、以宣传企业形象并招聘本企业所需要毕业生的就业市场。如企业的招聘宣讲会等。

⑤根据招聘单位对学历层次的要求不同而形成的研究生就业市场、本专科毕业生就业市场等。

(四)政府和社会主办的就业市场

①政府就业市场。由政府主管部门或者人才中介机构主办的毕业生就业市场。如2008年以来，教育部联合人力资源和社会保障部、发改委、国资委等单位共建“全国大学生就业公共服务立体化平台”，举办全国性网上大型招聘会。

②社会就业市场。由政府人事代理机构或人才市场、职业介绍所、人才公司等机构举办的临时性和常规性的人才招聘就业市场。

(五)网络就业市场

学校的就业信息网、国家和地方政府的公共就业服务网、大型综合性网站和行业网站的人才频道(招聘频道、求职频道)，为求职者和招聘者搭建了快捷便利的网络沟通平台，提供了大量的供求信息和高效的就业指导与服务，实现了资源共享，有效地降低了求职成本，有着巨大的发展空间和潜力。

三、树立正确的就业观

就业观是指毕业生在职业选择上的心态，即对什么是就业、就什么业以及怎样解决就业的认识。是学生自我价值取向在职业选择领域内的表现形式，是毕业生就业的前提，是毕业生的世界观、人生观和价值观在就业问题上的反映。

大学生要步入社会，必须及早转变就业观念，以便较快地融入社会。转变就业观念并不意味着放低门槛，而是在更宽广的路径上找到更适合的位置。由于知识经济是一种高级的经济形态，要求人们的就业观念必须从养家糊口的观念转变为自我发展的观念，它要求高职院校毕业生在就业时应具备广阔的视野、活跃的思维和较强的适应能力，用自己掌握的知识资本去开创就业的新领域，甚至独立创业。

随着毕业生就业制度的改革和就业形势的变化，高等职业院校的大学生就业观念、就业意向和就业方式都发生了重大的转变。但在求职就业中，部分毕业生在就业择业观念上仍存在一些误区，如有的毕业生缺乏主动、消极懈怠，过分依赖于学校、家长和社会；有的毕业生不能客观地评估自己，期望偏高、盲目自大、脱离现实；还有的毕业生期望一步到位，急功近利。结果在求职就业过程中屡受挫折。因此，转变就业观念，调整心态对于初入职场的毕业生格外重要。

【头脑风暴】什么样的工作才是好工作?

将全班同学分成若干小组,每组5~8人,指定组长1人,围绕“什么是好工作、好工作的标准、怎样得到好工作”三个问题,先以小组为单位逐一发表个人看法,然后由组长集中归纳总结,将讨论结果在全班分享。

(一)自主择业,主动就业

从20世纪90年代后期开始,大学生的就业方式已经发生了根本性的转变,“自主择业”、“自主谋职”、“求职自荐”已成为毕业生就业的最主要方式,而自主创业也正在成为当代大学生未来职业发展中的愿望。

美国职业指导专家台得曼曾提出“职业自我概念”,认为大学生的职业选择的成功与否,关键要看有没有择业的主动性。科学的“职业自我概念”应该保持择业者的主体性和理智性,摒弃择业的依赖性和冲动性。

高职毕业生经过在校期间的培养,已经学会了职业所需的知识和技能,具备较高的职业技能、职业素质和职业理想,完全有能力、有抱负为社会服务。但在就业过程中,有的毕业生并没有明白自己才是就业主体的事实,认为学校、社会、家庭培养了我,就应该给自己安排一份理想的工作,“等、靠、要”的依赖心理偏重,一味地依赖学校、家庭、国家和社会为其提供就业机会,不敢自己去闯荡、去拼搏,去寻求适合自己发展的岗位或者自谋职业和自主创建事业。甚至有的毕业生有业不就,宁可在家待业“啃老”,也不愿意就业。这种依赖现象和主动意识的缺乏,不但严重影响了个人就业选择,耽误了职业发展,也影响了家庭生活。

卢梭曾说过:“人的价值是由自己决定的”。要想有一个完美的职业生涯,就需要以正确的价值观作为后盾,就业就是个人谋生的手段和实现人生价值的重要条件,是发挥个人才能和体现个人价值的桥梁和纽带,是为社会做出贡献并实现社会价值和自我价值的必要途径。因此,高职毕业生在就业、选择职业时,就应选择适应自己、适应社会需求的能够使自己才能得以充分发挥的工作岗位,再加上自己勤奋努力为社会多做贡献,就能够取得较多的报酬,并在自己今后的事业道路上充分展示和实现自身的人生价值。

(二)合理期望,适者生存

当前我国高等教育已经从精英教育转向大众化教育,但不少大学生依然存有“天之骄子”的优越感,认为读大学就理所应当有好工作。高期望驱使毕业生总是渴求高收入、高物质的回报率,将自己的就业目标定得过高,当发现现实与理想的差距较大时,就容易出现“高不成低不就”的现象。

当前,大学生就业呈现着就业意愿个性化、就业形式多样化、就业价值观多元化、就业方式灵活化以及更加追求职业寿命和职业发展前景的特点。

同时,也存在因不合理期望而导致求职受挫的问题。盲目的攀高,不从自己的实际情况出发,追求“三高六点”(即起点高、薪水高、职位高、名声好一点、牌子响一点、效益高一点、工作轻一点、离家近一点、管理松一点),缺乏到基层去锻炼和艰苦奋斗的思想准备,就业选择和愿望完全脱离自身条件、就业实际和社会需求。

“适合自己的才是最好的”。毕业生要合理定位就业期望,要根据自己的实际知识基础、技能水平和兴趣特点选择最适合自己的工作岗位,而不能一味追求大中型发达城市、追求高薪职业。要充分了解社会需求形势和就业环境,根据就业形势及时调整期望值,才能减少就业中出现期望错位和处处碰壁的情况。

要转变就业传统的观念，打破一步到位、从一而终的就业观。特别在当前社会主义市场经济条件下，人才流动量大，对职业岗位选择要适度，就业期望值不可过高，要放下身段，先就业后择业，不要求一步到位，可先就业使自己积累更丰富的工作经验，提高工作能力。随着知识、能力的提高和经验的增多，再根据自己的实际情况重新选择更理想、更适合自己的职业岗位。

（三）基层做起，锻炼发展

每一个成功人士的成长经历无不是从一点一滴做起，从最基层做起，才最终登上事业发展的顶峰。高职院校的培养目标就是面向基层和生产管理第一线，为社会输送急需的高素质劳动者和技能人才。因此，高职毕业生要树立"面向基层，到最需要的地方去"的就业观念。要充分认识到基层蕴藏着更多的发展机会，是施展才华的广阔天地，基层就业也是事业发展、创业成材的开始。但是，受传统就业观念的影响，部分毕业生对此并没有清醒的认识，只考虑薪水好、环境好、职位高的就业岗位，一心想着一就业就要走上领导岗位、管理岗位，对生产第一线的基层岗位没有兴趣，"志大才疏，眼高手低，高不成，低不就，大事做不来，小事不肯做。"其结果只能是两手空空，一事无成。

随着社会主义市场经济的迅速发展和逐步完善，劳动者一次就业定终身的观念已完全脱离了市场经济运行的规则。所以，毕业生还要树立"先就业，后择业"和"先生存，后发展"的就业观念。不要苛求在短时间内就找到固定的"铁饭碗"，要学会在生存中积蓄能量充实自己和壮大自己，在发展中主动发现机会、抓住机会。稳步经营、阶段发展一定会达成事业成功目标。

（四）增强信心，敢于竞争

面对严峻的就业形势和激烈的人才市场竞争，有的毕业生缺乏自信，片面地认为高职学历低人一等，矮人一截。当前，我国高等职业教育已进入全新的发展时期，在进入新的发展阶段，"崇尚一技之长、不唯学历凭能力"的社会氛围正在兴起，社会急需大批实用性技术人才。高职院校毕业生是技能型和实用型的职业性技术人才，是高校毕业生中一支最有活力的生力军。

信心是成功的第一要诀。高职毕业生要树立自信，注重自身的职业能力培养和综合素质的提升，主动调整知识结构、学习和掌握必要的求职技能，提高自身就业素质。把握住实用型技术性人才的优势身份，积极参与竞争，有效克服自卑心理，发挥自己的优势，扬长避短，大胆自我推销。

（五）积蓄能量，自主创业

创业可以促使就业机会不断增加，创业者在为个人创下一份事业的同时，还创造出了更多新的就业机会。大学生自主创业既是解决毕业生就业的渠道，同时是发展社会经济的重要途径。党的十八大报告指出，鼓励多渠道多形式就业，促进创业带动就业。面对日益严峻的就业形势，以及国家和地方政府出台的一系列创业优惠政策。

在当今"大众创业，万众创新"的新形势下，大学生应该积极响应时代发展和社会进步的要求，增强创业意识，通过培训储备创业知识和创业技能，利用学校、社会和政府提供的创业体验平台，从中锻炼自己，充实自己，找准创业项目，抓住创业机会，大胆尝试，树立开拓进取、自主创业的新观念。

【知识拓展】名企招聘最看重哪些能力?

名企招聘往往与其企业文化和重点关注的东西有密切关系,主要包括以下几方面:

1.忠诚度:面临跳槽,企业往往会看重应聘学生对忠诚度的看法,尤其是一些国有大型企业,更重视员工的忠诚度。

2.实践能力:相当多的企业非常重视应聘者的实践经历,在校期间实习、兼职、家教经验都是企业重视的经历。

3.团队协作精神:经营规模宏大的名企往往非常重视员工的团队协作精神。

4.创新精神:对于大型企业来说应聘者是否具有创新精神也是重点要考查的。

5.对企业文化认可程度:这将决定员工是否能够很好地为企业服务。

6.人际交往和沟通能力:企业在招聘过程中非常重视沟通技巧,应聘者一定要具有与客户沟通、协调的能力。

7.对新知识新能力的求知态度和学习能力:学习能力和求知欲也是重点考查的内容。

第二节　我国现行的就业政策

大学生要及时地了解国家制定的有关就业方针政策、有关部门和省市自治区制定的行业性和区域性就业政策,同时也要了解本校制定的具体就业工作实施办法。

一、国家鼓励中小型企业吸纳高校毕业生的政策

按照《国务院办公厅关于做好2013年全国普通高等学校毕业生就业工作的通知》(国办发〔2013〕35号)、《国务院关于进一步支持小型微型企业健康发展的意见》(国发〔2012〕14号)和《国务院关于进一步做好普通高等学校毕业生就业工作的通知》(国发〔2011〕16号)等文件规定,中小型企业吸纳高校毕业生将享受以下优惠政策:

对招收高校毕业生达到一定数量的中小企业,地方财政应优先考虑安排扶持中小企业发展资金,并优先提供技术改造贷款贴息。对劳动密集型小企业当年新招收登记失业高校毕业生,达到企业现有在职职工总数30%(超过100人的企业达15%)以上,并与其签订1年以上劳动合同的劳动密集型小企业,可按规定申请最高不超过200万元的小额担保贷款并享受50%的财政贴息。

高校毕业生到中小企业就业的,在专业技术职称评定、科研项目经费申请、科研成果或荣誉称号申报等方面,享受与国有企事业单位同类人员同等待遇。对小型微型企业新招用毕业年度高校毕业生,签订1年以上劳动合同并按时足额缴纳社会保险费的,给予1年的社会保险补贴;组织开展岗前培训的,按规定给予培训费补贴。

二、国家引导国有企业吸纳高校毕业生就业的政策

按照《国务院办公厅关于做好2013年全国普通高等学校毕业生就业工作的通知》(国办

发〔2013〕35 号）和《关于做好 2013—2014 年国有企业招收高校毕业生工作有关事项的通知》（国资厅发分配〔2013〕37 号）等文件规定：

承担对口支援西藏、青海、新疆任务的中央企业要结合援助项目建设，积极吸纳当地高校毕业生就业。

规范国有单位招聘行为，完善公务员招考和事业单位公开招聘制度，探索建立国有单位招聘信息统一公开发布制度，加强国有企业招聘活动监管，在国有企业全面推行分级分类的公开招聘制度，切实做到信息公开、过程公开、结果公开。规范招收高校毕业生工作的程序和流程。加强招聘过程管理，创新监督形式，在招录岗位、资格要求、招收程序等方面统一安排，及时准确公布报名、资格审查、笔试、面试以及招聘结果等相关信息，切实做到信息公开、过程公开、结果公开。坚决反对任何形式的就业歧视，严禁在招聘过程中违反国家规定对性别、户籍、学历、院校等条件进行限制。

三、国家鼓励高校毕业生到基层就业的主要优惠政策

按照《国务院办公厅关于做好 2013 年全国普通高等学校毕业生就业工作的通知》（国办发〔2013〕35 号）和《国务院关于进一步做好普通高等学校毕业生就业工作的通知》（国发〔2011〕16 号）等文件规定：

各地要根据统筹城乡经济和加快基本公共服务发展的需要，大力开发社会管理和公共教育、医疗卫生、文化等领域服务岗位，增加高校毕业生就业机会。要进一步完善相关政策，重点解决好他们在工资待遇、社会保障、人员编制、户口档案、职称评定、教育培训、人员流动、资金支持等方面面临的实际问题，鼓励和引导高校毕业生到城乡基层特别是城市社区和农村教育、医疗卫生、文化、科技等基层岗位工作。

对到农村基层和城市社区从事社会管理和公共服务工作的高校毕业生，符合公益性岗位就业条件并在公益性岗位就业的，按照国家现行促进就业政策的规定，给予社会保险补贴和公益性岗位补贴，期限一般最长不超过 3 年。对到农村基层和城市社区其他社会管理和公共服务岗位就业的，给予薪酬或生活补贴，同时按规定参加有关社会保险。对到中西部地区和艰苦边远地区县以下基层单位就业、并履行一定服务期限的高校毕业生，以及应征入伍服义务兵役的高校毕业生，按规定实施相应的学费补偿和国家助学贷款代偿。每生每学年补偿学费和代偿国家助学贷款的金额最高不超过 6 000 元。在校学习期间每年实际缴纳的学费或获得的国家助学贷款低于 6 000 元的，按照实际缴纳的学费或获得的国家助学贷款金额实行补偿或代偿。每年实际缴纳的学费高于 6 000 元的，按照每年 6 000 元的金额实行补偿或者代偿。按规定实施相应的学费补偿和助学贷款代偿涉及的地域范围主要包括：

（1）西部地区　西藏、内蒙古、广西、重庆、四川、贵州、云南、陕西、甘肃、青海、宁夏、新疆等 12 个省（自治区、直辖市）；

（2）中部地区　河北、山西、吉林、黑龙江、安徽、江西、河南、湖北、湖南、海南等 10 个省；

（3）艰苦边远地区　由国务院确定的经济水平、条件较差的一些州、县和少数民族地区；

（4）基层单位　中西部地区和艰苦边远地区县以下机关、企事业单位，包括乡（镇）政府机关、农村中小学、国有农（牧、林）场、农业技术推广站、畜牧兽医站、乡镇卫生院、计划生育服务站、乡镇文化站、乡镇劳动就业服务站等；工作现场地处以上地区县以下的气象、地震、

地质、水电施工、煤炭、石油、航海、核工业等中央单位艰苦行业生产第一线。

自2012年起，省级以上机关录用公务员，除部分特殊职位外，均应从具有2年以上基层工作经历的人员中录用。市(地)级以下机关特别是县乡机关招录公务员，应采取有效措施积极吸引优秀应届高校毕业生报考，录用计划应主要用于招收应届高校毕业生。对具有基层工作经历的高校毕业生，在研究生招录和事业单位选聘时实行优先。

【知识拓展】基层就业、基层社会管理和公共服务岗位、公益性岗位的概念

基层就业就是到城乡基层工作。国家近几年出台了一系列优惠政策鼓励高校毕业生积极参加社会主义新农村建设、城市社区建设和应征入伍。一般来讲，"基层"既包括广大农村，也包括城市街道社区；既涵盖县级以下党政机关、企事业单位，也包括社会团体、非公有制组织和中小企业；既包含单位就业，也包括自主创业、自谋职业。

基层社会管理和公共服务岗位，包括大学生村官、"三支一扶"(支教、支农、支医、乡村扶贫)，以及城市社区的法律援助、就业援助、社会保障协理、文化科技服务、养老服务、残疾人居家服务、廉租房配套服务等岗位。

公益性岗位是指由政府开发、以满足社区及居民公共利益为目的的管理和服务岗位。

四、选聘高校毕业生到村任职政策

2008年，中组部、教育部、财政部、人力资源和社会保障部出台了《关于印发〈关于选聘高校毕业生到村任职工作的意见(试行)〉的通知》(组通字〔2008〕18号)，计划用五年时间选聘10万名高校毕业生到农村担任村党支部书记助理、村委会主任助理或团支部书记、副书记等职务。从2010年开始，扩大选聘规模，逐步实现"一村一名大学生村官"计划的目标。选聘的高校毕业生在村工作期限一般为2～3年。

选聘对象为30岁以下应届和往届毕业的全日制普通高校专科以上学历的毕业生，重点是应届毕业和毕业1～2年的本科生、研究生，原则上为中共党员(含预备党员)，非中共党员的优秀团干部、优秀学生干部也可以选聘。选聘工作一般通过个人报名、资格审查、组织考察、体检、公示、决定聘用、培训上岗等程序进行。

五、大学生志愿服务西部政策

大学生志愿服务西部计划(以下简称"西部计划")由共青团中央、教育部、财政部、人力资源和社会保障部共同组织实施，从2003年开始，按照公开招募、自愿报名、组织选拔、集中派遣的方式，每年招募1.8万名普通高等学校应届毕业生，到西部贫困县的乡镇一级从事为期1～3年的教育、卫生、农技、扶贫等方面的志愿服务工作。志愿者服务期满后，鼓励其扎根基层，或者自主择业和流动就业。2014年西部计划全国项目共实施基础教育、农业科技、医疗卫生、基层青年工作、服务新疆、服务西藏、基层社会管理等7个专项行动。

(一)政策保障

①西部计划志愿者服务期为1～3年，服务协议一年一签。志愿者相应服务期满考核合格的，依实际服务年限计算服务期，并在服务证书和服务鉴定表中体现。

②首次签约期为3年的志愿者，中央部门所属高校应届毕业生按照财政部、教育部联合下发《高等学校毕业生学费和国家助学贷款代偿暂行办法》中规定享受相应的学费和助学贷款代偿。各省(自治区、直辖市)所属高校应届毕业生按照本地出台的相应规定享受有关政策。

③服务期满，经考核合格的，享受《关于实施大学生志愿服务西部计划的通知》(中青联发[2003]26号)，《关于做好2004年大学生志愿服务西部计划工作的通知》(中青联发[2004]16号)，《关于统筹实施引导高校毕业生到农村基层服务项目工作的通知》(人社部发[2009]42号)和《关于印发＜2014年大学生志愿服务西部计划实施方案＞的通知》(中青联发[2014]12号)的政策支持以及所在省、区、市和高校出台的相关政策支持。经考核合格的，获得服务鉴定和相应荣誉。

④有关报考研究生和报考公务员等相关政策以人社部发[2009]42号文件为准。一是参加西部计划的，服务期满2年且考核合格的志愿者，3年内报考研究生，初试总分加10分，同等条件下优先录取。二是志愿者服务期满2年且考核合格的，报考公务员等享受相关优惠政策。三是出省服务的和在本省服务的志愿者优惠政策必须保持一致。特别是团中央、教育部、财政部、人力资源社会保障部联合印发《2011年大学生志愿服务西部计划实施方案》(中青联发[2011]12号)中规定的基层青年工作专项扩大实施范围的河北、山西、吉林、黑龙江、安徽、江西、河南、湖北、湖南等中部9省。同时，各省级团委及项目办要按照《关于开展从大学生“村官”等服务基层项目人员中考试录用公务员工作的通知》(人社部发[2010]52号)等文件精神，协助省级人力资源社会保障部门落实相关规定。

(二)组织保障

①坚持以人为本，竭诚为志愿者服务，加强日常管理服务及就业服务等工作。

②做好西部计划年度绩效考核工作。定期组织新上岗项目办工作人员培训，认真做好服务县、高校项目办年度考核等工作。

③加强安全健康管理和应对突发事件处置工作。建立县级项目办信息员队伍。省级项目办应完善基层项目办考评机制，强化定期考核与督导工作，原则上每500名志愿者配备1名管理员，服务县、高校项目办应指定专人负责。

④坚持“使用与培养并重”的原则，加强志愿者上岗培训、日常学习、国情调研、就业服务等方面的教育服务工作；发挥政策导向、事业留人、典型引导和情感因素等作用，鼓励和引导期满志愿者扎根西部基层。为期满志愿者积极提供就业岗位信息等服务，帮助和引导他们自主择业、流动就业。

(三)经费保障

(1)志愿者补贴　志愿者服务期间，中央财政给予一定生活补贴。生活补贴为每人每月1 000元。同时，志愿者所在地列入国家艰苦边远地区津贴范围的，执行所在地科员艰苦边远地区津贴标准(一类区120元，二类区210元，三类区350元，四类区515元，五类区900元，六类区1 490元，七类区1 736元，八类区1 932元，九类区2 149元)，按月发放。交通补贴按志愿者家庭所在地和服务地之间的实际里程发放，每年发放两次。

(2)志愿者人身意外伤害、医疗保险费用　相关保险由全国项目办统一投保大学生志愿服务西部计划志愿者综合保障险。保费每人350元人民币。人身意外伤害、身故(含疾病身故)保险责任，保额30万元，住院医疗保险责任，保额30万元，疾病门诊责任，保额

1 万元。

(3)志愿者体检费　由中央财政按照人均 200 元(服务西藏专项人均 500 元)的标准给予支持。全国项目办在志愿者到岗后按照各省实际到岗人数 110%一次性拨付给招募省项目办,由省项目办根据实际情况分配。

(4)其他经费　各级项目办要积极争取在同级财政安排的专项工作经费中,列支培训、项目管理工作经费。服务县项目办应结合实际争取党委、政府支持,将西部计划纳入当地年度重点工作范围,并将管理经费列入同级地方财政范围。

六、鼓励大学生应征入伍的政策

(一)大学生应征入伍条件要求

1.学历

根据国家有关规定批准设立、实施高等学历教育的全日制公办普通高等学校、民办普通高等学校和独立学院,按照国家招生规定录取的全日制普通本科、专科(含高职)、研究生、第二学士学位的应(往)届毕业生、在校生和已被普通高校录取但未报到入学的学生。我国现行的义务兵役制度服役年限是两年。

2.年龄

男性普通高等学校在校生为年满 18～22 周岁,高职(专科)毕业生可放宽到 23 周岁,本科及以上学历毕业生可放宽到 24 周岁。女性普通高等学校在校生为年满 18～20 周岁,应届毕业生放宽到 22 周岁。

3.基本身体条件

男性身高 162 cm 以上,女性身高 160 cm 以上。男性体重不超过标准体重的 25%,不低于标准体重的 15%;女性不超过标准体重的 15%,不低于标准体重的 15%。右眼裸眼视力不低于 4.6,左眼裸眼视力不低于 4.5。乙型肝炎表面抗原呈阴性等等。

(二)应征入伍和退役后享受的优惠政策

①享有"四个优先"政策。大学生应征入伍享有优先报名应征、优先体检政审、优先审批定兵、优先安排使用"四个优先"政策,在安排兵员去向时,根据高校毕业生的学历、专业和个人特长,优先安排到军兵种或专业技术要求高的部队服役;部队对征集入伍的高校毕业生,优先安排到适合的岗位,充分发挥其专长。

②家庭按规定享受军属待遇。享受学费补偿和国家助学贷款代偿政策,本专科生每人每年最高不超过 6 000 元。

③高职(专科)学生入伍经历可作为毕业实习经历;退役后入学或复学后免修军事技能训练,直接获得学分。

④退役后考学升学优惠。退役的高职(高专)毕业生可直接入读成人本科;参加普通本科考试,享受招生计划单列、考试成绩单独划线、择优录取等政策,按 30%比例录取;报考硕士研究生初试总分加 10 分;报考政法干警招录培养体制改革试点招生时,教育考试笔试成绩总分加 10 分。荣立二等功及以上的,退役后免试(指初试)攻读硕士研究生。荣获 1 次优秀士兵可免试升本科相关专业学习。

⑤就业服务政策。公检法机关定向招录优先,退役后参加政法院校为公检法系统定向

岗位招生考试时，优先录取。

七、鼓励支持大学生自主创业的优惠政策

按照《国务院办公厅关于做好2013年全国普通高等学校毕业生就业工作的通知》（国办发〔2013〕35号）、《国务院关于进一步做好普通高等学校毕业生就业工作的通知》（国发〔2011〕16号）、《国务院办公厅转发人力资源社会保障部等部门关于促进以创业带动就业工作指导意见的通知》（国办发〔2008〕111号）等文件规定，高校毕业生自主创业优惠政策主要包括：

1.税收优惠

持《就业失业登记证》（注明"自主创业税收政策"或附着《高校毕业生自主创业证》）的高校毕业生在毕业年度内（指毕业所在自然年，即1月1日至12月31日）从事个体经营的，3年内按每户每年8 000元为限额依次扣减其当年实际应缴纳的营业税、城市维护建设税、教育费附加和个人所得税。对高校毕业生创办的小型微利企业，按国家规定享受相关税收支持政策。

2.小额担保贷款和贴息支持

对符合条件的高校毕业生自主创业的，可在创业地按规定申请小额担保贷款；从事微利项目的，可享受不超过10万元贷款额度的财政贴息扶持。对合伙经营和组织起来就业的，可根据实际需要适当提高贷款额度。小额担保贷款的期限一般不超过2年，可展期1年。

3.免收有关行政事业性收费

毕业2年以内的普通高校毕业生从事个体经营（除国家限制的行业外）的，自其在工商部门首次注册登记之日起3年内，免收管理类、登记类和证照类等有关行政事业性收费。

4.享受培训补贴

对高校毕业生在毕业学年（即从毕业前一年7月1日起的12个月）内参加创业培训的，根据其获得创业培训合格证书或就业、创业情况，按规定给予培训补贴。

5.免费创业服务

有创业意愿的高校毕业生，可免费获得公共就业和人才服务机构提供的创业指导服务，包括政策咨询、信息服务、项目开发、风险评估、开业指导、融资服务、跟踪扶持等"一条龙"创业服务。各地在充分发挥各类创业孵化基地作用的基础上，因地制宜建设一批大学生创业孵化基地，并给予相关政策扶持。对基地内大学生创业企业要提供培训和指导服务，落实扶持政策，努力提高创业成功率，延长企业存活期。

6.落户政策

取消高校毕业生落户限制，允许高校毕业生在创业地办理落户手续（直辖市按有关规定执行）。

八、针对大学毕业生灵活就业的政策

根据《国务院关于进一步做好普通高等学校毕业生就业工作的通知》（国发〔2011〕16号）、《财政部、人力资源社会保障部关于进一步加强就业专项资金管理有关问题的通知》（财社〔2011〕64号）等规定，鼓励支持高校毕业生通过多种形式灵活就业，并给予相关政策扶

持。对符合就业困难人员条件的灵活就业高校毕业生，要按规定落实社会保险补贴政策。对申报灵活就业的高校毕业生，各级公共就业和人才服务机构按规定提供人事、劳动保障代理服务，做好社会保险关系接续工作。对就业困难人员灵活就业后缴纳的社会保险费，给予一定数额的社会保险补贴，补贴数额原则上不超过其实际缴费的2/3。

九、高职升本科的政策

为深化高等教育改革，促进高等教育普职融通、上下衔接，激励高等职业教育学生的学习积极性，提高学生的综合素质，根据《国务院关于大力推进职业教育改革与发展的决定》精神，各省市自治区在普通高等学校中开展选拔高等职业教育（专科层次）优秀应届毕业生进入本科阶段学习工作（简称“专升本”）。北京市现行的有关政策如下：

1.推荐基本要求

“专升本”采取推荐与考试相结合的办法。推荐学校制定综合评定方案，将学生的思想品德、学习情况、体育锻炼以及参与社会工作和活动等反映学生综合素质与实践能力的因素，科学、公正地量化成综合分数。推荐不超过本校本专业高等职业教育应届毕业生15%的学生参加“专升本”考试。

2.考试科目及录取比例

“专升本”考试科目为公共课、基础课、专业基础课。公共课考试为大学公共英语，由北京教育考试院组织命题、考试、阅卷和公布成绩。基础课、专业基础课考试由招生学校自主命题组织考试和阅卷评分。考生必须在通过英语考试科目的最低控制分数线后，由招生学校自行划定基础课和专业基础课录取分数线，择优录取。录取人数应控制在参加考试学生的2/3以内。

3.本科阶段学习

招生学校按照专业相同或相近的原则安排被录取的学生进入相应的年级，插班或单独编班学习。学校对其已学课程和成绩由学校自主按承认、考试、重修或补修等办法处理。实行学分制或弹性学制的学校，可根据学生完成学业的情况提前或延后毕业。

4.待遇与毕业证书

被录取的高等职业教育应届毕业生，按照本科学生的待遇执行，凭招生学校的录取通知书到户口所在地办理户口迁移手续。根据《教育部关于当前加强高等学校学历证书规范管理的通知》（教学[2002]15号）的精神，其毕（结）业证书内容填写“在我校××专业专科起点本科学习”，学习起止时间按进入本科实际时间填写。第一学历为本科学历。

思考题

1.毕业生见习期的主要规定有哪些？

2.大学生应当树立怎样的就业观和择业观？

Chapter 8

就业程序与就业准备

学习目标

1. 了解就业的基本程序和用人单位招聘流程。
2. 了解毕业生派遣的有关规定，掌握签约的基本要求。
3. 运用常用的心理调适方法，保持良好的就业心态。
4. 掌握就业信息收集和处理方法，做好就业准备。
5. 掌握求职简历制作要领，学会制作个性化求职简历。

第一节　就业程序

一、毕业生就业基本程序

1.了解就业政策

大学毕业生就业是一项政策性很强的工作，国家、各省市、自治区每年都会出台一些促进大学生就业的政策，如基层就业项目、自主创业、应征入伍等，学校也会根据国家的规定制定本校的就业办法或措施。只有弄清这些政策，才能减少择业时的盲目性，避免浪费时间和精力。

2.收集需求信息

就业信息是毕业生求职择业的基础和必备条件。掌握“货真价实”适合自己的就业信息，在求职择业过程中就掌握了主动。就业信息具有很强的实效性和不确定性，必须认真筛选，以增加有效性。

3.双向选择

毕业生通过校园双选会、专场招聘会以及社会招聘和网络招聘等方式，参加用人单位组织的面试、笔试，接受用人单位的考察，这也是毕业生推销自己、了解用人单位的重要过程。通过求职择业平台，最终落实就业单位，进入就业实习阶段。

4.签订协议

通过“双向选择”确定单位后，毕业生、用人单位和学校三方就要签订就业协议书。

5.就业派遣

学校就业管理部门上报就业方案并提交就业信息，经上级主管部门审核通过后，为毕业生办理就业相关手续及档案转寄手续。

6.报到上班

毕业生持派遣证在规定的时间内到就业单位报到，签订正式的劳动合同，正式进入劳动力市场。

毕业生就业基本程序如图 8-1 所示。

二、用人单位招聘程序

(一)招聘基本流程

①确定用人需求，确定招聘计划。用人单位各部门根据工作情况及未来发展规划，确定需要招聘的岗位、人数和招聘条件等，填写《招聘申请表》或《用人申请表》报主管经理、总经理批准后，由人力资源部门根据要求制定详尽的招聘计划，统一组织招聘。

②发布需求信息，公布招聘计划。用人单位可以通过单位官方网站或微博、社会招聘会、人才服务机构、各大招聘网站以及电视、报纸等传统媒体发布招聘信息。为了有针对性

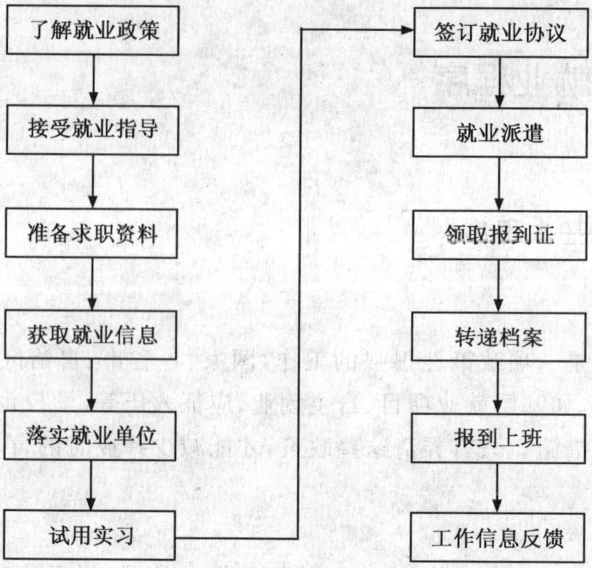

图 8-1　毕业生就业基本程序

招聘毕业生，用人单位应该事先与学校沟通，如实提供单位简介、营业执照副本的复印件以及招聘岗位、工作内容及薪酬待遇等材料。经学校毕业生就业管理部门审核无误后，在校园网或就业信息平台上发布招聘信息。

③组织校园宣讲，参加招聘活动。为了广泛宣传，提高招聘效果，用人单位可以到学校举办宣讲会，向广大毕业生介绍单位基本情况、企业文化、用人制度、人才需求情况及发展机遇等，并回答毕业生关心的问题。然后，指导毕业生填写《应聘人员登记表》(表 8-1)，收取简历进行初选。

④收集求职材料，筛选合适人员。招聘单位通过收电子简历或者招聘现场接收简历后，经过筛选，初步确定参加面试人员，发出面试通知。所以，要想在众多简历中脱颖而出，赢得面试机会，需要毕业生精心制作一份简洁、准确、逻辑性强并突出个人特点的简历。

⑤组织面试和笔试，确定最终人选。初次面试，一般由人力资源部门或部门经理主持，主要考察应试者的基本情况和基本素质。通过双向交流实现互相了解，形成初步印象和意向。主持人填写《面试人员测评表》交到人力资源部综合平衡。这个环节是决定是否录用的关键，应聘人员要做好充分准备，展示自己最佳风采，为自己赢得机会。有的用人单位在员工招聘上比较严格，还要组织复试。如银行、知名企业等。复试通常由主管经理主持，更多侧重于考察应聘者的业务能力、发展潜能和合作能力等方面。

很多大型企业招聘时还需要笔试，如银行、国企、事业单位等。笔试一方面是考基本文化水平，更重要的也是通过答题考察应聘者的心态和做事认真的态度。笔试内容根据招聘单位需要，一般考核内容有专业相关知识、有关政策，还会有考核基本能力的应变题。应该说能顺利进入笔试阶段应聘已经成功大半，应聘者更应该保持良好心态，充满信心。

表 8-1　应聘人员登记表(样表)

填表日期：　　年　　月　　日

姓名		性别		出生日期		民族		照片（一寸近期免冠彩照）
政治面貌		入党/团时间		婚姻状况		文化程度		
职称/职业资格		健康状况		身高(cm)		体重(kg)		
参加工作时间		籍贯		出生地		户口所在地		
身份证号码				E-mail				
通讯地址及邮编						电话		
人事档案关系所在单位				可否转入本单位			期望薪酬	

学习/培训经历	起止年月	学校或培训机构	专业	学历	学位

外语\计算机等级		其他技能	

工作简历	起止年月	工作单位及职务	离职原因	证明人及联系方式

家庭成员及主要社会关系	姓名	出生年月	与本人关系	工作单位及职务

奖/惩情况		是否有亲属在本单位	

其他情况：

本人承诺：所填上列各项均属事实。若有不实，愿受解职处理，自愿承担相应后果。

本人签名：

⑥体检。经过面试和笔试后，很多单位正式录用前需要应聘者到单位指定医院做专项体检，在确保体检合格后才能决定是否初步录用。检查项目都是常规项目，特殊岗位会有特别要求，比如饮食行业对肝功指标不正常，银行对色盲色弱等影响岗位工作的项目有限制。

⑦组织入职培训，试用期考察。经过面试合格的毕业生要参加入职培训，了解单位的规章制度、管理制度和各岗位的职责要求等，然后安排到相应岗位就业实习。待实习期满综合考核合格后，经派遣程序正式入职该单位。

(二)不同类型企业招聘流程及特点

1.国有企业

国企的中层、基层员工招聘程序大体如下：

(1)公司人力资源部根据生产运营和员工变动的需要编制用人计划。

(2)人力资源部组织召开多次全公司人事干部会议，反复讨论协商后产生需求计划表。

(3)人力资源部根据岗位任职条件资料编写招聘说明书，组织参加各级各类招聘会，比如学校组织的专场招聘会、社会性招聘会等。

国企的人力资源招聘全部按计划进行，极少进行临时招聘；重视招聘后员工的职业发展规划；建立人力资源信息库，使人力资源管理与开发有据可依。

2.外资企业

一般情况下，外企的招聘程序大致由以下步骤构成：

(1)外企管理部门通常都要制定年度(或周期更长的)人力资源规划。通过这个规划，外企将其组织发展目标转化为需要通过哪些人来实现这个目标。在做规划前，通常由人力资源管理部门牵头组织，其他职能部门参与，对其现有的人力资源情况进行科学评价。

(2)根据评价结果，可以决定招聘人员的数量和类型。通常，中层以下的职位由人力资源管理部门和人员需求部门主管商榷后决定。招聘中层管理人员以上的职位则由公司高层批准，有些公司还要报请总部或董事会批准。

(3)人力资源管理部门开始组织招聘。至于招聘形式，要根据当地的劳动力市场情况、工作职位的类型和层级，以及组织的性质、行业和规模来决定。比如要招聘入门职位的候选人，通常可以在学校或公共就业机构招聘，要招聘中高级的企业管理人员，通常需要猎头公司的服务。

(4)组织候选人填写申请表。这可能是一份让应聘者填写姓名、地址、联系方式的简表，也可能是一份综合性的个人履历表，要求仔细填写个人的简历、技能和成就。求职者对于后一种申请表要认真填写，因为其中有些硬性的、可证实的资料可以作为某些工作绩效的衡量标准，人力资源管理者根据应聘者与申请职位的相关程度进行加权评分，并依此决定哪些人有资格参加第一次考试。

(5)笔试。笔试通常要考查候选人的能力、悟性、智商和专业知识。具体内容要根据职位和公司文化而定。

(6)面试。人力资源管理者在与求职者面谈之前，都对面谈进行了很好的设计和安排，有效的面试模式一般是结构化面试。

(7)人力资源管理者对候选人的申请资料进行核实，这通常是一些大公司的做法。有相当大比例的求职者对他们的就业日期、职务、过去的薪金和离职原因叙述不准，对这些硬性资料进行核对，进一步降低聘用决策失误风险。

(8)进行体检。一般情况下，体检是为健康保险而做的，管理者要减少对雇员在受雇前伤病的保险开支。

(9)签订雇佣合同。签订雇佣合同应是在受雇者开始劳动之前，或开始劳动的一周之内。

3.民营企业

处于成长阶段的民营中小企业，招聘方式有其鲜明的特色，一般的员工招聘程序如下：

(1)根据业务发展需要，进行即时招聘。民营企业在员工招聘中讲求实效，可形象地描述为“需要才聘，聘即能用，用只是用”。由于民营企业在用人用工上有极大的灵活性，这不但使得民营企业能及时补充所需的基层员工，也能挖到想要的中高层管理人才，而且能及时更新员工，保持工作活力，降低人工成本和不必要的人事负担。

(2)由公司相关部门的主管搜集面试者的资料并直接面试。面试过程基本上是由主管人员和招聘者交谈，完全凭面试人员的主观判断决定聘用。

(3)新进员工一般先分配到相关部门进行边干边学的在岗培训。

三、毕业生派遣程序

就业派遣，是指毕业生落实接收单位并与用人单位签订《全国普通高等学校毕业生就业协议书》(以下简称《就业协议书》)，由学校到高校所属省(市)教育厅高校毕业生就业部门办理《全国普通高等学校本专科毕业生就业报到证》(以下简称《就业报到证》)的一种就业方式。

《就业报到证》是列入国家招生计划的大中专毕业生的重要标志，也是列入国家就业计划的毕业生才能持有的有效报到证件；是毕业生就业派遣的书面依据，是到接收单位报到的凭证，工龄由报到之日开始计算；是毕业生人事关系正式从学校转移到就业单位的证明。《就业报到证》分为上下两联，上联(蓝色，就业报到证)是毕业生到单位报到的凭证，下联(白色，通知书)由学校归入毕业生个人档案并转寄至报到证开具的用人单位或省市地县毕业生就业主管部门(图 8-2)。毕业生报到的期限原则上为 1 个月。

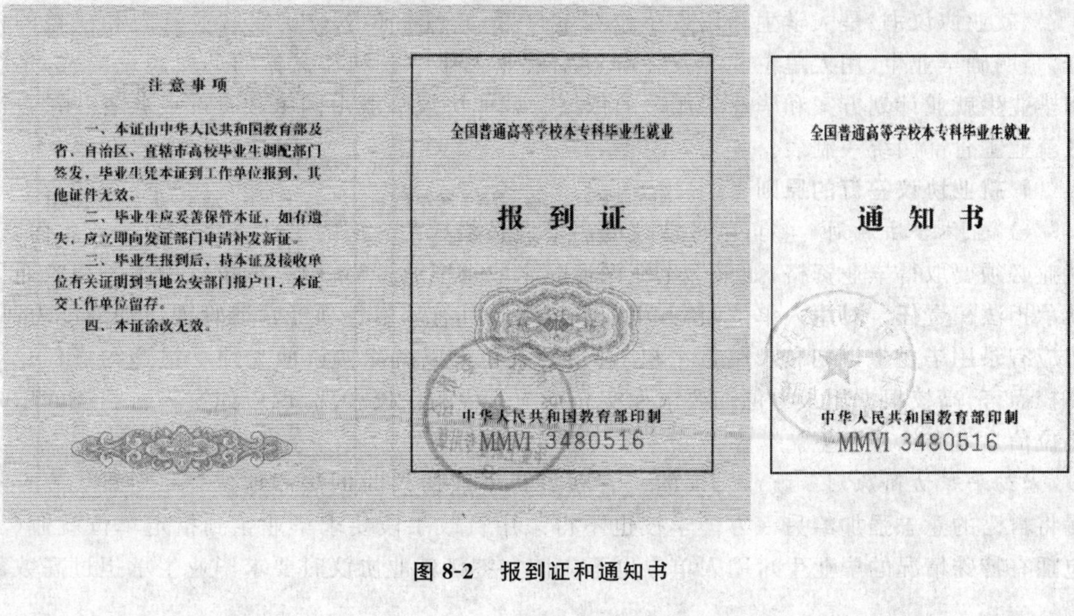

图 8-2 报到证和通知书

(一)上报毕业生资源信息

毕业生资源信息是指毕业生本人的基本信息,如考生号、姓名、性别、出生日期、身份证号、学历、专业、生源所在地等。各高校就业管理部门将毕业生的资源信息上报至省、市区教育厅或教委高校毕业生就业管理部门,由该部门对毕业生资格进行审查和认定,以便于将来就业派遣。

学校毕业生就业工作基本流程如图 8-3 所示。

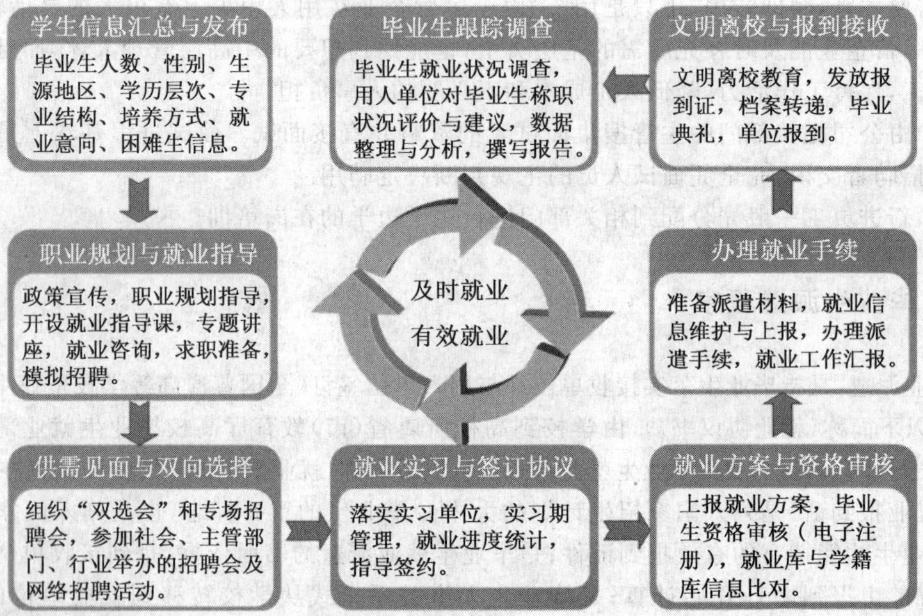

图 8-3 学校毕业生就业工作基本流程

(二)落实就业单位,签订就业协议书

《就业协议书》是大学生和用人单位在签订劳动合同前,双方确定就业意向和权益的依据,是明确毕业生、用人单位和学校在毕业生就业工作中权利和义务的书面表现形式,是编制毕业生就业计划方案和毕业生派遣的依据。就业协议一般由国家教育部或各省、市、自治区就业主管部门统一制表。

1.就业协议签订的原则

(1)主体合法原则　签订就业协议的当事人必须具备合法的主体资格。对毕业生而言,就业必须要取得毕业资格,如果学生在派遣时未取得毕业资格,用人单位可以不予接收而无须承担法律责任。对用人单位而言,用人单位必须具有从事各项经营或管理活动的能力,单位应有录用毕业生计划和录用自主权,否则毕业生可以解除协议而无须承担违约责任。对高校而言,高校根据用人单位的要求如实介绍毕业生的在校表现,也应如实将所掌握的用人单位信息发布给毕业生。

(2)平等协商原则　就业协议的三方在签订就业协议时的法律地位是平等的,一方不得将自己的意志强加给另一方。学校也不得采用行政手段要求毕业生到指定单位就业(不包括有特殊情况的毕业生),用人单位也不应该在签订就业协议时要求毕业生承担过高数额的违约金，更不能要求毕业生交纳就业保证金。三方当事人的权利义务应是一致的。除协议书规定内容外，三方如有其他约定事项可在协议书“备注”内容中加以补充确定。

2.就业协议签订的基本要求

(1)毕业生应按国家规定就业，向用人单位如实介绍自己的情况，了解单位的使用意图，表明自己的就业意见。在规定的时间内到用人单位报到，若遇到特殊情况不能按时报到，需征得用人单位同意。

(2)用人单位要如实介绍本单位的情况，明确对毕业生的要求及使用意图，做好各项接收工作。凡取得毕业资格的毕业生，用人单位不得以学习成绩为由提出违约。

(3)学校要如实向用人单位介绍毕业生的情况，做好推荐工作，用人单位同意录用后，经学校审核列入就业方案，报国家教育部备案，学校负责办理就业手续。

(4)学校应在学生毕业前安排体检，不合格者不办理就业手续，就业协议自行取消，由学校通知用人单位。如用人单位对毕业生身体条件有特殊要求，原则上应在签订协议之前进行单独体检，否则以学校体检为准。

(5)毕业生、用人单位、学校三方如有其他约定，应在备注栏注明并视为就业协议的一部分。

(6)就业协议经各方签字、盖章后生效。三方都应严格履行本协议，若有一方提出变更协议，须征得另两方同意，由违约方承担违约责任。

(7)就业协议一式三份，毕业生、用人单位、学校各执一份，复印无效。

(8)毕业生持就业报到证到用人单位报到后，用人单位为其办理完接收录用手续后协议自行终止。

3.就业协议签订的程序

(1)毕业生持有由用人单位人事部门盖章的《毕业生就业推荐表》回执，或用人单位直接开具的带有其人事部门公章的接收函，到学校就业管理部门领取《全国普通高校毕业生就业协议书》(一式三份)。

(2)毕业生按协议书要求认真填写好个人基本情况和应聘意见，签署姓名及日期。

(3)毕业生将协议书交至用人单位，由用人单位填写“用人单位情况及意见”，并加盖单位和上级主管部门公章。

(4)毕业生与用人单位签订协议书之后，应在学校规定的时间内，将已签订好的协议书返回学校，由所在院(系)签署意见。最后，由学校就业管理部门审核，签署意见并加盖公章，就业协议生效。就业协议书三方(学校、学生、用人单位)各执一份。用人单位留存联由毕业生交给用人单位。

4.就业协议书的主要内容及填写要求

(1)毕业生基本情况及意见　包括姓名、性别、民族、出生日期、政治面貌、健康状况、身份证号、毕业学校、专业、学制、学历、培养方式、家庭地址、联系方式和应聘意见等。由毕业生本人逐项准确完整填写，签署姓名及日期。

(2)用人单位基本情况及意见　包括单位名称、组织机构代码、单位性质、单位地址、邮政编码、联系人、联系电话、电子邮箱、岗位名称、档案转寄单位名称和地址、用人单位意见、用人单位上级主管部门意见等。填写用人单位名称时，务必注意是否与单位的有效印鉴上的名称一致，如不一致，协议无效。

单位具有人事权的，同意签约并接收毕业生档案的，只在“用人单位意见”栏内盖用人单位公章，并填写“档案转寄单位名称”、“档案转寄地址”、“邮政编码”三项内容。

单位没有人事权的，同意签约并可接收毕业生档案的，在“用人单位意见”栏内盖用人单位公章，并在“用人单位上级主管部门意见”栏内盖上级主管部门人事公章或人事代理机构公章。并填写“档案转寄单位名称”、“档案转寄地址”、“邮政编码”三项内容。

单位没有人事权，可以签约但不接收档案的，用人单位在“用人单位意见”栏内盖用人单位公章。能够接收档案的×××人才机构或人事代理机构在“用人单位上级主管部门意见”栏内盖×××人才机构或人事代理机构公章，并填写“档案转寄单位名称”、“档案转寄地址”、“邮政编码”三项内容。

(3)学校基本情况及意见　毕业生与用人单位签订好协议后，先由毕业生所在院(系)签署意见并加盖公章，再由学校毕业生就业管理部门审核，签署意见并加盖公章。

(4)备注　现行的毕业生就业协议属“格式合同”，但“备注”部分允许三方另行约定各自的权利义务，如报考研究生、服务期要求、福利待遇以及违约金等。

5.就业协议的解除

就业协议是一份约束用人单位和大学毕业生的民事合同，一经签订，就具有法律约束力，双方均应严格履行合同。就业协议签署后，毕业生原则上不得违约。

由于单位原因或个人特殊原因需要重新择业的，必须取得用人单位同意解除协议的书面证明或退函，方可重新办理。就业协议的解除分为单方解除和三方解除。

(1)单方解除　包括单方擅自解除和单方依法或依协议解除。单方擅自解除协议属违约行为，解约方应对另外两方承担违约责任。单方依法或依协议解除，是指一方解除就业协议有法律上或协议上的依据，如学生未取得毕业资格，用人单位有权单方解除就业协议。毕业生录用之后，就业协议就此解除。

(2)三方协商解除　三方协商解除是指毕业生、用人单位、学校三方经协商一致，解除原订立的协议，使协议不发生法律效力，三方均不承担法律责任。三方解除应在就业计划上报主管部门之前进行。如就业派遣计划下达后三方解除，还须经主管部门批准办理调整改派。

(三)核实信息，数据录入，上报就业方案

学校就业管理部门要仔细审核就业协议书(劳动合同)等就业材料，通过毕业生就业管理平台上报相关就业数据，同时制定就业方案上报省区市就业主管部门审核。就业库数据要与学籍信息库进行比对，要求基本信息与学籍库信息一致才能通过。

(四)审核就业方案

省区市就业主管部门审核学校上报的就业信息和就业方案，审核通过后才可以办理派遣手续，打印就业报到证。未通过的需要学校重新改正后再上报审核。

(五)办理派遣手续

毕业生在毕业后两年内，都享有就业派遣、办理报到证和存档的政策。超期不办理，按社会人员流动处理。

1.离校前派遣

(1)北京生源毕业生

①有接收单位的毕业生直接派遣到接收单位，人事档案转到接收单位或人才服务机构。

②离校前没有签订三方协议的，属于灵活就业、自谋职业或自主创业等情况的毕业生（含农村户口毕业生），“二分”回户籍所在地的区县，《就业报到证》上的报到单位名称一般填写为毕业生户籍所在地的区县人力资源和社会保障局毕业生就业工作部门，即“北京市 xxx 区（县）人力资源和社会保障局毕业生就业工作部门”，人事档案转到户籍所在地的区县政府所属人才服务机构（区县人才服务中心）。

(2)京外生源毕业生

①毕业生与户籍所在省（自治区、直辖市）用人单位签订“就业协议”的，派遣到接收单位，档案转到接收单位或当地人才服务机构。

②毕业生未能签订“就业协议”的，根据各省（市）当年关于接收毕业生的有关文件要求，“二分”回户籍所在地的省（自治区、直辖市）毕业生就业指导中心、人保局或教育局，档案随转。

2.离校后派遣

(1)北京生源毕业生　离校后“二分”回户籍所在地的毕业生，在毕业后的两年内实现初次就业时，由户籍所在区县人力资源和社会保障局毕业生就业工作部门在《就业报到证》上一次性签注就业手续，超期不办理的，按社会人员流动处理。离校后未就业的毕业生，可按照北京市有关规定，到街道、乡镇社保所办理失业登记手续，享受相应的优惠政策。

(2)京外生源毕业生　按各省（自治区、直辖市）有关派遣政策在户籍所在地办理有关手续，超期不办理按社会人员流动处理。

(六)发放报到证，转寄毕业生档案

1.发放报到证

学校将毕业生的报到证分发到各院（系），由各院（系）将报到证正联（即蓝联）发到毕业生手中，再将副联（即白联）装入毕业生的档案中。

2.档案转寄

(1)档案的重要性　人事档案是记录一个人的主要经历、政治面貌、品德作风等个人情况的文件材料，是个人经历、学历、社会关系、思想品德、业务能力、工作状况以及奖励处罚等方面的原始记录，是个人参与社会方方面面活动的记载和个人自然情况的真实反映。人事档案起着凭证、依据和参考的作用。在个人转正定级、职称申报、办理养老保险以及开具考研相关证明时，都需要使用人事档案。毕业生的人事档案是用人单位选拔、聘用毕业生的重要依据。档案材料对毕业生来说是十分重要的，它将随着毕业生的工作变化而转迁。按照现行人事制度，无档案就没办法办理调动手续及相关手续。因此，学生毕业离校后，其档案能否准确、及时、安全地到达用人单位是非常重要的。

(2)档案的主要内容

①履历材料。学生素质成长手册等高中档案、高考登记表、高校毕业生登记表、体验表等。

②学习成绩单。高中及高职学习期间的毕业生成绩表、毕业论文等。

③党团材料。如入党志愿书、思想汇报、考察材料、入党审查材料、入党申请书、转正申请书、党员民主评议表、入团志愿书等。

④奖惩材料。如三好学生、优秀学生干部、优秀团员等奖励材料，所受处分的违纪材料。

(3)档案转寄方法

①整理档案。一般由各院系将入档案材料装入档案袋中,并将派遣地址写在档案皮的封面上。

②审核档案。学校就业管理部门对每位毕业生的档案进行审核,对不完整的打回院系补充完整。

③转寄档案。按照有关规定,高校毕业生档案必须以机要通信方式转送到就业单位,不得随意处置,非经特别批准,不得个人自己携带。

已派遣到生源地单位的毕业生,毕业生档案转寄单位以“就业协议”中填写的接收档案单位、就业指导中心或人才机构为准。“专接本”学生档案转寄至本科院校的档案管理部门。

未就业毕业生和申请出国毕业生的档案转寄毕业生户籍所在地人力资源和社会保障局或人才机构。

志愿服务西部的毕业生档案暂时存在学校就业管理部门,待服务期满派遣后办理转递手续。

已派遣学生党员的组织关系由学校组织人事部门按规定转寄到用人单位组织人事部门;未就业学生的党组织关系(预备、正式党员)由学校组织人事部门转至户籍所在地的区县乡镇党委(工委)。

④查询档案。毕业生到单位报到后,应在两个月内到单位人事部门或挂靠的地方人才交流中心查询自己的档案到位情况。毕业生签约单位所在地人事部门收到档案后,将档案回执寄回学校,以便于查询。

(七)报到上班

毕业生收到报到证后,在规定时期内(一般为1个月)到用人单位、人事或教育等部门办理就业报到手续。

四、毕业生离校报到程序

(一)办理离校手续

毕业生离校前,要按照学校关于离校有关规定,到有关部门办理离校手续,如归还图书资料、办理退宿手续等。同时,要仔细检查毕业证书、报到证的信息是否准确无误。

(二)按时到单位报到

(1)按期报到。报到是毕业生走上工作岗位的第一步,这一步迈得是否顺当,直接关系到单位对毕业生的印象,也关系到毕业生能否以一种良好的心态顺利上岗,不可等闲视之。

毕业生应按照报到证规定的时间(一般是1个月内)到用人单位办理报到手续。确因特殊原因不能按期前去报到的,应主动向用人单位联系并说明情况,否则用人单位有权拒绝接收。报到时一般需要带就业报到证、毕业证书原件和身份证等证件。党员要向接收单位的党组织上交党员组织关系转移介绍信,团员要向接收单位团组织出具“团员证”。

(2)核查档案接收情况。毕业生要向单位人事部门核实档案接收,如档案存在人才机构的,要前去核实是否已经转到。

(3)与用人单位及时签订合法的劳动合同。

五、毕业生改派程序

改派，是指在学校上报就业方案和主管部门核发报到证后，进行单位及地区调整的一种做法。按照有关规定，调整改派应在毕业生自第一次派遣离校之日起 1 年内进行，超过时间一般不予受理。因此，申请改派的毕业生应注意向学校提出申请的时间限制。为维护就业方案的严肃性，保证签订就业协议后各方的权益，毕业生派遣后，原则上不得改派。毕业生就业 1 年以后的调整，按在职流动人员有关规定办理，不属于教育部门受理范畴。以北京市有关改派政策要求为例，毕业生改派注意事项：

(1)毕业生办理改派必须符合国家就业政策导向。

(2)已派遣到北京市以外单位就业，欲改派在北京就业的；毕业后无故不到用人单位报到的；未经学校允许擅自同用人单位解除劳动关系后，要求办理改派手续的，以上情况原则上不予受理。

(3)申请出国留学的毕业生，在学校上报就业方案后，因种种原因未能成行的，学校负责为其办理回生源所在地就业的手续。

(4)学生档案已经不在学校的毕业生，须待学生档案退回学校后，方可申请办理改派手续。

(5)因工作单位原因确需改派的，由本人填写“高校改派登记表”，并出具原签约单位同意解除协议的书面证明以及新签约单位的就业协议书，由学院就业管理部门给予重新办理(表 8-2)。

表 8-2 北京地区高校毕业生改派登记表

姓名		性别		学历	
学校		专业		培养方式	
身份证号		生源地区		毕业时间	
原接收单位	单位名称				
	单位所在地	省、市、自治区		市（区）	县
改派理由					
申请改派单位	单位名称				
	单位所在地	省、市、自治区		市（区）	县
	户口迁移地址				

续表 8-2

改派需附材料	1.原接收单位退函。 2.毕业生与新接收单位签订的《就业协议书》复印件。 3.原《就业报到证》(一式两联)。 另:京外生源毕业生在京调整须附人事部或市人力社保局接收函复印件或国家公务员录用名单;京外生源毕业生户口迁移证需变更时,须附户口迁移证复印件。
学校意见	负责人签字:＿＿＿＿＿盖章　　年　　月　　日
市级主管部门意见	负责人签字:＿＿＿＿＿盖章　　年　　月　　日

注:1.此表限北京地区普通高等学校、科研单位非定向毕业生调整改派时使用。

2.此表由学校就业部门填写,一式两份,市教委留存一份,另一份交公安部门办理户口迁移使用。

3.此表有效期为市级主管部门负责人签署意见之日起2个月。

第二节　就业心理准备

一、求职过程中常见的心理问题及分析

大学生在求职择业过程中,由于经验缺乏和准备不足,面对日趋严峻的就业形势和压力,表现出不同的心理特征,也会出现这样或那样的不适应。一旦遇到困难和挫折,就不可避免产生各种不健康的心理问题,陷入不良的心理误区。

(一)盲目自信

有的学生自认为高人一等,自命不凡,傲气十足。“过去我事事顺利,择业也依然会顺利,一定有一个好的归宿!”“要找就找最称心如意的,否则就……”“要去就去工作环境舒适的单位!”;“选择单位就要看待遇!”由于过高地估计自己的知识和能力水平,他们往往好高骛远,期望值过高,对就业单位过于挑剔,很难找到让自己满意的单位。自傲心理很容易脱离实际,以幻想代替现实,当在择业目标和现实产生反差时,情绪就会一落千丈,从而产生孤独、失落、烦躁和抑郁等心理现象。

(二)自卑怯懦

这是种缺乏自信心和竞争意识的表现。自卑是由于受到暂时挫折时而产生的一种心理障碍,多见于自我意识发展不健全的学生,特别是部分女学生、性格内向或有生理缺陷的学生。在求职择业过程中,由于对自身的能力缺乏了解,缺乏自信心和勇气,不敢直视就业竞争。尤其在求职遭遇多次挫折时,自尊心受到极大伤害,导致自信心大大减弱,很容易产生强烈的自卑心理和自责心理,觉得自己事事不如人,情绪更加低落,悲观失望、忧郁孤僻,对

任何事情都失去了兴趣，甚至对自己的前程都丧失了信心。

怯懦是一种胆小、脆弱的性格特征，也多见于一些女生和性格内向或抑郁气质类型的学生。有的大学生在求职过程中谨小慎微、缺乏主见，老是想我跟人谈的时候万一说错了怎么办啊？生怕一句话说错、一个问题回答不好会影响自己给用人单位的印象，回答问题时不敢放开胆子说话，面红耳赤、支支吾吾、答非所问、手足无措，没有把自己的特点和优势表现出来。这些同学渴望公平竞争，但在机遇到来的时候却手忙脚乱，无法充分发挥出自己的才能。

（三）从众

从众是指个人的观念与行为由于群体的引导或压力，从而向与多数人相一致的方向变化的现象。"大多数人钟情的一定是好工作。"在择业中表现为缺乏主见和竞争意识，择业观被他人左右、被舆论左右、不顾自身主观条件和客观现实，随波逐流。

（四）攀比

有的学生自尊心强，争强好胜。"我是谁呀！我不能比别人差。"而且虚荣心也很强，"爱面子"。在求职过程中，他们往往会忽视自身的特点，缺乏对自己客观正确的分析，不从自身实际出发，而是与同学盲目攀比。特别是看到和自己成绩、能力差不多的同学找到令人羡慕的工作、获得可观的收入时，就觉得自己找不到理想职业就会很没面子。为了获得心理上的平衡，将自己择业的目标设计得过高，其结果是高不成、低不就，错失了一些适合自己的就业单位。

（五）焦虑急躁

在求职过程中，大多数毕业生多会出现不同程度的焦虑心理。但是，如果过度担心求职中的困难和结果，整日忧心忡忡，不能释怀，就会导致情绪烦躁、心神不安、意志消沉、委靡不振，严重影响正常的学习和生活，影响正常择业。

急躁是大学生焦虑心理的一种特殊表现，是一种不良心境。容易失控，产生过激行为，会导致事倍功半甚至事与愿违的结果。有的学生在缺乏对用人单位充分了解的情况下，草率签约，一旦发现未能如愿又后悔莫及，表现出忧心忡忡、烦躁不安、心理紧张、无所适从等现象。有的学生对推荐的就业单位不满意时就会怨声载道，甚至暴跳如雷、烦躁不安。急躁心理严重地影响了毕业生的正常学习生活、人际交往和择业。

（六）依赖

由于受家庭和社会环境的影响，特别是受家庭生活环境的影响，导致有的学生独立性不强，缺乏主动参与意识和竞争意识，"等、靠、要"的思想和依赖心理严重。在面临职业选择时缺乏应有的分析能力和决策能力，寄希望于学校推荐和亲友等社会关系，"拼爹"心理严重，消极等待而不是积极主动争取。有的就业期望过于苛刻，宁可"有业不就"也不愿去工作。

（七）嫉妒

嫉妒心在大学生中是比较常见的一种心理，是对他人的成就、特长或优越的地位既羡慕又敌视的一种情感。这种心理的主要特征是把别人的优越之处视为对自己的威胁，因而感到心理不平衡，甚至是恐惧和愤怒。嫉妒心会影响人际关系，自身也会同样感到痛苦和烦恼，从而影响求职的顺利进行。

（八）冷漠

冷漠是遇到挫折后的一种消极心理反应，是逃避现实、缺乏斗志的表现，带有一定的自我保护意识或自我防御性质。有的毕业生在求职遭受挫折失去信心时，就会出现不思进取、意志麻木、看破红尘、就听天由命等反应。这样的表现当然对自己的求职是无益的。

(九)急功近利

有的同学在求职时过分看重地位和实惠，一心只想进大城市、大机关或到挣钱多、待遇好的单位；为了暂时的功利甚至可以抛弃所学的专业，牺牲个人的兴趣爱好，更不理会个人的能力是否适合。这种做法可能会满足眼前的某些利益，但对个人长远的发展来看则并非明智的选择。

【课堂活动】测一测你的情商

英国《简明不列颠百科全书·智力商数》：“根据调查结果，70%～80%智力差异源于遗传基因，20%～30%的智力差异系受到不同的环境影响所致。”

智商(intelligence quotient 简写成 IQ)是用以表示智力水平的工具，也是测量智力水平常用的方法，智商的高低反映着智力水平的高低。

情商(emotional quotient 简写成 EQ)又称情绪智力，是近年来心理学家们提出的与智力和智商相对应的概念。它主要是指人在情绪、情感、意志、耐受挫折等方面的品质。

美国心理学家认为：在人的成功的诸多主观上的因素里面，智商(IQ)因素大约占20%，而情商(EQ)则占80%左右。Success(100%)＝IQ(20%)＋EQ(80%)

国际标准情商测试题

本次测试共有33题，测试时间为25分钟，最大EQ为174分。

第1～9题：请从下面的问题中，选择一个和自己最切合的答案。

1.我有能力克服各种困难：________。

A.是的　　B.不一定　　C.不是的

2.如果我能到一个新的环境，我要把生活安排得：________。

A.和从前相仿　　B.不一定　　C.和从前不一样

3.一生中，我觉得自己能达到我所预想的目标：________。

A.是的　　B.不一定　　C.不是的

4.不知为什么，有些人总是回避或冷淡我：________。

A.不是的　　B.不一定　　C.是的

5.在大街上，我常常避开我不愿打招呼的人：________。

A.从未如此　　B.偶尔如此　　C.有时如此

6.当我集中精力工作时，假使有人在旁边高谈阔论：________。

A.我仍能专心工作　　B.介于A、C之间　　C.我不能专心且感到愤怒

7.我不论到什么地方，都能清楚地辨别方向：________。

A.是的　　B.不一定　　C.不是的

8.我热爱所学的专业和所从事的工作：________。

A.是的　　B.不一定　　C.不是的

9.气候的变化不会影响我的情绪：________。

A.是的　　B.介于A、C之间　　C.不是的

第 10～16 题：请如实选答下列问题，将答案填入右边横线处。

10. 我从不因流言蜚语而生气：________。

A. 是的　　B. 介于 A、C 之间　　C. 不是的

11. 我善于控制自己的面部表情：________。

A. 是的　　B. 不太确定　　C. 不是的

12. 在就寝时，我常常：________。

A. 极易入睡　　B. 介于 A、C 之间　　C. 不易入睡

13. 有人侵扰我时，我：________。

A. 不露声色　　B. 介于 A、C 之间　　C. 大声抗议，以泄己愤

14. 在和人争辩或工做出现失误后，我常常感到震颤，精疲力竭，而不能继续安心工作：________。

A. 不是的　　B. 介于 A、C 之间　　C. 是的

15. 我常常被一些无谓的小事困扰：________。

A. 不是的　　B. 介于 A、C 之间　　C. 是的

16. 我宁愿住在僻静的郊区，也不愿住在嘈杂的市区：________。

A. 不是的　　B. 不太确定　　C. 是的

第 17～25 题：在下面问题中，每题选择一个和自己最切合的答案

17. 我被朋友、同事起过绰号、挖苦过：________。

A. 从来没有　　B. 偶尔有过　　C. 这是常有的事

18. 有一种食物使我吃后呕吐：________。

A. 没有　　B. 记不清　　C. 有

19. 除去看见的世界外，我的心中没有另外的世界：________。

A. 没有　　B. 记不清　　C. 有

20. 我会想到若干年后有什么使自己极为不安的事：________。

A. 从来没有想过　　B. 偶尔想到过　　C. 经常想到

21. 我常常觉得自己的家庭对自己不好，但是我又确切地知道他们的确对我好：________。

A. 否　　B. 说不清楚　　C. 是

22. 每天我一回家就立刻把门关上：________。

A. 否　　B. 不清楚　　C. 是

23. 我坐在小房间里把门关上，但我仍觉得心里不安：________。

A. 否　　B. 偶尔是　　C. 是

24. 当一件事需要我作决定时，我常觉得很难：________。

A. 否　　B. 偶尔是　　C. 是

25. 我常常用抛**、翻纸、抽签之类的游戏来预测凶吉：________。

A. 否　　B. 偶尔是　　C. 是

第 26～29 题：下面各题，请按实际情况如实回答，仅须回答"是"或"否"即可，在你选择的答案下打"√"

26. 为了工作我早出晚归，早晨起床我常常感到疲惫不堪：是________ 否________。

27. 在某种心境下，我会因为困惑陷入空想，将工作搁置下来：是________否________。

28. 我的神经脆弱，稍有刺激就会使我战栗：是________否________。

29. 睡梦中，我常常被噩梦惊醒：是________否________。

第30～33题：本组测试共4题，每题有5种答案，请选择与自己最切合的答案，在你选择的答案下打"√"。

答案选择标准如下：1(从不) 2(几乎不) 3(一半时间) 4(大多数时间)5(总是)

30. 工作中我愿意挑战艰巨的任务。1 2 3 4 5

31. 我常发现别人好的意愿。1 2 3 4 5

32. 能听取不同的意见，包括对自己的批评。1 2 3 4 5

33. 我时常勉励自己，对未来充满希望。1 2 3 4 5

计分方法：计分时请按照记分标准，先算出各部分得分，最后将几部分得分相加，即为你的最终得分。

第1～9题，每回答一个A得6分，回答一个B得3分，回答一个C得0分。计____分。

第10～16题，每回答一个A得5分，回答一个B得2分，回答一个C得0分。计____分。

第17～25题，每回答一个A得5分，回答一个B得2分，回答一个C得0分。计____分。

第26～29题，每回答一个"是"得0分，回答一个"否"得5分。计____分。

第30～33题，从左至右分数分别为1分、2分、3分、4分、5分。计____分。

总计为____分。

测试结果参考：

1. 得分在90分以下：你的EQ较低，你常常不能控制自己，你极易被自己的情绪所影响。很多时候，你容易被激怒、动火、发脾气，这是非常危险的信号——你的事业可能会毁于你的急躁。对于此，最好的解决办法是能够给不好的东西一个好的解释，保持头脑冷静，使自己心情开朗，正如富兰克林所说："任何人生气都是有理的，但很少有令人信服的理由。"

2. 90～129分：你的EQ一般，对于一件事，你不同时候的表现可能不一，这与你的意识有关。你比前者更具有EQ意识，但这种意识不是常常都有。因此需要你多加注意、时时提醒。

3. 130～149分：你的EQ较高，你是一个快乐的人，不易恐惧担忧。对于工作你热情投入、敢于负责。你为人更是正义正直、同情关怀，这是你的优点，应该努力保持。

4. 150分以上：你就是个EQ高手，你的情绪智慧不但是你事业的阻碍，更是你事业有成的一个重要前提条件。

二、心理调适方法

心理调适主要是运用是心理学的原理和方法，促使自己的心理和行为获得积极改变的过程，也是大学生就业准备中一项非常重要的内容。

拿破仑说过："一个人能否成功，关键在于他的心态。成功人士与失败者的差别在于成功人士有积极的心态。"良好的求职心理，是打开就业成功之门的关键。

哈佛图书馆墙上的训言："此刻打盹，你将做梦；此刻学习，你将圆梦。面对困难，任何形式的逃避都只是暂时的。"所以，直面问题进行必要的心理调适，就会避免因不良的心理问题而影响个人的求职择业以及未来的职场发展。

(一)客观自我认识和评价

客观自我认识，是指对自己心理素质、心理特点、兴趣爱好、能力特长、生理特征等全面了解。大学生只有正确客观地认识自己，才能找准求职择业的突破口。

1.自我静思

自我静思也叫自我反省，就是面对各种矛盾和冲突，能冷静地、理智地思考自我，认识自我、评价自我，找到自我的确切位置。合理定位扬长避短，从而避免因盲目从众或期待过高、好高骛远给自己带来心理上的伤害。

2.社会比较

人不可能脱离社会而存在。大学生要与自身条件类似的人比较，正确的认识和评价自己。通过他人对自己的评价和态度来认识自己；通过参加社会活动，从社会活动的结果分析来评价和认识自己。

3.心理测验

心理测验是心理测量的一种工具和手段。可以通过气质、性格、兴趣、职业倾向等测验分析，了解自己的个性特点，找出适合自己发展的职业方向。

(二)调整就业期望

毕业生求职时希望获得理想的职业本来是可以理解的，但要使期望趋于现实。求职时要了解社会对该专业的需求情况，根据自己的职业兴趣、专业特长、实际能力、性格气质特点、家庭情况等确定就业期望值。切忌抱着"一步到位"的思想，可以"分步达标"、"逐步达成"。

(三)树立正确的择业观和就业观

择业观和就业观是价值观的重要成分，它与学生的世界观，道德意识及心理认知水平相互影响，相互制约。2014 年，习近平总书记在天津考察时曾勉励当代大学生要志存高远，脚踏实地，转变择业观念，勇于到基层一线和艰苦地方去，善于在平凡岗位上创造不平凡业绩。毕业生要树立正确的择业观和就业观，正确处理国家、集体和个人之间的关系，把个人职业发展和社会要求有机结合。

(四)树立良好心态

1.培养积极健康向上的精神

毕业生在求职过程中应保持健康稳定的心理和积极进取的态度。正确对待挫折，不要消极退缩。要冷静分析导致求职失败的原因，调节好心态。有的同学一次落聘就灰心丧气，一蹶不振。落聘虽然失去一次选择职业的机会，但并不等于择业无望，事业无成。遇到挫折后应放下心理包袱调整好目标，脚踏实地走路，积极、乐观、奋发向上争取新的机会。

2.敢于竞争

毕业生要增强勇于竞争敢于竞争的意识，要有敢为天下先的精神。求职过程中充满竞争，失败在所难免，有了充分的思想准备，才会成为竞争中的强者。

3.善于竞争

要想在求职与择业中取得成功，仅仅敢于竞争是不够的，还必须善于竞争。善于竞争体现在具备良好的心理素质、实力和良好的竞技状态。比如在求职面试时情绪一定要轻松自如,克服情绪上的焦虑和波动,还要做到仪表端庄,举止得体,交流时口齿伶俐、表述清晰;合理利用有关规则等。

4.培养自立自强的习惯

行为科学的研究表明:一个人一天中的行为大约只有5%是属于非习惯性的,其余95%的行为都是习惯性的。习惯是经过反复练习逐步养成的。是一种后天获得的相对稳定的语言、思维和行为的动力定型。习惯对一个人的成长和发展起着很重要的基础性和长远性作用。

(五)进行有效的心理调节和控制

1.情绪转移法

在情绪低落时,可以采取缓冲的办法,把自己的精力和注意力暂时转移到其他活动中去,使自己没有时间和可能沉浸在不良情绪中,求得心理平衡。

2.自我适度宣泄法

毕业生在求职过程中处于焦虑、抑郁等消极情绪状态时,不能一味地把不良心情藏在心底,而应进行适当的宣泄。比较好的办法是向知心朋友、老师倾诉,把心中的不愉快说出来,甚至可以大哭一场,使紧张的情绪得以缓解或消除。另外,也可以通过参加一些户外活动,如打球、爬山等宣泄不良情绪。当人的情绪处于不良状态时进行适当的自我宣泄,其实也是一种情绪转移,对身心健康有益。

3.自我慰藉法

遇到挫折,尽管经过最大努力仍无法改变状况时,要说服自己、适当让步,将不成功归因于客观条件和客观现实,同时也要勇于承认并接受现实。

4.积极自我暗示法

毕业生在面试中常常出现胆怯、信心不足等现象,可以通过积极的自我暗示、自我激励进行调节,增强自信心,改变不良心境。俗话说"山重水复疑无路,柳暗花明又一村",只有一个首先能自我悦纳、自我欣赏的人,社会才会接受和认可他。

三、建立个性化的心理调适方法

(一)自卑和怯懦、依赖心理的调适

由于对自己的能力估价过低,缺乏自信,有的毕业生在求职过程中犹豫不决,畏首畏尾,对自己可以胜任的工作,也没有胆量接受,容易给人以无能的印象。要消除这种心理,首先需要能够正确地评价自己,这是至关重要的。正确评价自己的办法就是要纠正过低的自我评价,通过"夸夸我自己"和"优点轰炸",多找自己的长处,即使微不足道也不要忽略,要善于利用自己的优势以长补短,寻求成功的经验,体验成功的喜悦,这样可以有效地克服自卑感和恢复自信心。其次要经常对自己进行积极的心理暗示,如暗示自己"我一定能干好,我是可以的"等,要相信"天生我材必有用"。此外,还要克服惧怕心理,不要担心和害怕失败,要正确对待失败,失败并不表示你一事无成,但要认真分析失败的原因,做到心中有数,这样才能更好地调适自己的心理去争取新的机会。

(二)急功近利、攀比、从众心理的调适

按一般人的职业生涯发展规律,大学毕业后三到五年主要是积累期,是离开校园后进入社会大学的再学习期。最初的一份或几份职业,是选择一种职业发展方向,如果这时有机会进入大城市、知名企业固然值得争取,那会给自己提供一种良好的成长环境,而一时无法做到,退一步海阔天空,中小城市或是中小企业也未尝不是一种发展途径,避开人才竞争最激烈的地方,做鸡头也许比做牛后更易脱颖而出。在经济、文化发达的大城市和条件好的大企业工作,对个人的职业发展无疑是有利的,但绝不能说到边远的、基层的、条件差的地方工作职业起点就低,就无法成就事业。从大学生所掌握的知识和成长条件看,从基层起步,经历艰苦的磨炼,职业发展会有更大的后劲。我国经济建设的许多栋梁之材都是从基层成长起来的,而国内外的不少领导人最初也是从一名普通职员或车间技术员开始职业生涯的。从这一点看,国家新出台的鼓励大学生支援西部、服务基层的政策,绝不是权宜之计,而是促进西部开发和人才成长的一项长远战略。所以,当自己退一步,仔细思想后认清自我,重新摆正位置,就不会盲目自信、浮躁不安和患得患失,甚至于急功近利,而是能够轻装上阵,形成一种脚踏实地的务实态度,不再盲目等待机会和运气的降临,不再因为怕苦怕累而放弃从基层做起的难得历练机会,懂得了从基层做起根基最为扎实的道理,就可以心安理得地踏踏实实走好自己的每一步,只要自己是金子,无论在哪个岗位都能闪光。

(三)焦虑、急躁心理的调适

一般来说,适度的焦虑会使人产生压力,可以消除自身的惰性,增强进取心,产生求胜的心理和行动。但是,如果心理上过度地焦虑甚至沮丧,而自己又不能化解,这些情绪就会成为心理障碍或心理疾病,影响个人主观能动性的发挥,埋没人的潜能和才华。要克服焦虑、急躁的心理,需要更新观念,打破事事求稳、求顺的想法,增强竞争意识。要知道大学生求职本身就是一种竞争,就是一个优胜劣汰的过程,即使通过竞争自己到了比较理想的职业,如果不继续努力,也还可能丢掉这份工作。而且有竞争必定会有风险和失败,确立了竞争意识,就不怕风险和挫折,焦虑的心理必定得到缓解或克服。同时还应克服自己择业心切、急于求成的思想,否则越急越容易择业失败,而失败的体验又会强化沮丧和焦虑的情绪。因此要客观地分析自己,合理地设计求职目标,不要盲目与他人攀比,更不应有从众心理,这样可以尽量减少挫折,也会减轻焦虑的程度。

【课堂活动】夸夸我自己

1.假设这是在面试中,面试官说:"请你用3分钟的时间来介绍一下你自己。"强调突出自己的优点和特长,设法给对方留下深刻的印象。

2.分三人一组进行,一人扮演求职者,一人扮演面试官,一人扮演观察员。然后轮流交换角色。

3.讨论分享:

(1)我的介绍是否很好的展示了我自己?

(2)还有什么需要补充的?

(3)如何使我的回答变得更好?

第三节 就业信息准备

就业信息是指通过各种媒介传递的有关就业方面的信息，如就业总体形势、就业政策、行业现状及发展前景、社会及就业市场对人才需求，以及用人单位基本情况和招聘信息等。

在现代社会，成功就业不仅仅取决于一个人的知识、能力、综合素质以及社会因素，而且也取决于就业信息的量和质，以及收集处理和运用信息的能力。就业信息是职业选择的基本前提，是择业决策的重要依据，也是顺利就业的可靠保证。

一、就业信息收集的渠道和方法

(一)就业信息收集的渠道

1.学校毕业生就业主管部门

学校毕业生就业主管部门是专门负责毕业生就业的职能机构，是连接毕业生与用人单位的主要纽带。该部门提供的就业信息具有多样具体、准确可靠、时效性和针对性较强的特点，是毕业生获取就业信息的最直接、最有效和最主要的渠道。学校就业信息的主要来源是各级政府和上级主管部门下发的就业政策和规定、各省市就业指导中心发布的就业信息、用人单位和地方人事部门提供的招聘信息、各类供需见面会的就业信息等，一般通过学校就业信息网、宣传栏、短信、QQ群、微博和微信等形式向毕业生及时发布。

2.供需见面会

学校针对应届毕业生组织的“校园双选会”和专场招聘会，参会单位都是经过严格的资质审核和认真筛选的，可信度高。用人单位提供的岗位信息更是迎合了本校学生的专业特点和就业需求，针对性和实效性更强。

各地方政府所属的人才服务中心或就业指导中心每年都会举办各种规模和类型的毕业生供需见面会，这些供需见面会可以是行业性的、专业性的、综合性的和地区性的。提供的信息量大、岗位需求多、涉及范围广，也可以为毕业生提供更多的选择机会。

3.亲友和校友

家长、亲朋好友是毕业生获取就业信息的重要渠道，有时会起到事半功倍的效果。此外，通过校友提供的就业信息也更接近专业特点和行业现实需求，可信度和利用价值也比较高，事业有成的校友还会给学弟、学妹们提供就业机会和就业岗位，全力帮助他们顺利就业。

4.各类媒体

如网络、报纸杂志、广播电视等。当今世界已进入网络时代，信息量大而且资源共享的类型多样。在利用网络媒体时一定要注意权威性和专业性，政府部门的管方网站、全国高校毕业生就业网络联盟、中国高等教育学生信息网(学信网)以及各省市毕业生就业信息网等，都是最具权威性和真实性的网站。此外，一些知名招聘网站如智联招聘网、中国英才网、528招聘网、51job招聘网等，每日发布的信息量可达上万条。网络媒体可以方便快捷地查询招聘职位、就业政策、行业发展现状、人才需求分析等信息，已经成为求职者收集就业信息的必备工具。

5. **企业实习与社会实践**

通过在企业的教学实习以及各种社会实践活动，不但有利于提高自身的职业技能和社会活动能力，也有利于开阔视野，更深入地体验职业、了解社会。与此同时，毕业生直接与用人单位接触，促进彼此了解和交流沟通，可以更多地了解单位情况、更清楚地了解单位用工标准和要求，是赢得单位好感、推荐自我的一个绝好机会。

6. **政府教育主管部门与毕业生就业指导部门**

这些部门会定期收集所在地用人单位的需求信息，经过整理后汇编成册，然后通过多种渠道发布。这些信息几乎涵盖了当地各行业的需求信息，因此地域性较强，对于有明确就业地域要求的毕业生来说，这种渠道的就业信息显得尤为重要。

（二）就业信息采集方法

1. **“一网打尽”法**

先不考虑行业、地域和个人的志趣，尽可能多地将各种信息收集起来，然后再按照一定的标准进行筛选。这种获取信息的方法充分保证了所获取信息的全面性。

2. **“行业优先”法**

以自己所倾向的某个行业为主，围绕选定的行业获取相关的招聘信息、企业信息、行业现状及发展前景等。这种获取信息的方法强调了行业特性。

3. **“地域优先”法**

以自己所倾向的就业地域为主，体现了地域特性。在以地域为主要参考因素进行信息的搜集时，毕业生可以从以下几个层面考虑：

第一层面，可以将地域粗略划分为诸如“城区”、“郊区”、“远郊”、“近郊”等不同的区域。

第二层面，可以将地域划分得细一些，可以按照城市分布区域进行划分。

第三层面，可以把择业区域具体到省份或中心城市，比如有些毕业生在择业时就把自己的目标定位为“外地”、“本地”、“支援西部”等非常有限、非常具体的中心城市。

4. **“志趣优先”法**

这种获取信息的方法凸显了毕业生的特长和爱好等主观意志，体现了年轻人张扬个性，关注自我感受的特点。比如，有的毕业生希望自己将来从事管理工作，有的毕业生希望自己将来能够创业经商，那么他们在获取就业信息时就会更加关注企业管理和市场营销等方面的工作。

以上介绍的这四种获取就业信息的方法各有利弊，采用前三种方法获取信息时，针对性比较强，有可能利用有限的精力和时间获取到对自己有用的信息，但是存在着信息面窄的缺点，难免有失偏颇。而采用第四种方法获取的信息广泛，但由于涉及面太广，甄别有用信息会很费时间和精力。但若能将四种方法有机地结合起来，互为补充，效果会更好。

二、就业信息的整理、筛选与运用

（一）就业信息的整理和筛选

1. **辨别信息的真伪**

关于人才需求的信息非常多，毕业生必须对所获取的信息进行认真的辨别处理，判断信息的真实性、可信性，去伪存真，从中筛选出有利于毕业生求职择业的有用信息。一个比较好的就业信息应包含以下要素：

(1)用人单位简介　包括单位的全称、性质、规模、隶属关系、经营范围、发展前景等相关情况。

(2)详细的职位说明　包括岗位名称及招聘数量、岗位职责、工作地点、工作环境、工作条件以及对应聘人员的学历、专业或职业技能要求等。还包括对应聘人员的政治思想、道德品质、工作态度等方面的要求。

(3)福利待遇　包括薪金、福利、保险、公积金、奖金、培训、休假、工作时间、晋升机会等。

(4)申请方式　说明应聘人员可以通过何种方式申请职位，是亲自申请、电话申请还是投递简历等。

(5)联系方式　注明负责招聘的人力资源部门联系人、联系电话、通信地址、邮政编码、电子邮箱等。

在收集就业信息时，不能只判断其真实性，还需要注意发布的时间、报名截止日期、面试日期等，对已经过期的就业信息应该剔除，避免出现辛辛苦苦准备面试，却发现用人单位早已经面试完毕的尴尬现象。

2.信息的比较和筛选

由于各式各样的信息众多，必须注意信息的相关程度。应针对自己的能力水平、专业特色、发展前景等对就业信息进行筛选。要根据一定的标准对信息进行梳理和归类，对比各用人单位对招聘人员素质的要求、岗位类别、工作条件、福利待遇等方面的具体情况，将所有自己感兴趣的真实信息按重要至次要作一个排序，从中选取出对于自己最重要的信息认真加以分析，而一般的信息则仅供自己参考，这样有利于大学生明晰求职的重点目标和具体方向。

3.信息的利用价值分析

对于自己感兴趣的招聘信息，要仔细研究，认真分析信息中传递出来的内在含义或潜台词。比如这个信息所包含的内容到底是什么、用人单位到底要招聘什么样的人等。同时，结合自身条件考虑自己与该单位、该职业是否匹配，自己怎样打动用人单位以取得职位等。只有当选择用人单位招聘的职位要求与自己的条件相符或相近时，应聘求职才会有较大希望。

(二)就业信息的运用

1.注意信息的时效性

就业信息的一个突出特点就是其时效性，有时间限制。因此大学生在搜集、整理和应用就业信息时，要特别注意招聘日期，一定要在规定的时间内应聘。

2.灵活运用信息

“专业对口(或相近)”往往是用人单位与应届毕业生在“双向选择”中的共同标准，这可以使个人更容易发挥专业特长，学以致用，避免所学专业资源的浪费。但这并不是绝对的，有很多的成功人士都是半路出家从事某项职业的，有时专业与个人的职业潜质并不等价。因此，尽管用人单位对所招聘人员在专业、能力倾向、沟通交流等方面有一定的要求，但也并非是一成不变的。在就业信息面前，大学生需要冷静地认真地分析自己的优劣，不要因某个次要条件达不到用人单位的要求而轻易放弃，应该相信自己的实力，去努力尝试和争取，也可能会有意外的收获。

3.把握适度性原则

在初次就业时，大学生往往不能正确定位，过分注重就业信息中提供的薪资与职位。有的毕业生认为只有“高薪酬”与“高职位”才能体现自己的价值。因此而放弃一些薪酬职位虽然一般但却适合自己的就业信息。

把握适度性原则有两方面的含义，一方面指的是自己的能力、个性、需求等情况与职业要求相符合，另一方面指的是通过自己的努力能够胜任所从事的工作。如果工作难度过高而自己的能力很难胜任，那么今后的职场生涯就会力不从心、压力重重，从而产生强烈的挫折感。而如果工作难度过低，就会有一种大材小用、单调乏味、英雄无用武之地的感觉，久而久之便失去积极性和热情。因此，大学生在应用招聘信息时，要从自身的实际情况出发，用客观、全面和发展的眼光来看待职业和岗位，适合自己的才是最好的。

4.参照信息完善自己

在搜集了大量的求职信息之后，大学生便可以从这些信息中分析总结用人单位对人才的整体要求，或者多数用人单位都比较看重的素质和能力，再对照自己的学业水平和能力，长处和不足，扬长避短。同时，有针对性弥补自己在知识技能或综合素质方面的欠缺。这样，既提高了自己的水平，也顺应了社会的要求，而且对自己今后所从事的工作也会有很大的帮助。

5.共享信息资源

在自己获取的就业信息中，有的对自己并无直接用处，但可能对他人有用。遇到这种情况，大学生应主动将这些信息提供给他人，避免信息资源的浪费。这样做可以帮助别人，而被帮助的人获取了对你有益的信息时，也会反馈回来。从这种角度来说，此举也等于帮助了自己。

第四节　求职材料准备

一、求职信的写作

(一)求职信的特点

求职信，也叫自荐信或自荐书，是求职者以自我推荐的方式向用人单位表达求职意愿，提出求职请求，并要求用人单位考虑答复的专用书信。求职信能使求职者充分展示自己的才能，使用人单位较快的了解求职者的基本情况，有利于促进双方相互了解、增加信任感，从而促进人才资源的合理流动。一般求职信应具有自荐性、针对性、竞争性的特点。

(1)自荐性　求职信其实就是自荐信，求职者要毛遂自荐，以期被用人单位看中并聘用。

(2)针对性　求职信要针对用人单位的不同岗位、不同职位的要求来写作。还要针对求职者自己的知识技能、业绩、阅历等情况向用人单位展示自己的能力与优势。

(3)竞争性　求职面临很激烈的竞争，要在竞争中胜出，就要突出自己的优势。能力与优势是求职信写作的重点，这些优势不是编造出来的，而是经过实践检验的，求职信可以附上能证明自己能力与优势的各种证明材料。

(二)求职信写作

有相当一部分毕业生在求职时,忽略了求职信对于成功求职的重要作用,认为制作一份出色的简历才是最重要的。其实,简历有简历的功能,求职信有求职信的作用。在通常情况下,二者相互配合才更容易成功求职。其实,这也是国际上非常通行的做法。

一般来说,简历的着眼点在于自己,强调自己有什么。求职信的着眼点在于对方,强调将给对方带来什么。有时,求职者有什么优势并不等于用人单位就能得到相应得益处。求职信的作用就在于告诉对方录用自己对方将会得到多大益处,从而引起对方的注意、重视和好感,以期在成百上千的应聘者中脱颖而出。求职信的好坏会很大限度地影响个人简历的作用。一份会的求职信能为你赢得一个面试机会,一份不好的求职信则会使你的个人简历黯然失色。

1.求职信的种类

求职信有两种基本类型,一是求职信附简历的传统形式;二是求职信与简历合而为一。

2.求职信的内容

与个人简历"介绍个人情况、优势、特长"的功能不同,求职信的功能在于要告诉用人单位"为什么你是这份工作的最佳人选",因此,一份求职信应包括以下四个部分:

(1)开头　求职信的开头是对收信人的称呼,在信笺第一行起首的位置书写,单独成行,以示尊重。如果知道收信人的姓氏职位,可以直接称呼,如"尊敬的李经理"、"尊敬的赵部长";如果不清楚时最好称呼"尊敬的负责人"、"尊敬的领导",切忌因妄加推断而弄巧成拙。称呼之后用冒号,然后另起一行,写上问候语"您好!",紧接着写正文。

(2)正文　正文是求职信的核心部分,要简明扼要地叙述自己为什么申请这个职位,重点在于突出自己有能力胜任这个职位,是最适合的人选。

①引起对方注意,开门见山地讲明你对用人单位感兴趣并希望应聘某个职位。这是表明求职者的诚意,而不是漫天撒网式的求职,能给招聘人员留下很好的第一印象。

②简要介绍个人的基本情况和所具备的条件。

③讲清楚自己能给单位带来哪些好处,如介绍自己的品行、工作作风和敬业精神等。这部分要围绕应聘职位的应知、应会来写,包括与应聘职位相关的训练或教育科目、工作经验或特殊的技能等。如无实际工作经验,略述实习类经验也可以。应着重强调你的才能和经验将会有益于用人单位的发展。比如,可以将应聘职位的要求和自己的特长对应地加以列举,这样用人单位可以对自己的竞争实力及给单位带来的益处一目了然。必要时,还可以引用与应聘职位关系密切的主要技能和经验等方面的关键词,以体现招聘的要求。

(3)结尾　求职信要写好结束语,不要虎头蛇尾。感谢收信人阅读自己的材料,以"期盼您的回复"、"盼复"等表达希望得到用人单位给你面试机会的心愿。

(4)落款　求职信的落款包括署名和日期。在结尾祝词的下一行的右后方署名,日期写在名字下方,一般用阿拉伯数字,并且要把年、月、日都写上。如果有附件,应在信的左下角注明,如"附1:个人简历"、"附2:获奖证明"等。

虽然写求职信的最终目的在于获得职位,但是,很少有用人单位是看信不看人就雇用求职者的。一封求职信无论如何文辞并茂,令人心动,用人单位不见到求职信的作者是不会给予工作机会的。因此,求职信的目的在于获得面谈的机会。只要能得到面试机会,你的求职信就是成功的。

3.写求职信需注意的几个问题

(1)整洁准确　求职信中若出现错别字、文面涂改等情况,会严重影响到求职效果,因为它反映求职者工作态度不严谨，给招聘方留下不好的印象。制作时，除非用人单位特别要求，不要用手写和斜体，以电脑设计打印为宜。

(2)突出重点　求职者要根据用人单位的需求选择陈述内容，不要没有重点地泛泛而谈，缺乏针对性。要注意突出技术专长，根据用人单位的选拔条件抓住重点有的放矢，篇幅应尽可能简短。配简历时，以一页为宜；不配简历时，尽可能控制在两页以内。

(3)谦和诚恳　求职者充满自信的推销自己是必要的，但内容、语气、用词的选择和对希望的表达要态度谦和、言辞恳切，应该充分显示出你是一个乐观、有责任心、有创造力和通情达理的人。

(4)实事求是　讲求诚信，不能夸大其词，更不能虚构材料编造成绩。

【求职信范文】

求职信

尊敬的领导：

您好！

感谢您在百忙之中翻阅我的自荐材料，真诚地希望我会是您最合适的人选。我叫王××，是×××职业学院建筑工程技术专业的应届高职毕业生。有幸从学院就业信息网上得到贵公司招聘监理员职位的信息，我热爱建筑行业并且非常希望能够应聘该职位。为此，我毛遂自荐，向贵公司投递简历并申请“监理员”职位。

在近三年的大学时间里，我一直担任班级的学习委员和系学生会学习部部长，获得过“三好学生”、“一等奖学金”和职业技能大赛一等奖等多项奖励。抱着踏实做事认真责任的态度，在热心为同学们服务和组织一系列社团活动的同时，也锻炼并提高了自己的沟通能力、组织能力和协调能力，师生关系融洽。学业是学生的主业，我不但顺利地完成了专业基础课和专业课学习，也较好地掌握了专业技能，考取了北京市建委认证的监理员、土建施工员、土建质检员、安全员和资料员等职业资格证书，还通过了高职英语应用能力等级(A级)和全国计算机应用能力等级考试。在企业实践教学中，特别是在×××建筑公司近半年的顶岗实习过程中，增强了对“监理员”这一岗位的理解，培养了吃苦耐劳和团队合作精神，也强化了综合运用知识的能力、独立思考和分析解决问题的能力。我深知从事建筑行业工作是一件非常艰苦的事情，监理员更是责任重大的岗位，虽然我的经验不足或许会让您犹豫不决，但我坚信基层岗位锻炼人才，凭借自己踏踏实实做人、勤勤恳恳工作和求真务实的态度，通过自己的不懈努力，一定会做得让您满意！

非常感谢您能够在百忙之中抽出时间来阅读我的求职信，我也热切地期盼您的回音，希望能有机会接受您的面试。同时祝您身体健康，一切顺意！

王××

2014年12月15日

附1：个人简历

附2：职业资格证书复印件

二、求职简历的写作

求职简历是用于应聘的书面交流材料，它向未来的雇主表明你拥有能够满足特定工作要求的技能、态度、资质和资信。可以说简历就是你自己的一份广告！能把自己成功推销出去的广告！制作简历是每一位毕业生在求职路上迈出的第一步，也是非常关键的一步，因为很多时候，简历水平的高低会决定求职者能否得到面试机会。

求职简历一般有三种形式：表格式、时间顺序式、学习工作经历式。表格式是用表格的形式列出自己的基本情况和学习工作经历，使人一目了然；时间顺序式是按年月顺序。列出自己的学习工作经历，条理清楚；学习工作经历式是根据需要有选择地列出自己的学习工作经历，充分表现自己的技能和品德。对于即将毕业的大学生来说，采用表格式和时间顺序式最好。

(一)求职简历的内容

1.基本信息

包括姓名、年龄、性别、出生日期、籍贯、毕业院校、所学专业、通信地址及联络方式等。其中，联络方式千万不可忽视，首选手机、家庭电话、E-mail 地址，以方便对方联系。

2.求职意向

求职意向非常重要，就像一篇文章的中心思想一样，一定要有针对性。求职意向中应主要写清求职人对哪些工作岗位、行业感兴趣及相关要求。要表明自己应聘的职位，说明自己具备哪些资格和技能，想找什么样的工作。

3.教育背景

学习经历的书写顺序习惯上是按时间从过去写到现在，但实际上用人单位更注重的是你的最高学历，所以在填写时应从最高学历开始依序填写至高中阶段。

由于社会的快速进步，在校所学常常不足以应付实际工作需求，如果个人有进行额外的专业培训和训练，一定要将它加在简历中，一方面让用人单位了解个人具备相关工作能力，同时也给人留下积极上进的好印象。

4.社会实践

包括参加过的社会实践活动、暑期兼职、社团工作所任职务和承担的任务等。对于第一次求职的应届毕业生而言，大部分没有正式的工作经验，所以在校的社团经历以及在课余时间兼职打工的经验都可作为用人单位参考的指标。担任学生会、社团或者班级的干部等经历多少可以表现个人的一些特质，如志趣、组织能力、活动策划能力和领导能力等。

5.个人能力

个人能力包括专业技能、非专业技能和个人特长，简历中要充分展示自己的个人能力。写好个人能力，既要认真客观地发掘自己的亮点，也要结合企业的招聘岗位需要，亮点与针对性就是最完美的结合。

6.所获奖励

在简历中描写奖励情况时，应特别注意强调奖励的级别及特殊性，最好能将所获奖励的难度以数字或者奖励范围表示出来，让用人单位明白所获奖励的含金量，从而增加简历通过筛选的概率。如果奖励重复，可综合起来描述，如在校期间获得四次一等奖学金、两次二等奖学金、一次三等奖学金。

(二)求职简历写作要求

求职简历要达到给人留下深刻印象的效果，要遵循五个原则：简明性、真实性、匹配性、针对性和严谨性。

1.简明性

求职简历要言简意赅，突出重点。一份优秀简历的标准是：扼要、精炼；主次分明；实事求是；动词说话；针对性强；精益求精。

"我每天用半小时浏览 50 份或更多的简历，如果前 10 秒钟未能发现任何成果表述，那么这份简历就成为历史了"——某外企人力资源主管的这样一段话足以说明在制作简历时简洁的重要性。

许多毕业生认为简历越长越好，其实简历内容过多反而会淹没一些有价值的闪光点。而且，用人单位每一个招聘岗位都会收到成百上千份的求职简历，要在这样厚厚一摞表述同一意愿的简历中进行选择，其难度是可想而知的。一般来讲，面试官看简历主要看的就是你前两页的基本信息。所以，简历最好不要超过两页，把自己的基本信息、学习经历、专业、特长及技能、重点专业课程写清楚，在配以简单、真实的自我介绍即可。重要的标题项尽量出现在靠近页首。最重要的细节一定要出现在第一项，次重要的细节出现在最后一项，其他信息安排在中间。

2. 真实性

某知名 IT 企业 HR："100 份简历中有多少份是合格的？不到 10 份。简历太长，注水太多，过分谦虚，太过花哨已成为毕业生简历中的硬伤，往往使他们出师不利，失掉面试的机会。"

虽然外表的与众不同会吸引企业的视线，但是企业选人更看重的是内容。不少毕业生在写求职简历时都存在着一种毛病，就是内容写得很空泛笼统。比如："成绩优秀、积极上进、踏实肯干，头脑灵活"等等，全都是四字词语，而没有具体的实例说明。因此，在写求职简历时，要善于让事实说话，用事实来征服用人单位，取得他们的信任。

个人简历中反映的情况一定要是真实客观的，至少是相对真实，这代表一个人是否具备起码的诚信素质。有些毕业生为了表现自身的素质、能力，吸引招聘单位的注意力，编造一些个人工作经历、工作职位、在校成绩、社团工作等，对于那些经验丰富的人力资源经理来讲，这些虚构的经历往往显得很幼稚，成为减分的杀手。即使有的人靠含有水分的简历得到了面试的机会，在面试时也会露出马脚。

3. 匹配性

简历写作要把握量体裁衣原则。用人单位最想从简历上了解的是你可以为他们做什么。如果你有多个求职目标，就要制作不同目标的简历，每一份简历上都要突出重点。针对不同类型的单位准备相应的简历。有些同学认为自己精心设计一份简历就可以了，实际上不同的单位对毕业生的需求不同，一份简历并不具备普适性。比如说你应聘一个律师事务所，你可能要在你的简历当中突出你的律师实习经历和你的口才方面的能力，而在你的简历当中突出你的家教经历和销售经历可能都不是太合适。

4. 针对性

简历撰写不能千篇一律，需要针对每个招聘岗位撰写针对性、个性化的求职简历。求职意向越具体，越有利于单位进行初步选择，明确的求职意向能够提升求职的命中率。突出你的经验、能力以及过去的成就，千万不要忘了你的特长！一份非常平淡的简历，没有什么方面的特长，是不可能在众多的简历当中被挑选出来的。有些用人单位在一次招聘会当中能收到几千份求职简历，用人单位肯定是挑那些能力比较突出的，有相关的工作经验，在能力方面正好适合职位需求的简历。

5. 严谨性

求职简历一定要注意消除"病句"和错别字，排版上要赏心悦目。简历的格式一般为两页 A4 纸打印，理想的页面标准是上下留空白 1～1.25 厘米。字体为宋体，大小为五号或者小四号。求职简历可以没有封面。其实很多HR都不希望有封面和塑封的简历，因为看之前再抽出其中的简历比较费时间。试想在人山人海的求职现场，有哪些人愿意一个接一个的去抽简历浪费时间呢？

【简历模板1】

（仅供参考，可根据自身情况增减相关项目）

个人简历

求职意向：		照片
姓名：	性别：	
出生年月：　年　月　日	健康状况：	
毕业院校：	专业：	
学历：	手机：	
电子邮件：	联系电话：	
通信地址：	邮政编码：	
教育背景： 年　月—　年　月　学校　专业 （注：请依个人情况酌情增减）		
主修课程：		
英语水平： 基本技能：听、说、读、写能力 标准测试：（注明：考级、考证情况）		
计算机水平： 编程、操作应用系统、网络、数据库…… 标准测试：（注明：考级、考证情况）		
获奖情况：（请依个人情况酌情增减）		
实践与实习、工作或培训经历： 年　月—　年　月　单位　实习 实习单位评价： （注：所有经历要突出与求职意向相关的内容）		
个性特点：（请描述出自己的个性、工作态度、自我评价等）		
其他：（如果你还有什么要写上去的，请写在这个位置上）		
附言：（可以写出你的希望或总结此简历的一句精炼的话）		

【简历模板2】

（仅供参考，可根据自身情况增减相关项目）

个人简历

基本情况

姓　　名		性　　别		（照片）
出生年月		身　　高		
身体状况		民　　族		
政治面貌		籍　　贯		
移动电话		固定电话		
E-mail		通信地址		
邮　　编		毕业学校		
学　　历		所学专业		

求职意向

教育背景

技能/专长

专业实践经历（按项目分段，每段包括时间段、项目名称、使用技术、功能描述）

社会实践经历

兴趣爱好和其他

所获奖励

【课后练习】

根据自己的求职意向，制作个性化的求职简历。

三、相关证书的准备

(一)毕业证书

毕业证是大学生学业有成的最重要证书，是学生通过注册学籍，修完学业培养全部课程的有效证明，是就业的重要文凭。

(二)职业资格证书

职业教育毕业生除了要取得毕业证书以外，还要取得与专业相关的职业资格证书，这也是职业教育“双证书”的特征之一。

(三)通用证书

一般来说，通用型证书是指大学生必考的证书，是大学生就业的基本“门槛”。如由全国计算机等级证书、全国计算机软件专业技术资格证书、英语中高级口语证书、英语能力证书等。

(四)竞赛获奖和荣誉证书

竞赛证书包括参加国家级、省市级及学校组织的职业技能大赛获奖证书，参加文体比赛获奖证书以及参加各级社团组织的竞赛获奖证书等；荣誉证书包括省市级“三好学生”、“优秀学生干部”、“优秀毕业生”以及奖学金证书等。

(五)其他证书

如兼职实习证明、创业培训证书等。

思考题

1.办理毕业生派遣和档案转递的要求有哪些？

2.毕业生签约的原则、签约程序和要点是什么？

3.怎样做好就业前的充分准备？

Chapter 9

求职方法与面试技巧

学习目标

1. 了解求职的途径、方法和技巧。
2. 了解不同类型面试的要求，做好充分的应试准备。
3. 掌握面试的礼仪和技巧，提高求职应聘能力。

第一节 求职方法

一、求职途径

(一)校园双选会

各高校重视就业工作,在毕业季都会组织校园双选会,邀请招聘单位到学校进行校园招聘。

校园双选会的优势:其一是对单位资质放心。参会之前学院都会逐一对招聘单位的营业执照及资质进行详细审核,确保是合法单位才批准参会;其二是招聘对象和岗位有针对性。确定参会单位前学校会结合本校毕业生的专业构成对用人单位的招聘岗位及要求进行筛选,尽可能选择与毕业生专业相近的相关单位参会,以确保学生应聘更有针对性。

校园招聘活动一般从每年的 11 月份开始组织,到次年的 1 月份是集中期,学校会根据招聘情况不定期组织小型校园宣讲会和招聘会,尽可能多地给学生搭建平台提供就业岗位。校园招聘的对象只针对本校毕业生,相对社会招聘来说学生选择的机会多,被录用的概率大,应聘竞争压力小,是毕业生最省心、省力、便捷的就业渠道。而事实上由于校园双选会组织的比较早,学生大多还没有真正开始经历招聘,不太了解就业形势,往往期望值比较高,存在比较心理,处于犹豫观望期,总是感觉后面还会有更好的单位,即使被招聘上了也不能安心工作,短期出现辞职现象,这样往往使学生错过很好的就业机会。学生应该端正态度,树立先就业后择业的观念,珍惜机会,以积极主动坚定的态度去对待校园双选会。

(二)网络求职

随着互联网的飞速发展,国内人才市场的不断完善,网上求职观念渐入人心,网上求职已成为求职者尤其是应届毕业生求职的又一重要方式。

1.政府公共就业服务机构网站

如国家人力资源和社会保障部官方网站、教育部就业信息网、北京高校毕业生就业信息网以及各省市自治区毕业生就业信息网等网站。这些网站的信息具有非常高的可信度而且招聘岗位质量较好。

2.专业招聘网站

如智联招聘、中华英才网、前程无忧网、58 同城网等专业的招聘网站。调查报告显示,从求职信息获取上来看,在校大学生对于专业招聘网站、搜索门户、社交门户等网络求职路径的运用,约 1/3 的求职者信息来源超过 50%,对中华英才网的使用以 59.71%领先于其他求职路径的运用。

准毕业生们应该养成每天浏览招聘网站的习惯,要提高安全防范意识和分辨能力。现在网站招聘信息也是鱼目混珠,不乏有公司利用大学生求职心切的心理,发布些虚假招聘广告,如招聘内容和实际工作内容不符,或者以优厚的工资待遇和条件吸引应聘者报名,入职前以各种名义收取押金,以达到骗取应聘者钱财的目的。学生浏览招聘信息,对有意向单位要通过不同渠道多方面了解,尽可能多的掌握招聘单位具体情况和相关信息,做到心中有数,有的放矢,避免上当。

3.单位网站招聘

许多单位不通过招聘网站,而是在自己单位官方网站直接发布招聘信息,比如大型企业、公司、事业单位,尤其是银行、证券公司等人才流动比较大,需要常年招聘的单位,官网上都会有校园招聘专栏，有信息会随时登出，且信息时效性比较强，不会发布时间太久，毕业生应该有针对性的经常浏览所关注行业相关单位的网上招聘信息，以免错过招聘机会。

4. 综合网站

如新浪、搜狐、网易等，这些知名网络媒体都开辟了招聘版块，提供信息且具有很高的可信度。

5. 行业人才网

各行业人才交流中心，这些行业性网站提供的很多是本系统的用人需求，主办单位也都是事业单位，可信度很高。

(三)人脉关系

据调查，招聘网站和招聘会两种渠道占招聘总量的 80%以上。但同样有一种求职方式对于毕业生来说也非常重要，那就是人脉。人脉是前两种主流招聘方式的有益补充。毕业生在求职时，可以借助老师、亲朋好友以及校友等人际资源推荐工作，落实就业实习单位，不但可信度高、快捷有效，而且成功率也非常高。

【知识拓展】求职渠道哪个强？

根据麦可思对 2013 届高职高专毕业生调查研究显示，“通过朋友和亲戚得到招聘信息”(27%)、“通过专业求职网站”(16%)及“本大学的招聘活动或发布的招聘信息”(16%)依然是毕业生初次求职成功的最主要渠道。并通过与 2011 届、2012 届毕业生初次求职成功对比可发现(图 9-1)，2013 届毕业生初次求职成功“拼亲友”与“靠实习”的比例呈上升趋势，与 2011 届相比提高了 4 个百分点。在就业竞争愈发激烈的环境下，通过市场化的方式(如招聘活动、专业求职网站)成功求职的可能性略有降低，而人脉关系似乎成为求职大学生的一道保障。

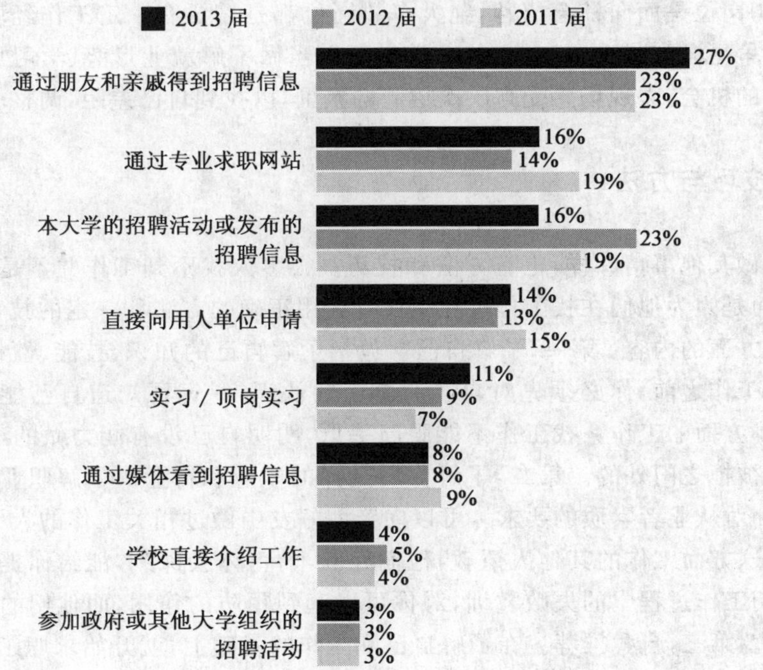

图 9-1　2011—2013 届高职高专毕业生初次求职成功渠道分布

资料来源：《麦可思研究》，2014 年 12 月中旬刊，总第 204 期。

(四)社会机构的大学生专场招聘会

各省市都有专门负责大学生就业工作的相关机构,北京高校就业指导中心是北京市教育委员会直属专门面向北京地区高校毕业生的专职服务机构,中心会每周定期组织主题双选会、综合专场双选会、行业集团专场双选会、北京教育人才市场教育专场双选会,北京地区相关高校校园联合双选会等。招聘对象都是针对应届和往届毕业生的,中心一般会在每年2月和10月分别发布上半年和下半年参会的具体时间安排。学生可以上网站了解双选会相关信息,并有针对性选择参会。

应届毕业生凭学生证、往届毕业生凭毕业证(或复印件)可免费参会。有意愿的毕业生登录北京高校毕业生就业信息网(www. bjbys. net. cn)查询详细信息,根据场次安排表有计划的参会并带好学生证、简历等相关材料。

现场招聘会的特点是应聘人员比较多,会让学生产生心理压力,优点是可以直接与招聘单位人员接触;让用人单位有直观认识;增加面试机会。建议学生有选择有针对性地去参与,现场感受求职氛围,积累经验,增加就业紧迫感和危机感。

北京高校就业信息网是专门服务大学生就业的网站,也会有很多就业动态、就业政策以及成功就业案例等就业资讯,职业规划、简历制作、求职技巧等就业指导信息,学生可以经常浏览学习相关就业知识。

(五)社会招聘会

中国国际展览中心、农业展览馆、北京工人体育馆、各区县人才市场都会不定期组织各类招聘会,招聘岗位是面向社会招聘,绝大多数岗位都是需要有一定工作经验的,相对应届毕业生来说竞争更激烈,机会相对少些。学生可以当做了解就业形势、学习应聘经验、增强心理承压能力的机会,去现场感受高层次招聘的氛围,以找到自己差距,调整求职心态。

二、求职技巧与方法

找工作同做其他事情一样,也有方法和技巧。很多人找不到工作并不是因为他们没有做事的能力,而是因为他们在找工作过程中没有运用正确的方法和一定的技巧。所谓技巧,主要包括三个方面的内容:第一,了解自己。包括了解自己的知识、技能、性格、爱好以及身体状况等。找工作之前,你必须先对自己有全面的认识,一定要知道自己能做哪方面的工作,不适合做哪方面的工作。找工作不能眼高手低,明明自己没有能力做的工作却偏要做,那结果一定是被拒之门外的。第二,了解你所选择的职业和行业。了解职业岗位的工作内容、工作性质和对从业者素质的要求。可以向亲朋好友中做过相关工作的人了解有关情况,也可以向从事这方面工作的其他人请教,他们经验丰富,体会深刻,能给你提供具有指导意义的信息,他们工作过程中的失败教训,对你可以起到预防的作用,而他们的成功经验又是你可以借鉴的。第三,自我推荐。在了解自己和工作的基础上,就开始求职了。求职就是寻找和得到工作的过程,通常包括获得用人的信息、争取面试、谈话、签约等环节。找工作就像推销商品一样,要让顾客买你的产品,你必须告诉对方,你的商品质量如何的高,价格怎样公道,才能吸引人们来买这种商品。同样,找工作时也要围绕着"我真正有能力做好这份工作,而我提出的要求也是十分合理的"这样一个中心来展开。一定要学会推销自己,这样别人才会认可和录用你。

(一)招聘信息的收集和整理

一般高职学生在大三的第五学期末即将进入毕业实习阶段，校园双选会也会在11月组织，这个时期学生应该开始进入实习准备阶段，开始关注和搜集招聘信息。

(1)收集筛选　将报纸、网站、广告等方面的相关招聘原始信息收集积累，并进行了解比较，将对自己有用的信息挑出来。这个过程主要是为了了解招聘行情，熟悉招聘行业招聘要求，为下一步应聘做准备。

(2)储存　将有用的信息分类存储，形成自己的招聘信息库。

(3)信息处理　通过不同形式对感兴趣单位全方位了解，可以网上看其网站介绍，工商局网站查其注册信息，也可以到单位所在地址实地考察，认真比较，确定招聘单位的可信度，挑选出自己感兴趣的单位在网上投递简历。

(二)准备好一份态度诚恳的求职信和一份与众不同的个人简历

如何在投递简历过程中给对方留下深刻印象，争取到下一步面试机会，也要讲究技巧和方法。

1.招聘会现场投递

去过招聘会的同学都有感触，人头攒动，人山人海，尤其是比较有吸引力的招聘单位更会竞争激烈，公司收到的简历很多。如何能争取到面试机会，仅靠投一份简历是不够的，一定要争取在投放简历的第一时间与招聘人员有适当交流，并给招聘者留下很好印象。

排队等待时要耐心、安静，一边看招聘广告，一边听招聘人员和别人的交谈，从而了解相关信息。轮到自己时要面带微笑，眼睛直视对方，一般招聘人员都是两个人，公司人事部门和专业相关人士，交流时要两个都顾及，并礼貌交流："您好，我是××学校××专业的应届毕业生，看了贵公司招聘介绍，对××岗位感兴趣，觉得自己有一定优势，希望能有面试机会，这是我的简历"，同时双手递上简历。这时招聘人员会有针对性地询问些你的个人情况及你应聘这个岗位的理由，回答时要用简洁的语言把自己的应聘优势和对这个岗位的理解谈出来。

遇到自身学历条件不符合招聘要求的，也不要被招聘条件吓到而退缩，如果个人对招聘单位和岗位比较满意，不妨投递简历并和招聘人员交流为自己争取，介绍自己应聘本岗位的优势，要用自己充满自信的阳光积极的状态给招聘人员留下好印象，或许能破例给你机会。学历是敲门砖，但大多数单位还是比较看重能力的，既然有直接投简历的机会就一定要积极争取。

2.网上求职有窍门

在网上搜索查找招聘信息，对自己感兴趣的单位，直接登录单位网站，按要求发送电子邮件，投递简历，若单位有招聘意愿，会主动联系你。

网上求职注意事项：

(1)求职意向要专一　只针对一个单位一个岗位，单位会认为你意愿比较强烈，如果你即应聘公司财务人员，又应聘办公室文员、又应聘营销人员，单位会认为你的选择太多不会踏实工作，也会认为你几个方面都不是很精通，这样成功率自然会降低很多。

(2)要有个醒目的邮件标题　招聘人员每天浏览的简历数量庞大，只有标题新颖，才能吸引招聘者的注意。投递时在标题上越详细越好，如果简单写"求职"、"应聘"或"简历"，你的简历被关注的程度就会大打折扣，如写上毕业学校、姓名、应聘岗位，会增加招聘者的视觉冲击力，让他觉得这种投递方式比较特别，善于自我推销，无形中会增加对应聘者的好感。

(3)*最好在邮件正文附上一段话* 相当是一封简短的求职信，说明自己得到招聘信息的渠道，和自己应聘的基本优势以及对应聘岗位的应聘意愿，并表达对招聘人员的谢意。态度诚恳，留下联系方式，让招聘者在看到简历之前就对你有个良好印象，产生想仔细查看简历的欲望。

例：公司领导，您好！我是××学院会计专业应届毕业生王玲，我在智联招聘网上看到贵公司招聘财务人员的信息，非常有意愿应聘，三年的会计专业学习让我具备了扎实的会计专业基础知识，考取了会计从业资格证，熟练应用用友财务软件和会计电算化。非常希望能得到到贵单位工作的机会，随信附上个人简历，希望您百忙之中能阅览并能给我面试的机会，我的联系电话是 ****123，电子邮箱是****@sina.com，盼望能收到您的面试通知。谢谢！

(4)*投递简历之后要适时打电话询问* 投递简历几天之后如果一直没有收到单位通知，可以主动打电话询问，但不要频繁打电话询问，询问时可以表示自己对他们公司职位感兴趣并再简单介绍自己的专业特长和应聘优势。

(三)面试通知答复

确定面试人员后招聘单位会发面试通知，答复过程的表现也会给招聘单位留下印象，要认真对待注意细节。

1.电话告知

即招聘单位打应聘者手机的方式通知，电话通知一般是比较常见的通知方式，所以简历中的联系电话一定要准确无误并保持通畅。接电话看似是很小的事，但应答过程已经给招聘单位留下初步印象，或许会影响面试决定。接电话时一定要礼貌应答，语气和缓轻柔，口齿清晰，充满热情，通话中要多说“您好”“谢谢”“请”等词语，切记漫不经心，语气生硬、冷漠是接电话之大忌。

接电话时要认真听，最好能用笔记录面试地址、时间和具体要求，不要反复询问或者记错，要记下通知人的姓名、电话，挂机前再次表示感谢，并说“再见”，争取第一个电话就给对方留下美好印象。

2.邮件通知

有的公司会将面试通知发送到求职者的邮箱，所以要经常浏览邮箱，以免耽误按时面试，并在接到通知后发送回复邮件，告知对方邮件已收到，并再次表示感谢。

3.短信通知

短信通知通常有两种情况，一种是招聘人员用个人手机将面试具体安排发给应聘者，这样一般都是参加面试人员少的情况，收到这样的短信通知一定要及时回复并表示谢意，最好注明学校和姓名，这样让通知者确定你已收到通知。另一种是通过公共平台或者客服群发的形式发放通知，这种情况只明确具体通知，不必回复。

【课后练习】

每个学生找三个自己有意愿的招聘单位信息，打印并上交，要求包括单位基本介绍、招聘岗位描述及具体要求，应聘途径等。

通过上交作业，让学生尝试浏览招聘网站，学会挑选甄别应聘单位，了解专业相关单位招聘信息，增加就业紧迫感。

第二节　面试技巧和礼仪

一、面试的类型

面试是一种经过组织者精心设计，在特定场景下，以面试官对应聘者的面对面交谈与观察为主要手段，由表及里测评应聘者的知识、能力、经验等有关素质的一种考试活动。对用人单位来说，是选择人才的一种重要方式。对应聘者来说，是成功求职的临门一脚，是个人无法回避的接受挑选的一个环节。面试有多种形式，依据面试内容与要求，大致可分为以下几种：

(一)结构化面试与非结构化面试

根据面试的结构化(标准化)程度，面试可以分为结构化面试、半结构化面试和非结构化面试等三种。

所谓结构化面试，是指面试题目、面试实施程序、面试评价、考官构成等方面都按照统一明确的规范进行的面试。正规的面试一般都为结构化面试，比较严谨。一般国家机关、事业单位招聘，比如公务员、村官、事业编人员招聘都采取这样的招聘方式。所谓结构化，包括三个方面的含义：一是面试过程把握(面试程序)的结构化。在面试的起始阶段、核心阶段、收尾阶段，主考官要做些什么、注意些什么、要达到什么目的，事前都会相应策划。二是面试试题的结构化。在面试过程中，主考官要考察应试者哪些方面的素质，围绕这些考察角度主要提哪些问题，在什么时候提出，怎样提，在面试前都会做出准备。三是面试结果评判的结构化。从哪些角度来评判应试者的面试表现，等级如何区分，甚至如何打分等，在面试前都会有相应规定，并在众考官间统一尺度。

半结构化面试，是指只对面试的部分因素有统一要求的面试，如规定有统一的程序和评价标准，但面试题目可以根据面试对象而随意变化。

非结构化面试，是对与面试有关的因素不作任何限定的面试，也就是通常没有任何规范的随意性面试。在非结构化的面试条件下，面试的组织非常“随意”。关于面试过程的把握、面试中要提出的问题、面试的评分角度与面试结果的处理办法等，主考官事前都没有精心准备与系统设计。非结构化面试颇类似于人们日常非正式的交谈，给面试双方以充分的自由，主考官可以针对应试者的特点进行有区别的提问。

(二)单独面试与集体面试

根据面试对象的多少，面试可分为单独面试和集体面试。

所谓单独面试，指主考官与应试者单独面谈。这是最普遍最基本的一种面试方式。单独面试的优点是能提供一个面对面的机会，让面试双方较深入地交流。单独面试又有两种类型。一是只有一个主考官负责整个面试过程。这种面试大多在较小规模的单位录用较低职位人员时采用。二是由多位主考官参加整个面试过程，但每次均只与一位应试者交谈。

这种面试是为了考验应试者的抗压性、社交与沟通能力，所以应试者要专心聆听、回答每一个问题，或许每一个主试者问的问题差异性很大，但是还是要以从容的态度应对。这是比较常见的面试方式，组织过程会有所区别，有的是每个面试者单独到面试房间面试，公务员面试大多属于这种形式。而有的会 5～10 人为一组同时进面试房间，现场每个人逐一进行自我介绍和应答提问，这样面试官可以更全面观察到面试者的具体表现，这就需要面试者始终保持良好的仪态和状态。

集体面试又叫小组面试，指多位应试者同时面对面试考官的情况。在集体面试中，通常要求应试者作小组讨论，相互协作解决某一问题，或者让应试者轮流担任领导主持会议、发表演说等。这种面试方法主要用于考察应试者的人际沟通能力、洞察与把握环境的能力、领导能力等。无领导小组讨论是最常见的一种集体面试法。在不指定召集人、主考官也不直接参与的情况下，应试者自由讨论主考官给定的讨论题目，这一题目一般取自于拟任工作岗位的专业需要，或是现实生活中的热点问题，具有很强的岗位特殊性、情景逼真性和典型性。讨论中，众考官坐于离应试者一定距离的地方，不参加提问或讨论，通过观察、倾听为应试者进行评分。

集体面试目前被许多外企和名企所采用，公务员招考也在引入这种面试方式。由于给考生提供了一个充分展现个人才能与人格特征的舞台，这类面试对考生而言其实更有利，在既定情景下，通过对问题的分析、论述，给考官留下良好的印象，从而在千军万马的竞争中脱颖而出，迈进成功的大门。

(三)压力性面试与非压力性面试

根据面试目的的不同，可以将面试区分为压力性面试和非压力性面试。

压力性面试是将应考者置于一种人为的紧张气氛中，让应考者接受诸如挑衅性的、非议性的、刁难性的刺激，以考察其应变能力、压力承受能力、情绪稳定性等。典型的压力式面试，是以考官穷究不舍的方式连续就某事向应考者发问，且问题刁钻棘手，甚至逼得应考者穷于应付，考官以此种“压力发问”方式逼迫应考者充分表现出对待难题的机智灵活性、应变能力、思考判断能力、气质性格和修养等方面的素质。

非压力性面试是在没有压力的情景下考察应考者有关方面的素质。

(四)一次性面试与分阶段面试

根据面试的进程来分，可以将面试分为一次性面试和分阶段面试。

所谓一次性面试，是指用人单位对应试者的面试集中于一次进行。在一次性面试中，面试考官的阵容一般都比较“强大”，通常由用人单位人事部门负责人、业务部门负责人及人事测评专家组成。在一次面试情况下，应试者是否能面试过关，甚至是否被最终录用，就取决于这一次面试表现。面对这类面试，应试者必须集中所长，认真准备，全力以赴。

分阶段面试又可分为两种类型，一种叫依序面试，一种叫逐步面试。

依序面试，一般分为初试、复试与综合评定三步。初试的目的在于从众多应试者中筛选出较好的人选。初试一般由用人单位的人事部门主持，主要考察应试者的仪表风度、工作态度、上进心、进取精神等，将明显不合格者予以淘汰。初试合格者则进入复试，复试一般由用人部门主管主持，以考察应试者的专业知识和业务技能为主，衡量应试者对拟任工作岗位是否合适。复试结束后再由人事部门会同用人部门综合评定每位应试者的成绩，确定最终合格人选。

逐步面试，一般是由用人单位的主管领导、处（科）长以及一般工作人员组成面试小组，按照小组成员的层次，由低到高的顺序，依次对应试者进行面试。面试的内容依层次各有侧重，低层一般以考察专业及业务知识为主，中层以考察能力为主，高层则实施全面考察与最终把关。实行逐层淘汰筛选，越来越严。应试者要对各层面试的要求做到心中有数，力争每个层次均留下好印象。在低层次面试时，不可轻视大意，不可骄傲马虎，在面对高层次面试时，也不必胆怯拘谨。

（五）常规面试、情景面试与综合性面试

根据面试内容设计的重点不同，可将面试分为常规面试、情景面试和综合性面试等三类面试。

所谓常规面试，就是我们日常见到的，主考官和应试者面对面以问答形式为主的面试。在这种面试条件下，主考官处于积极主动的位置，应试者一般是被动应答的姿态。主考官提出问题，应试者根据主考官的提问做出回答，展示自己的知识、能力和经验。主考官根据应试者对问题的回答以及应试者的仪表仪态、身体语言、在面试过程中的情绪反应等对应试者的综合素质状况做出评价。

在情景面试中，突破了常规面试考官和应试者那种一问一答的模式，引入了无领导小组讨论、公文处理、角色扮演、演讲、答辩、案例分析等人员甄选中的情景模拟方法。情景面试是面试形式发展的新趋势。在这种面试形式下，面试的具体方法灵活多样，面试的模拟性、逼真性强，应试者的才华能得到更充分、更全面的展现，主考官对应试者的素质也能做出更全面、更深入、更准确的评价。

综合性面试兼有前两种面试的特点，而且是结构化的，内容主要集中在与工作职位相关的知识技能和其他素质上。

（六）鉴别性面试、评价性面试和预测性面试

依据面试的功能，可以将面试分为鉴别性面试、评价性面试和预测性面试。

所谓鉴别性面试，就是依据面试结果把应考者按相关素质水平进行区分的面试；评价性面试则是对应考者的素质做出客观评价的面试；而预测性面试是指对应考者的发展潜力和未来成就等方面进行预测的面试。

（七）目标参照性面试和常模参照性面试

依据面试结果的使用方式，可以将面试区分为目标参照性面试和常模参照性面试。

所谓目标参照性面试，就是面试结果须明确应考者的素质水平是否达到某一既定的目标水平，通常分为合格与不合格两种。

常模参照性面试，则是根据面试结果对应考者按素质水平高低进行排序，从而进行优胜劣汰决策的面试，结果往往分为若干档次。

二、面试的前期准备

（一）心理准备

面试好比是一场考试，既测试每个人的能力，也测试每个人的心理素质和临场发挥。因此，要想成功面试，首先要对自己充满信心，其次要从招聘者的角度考虑问题。

【案例】穿外套的面试

曾经有一家一流的大公司,刊登出了招聘职员的广告。广告上声明,应聘者必须穿着外套。许多人感到这一条有些莫名其妙,但当他们接到通知,还是纷纷穿着外套前往面试。前去应聘的人被引入一间专门的办公室。办公室内只有一张办公桌和一把椅子,而椅子上端坐着主考官,办公室内再没有别的什么东西了。

主考官颇有礼貌地说了一句话:“请把外套挂在衣帽架上,请坐!”说完又继续办他的事,看来他桌上有一大堆急待处理的文件。应聘者出现了下面几种情况:

第一种人,规规矩矩地站在一旁,毫无动静地、耐心地等待主考官把事情办完。

第二种人,很有礼貌地向主考官说:“对不起,先生,你可能疏忽了,这儿并没有衣帽架和椅子。”

第三种人,先回答一声“好的!”,然后四下找衣帽架和椅子,当发现没有这两样东西时,便手足无措地呆立在一旁,感觉浑身不自在,时不时弄点声音出来。

第四种人,勇敢地把话直截了当地说出来:“话是这么说,可是,这里并没有衣帽架,也没有椅子。”

第五种人,走出办公室,找来找去,终于找到一把椅子。

这家公司根据应聘者的不同表现,选择了四种类型的人:

第一、第三种人——这种人有适应性,不做惊人的言论,领导才能较差,只适合做计算、管理等机械性的工作。

第二种人——反应形式与一般人不一样,他虽然很认真地将对方要求的不合理处指出,但他也考虑到对方“上司”的立场,处理问题很有分寸,他属于开拓性的领导人才。

第四种人——适于做业务员和推销员,他有积极的推销才能,性格坚韧,勇于向目标挑战。

第五种人——这种人反应非常特殊,他的言行是走在时代的最前面,适合做公关策划工作。因为他善于动脑筋,改变现状,但是常比他人多事。

原来,公司请应聘者穿着外套以测试其面试心理。

1. 明确求职意愿,坚定求职信念,保持积极心态

(1)定点　确定自己职业发展的地点。比如,外地学生是决定回原籍还是留在北京发展,北京郊区学生是选择离家近的区县还是在城区就业。工作区域的确定会左右未来单位的选择,只有有了初步的定点才能有针对性的投简历,避免因为区域选择不准确而盲目投简历,造成工作的不稳定性。

(2)定位　确定与自己水平、能力、薪酬期望、心理承受度等相适应的定位。刚刚毕业的大学生没有实际工作经验,不要给自己定的期望值太高。要认真分析自己的个人特点和学业情况做好定位,是选择专业对口工作,还是与自己性格及兴趣爱好相匹配工作,要有一个明确的态度。

面试前一定对应聘单位基本情况和具体岗位要求了解清楚,遇到专业对口或感觉自己感兴趣单位要信念坚定,不能抱着试试看的观望态度,尤其是对竞争比较激烈单位,参加应聘人员多,你的观望犹豫态度会使自己失去机会。

(3)定向　通常情况下,择业方向应根据本人所学专业确定。但现实情况是,“学非所用”的比比皆是。在这种情况下，需要认真选择适合自己的职业岗位。

2.做好吃苦，承受压力和纪律约束的准备

校园生活相对自由轻松，有些学生在校自由散漫惯了，找工作寄希望单位待遇高，工作清闲，对单位工作的紧张节奏和严明纪律要求心理准备不够，面试时提到待遇与期望有差距或需要经常加班时就动摇信念，有的被录取没几天就自动辞职了，要知道越是大的企业一般职场新人都是要到最基层最艰苦岗位做起，熟悉基层工作后慢慢调整岗位，所以毕业生应聘前要做好角色转变准备，做好充分的承压和吃苦准备。

【案例】

某高职院校会计专业的小王同学应聘到一家乳业集团财务科工作，开始实习一个多月后学校老师进行追访时了解到，她从进入企业开始就一直在牛场工作，每天的基本工作就是做些日杂工作，比如打扫牛场卫生，甚至要给奶牛洗澡刷身工作，在一次刷牛过程中由于地滑不慎摔伤。公司人事人员介绍说集团所有新来大学生都需要先到基层岗位锻炼，熟悉企业基本工作流程，了解基层工作后才能调整到相应岗位工作。小王始终坚持在最艰苦的基层锻炼毫无怨言，锻炼三个多月后到财务科工作，以良好的素质和踏实认真的工作态度赢得了单位的信任和重视，一年后成为财务骨干。

分析：大学生就业要调整好心态，有吃苦准备，脚踏实地从基层做起，不能眼高手低，期望值太高，在基层工作的态度和表现决定了未来的发展空间，小王在最艰苦的基层克服困难始终坚持为她今后的发展奠定了基础。

3.适当减压，充满自信，保持良好心态

参加面试时，尤其是应聘者比较多，竞争比较激烈的单位，应聘者往往都过于紧张，甚至产生自卑心理。能通过简历筛选进入面试环节说明已经通过初选，离成功更进一步，应该在心理上给自己积极的暗示。善于发现自己的优点，结合招聘岗位需求，多想自己的应聘优势，比如专业、技能、性格特点、实践经历、特长等，肯定自己是最棒的，保持从容淡定，增强自信。良好的心态是成功面试的关键。

(二)形象准备

个人形象是一个人仪容、表情、举止、服饰、谈吐、修养的综合体现。个人形象设计不是表面文章，更重要的是从内心思考、设计、锤炼。有关资料表明：在面试成功贡献率中，内在品质占70%，外在形象占30%。

1.着装准备

面试着装要符合TOP(time object place)原则，这是国际上公认的穿衣原则。

T——服饰打扮应考虑时代的变化、季节的变化及一天各时段的变化。

O——服饰打扮要考虑到行动的目的。

P——服饰打扮要与场所、地点、环境相适应。

TOP原则是互相沟通、相辅相成的。面试时着装要与当时的环境相协调，服装要与服饰色调达到整体协调一致，服装的款式要得体大方，不要穿太暴露或太短的服装。着装的款式和尺码等要合体。着装的色彩主要以冷色调和中间色调为宜，不要过于鲜艳。

俗话说“人靠衣装马靠鞍”，一身得体服装会让人精神焕发，自信倍增。员工的形象代表企业的形象，面试的着装不是个人爱好和习惯问题，是对面试的重视程度的具体体现和对企业文化的认同和理解。很多面试官认为，应聘时起决定性作用的因素很大成分源于“第一印象”，着装和形象在很大程度上影响第一印象，着装整洁得体大方一定会给面试官留下良好印象。如果衣冠不整，穿着随意，必然会影响招聘结果，所以做好着装准备是应聘者不容忽视的头等问题。

选择服装的关键是看职业要求，要适合应聘单位的文化和岗位特点。如果应聘银行、保险公司等职业性比较强的公司、政府部门行政工作，穿着要趋向传统正规；应聘公关和时尚杂志社等，也可以在服装上加些流行因素，显示自己对时尚信息的捕捉能力。

一般讲面试着装还是相对正式些，忌讳穿着太休闲，比如穿运动装、牛仔裤、紧身衣、超短裙、运动鞋等，尽管充满青春活力，但参加面试这样正式的场合就有些不合时宜了，会给面试官留下不认真、不重视、非主流的印象，从而影响面试结果。衣服要提前检查试穿，保证干净整洁合体，发现褶皱一定要提前熨平整，不合体不整洁的着装会给面试官造成邋遢、不利索的感觉从而影响面试印象。着装注意事项：

(1)不追求名牌、不用太刻意讲究服装面料和高档次　毕竟刚走出校门没有经济基础，不要盲目攀比讲究排场，还是突出朴素大方，着装干净整洁得体为宜。过于追求高档次和学生身份不符，会让面试官感觉不朴素、过于讲究穿着、好打扮从而认为好虚荣、不务实进而对其工作态度产生怀疑。

(2)讲究着装艺术　国内外有关调查资料表明：1/3 求职者落选的原因是他们的服装不合格、不修边幅和行为不雅。

男生在正式场合穿正装西服时要符合“三一定律”，即着装色彩搭配必须遵守“三色原则”，正装色彩应以简洁为宜，最好控制在 3 种色彩之内，有助于保持正装庄重、保守的总体风格，并使正装在色彩上显得规范与和谐。正装的色彩一般以单色、深色为主。标准的套装色彩主要是蓝色、灰色、棕色与黑色。衬衫的色彩最好为白色。皮鞋、袜子、公文包的色彩为深色，以黑色最为常见。打领带要注意配套服装，穿套装西装非打不可；不穿西服绝不能打；穿西服不是套装可打可不打，不穿西装外套只穿衬衫打领带仅限室内，且正式场合不允许。在正规场合穿西装就一定要穿皮鞋，不能穿凉鞋、布鞋、球鞋、休闲鞋。鞋首选黑色，鞋和袜同色最好。忌穿其他颜色鞋如白色、灰色等。

国外女性面试专家认为：“成功的形象设计，应从平常穿衣开始。”女生衣服在颜色、款式等选择余地较大。着装要合体，讲究线条配置、搭配合理、色调和谐。忌“薄、透、露、超短”，着装不必赶时髦，不必求流行，尤其不能浓妆艳抹，花枝招展，因为许多人心理上都认为“过分追时髦的人往往是不求上进的人”。女生着装不过分杂乱、鲜艳，忌乱穿，如穿套裙时穿运动鞋。要遵守三色原则，即全身颜色不多于三种，不能过分鲜艳。不过分短小、暴露。不过分透视、紧身。女士白衬衫要尖领，领口和袖口不能有荷叶边。面试着装三大禁忌：不能穿黑色皮裙；不能穿套裙光着腿；穿裙子不能出现“三截腿”(裙子一截、腿一截、袜子一截)，恶性分割，容易使腿显得粗短，要穿高筒袜。女士职业套裙也是以深色为主，裙子一般过膝盖，不能超短，否则动作太大就会很尴尬。面试时女生通常要穿高跟或半高跟皮鞋(但不要太高)，穿黑色船鞋鞋面不能带修饰，鞋跟 2～3 厘米为宜。

尽管不是所有招聘单位对面试着装有具体要求，但是一身得体大方的职业装在任何单位的应聘中都不会过时。

(3)不带任何饰物　在面试中最好不带任何饰物，任何单位都希望员工朴素大方，专注工作,尤其是职业化比较强的公司都会有相关规定,不允许员工佩戴任何饰物。饰物的佩戴不但不会给面试加分反而会给面试官留下不好的印象,他会认为应聘者好消费、好虚荣、不专注工作等,从而影响招聘。

2.发式

发式是面试形象中一个关键问题,是面试者的仪容仪表具体体现的重要方面。

男士一般要留短发,鬓角不过耳,不能染发烫发,修剪整齐的短发显得干练精神,很多学生追求时尚,有的男孩子喜欢彰显个性留新潮发式,或头发偏长或发式个性,太时尚的发式在面试中一定会影响打分,另外刚刚理过的头发显得生硬不自然,最好在面试前几天提前理发,避免面试时表现拘谨。

女生头发最忌讳过分装饰或带色彩艳丽头饰,最好不要留披肩发,如果是长发最好扎成马尾,比如银行或比较职业化的公司一般都要求把长发扎起,用深色发带盘上,且刘海用黑色发卡别到头顶,前额不能有碎头发,这样的发式更有职业气质,显得更干练,很多女生习惯留齐刘海或脸两侧故意留两缕长长的碎发,低头时碎头发遮住半边脸,给人以不成熟、不利索的感觉。为了给未来就业做好的形象铺垫,建议学生日常多学习些职场礼仪常识,关注行业形象要求,女生更应该注意日常尤其是正式活动时按职场要求发式梳理头发,培养职业气质,为未来就业做好准备。

3.化妆

面试时要展示自己的最佳精神面貌,女生还需要化淡妆,显得自然更有朝气和活力,一般都是简单修眉,画出眉形,画唇线涂淡雅颜色口红,不要用颜色太深或夸张颜色口红,淡淡的画点腮红,面色红润,精神焕发。如果没有一定的化妆技巧,不建议画眼线涂眼影,画得不好弄巧成拙成“熊猫眼”显得不自然。总之,女生求职面试时化妆修饰不可过度,妆容应以简洁、大方、亲切、自然为恰到好处,切不可浓妆艳抹或是另类前卫。

(三)求职材料准备

1.简历准备要精心

简历是自己的第一张名片,一份好的简历会给招聘者未见其人先闻其声的感觉,即使电子简历已经发过,面试时即使对方没有特意通知也要带上打印好的简历备用。简历应注意的问题:

第一,简历要体现应聘岗位的基本要求及风格。应聘财务人员就要有财务简历的谨慎、仔细风格,比如:排版是否美观紧凑,文字、数字是否严谨准确、有无错别字等,应聘销售人员就要有销售的自我推销、展现自我的风格,比如体现个人沟通、工作能力的内容是否丰富等,总之让招聘者从你的简历看到岗位需要的素质和潜能。

第二,突出相匹配的专业技能。要有具体量化的数据和事实来体现你应聘岗位所需专业技能情况。比如应聘银行柜员,要突出计算机操作能力、点钞、小键盘录入、礼仪知识、保险代理人证等证书通过情况。财会人员更注重会计证、统计证等相关职业资格通过情况。而行政文秘类工作更注重写作、沟通表达能力。不论哪个行业都注重职业资格证书情况,所以简历里一定要把取得相关职业资格和技能证书情况写全,先职业资格证后职业技能证,并按应聘岗位需要排序,如:应聘银行柜员,取证情况排序依次为:银行从业资格证、保险人代理资格证、基金证、证券证、会计证,后面依次为点钞证、票据证、计算机等级及英语等级证等。

第三，相关的社会工作和实习经历。同关注专业技能情况一样，应聘者的社会实践和活动能力也是用人单位非常看重的，简历中要把自己参加社会实践、专业实习、公益活动情况以及担任学生干部经历都详细罗列。

第四，选择一张合适的照片。照片是简历上最重要部分，也是用人单位对应聘者的第一印象，是决定是否有面试机会的关键。最好选择相对职业些的半身证件照，着正装或者衬衫，女生一定要注意长发要扎起，碎头发用卡子别住，头发帘不遮挡眼睛。男生头发鬓角不能过耳，最好不用穿休闲装的照片。用人单位往往都是"以貌取人"，一张端庄大方充满朝气的职业照片会给招聘者留下深刻印象，会给自己争取到宝贵的面试机会。

2.相关证件复印件要带齐

面试前要准备好身份证及有关证书复印件。证书是证明自己能力及取得成绩的最有效证明，面试时要把曾经获得的奖励、荣誉、职业资格、职业技能、参加活动获奖情况的证书复印备用，获奖情况原则上应该是大学期间院级以上的比如奖学金、评优等，参加活动获奖最好选与职业相关的或体现特长能力的，比如"汉字录入比赛"、"职业技能比赛"、"演讲比赛"、"书法比赛"等，获得的突出自己特长的市级或国家级的奖项和证书，比如音乐考级、写字、书法等也可以准备。

3.物件准备

准备笔和记事本，有些单位在面试前会提前集中讲讲面试相关要求或者介绍公司基本情况，记录之后面试准备前可以进行初步梳理，以备面试时更好的按用人单位要求进行介绍，给招聘者留下良好印象，如果没有做好准备就只有靠脑子记忆，会影响面试发挥。

女生准备个小梳子和备用发卡，可以随时整理头发，保持发型。提前准备好文件袋或挎包，面试前一天把相关材料检查清楚，提前装好，以防临时找不到，耽误面试时间。

(四)专业知识的准备

专业知识是衡量一个人能力的基础，一般情况下，公司还是比较重视应聘者的专业素质，并依据你对专业知识的掌握情况来判断你的学习能力和学习态度。应聘时会根据简历情况问些专业问题，比如都学过哪些专业课程，专业实训课的具体内容和考核标准等。应聘者在面试之前应该把自己所学专业课基本梳理一遍，起码知道自己所学过的核心专业基础课、专业实训课有哪些，专业学科的基本概念更要牢牢掌握，尤其是应聘岗位所需要的专业知识要重点温习。一般面试问题涉及专业方面不会问比较深层次问题，都是些最基本的专业常识，如果能应答自如，会为面试加分，相反如果面试时对自己所学专业课程情况都应答不上来，会让面试官对应聘者的学习态度产生怀疑进而影响印象分。

(五)充分了解应聘单位情况

常言道："知己知彼，百战不殆。"参加面试之前一定要明确自己准备应聘职位情况，包括应聘职位的职位名称、工作内容和任职要求等，这一点非常重要，同一个职位名称，各家企业的要求是不尽相同的，了解越多，面试的针对性就更强。

此外，还必须要对应聘单位有关背景进行多方位了解，可以通过多种途径如该公司的网站尽可能地对单位有一个全面的了解。单位背景包括企业所属行业、在同行业中的地位、单位性质、地理位置、成立时间、企业规模、经营方针和理念、企业文化、企业的特色、工作强度、未来发展目标、薪酬水平等。也可以实地考察，对公司的地理位置、工作环境、具体工作状态有进一步了解，做到心中有数。了解越全面、深入，面试的成功率就越高，同时，也有助于对企业的判断。

【温馨提示】你应该了解企业的13个方面

1. 所属行业的前途
2. 企业在同行业中的地位
3. 企业业绩
4. 地理位置
5. 企业规模
6. 企业资产情况
7. 企业的变革
8. 企业的特色
9. 工作强度
10. 经营方针、理念
11. 企业未来的发展趋势
12. 企业的体制
13. 物质待遇

三、面试的礼仪和技巧

礼仪是在人际交往中，以一定的约定俗成的程序方式来表现的律己敬人的过程，涉及穿着、交往、沟通、情商等方面的内容。礼仪是我们在生活中不可缺少的一种能力。

著名礼仪与公共关系专家金正昆教授有一句名言："教养体现于细节，细节展示素质，细节决定成败"。面试是一个非常重要的过程，有些大学生在这个过程中感到不知所措，或者做得不好，使自己在求职中因小失大，达不到成功。面试中的礼仪做好了不一定成功，但做不好一定不会成功。在求职过程中注意了以下基本礼仪和技巧，才能达到事半功倍，增强面试的有效性。

【温馨提示】来自面试官的13条忠告

1. 不要迟到。
2. 对应聘的企业一无所知，证明你对这份工作并不感兴趣。
3. 回答问题时，不要刻意迎合或一味取悦面试考官。
4. 不要盲目自大，也不要因为缺乏经验而自卑。
5. 与其说"给我时间，我会好好学习"，不如讲讲可被证明的自己具备的学习能力。
6. 不要夸夸其谈，针对问题，简单明了，先做出结论，然后再讲一个故事说明。
7. 尽量展示自己与众不同的地方，被面试者要能回答面试者心中最大的问题："我为什么要雇你而不是其他的候选人？"
8. 自我介绍要实事求是，要正确地评价自我，坦诚表达自己的职业生涯发展的目标。
9. 面对"你有什么弱点"这个问题时，你的回答可能正能考察你的实事求是态度。
10. 要面带微笑，正视考官。

11. 面试应该准备个人的基本资料，有条不紊、整齐地摆放在面前。

12. 面试过程中，当工作人员为你倒水时，不要视若无睹。

13. 重要的最后两分钟。

(一)合理掌握好时间

古语讲："不守时，则不可信，不可信，则不可交"。面试守时是面试礼仪之一。

面试的时间掌握也需要技巧，要做到适度。应提前15分钟左右到达面试地点，以表示求职的诚意，给对方以信任感。同时也可以调整自己的心态，做一些简单的仪表准备，以免仓促上阵，手忙脚乱。

现在大城市市区面积大，道路和公交线路复杂，交通状况难以把握，接到面试通知，需要提前了解应聘单位交通线路，保险起见最好能提前走一次，估算出乘车时间，并预留出堵车及出现特殊情况时间，避免迟到。面试最忌讳不守时，提前到能让应聘者熟悉环境，有充分时间调整紧张情绪，舒缓心情。如果掐点到或迟到，势必会影响正常面试的发挥，也会给招聘者留下不好印象。

面试迟到固然不好，但到得太早也比较尴尬，有的人担心迟到，提前两三个小时就到了公司。面试单位一般提前半小时左右开始准备面试工作，到得太早也会影响工作人员的工作，这样会让面试官认为你没有时间观念，不会规划时间。如果到得太早，应聘者不要直接进入面试现场，可以到公司附近的其他地方转转或熟悉下公司周边环境，等到离面试开始时间15分钟左右时，再进入公司。

【案例】

金融专业的莉莉参加某银行招聘，求职意愿非常强烈，前期也非常认真准备，顺利通过第一次面试，但参加笔试时迟到了几分钟，尽管自我感觉考试答题还不错，却仍然失去被录取机会。考试后她一再解释说早晨因妈妈突发急病而迟到，也无济于事。

分析：无论在任何单位，时间观念守纪意识都是非常重要的，现在社会竞争激烈，招聘过程中更应该展示自己最佳表现，这个例子说明应聘时面试官不会去调查你迟到原因，只看重过程和结果，面试无小事，不要给自己找任何迟到理由。

(二)保持良好的仪容仪态

进入面试现场，面试者的仪容仪态就会给面试官留下第一印象。着装得体，面带微笑，不卑不亢，充满自信，精神饱满，阳光朝气的状态一定会给面试官良好的印象；相反过度紧张，表情不自然，面部僵硬，动作畏首畏脚都是自卑和不自信的表现。

如果要坐着面试，要保持坐姿，脊背要挺直，不要坐满椅子，只坐到椅子的2/3。男生两腿可以张开，但不要超过肩宽，双手自然平放在腿上，不要抖腿，更不能翘二郎腿。女生双脚双腿并拢，如果穿套裙双腿要并拢倾斜摆放，保持优雅、端庄坐姿。站着更要保持挺拔站姿，脊背挺直，收小腹，头部端正，目不斜视，以目光与面试官平视为宜，两臂自然放松，女生最好面向面试官双脚成丁字形站立，双手并拢自然放在身前。

在整个面试过程中，要注意面部表情要轻松自然，始终保持微笑状态，保持举止文雅大方，谈吐谦虚谨慎，态度积极热情。面试时目光要与面试官时有交流，但不能长时间凝视，一般3秒钟自然移动。避免出现挠头、缩脖子、翻白眼、伸舌头等小动作和屡次出现口头禅现象。如果用人单位有两位以上主试人时，回答谁的问题，你的目光就应注视谁，并应适时地环顾其他主试人以表示你对他们的尊重。谈话时，眼睛要适时地注意对方，不要东张西望，显得漫不经心。也不要眼皮低望，显得缺乏自信。激动地与用人单位争辩某个问题也是不明智的举动，冷静地保持不卑不亢的风度是有益的。有的用人单位专门提一些无理的问题试探你的反应，如果处理不好，容易乱了分寸，面试的效果显然不会理想。

(三)把握尺度，做好自我介绍

一般面试都会要求面试者首先做1～3分钟的自我介绍，自我介绍也是充分展示自我的机会。自我介绍一般最基本的要表达四层意思，第一，自己基本情况介绍，如姓名、毕业学校、所学专业、哪里人。第二，应聘岗位的优势，注意要围绕岗位所需要素质阐述，说明能力的同时一定要有具体量化的事实说明，比如职业素质(技能、证书情况)，学习能力(在校成绩、获奖学金情况)、工作能力(班干部任职情况、参加社会实践情况等)、性格特点或爱好特长，切忌说大话空话。第三，要说明应聘的强烈愿望。第四，要表达谢意。

【案例】应聘某银行柜员的王强同学的自我介绍

各位老师，您好！我是来自××学院金融保险专业的应届毕业生王强，家住北京东城区东四十条，非常高兴能有机会参加这次招聘面试，自己认为应聘这个岗位有三个优势，首先是有一定的学习能力，在校期间学习刻苦，成绩优秀，连续两年获学院奖学金；其次有专业优势，专业技能比较强，三年金融保险专业系统地学习了金融、证券、保险的基础课程，专业知识扎实，同时考取了保险代理人资格证，参加了系银行柜员技能社团，熟练掌握点钞和小键盘录入的基本技能，并在院金融专业技能比赛中获得二等奖，为了能到银行工作，一直在练习五笔字型录入，目前已达到每分钟30字；再次是性格开朗善于沟通，乐于服务，在校期间一直担任系学生会学习部干部，并被评为优秀学生会干部，寒暑假期间曾在苏宁商城做过手机促销，平安保险公司做过电话销售工作，实践经历锻炼了我的心理承受能力和吃苦意识，也提高了我的沟通能力。选择学金融专业就是希望毕业后能从事专业相关工作，做银行柜员一直是我最希望从事的工作，非常高兴能有这次面试机会，希望能给我实习机会。谢谢！

分析：王强的自我介绍简洁具体，围绕应聘岗位说出自己的优势，给招聘者留下良好印象，顺利通过初试。自我介绍时态度一定要自然友善，落落大方，彬彬有礼，语音要清晰，语气要谦虚，语言要有条理性、逻辑性，讲究节奏感，从而保证语言的流畅性，切忌含含糊糊、吞吞吐吐。

【案例】应聘某银行柜员的赵巍同学的自我介绍

同样是应聘银行柜员，会计专业的赵巍是院学生会干部，多次参加院辩论赛被评为最佳辩手，有很强的表达和沟通能力，形象、气质也比较出众，面试时和绝大多数紧张的同学相比他表现的轻松自如，自信满满，志在必得且表达流畅，但面试结果，他却意外落选。

他是这样自我介绍的：

各位面试官：你们好，我是来自××学院会计专业的赵巍，家是北京海淀区的，今天应聘贵行的银行柜员岗位。能到银行工作一直是我很向往的，我在学院一直担任系学生会文艺部部长，有极强的沟通能力和表达能力，在校期间积极参加学校组织的各项活动，连续两年在院辩论比赛中被评为最佳辩手。有很强的工作能力，在我的领导和组织下，多次组织大型活动并取得成功，由于自己的出色表现，被评为优秀学生干部。善于学习，成绩优秀，获得院三等奖学金。我是个性格开朗乐于接受挑战性工作的人，课余时间和假期曾到很多单位参加了社会实践，有一定的工作经历和经验，如果贵行能给我这次实习机会，给我这个成长平台，我一定不会让你们失望，会给贵行带来惊喜的，希望能有这次机会。谢谢！

分析：参加面试要充满自信，更要谦虚低调，否则会让单位产生不谦虚、不踏实、过于自负，不好合作的感觉。尤其是在校期间比较优秀的学生干部在自我介绍时更要注意评价用词恰当，语气平和，不能过于张扬炫耀，以自己阳光朝气充满活力的状态赢得面试官的好感。赵巍就是因为他过于张扬和自负的表述及自傲的表情给面试官留下不好印象而失去机会。

(四)注意语言运用和回答问题的技巧

1.语言运用的技巧

(1)口齿清晰，语言流利，文雅大方　交谈时要注意发音准确，吐字清晰。还要注意控制说话的速度，以免磕磕绊绊，影响语言的流畅。为了增添语言的魅力，应注意修辞美妙，忌用口头禅，更不能有不文明的语言。

(2)语气平和，语调恰当，音量适中　面试时要注意语言、语调、语气的正确运用。打招呼时宜用上语调，加重语气并带拖音，以引起对方的注意。自我介绍时，最好多用平缓的陈述语气，不宜使用感叹语气或祈使句。声音过大令人厌烦，声音过小则难以听清。音量的大小要根据面试现场情况而定。两人面谈且距离较近时声音不宜过大，群体面试而且场地开阔时声音不宜过小，以每个面试官都能听清你的讲话为原则。

(3)语言要含蓄、机智、幽默　说话时除了表达清晰以外，适当的时候可以插进幽默的语言，使谈话增加轻松愉快的气氛，也会展示自己的优越气质和从容风度。尤其是当遇到难以回答的问题时，机智幽默的语言会显示自己的聪明智慧，有助于化险为夷，并给人以良好的印象。

(4)注意听者的反应　求职面试不同于演讲，而是更接近于一般的交谈。交谈中，应随时注意听者的反应。比如，听者心不在焉，可能表示他对自己这段话没有兴趣，你得设法转移话题；侧耳倾听，可能说明由于自己音量过小使对方难于听清；皱眉、摆头可能表示自己言语有不当之处。根据对方的这些反应，就要适时地调整自己的语言、语调、语气、音量、修辞，包括陈述内容。这样才能取得良好的面试效果。

2.应试者回答问题的技巧

(1)把握重点，简捷明了，条理清楚，有理有据　一般情况下回答问题要结论在先，议论在后，先将自己的中心意思表达清晰，然后再做叙述和论证。否则，长篇大论，会让人不得要领。面试时间有限，神经有些紧张，多余的话太多，容易走题，反倒会将主题冲淡或漏掉。

(2)讲清原委，避免抽象　用人单位提问总是想了解一些应试者的具体情况，切不可简单地仅以"是"和"否"作答。应针对所提问题的不同，有的需要解释原因，有的需要说明程度。不讲原委，过于抽象的回答，往往不会给主试者留下具体的印象。

(3)确认提问内容，切忌答非所问　面试中，如果对用人单位提出的问题，一时摸不到边际，以致不知从何答起或难以理解对方问题的含义时，可将问题复述一遍，并先谈自己对这一问题的理解，请教对方以确认内容。对不太明确的问题，一定要搞清楚，这样才会有的放矢，不致答非所问。

(4)有个人见解，有个人特色　用人单位有时接待应试者若干名，相同的问题问若干遍，类似的回答也要听若干遍。因此，用人单位会有乏味、枯燥之感。只有具有独到的个人见解和个人特色的回答，才会引起对方的兴趣和注意。

知之为知之，不知为不知。面试遇到自己不知、不懂、不会的问题时，回避闪烁，默不作声，牵强附会，不懂装懂的做法均不足取，诚恳坦率地承认自己的不足之处，反倒会赢得主试者的信任和好感。

（五）讲究诚信，实事求是

用人单位在看中应聘者能力的同时，更重视诚信的品德。自我介绍时要讲究诚信，实事求是，用词要客观准确，切忌夸夸其谈，过分渲染虚夸。面试官往往会结合面试者的自我介绍及简历内容有针对性的提问，如果介绍内容与实际情况不符，被提问时不能自圆其说，会给面试官留下不诚信印象影响最终录用。

参加面试的学生都希望把自己最优秀的一面充分展示，能给单位留下深刻印象。但有的学生抱有侥幸心理，认为反正单位也不会去核实，在描述时会编造一些单位需要的经历或成绩，比如任职情况、社会实践情况等。有的学生说自己在校担任学生干部多次组织活动，问起具体活动的组织细节就含含糊糊，说不明白；有的明显感觉比较腼腆不善言辞，却说自己社会实践经历丰富，做过销售工作，问起销售产品的具体情况却面露难色，答不出来；有的成绩一般却说自己学习刻苦成绩优秀，问起专业最基本概念都无言以对。还有的同学家庭住址不符合招聘要求，编造比较亲密的亲属家住在招聘单位附近，而面试官问起从她自己家到亲属家的具体乘车路线和时间时都不能准确表述。不诚信的表述不仅会给自己带来尴尬，也会因小失大让自己前功尽弃，所以无论简历内容还是自我介绍，都要本着实事求是的态度，分析招聘岗位的具体要求，结合自己实际情况充分挖掘出自身应聘优势，并做好精心准备，表现出自己最佳状态。也许你不是最优秀的，但或许你是最合适的。

（六）基本专业知识要记牢

在参加面试前，应把应试岗位所要求的专业知识和技能复习一遍，保证在面试相关问题时能应答如流，起到事半功倍的作用。专业知识是衡量一个人能力的基础，多数情况下，招聘单位看重你的专业背景及所具备的专业能力。大学期间你所学到的专业知识很多，可能不会全面掌握，但是专业学科的最基本概念应该牢牢掌握。面试时尤其是应聘专业对口单位，招聘者很可能问到学过什么专业课或者一些很基本的专业概念，如果你连最基本的专业概念都不能很好回答，那么招聘者对你的印象一定会大打折扣。因此在应聘之前一定要好好温习专业的学科概念，理解透彻，牢牢记住，不打无准备之仗。

（七）细节决定成败

面试无小事，从接面试通知电话开始，就要做好充分准备，注意每个环节。

【案例】以小见大的面试

常言道，露珠虽小，却能反射太阳的光芒。一粒沙子看世界，几个花瓣谈人情。应聘中的一件小事，看似寻常，出自无意，但却往往能反映一个人的内在素质，并被主试人捕捉、赏识。

在美国有这样一个面试实例：福特从大学毕业后，去一家汽车公司应聘。同时应聘的三四个人都比他学历高，当前面几个人面试后，福特觉得自己没什么希望了。但既来之，则安之。他敲门进了董事长的办公室，一进办公室，他发现门口地上有一张纸，他弯腰捡了起来，发现是一张渍纸，便顺手扔进了废纸篓里。然后才走到董事长的办公桌前，说："我是来应聘的福特。"董事长说："很好，很好，福特先生，你已被我们录用了。"福特惊讶地说："董事长，我觉得前面几人都比我好，你怎么把我录用了？"董事长说："福特先生，前面三位的确学历比你高，而且仪表堂堂，但是他们的眼睛只能看大事，而看不见小事。你的眼睛能看见小事，我认为能看见小事的人，将来自然能看到大事。一个只能看见大事的人，他会忽略很多小事，他是不会成功的。所以，我才录用了你。"后来，果不出所料，福特成为"美国福特公司"的创始人。

1. 注重细节，做事认真

填表要认真，很多单位招聘时除了收简历之外，还会让应聘者再填单位的求职表，基本都是制式的，需要手写。填求职表也是招聘单位考察应聘者的一个很重要的方面，通过具体填表情况可以分析出应聘者的做事态度、工作作风和性格特点，比如填表字迹工整，内容严谨无错误就会给人做事认真、细致的感觉，相反字迹潦草，填表出现涂改，内容出现没有按要求填写甚至出现错误，就会给招聘单位留下不认真、不靠谱的感觉，从而影响招聘结果。

【案例】

某银行会计业务中心到校园招聘，学院推荐十余名同学去应聘，应聘之前每个人准备了个人简历并填写了银行自制的个人情况表，招聘结果平时几个性格比较内敛，外表和表达都没有太多优势的同学被录用，相反大家认为性格比较开朗，善于沟通的学生没有被录用。银行招聘人员反馈学校信息时说：他们招聘的是财务人员，需要的是踏实认真细致的工作态度，这次招聘，他们在面试的基础上重点参考了求职表的填写情况，有的同学填表认真仔细、字迹工整，每个内容都填写的完整严谨，连标点符号都非常准确，从填表中就能感觉出这是个做事认真踏实细致的人，虽然外表没有什么优势也不善言辞，但最终被录用。而有的同学表填的龙飞凤舞、字迹潦草，让人辨认都费劲，给人感觉浮躁不踏实的感觉，尽管他善于表达，自我介绍很完美也没被录用。

【案例】

张晨是金融保险专业学生，参加某银行招聘，二次面试都通过了，并参加了笔试考试，自我感觉答题也不错，但最终落选。学校老师专门找到银行负责招聘人员咨询落榜原因，银行答复，他的面试和笔试成绩都不错，最后落榜原因是在笔试开始前组织者强调答题须知时强调了应该注意的问题，他在填写考卷相关信息时仍然出现错误，尽管他卷面成绩并不是很低，但是出现这样问题，说明他做事不是很认真仔细，而这点就是招聘岗位所忌讳的，所以不能录用。

分析：这两个案例告诉我们良好的行为习惯和踏实认真的工作态度是招聘单位看中的基本素质，而这样的习惯是需要日常养成的，前面被录用的几个同学都得益于她们日常养成了做事认真的态度，注重应聘的每一个细节。而因笔试落榜的同学则是因为没有认真细致的行为习惯，出现不应有的问题而错失机会。所以即将进入工作岗位的准毕业生们平时要注意培养自己细致认真的工作态度和严谨规范的做事风格。进入招聘环节时，更要做个有心人，注重细节，认真倾听并按要求去做。

2.等待期间要始终保持良好状态,注意言谈举止要得当

等待面试前的表现也会给招聘单位留下印象,有时招聘单位也会从这个细节表现对应聘者有个初步判断。从走入应聘单位开始就应该注意自己的言行,在招聘现场外要听从工作人员安排,安静等待,不能大声喧哗谈笑,忌讳来回走动,更不能吸烟。很多应聘者往往认为招聘还没有开始,等待期间表现懈怠、散漫,大声接电话,甚至嬉笑打骂,不经意间的不良表现会让用人单位形成印象从而影响最后录用。

3.注意礼貌

进门时要微笑问好,递简历时要面带微笑双手递送,并与面试官有目光交流,离开时要道谢、再见,如果是最后一组面试者,离开时要注意把椅子放回原位,如果有用过的纸杯,出门时不要忘记带走并轻轻地关上房门。

4.注意小节

进入面试现场一定要记住手机关机或静音,面试时接打电话是不礼貌行为,也许就因为这样的小节会影响招聘结果。

(八)不要陪同,独自前往

很多学生第一次去面试,内心紧张,缺乏自信,喜欢找人陪同前往,或者家长或者男朋友,感觉有人陪同心里有底,有的家长更是关心备至、事无巨细代办包办,连了解咨询单位情况都是家长代劳,学生倒成了陪衬。有人陪同面试会让招聘单位感觉应聘者依赖性强,缺乏独立性,从而失去被录用的机会。任何一个单位招聘员工,都期望他能独立完成工作,如果任何事情都依赖别人去做的话,永远成长不起来。没有独立办事能力的员工哪个企业都不会要的。

(九)学会谈薪酬

薪资一直是一个让人头痛的话题,也是所有应聘者最关注的一个问题。一项调查显示,超过30%的受访者面试时在薪资问题上处于被动接受状况——“公司说多少就拿多少”。很多求职者不知道该怎样和企业谈论薪资话题,有的过高估计自己要求太高,有的不好意思直接问,入职时才感觉薪资太低。那么面试时该如何谈薪资待遇?

谈待遇之前要做好准备。首先,要了解整个市场的行情,其次,是了解对方可以提供的薪酬幅度是多少。这里的关键是善于发问,当经过几轮面试后,面试官会问应聘者:“你还有什么想了解的问题吗?”应聘者就可问:“像你们这样的大企业都有自己的一套薪酬体系,请问可以简单介绍一下吗?”面试官一般就会简单介绍一下,如果介绍的不是太详细,还可以问:“贵公司的薪酬水平在同行业中的位置是怎样的?除了工资之外还有哪些奖金、福利和培训机会?试用期后工资的加幅是多少?”

一个人的薪酬是与其能力、作用、表现、贡献等息息相关的,在用人单位尚未了解你上述情况时,开价过高,难以被用人单位接受;开价过低,吃亏的又是自己。因此你必须知道几点:除非用人单位已经十分明确表态要用你,否则不要讨论薪酬;切勿盲目主动提出希望得到的薪酬数目;尽可能从言谈中了解,用人单位给你的薪酬是固定的还是有协商余地的;面试前设法了解该行业薪酬福利和职位空缺情况。在协调过程中,如果用人单位要你开价,可告诉其一个薪酬幅度。如他一定要你说出个明确数目,可问他愿意付多少,再衡量一下自己能否接受。理想的薪酬数,应是用人单位和求职者双方都能接受的,而求职者应表现一定的灵活性。

总之，要求待遇必须脚踏实地，不要眼高手低。目前大公司的薪酬制度都比较健全，面试主考官能和你谈到薪酬问题，已经是对你工作能力的肯定，你可以大胆提出自己的要求，同时注意结合实际情况。要求太高易引起反感，太低显示信心不足，要实事求是。

四、面试常见问题分析

面试时求职者自我介绍之后，面试官都会现场有针对性提问题，通过回答问题情况更全面的考察应聘者的理解能力、逻辑思维能力及应变能力，回答问题一定要理解提问的主要意图和考察点，讲究应答的策略和技巧，以给面试官留下深刻印象。常见问题如下：

(一)为什么应聘本公司

面试官试图通过这个问题的回答了解你求职的动机、愿望及对这份工作的态度。要回答这样的问题一定要前期做好一些准备工作，对公司基本情况有所了解，比如企业文化，公司主要业务等，回答要积极正面，比如对公司的企业文化认同，自己对应聘岗位的喜爱等等，也可以适当夸夸面试公司，但要诚恳客观，不能画蛇添足，得不偿失。应聘者对应聘单位了解越全面招聘者就会觉得你应聘慎重、意愿强烈且坚定，相反如果回答时对应聘单位情况一无所知，就会让对方认为你应聘盲从，从而影响招聘结果。

(二)你对我们公司以及你所应聘的岗位有什么了解?

这样问题的出发点是考查求职者的应聘动机，对应聘单位和岗位的性质及具体要求是否真正了解，考察你是盲目应聘还是慎重考虑意愿强烈的。这就要求应聘者在应聘前做好准备工作。一名态度认真的求职者往往会在面试之前通过多种渠道去了解应聘单位，分析是否适合自己从而坚定求职信念。如果在应聘开始时已经向应聘者进行介绍，可测试应聘者倾听的关注程度。所以进入应聘环节要注意做有心人，招聘者的每一句话都要注意倾听。如果事先没有向应聘者进行有关本单位的情况介绍，应聘者可以借此机会把自己所了解和理解的单位情况陈述，从而给招聘者一个好的印象。

(三)你认为你应聘这个岗位的优势

回答这个问题可以从岗位职责和招聘条件谈起，在招聘之前要认真研究了解岗位职责、工作特点及所需要的基本素质，结合自身情况谈谈应聘理由，可以从专业能力、性格特点、实践经历等方面谈，一定要与岗位需求的素质相契合。

(四)你认为自身有什么优缺点?

这个问题是想考察你是否能客观评价自己，回答这样的问题一定要客观真诚，一般从性格特点、做事态度、为人处世等方面谈，注意说优点要用词低调，强调你擅长的或岗位需要的，给招聘单位以谦和的感觉。比如阳光积极、做事认真严谨、有一定学习能力等。不恰当的自我评价会给人不靠谱的感觉，比如有的人过度紧张，表现拘谨且表达不流畅，给人感觉属于性格内敛不善交流类型的，却说自己性格开朗善于沟通，有较强的表达能力。说缺点最好不要说岗位忌讳的问题，比如应聘服务类工作就不能说性格急躁，没耐性，太内向腼腆等，而应聘财务类需要耐性的工作时就不能说性格外向，喜欢做挑战性工作，比较马虎等，更不能变相把优点说成缺点，比如有的同学回答“我最大的缺点就是做事太认真，太执着”，把自己说的过于完美，试想任何人听到这样的自我评价都会有不舒服的感觉。更不能说自己没有缺点，一个人如果不能客观评价自己看不到自身存在不足也会让对方感觉你比较自我，不太好与人合作。

(五)你期望的工资是多少?

关于薪酬的问题是一个敏感问题,公司提出也是想了解你的期望薪酬。对这个问题要在面试之前,你要了解地域、行业、职业、公司的薪酬情况,有个基本的心理价位。不同的单位要有不同的回答方法,应聘你很向往的大公司时,你可以说:“我想贵公司有自己的薪酬体系,不知道我这样的岗位公司规定是多少薪酬”策略地把问题返回去,看对方怎么回答,或者说“我想贵公司有自己的薪酬体系,如果我努力工作,相信公司是会给我匹配的工资待遇的”。因为大公司的薪酬往往是以制度的形式确定下来的,一般不会因为某人而改变。如果收入对你很重要,不妨在你的最低期望之上,适当地加一点。而应聘小公司,你一定要说清楚期望薪酬范围,因为他们可能没有健全的薪酬体系,工资是因人而定的。

(六)你觉得父母对你的影响是什么?或是你从父母身上学到了什么?

招聘者问这样问题是想了解你的家庭成长背景,通过父母对你的塑造和影响,来感知你是怎样的价值观和生活理念,所以无论家庭是否和谐也一定要从积极角度去谈,回避消极影响,比如可以谈父母对你在做人、做事、学习态度上的影响,学到他们乐观积极的心态、待人真诚的品质、吃苦耐劳的精神等,招聘者相信,家庭氛围和父母的品质对子女是起到潜移默化的影响作用的。

(七)你的业余爱好是什么?

业余爱好在一定程度上反映应聘者的性格、观念和心态,这是招聘者问这个问题的主要原因,通过个人兴趣爱好判断求职者属于哪种类型的人,同时了解个人兴趣爱好,入职后也好组织活动,爱好广泛有特长的人也可以活跃企业文化活动。

如果没有兴趣爱好,会认为比较沉闷,不善于从生活中找乐趣。但只有听音乐、上网、看书也会让人感觉你比较孤僻,不太合群。不说庸俗的爱好和不良嗜好,比如玩网络游戏、打麻将等。最好能有些户外活动反映出你的活力和乐于与人交往的性格,比如打球、旅游、摄影等。

(八)你的座右铭是什么?

座右铭是激励鞭策约束自己的准则,在一定程度上反映出应聘者的思想、信念及品质,应聘单位希望通过这个问题考察你为人处世和做人的原则,所以要从积极的角度去回答,注意不要说那些容易让人引起误会的、也不宜说太抽象的座右铭,最好能反映出你自身某种优秀品质的座右铭,如:“态度决定高度,细节决定成败”。“低调做人,低头做事”,“行动比语言更有说服力”等。

(九)在学校你哪门课程学得最好,哪门课程学得不好?

学习能力现在越来越成为企业关注的一个话题,每个企业都期望员工能善于学习,能在学习中不断提升自己。从你学习能力的强弱,招聘者可以判断你今后是否具备发展潜力。这个问题考察的是求职者的学习兴趣点和学习能力,是否对自己的学习计划有个良好安排。通常情况下不是哪个学生天生各科学习成绩都很优秀,都有努力过程。回答这个问题可以在介绍完基本情况后,强调针对薄弱课程你是怎么努力,努力结果如何。比如,最喜欢会计学基础课,成绩优秀,并顺利通过会计证考试。英语课因为高中基础薄弱,学起来比较吃力,成绩不理想,但给自己制定了学习计划,坚持每天读半小时英语,并多做练习,最后考试成绩虽然没有其他课程成绩优秀,但也通过了通级考试。

【技能训练】模拟面试:结合专业设计用人单位招聘信息,交流面试体会

1.训练目的。根据授课进度情况,分阶段进行两次模拟面试,要求结合课程内容围绕主题进行现场模拟面试,以期通过练习让学生体验现场面试的感觉,锻炼公众面前表达推荐自己的能力,巩固所学知识。学生之间的互评既能促使学生课上专注听讲,同时也引发思考,把所学知识活学活用,达到学以致用的目的。同时也让授课教师对学生的初步就业意向及应聘优势有所了解,以便下一步有针对性做好就业推荐工作。

2.组织形式。按学号顺序每位同学逐一到讲台前进行模拟面试训练,其他同学按反向学号排序逐一对进行模拟同学的表现进行评价,指出其表述时的优点和不足,保证一个内容的训练可以让两位同学同时得到锻炼,最后老师再补充点评,把一些重点问题再做强调,提醒全体同学引起注意,避免以后面试中出现类似问题。

3.训练要求和主题

(1)要求:着正装,自我介绍用时1分钟,保持正式面试要求的仪容仪表(包括发式和化妆)。注意语言要简洁、概括、全面、有针对性,最好有条理性和逻辑性。模拟面试成绩作为该门课程考试成绩的一部分,要求学生重视,表现出最佳状态。

(2)主题:

主题1:我的就业意向。围绕主题,以简洁概括的语言介绍自己未来的求职意向,并陈述针对所应聘岗位自己目前所具备的优势和条件,介绍优势要围绕自己所应聘岗位所需要的主要素质来讲。可以按意愿情况排序,说明就业行业、就业岗位、就业资源、期望工作区域等。比如:第一意愿专升本、第二意愿银行柜员(银行客服人员)、第三意愿公司财会人员等。第一意愿准备专升本,要说明你的综合学习成绩和班级排名,英语A,B级通过情况和目前学习状况等,第二志愿银行柜员说明专业技能情况、取证情况、五笔录入水平等依此类推。

主题2:具体应聘岗位模拟面试。第二次模拟面试要求学生经过了解和思考后确定一个自己目前求职意愿最强烈的行业和岗位,就这个岗位有针对性地进行模拟面试,也算是未来求职面试的提前演练,要求围绕应聘岗位所需要的素质来阐述自己的求职优势和求职愿望。

【课后作业】

1.要求学生通过不同形式自学面试及商务礼仪或者面试化妆知识,每个学生至少总结出三条,以后每节课上随机抽查,与同学分享,分享内容不能有重复,视完成情况加平时分。

2.精心准备两份自我介绍材料:一份时间控制在1分钟以内;一份3~4分钟,不超过5分钟。要求围绕应聘职位先写成书面稿,自我介绍材料要思路清晰、逻辑层次清楚、语言简洁。熟悉后变为口语表达,自然而不是背诵。

思考题

1.参加招聘会前,需要做好哪些准备?

2.面试前需要做好哪些应试准备?

Chapter 10

劳动合同与权益保护

学习目标

1. 了解劳动合同的基本内容和签订要求。
2. 了解社会保险的种类及缴纳方法。
3. 了解求职过程中常见的侵权违法行为、违约责任及劳动争议的处理方式，增强就业过程中的自我保护意识。

第一节　劳动合同的签订

一、劳动合同的基本内容

(一)劳动合同的条款

《劳动合同法》第十七条规定:劳动合同应当具备以下条款:用人单位的名称、住所和法定代表人或者主要负责人;劳动者的姓名、住址和居民身份证或者其他有效身份证件号码;劳动合同期限;工作内容和工作地点;工作时间和休息休假;劳动报酬;社会保险;劳动保护、劳动条件和职业危害防护;法律、法规规定应当纳入劳动合同的其他事项。

(二)关于试用期的规定

1.试用期时限

《劳动法》第二十一条规定:劳动合同可以约定试用期,试用期最长不得超过六个月。提示:国家机关、高校、医药研究所、医疗行政部门采用见习期,时间为一年;试用期采用于企业、公司(包括外企、合资、私企)、医院,为 15 日至 6 个月。见习期可以延长,试用期不行。见习期具有一定强制力,试用期是双方约定。

《劳动合同法》第十九条规定:劳动合同期限三个月以上不满一年的,试用期不得超过一个月;劳动合同期限一年以上不满三年的,试用期不得超过二个月;三年以上固定期限和无固定期限的劳动合同,试用期不得超过六个月。同一用人单位与同一劳动者只能约定一次试用期。以完成一定工作任务为期限的劳动合同或者劳动合同期限不满三个月的,不得约定试用期。试用期包含在劳动合同期限内。劳动合同仅约定试用期的,试用期不成立,该期限为劳动合同期限。

2.试用期工资

《劳动合同法》第二十条规定:劳动者在试用期的工资不得低于本单位相同岗位最低档工资或者劳动合同约定工资的 80%,并不得低于用人单位所在地的最低工资标准。

《劳动合同实施条例》第十五条规定:劳动者在试用期的工资不得低于本单位相同岗位最低档工资的 80%或者不得低于劳动合同约定工资的 80%,并不得低于用人单位所在地的最低工资标准。

3.试用期辞职

《劳动法》第三十二条规定:劳动者在试用期内可以随时通知用人单位解除劳动合同,无须提前通知。有些用人单位在劳动合同中约定,劳动者在试用期解除合同需承担违约责任,这实际上限制了劳动者的解除权。因此,这种约定侵害劳动者的合法权利,法律一般确认为无效。

4.试用期辞退

《劳动法》第二十五条规定:劳动者在试用期间被证明不符合录用条件的,用人单位可以解除劳动合同。条件是,必须举证证明劳动者在试用期间不符合录用条件。毕业生应当清楚,此时举证责任在用人单位,而自己无须提供符合录用条件的证明。

【案例分析】试用期也有权利保障

事件：2013年7月1日，应届毕业生小王与某科贸公司签订了为期一年的劳动合同，约定试用期为三个月，小王试用期期间工资每月2 500元；试用期满后工资每月3 000元。待试用期满后，小王经过了解才知道约定三个月试用期是违法的，便向仲裁提起申诉，要求公司支付超过约定试用期的工资差额。仲裁支持了小王的申诉请求。该公司不服向法院提起诉讼。法院经审理认为，用人单位违法约定试用期的，应该按照正式职工待遇支付劳动者工作期间的劳动报酬。本案中，公司与小王在一年期的劳动合同中约定了期限为三个月的试用期违法，公司应该按照3 000元的工资标准补足小张2013年9月工资差额500元。

维权提示：《劳动合同法》第十九条明确规定："劳动合同期限三个月以上不满一年的，试用期不得超过一个月；劳动合同期限一年以上不满三年的，试用期不得超过二个月；三年以上固定期限和无固定期限的劳动合同，试用期不得超过六个月。同一用人单位与同一劳动者只能约定一次试用期"。第二十条明确规定："劳动者在试用期的工资不得低于本单位相同岗位最低档工资或者劳动合同约定工资的百分之八十，并不得低于用人单位所在地的最低工资标准"。毕业生一定要注意维护自己试用期内的相关权利，避免成为用人单位廉价的劳动力。

二、劳动合同签订的法律依据

《劳动合同法》第七条规定：用人单位自用工之日起即与劳动者建立劳动关系，用人单位应当建立职工名册备查。

《劳动合同法》第八条规定：用人单位招用劳动者时，应当如实告知劳动者工作内容、工作条件、工作地点、职业危害、安全生产状况、劳动报酬，以及劳动者要求了解的其他情况；用人单位有权了解劳动者与劳动合同直接相关的基本情况，劳动者应当如实说明。

《劳动合同法》第九条规定：用人单位招用劳动者，不得扣押劳动者的居民身份证和其他证件，不得要求劳动者提供担保或者以其他名义向劳动者收取财物。

《劳动合同法》第十条规定：建立劳动关系，应当订立书面劳动合同。

《劳动合同法》第十二条规定：劳动合同分为固定期限劳动合同、无固定期限劳动合同和以完成一定工作任务为期限的劳动合同。

《劳动合同法》第十三条规定：固定期限劳动合同，是指用人单位与劳动者约定合同终止时间的劳动合同。用人单位与劳动者协商一致，可以订立固定期限劳动合同。

《劳动合同法》第十四条规定：无固定期限劳动合同，是指用人单位与劳动者约定无确定终止时间的劳动合同。

【案例分析】三方协议并非劳动合同

事件：小刘毕业前与一家公司签订了《全国普通高等学校毕业生就业协议书》，约定了五年的服务期限。毕业后，小刘按照约定入职该公司。此后，公司长期不与小刘签订书面劳动合同，经过交涉，公司答复小刘说已经签订《就业协议书》了，就没有必要再签订劳动合同了。

小刘不服，提起仲裁申请，要求该公司支付其未签订书面劳动合同的二倍工资差额。

仲裁结果：仲裁委员会支持了小刘的申诉请求。

维权提示：劳动合同的签订是证明存在劳动关系最有利的证据，也是对用人单位和劳动者之间权利义务的最好规范。首先，大家应要求用人单位及时和自己签署书面的劳动合同，约定工资报酬、岗位、期限、工时制等主要条款；其次，要避免在空白劳动合同上签字，否则一旦用人单位改变约定的条件并且将不利条件写入劳动合同中以后，劳动者就处于不利地位了。另外，大家要注意劳动合同有其最基本的构成要件，用人单位不能以签订了《就业协议书》、入职登记表等为由拒绝签订书面劳动合同。

【知识拓展】三方协议与劳动合同的区别

“三方协议”是明确毕业生、用人单位、学校三方在毕业生就业工作中的权利和义务，由毕业生、用人单位、学校三方签订的协议。

“劳动合同”，是指劳动者与用人单位（管理者、雇主）之间为了确定劳动关系，明确双方权利和义务而达成的协议。

三方协议与劳动合同的区别有：

1. 签订时间不同。三方协议是学生在校期间签订的，而劳动合同是在毕业生毕业离校后到单位正式报到后签订的。

2. 主体不同。三方协议的主体是三方，即学校、毕业生和用人单位；而劳动合同的主体是两方，即劳动者和用人单位。

3. 内容不同。三方协议的主要内容是毕业生自身情况，并表示愿意到用人单位就业、用人单位表示愿意接收毕业生，学校同意推荐毕业生并列入就业方案；而劳动合同是记载劳动者和用人单位的权利和义务，是劳动关系确立的法律凭证。

4. 目的不同。三方协议是毕业生和用人单位关于将来就业意向的初步约定，是编制毕业生就业方案和将来双方订立劳动合同的依据。而劳动合同主要是劳动关系确立后使劳动者和用人单位的合法权益得到应有的保障。

5. 适用的法律不同。三方协议的制定、发生争议后的解决主要依据是《国家关于高校毕业生就业的规定》、《民法》、《合同法》等，而劳动合同的订立以及发生争议后主要是依据《劳动法》和《劳动合同法》来解决。

第二节　社会保险

一、社会保险的种类

社会保险是指国家通过立法，按照权利与义务相对应原则，多渠道筹集资金，对参保者在遭遇年老、疾病、工伤、失业、生育等风险情况下提供物质帮助（包括现金补贴和服务），使其享有基本生活保障、免除或减少经济损失的制度安排。

《社会保险法》第二条规定，我国建立基本养老保险、基本医疗保险、工伤保险、失业保险、生育保险等社会保险制度，保障公民在年老、疾病、工伤、失业、生育等情况下依法从国家和社会获得物质帮助的权利。其中，基本养老保险制度包括职工基本养老保险制度、新型农村社会保险制度和城镇居民社会养老保险制度；基本医疗保险制度包括职工基本医疗保险制度、新型农村合作医疗制度和城镇居民医疗保险制度。

通常所说的“五险一金”，就是指用人单位给予劳动者的几种保障性待遇的合称，包括《社会保险法》规定的五项保险，还有住房公积金。其中养老保险、医疗保险和失业保险，这三种险是由企业和个人共同缴纳的保费，工伤保险和生育保险完全是由企业承担的，个人不需要缴纳。

二、社会保险缴纳

(一)用人单位及其职工缴纳社会保险费的费率

根据《国务院关于完善企业职工基本养老保险制度的决定》(国发〔2005〕38号)、《国务院关于建立城镇职工基本医疗保险制度的决定》(国发〔1998〕44号)、《失业保险条例》(国务院令第258号)规定，用人单位缴纳基本养老保险、基本医疗保险和失业保险的费率，分别是原则上为本单位工资总额的20%、6%左右和2%；用人单位缴纳工伤保险费按照《工伤保险条例》(国务院令第586号)规定实行行业差别费率和浮动费率，有关费率确定按照国家相应规定执行；用人单位缴纳生育保险费的费率按照《企业职工生育保险试行办法》(劳部发〔1994〕504号)规定执行，由统筹地区政府根据实际情况自行确定，但不得超过用人单位工资总额的1%。职工本人缴纳基本养老保险、基本医疗保险和失业保险的费率，分别为本人工资的8%、2%和1%。

(二)参保个人缴纳社会保险费的费率

根据《国务院关于完善企业职工基本养老保险制度的决定》(国发〔2005〕38号)规定，无雇工的个体工商户和灵活就业人员参加职工基本养老保险的缴费费率为20%，其中8%计入个人账户；无雇工的个体工商户和灵活就业人员参加职工基本医疗保险的缴费费率，按国家有关规定，统筹地区可以参照当地基本医疗保险建立统筹基金的缴费水平确定。城镇居民参加居民医疗保险和农村居民参加新型农村社会养老保险及新型农村合作医疗，主要采取定额方式缴纳社会保险费。

【知识拓展】2014年北京五险一金缴纳比例

一、2014年度北京社保缴费比例

自2014年起，北京社会保险缴费年度调整为每年7月1日至次年6月30日。

1.本地城镇户口和外地城镇户口

(1)养老保险：企业缴费比例20%，个人缴费比例8%；

(2)医疗保险：企业缴费比例10%+大额互助1%，个人缴费比例2%+3元；

(3)失业保险：企业缴费比例1%，个人缴费比例0.2%；

(4)工伤保险：核定比例0.2%~2%，个人不缴费；

(5)生育保险：企业缴费比例0.8%，个人不缴费。

2. 外地农村劳动力

(1)养老保险企业缴费比例 20%，个人缴费比例 8%；

(2)医疗保险企业缴费比例 10%＋大额互助 1%，个人缴费比例 2%＋3 元；

(3)失业保险企业缴费比例 1%，个人不缴费；

(4)工伤保险核定比例 0.2%～2%，个人不缴费；

(5)生育保险企业缴费比例 0.8%，个人不缴费。

二、2014 年度北京公积金缴存比例

2014 年度(2014 年 7 月 1 日至 2015 年 6 月 30 日)住房公积金缴存比例为 12%。

第三节　就业权益及保护

一、求职过程中常见的侵权、违法行为

大学毕业生初次走入职场，涉世未深，在面临各种宣传和招聘机会时，有时会急于求成，在众多的就业机会中有时也会陷入别有用心的不当企图甚至骗局和陷阱。小的侵权行为可能仅仅是现实与求职者的期望值有所差距，而刻意设计的求职陷阱则可能会使求职人员损失财物、个人信息，或者被犯罪分子利用为低廉甚至免费的人工。

(一)利用招聘，非法敛财

有的用人单位利用毕业生求职心切的心理向毕业生收取各种名目的费用，导致毕业生工作不但没有到手反而赔了金钱。如有的用人单位以高工资、解决户口、出国培训等作为诱饵，要求求职者缴纳一定数额的保证金或押金。交完保证金后，就以种种借口不让求职者上班，然后钱不能退还；或是在工作一段时间后，发现该公司许诺的条件没有兑现，其工作条件职位不理想，如果主动离开公司，本人之前交的钱也不能退回或不全额退还。还有的招聘单位会以岗前培训费、体验费、服装费、入职教育等等名目先收取应聘者费用，然后再以种种借口不录用，或者说你考核不合格不能录用。这种招聘是假，收钱是真。所以，毕业生应聘过程中不要向用人单位缴纳费用。如果遇到待遇给的比较好的公司应该先调查公司资质，若遇到交钱的情况，大学生应提高警惕，谨防不法单位利用招聘非法敛财。

(二)获取求职者信息

有的单位在网络上或其他媒体发布待遇诱人的招聘广告，要求投递简历，收到个人简历后，犯罪分子会与求职者联系，想尽办法盗取应聘者个人信息，如身份证号码或复印件、个人联系方式、家庭住址甚至银行账户等，然后进行非法活动。如直接盗用账户，冒名高额透支，向求职者家里行骗。有的求职者过一段时间后就由于个人信息的外泄带来很多困扰。目前有的不法分子就利用倒卖个人信息谋取暴利。因此，对于“高薪诚聘”的公司要严格审查信息，保持清醒头脑，对于自己的专业和自身的能力应该有正确评估，不要轻易被诱惑而随意发个人简历。在简历的制作过程中也要注意保护自己的信息。如果在进行面试过程中发现招聘者不是关注你的个人能力，而是特别留意你的个人信息应该果断终止面试。

(三)非法传销或变相传销

传销在我国是法律明令禁止的,有的企业却总想要把戏、钻空子。有些企业在招聘时,往往先许诺优厚的待遇,当求职者应聘时,他们却以种种理由提出要求对求职者进行考察,签订一份产品推广协议或产品促销协议,并收取一定的保证金或样品金,当求职者去推销产品时才发现根本销售不掉。公司以各种理由拒绝退货。结果求职者的保证金或样品金被吞掉了。

(四)以试用期为名,赚取廉价劳动力

试用期是指包括在劳动合同期限内,劳动关系还处于非正式状态时,用人单位对劳动者是否合格进行考核,劳动者对用人单位是否符合自己要求进行了解的期限。

规定试用期本是正常的招聘行为,但有一些不法用人单位看准了求职者特别是毕业生就业心切的心理,以试用期为名赚取廉价劳动力,钻试用期解除劳动关系容易的空子,把短期工当作试用来处理,利用试用期廉价使用毕业生。

比如,有的企业故意把试用期的期限定的很长、把试用期的工资定得很低,同时把试用期之后的工资定得很高,以吸引毕业生为了获得未来高工资而接受时间很长、工资很低的试用期。还有的单位故意不事先说明录用条件,到求职者拿着低薪为获取这份工作而努力劳动的试用期结束时,企业随便找个理由,如"这份工作需要跟人打交道,你普通话不好,不符合录用条件"就把毕业生给辞退了,然后再去招一拨新的毕业生来廉价使用。再如,有的企业故意在试用期开出很高的工资吸引毕业生,但是试用期一过却开始实行"无底薪"工资,这时毕业生已经错过了去其他单位就业的机会,往往被迫接受该企业的"无底薪"工作。

上述这种以试用期为名赚取廉价劳动力的行为是严重的侵权行为。如果长期耗在某个企业的试用期内,不仅会让求职者蒙受很大经济损失,同时也对求职者的职业发展不利。所以,在确定要去单位之前,要多途径了解单位的情况,特别是要问清并明确约定录用条件、试用期内和试用期后的劳动报酬和福利待遇。同时在试用期间要注意保留有关工资、工作时间、工作能力的证据,以备必要时维护自己的权利。毕业生应有意识维护自己的合法权益,不让自己成为无良知企业的奴隶。

(五)中介费用

委托人才中介公司寻找就业单位不失是一种有效的求职途径,但应选择政府主办的或社会信誉好的大型人才中介机构,一些设施简陋,人员不正规的"黑中介",当求职者交纳数目不菲的中介费后,中介方就会列出种种理由来推辞从而骗取求职者的中介费。

(六)以高薪、高职位,粉饰招聘岗位

有的单位确实需要人力,但其岗位实质都是比较辛苦的工作,如果按实情发布招聘信息,根本不能引起大学生的青睐。所以这类公司充分抓住有些大学生虚荣的心理粉饰招聘岗位。某些用人单位提供的虚而不实的职位,常常冠以好听的头衔,有的招聘单位在招聘广告上把职位写成是"市场总监"、"保险事业部经理"、"行政专员 ",结果到了岗位,应聘者却发现其实是去做"业务员"、"保险代理员"、"打字员"等。有的单位也会以"到基层先锻炼锻炼"为幌子,欺骗求职者,使他们继续工作下去。

一些用人单位在招聘时夸大单位规模、发展前景、工资待遇等情况,或者隐瞒自身经营和运转的实际情况,进行虚假宣传,以吸引毕业生投送简历,达到招聘人员的目的。有的用人单位在招聘过程中设法回避毕业生提出的了解单位的相关问题,从而导致了毕业生与用人单位之间信息的不对称，侵犯了毕业生的知情权。更有甚者，个别用人单位进行恶意欺骗宣传，宣称“高薪”、“高福利”、“高待遇”等诱惑毕业生从事名不副实的工作，严重损害毕业生利益。

还有企业招聘时开出优厚的条件，大多数口头承诺，让你满怀期望地为其卖命工作，等开工资的时候以种种借口让工资与招聘的时候相比“大跳水”。

大学生在求职时要理性，端正心态，工作岗位要从底层做起，在求职过程中不要只注意岗位的名称，而是需要仔细询问岗位具体职责，工作的细节，这样才不至于失望大于希望。

二、违约的责任与劳动争议的处理

（一）违约要承担的责任和后果

违约责任是指协议当事人因过错而不履行或不完全履行协议规定的义务应承担的法律责任，它是保证协议履行的有效手段。

就业协议书一经毕业生、用人单位、学校签署即具有法律效力，任何一方不得擅自解除，否则违约方应向权利受损方支付协议条款所规定的违约金。

值得关注的是，近年来因就业协议引发的纠纷时有发生。具体表现为，毕业生不按期去单位报到或不去报到，企业单方撕毁毕业生就业协议，毕业生正式到单位报到后，单位改变原来双方约定的工作岗位，降低劳动报酬，以试用期（或见习期）为由不签订劳动合同，不缴纳社会保险费，致使毕业生不得已而“辞职”。

从实际情况来看，就业违约多为大学毕业生单方违约，除本人应承担违约责任、支付违约金外，往往还会造成其他不良的后果，主要表现在：

（1）就用人单位而言，用人单位往往为录用一个大学毕业生做了大量的工作，有的甚至对大学毕业生将要从事的具体工作也有所安排。同时大学毕业生就业工作时间相对比较集中，一旦大学毕业生因某种原因违约，势必使用人单位的录用工作付之东流，用人单位若另外选择其他大学毕业生，在时间上也不允许，从而给用人单位的工作造成被动。

其实在整个违约事件中，遭受损失较大的仍是用人单位。招聘过程往往要举办多场宣讲会，人力资源部门也要设计笔试、面试等很多环节，时间、精力及成本都花费了不少。可是，近年来屡屡出现费尽心机挑选的高才生突然变卦的情况，让单位措手不及。而一家民营企业的负责人也说，一些毕业生刚签完约不久就毁约，大大增加了企业的用人风险。他们都表示，应当用高额的违约金来限制学生违约行为。

（2）就学校而言，用人单位往往将大学毕业生的违约行为认为是学校的行为，从而影响学校和用人单位的长期合作关系。用人单位由于大学毕业生存在违约现象，而对学校的推荐工作表示怀疑。影响学校就业计划方案的制定和上报，并影响学校的正常派遣工作。

（3）就其他大学毕业生而言，用人单位到校挑选大学毕业生，一旦与某大学毕 业生签订就业协议，就不可能再录用其他大学毕业生。若日后该大学毕业生违约，有些当初希望到该用人单位工作的其他大学毕业生由于录用时间等原因，也无法补缺，造成就业信息的浪费，影响其他大学毕业生就业。

【案例分析】就业协议也有约束力

事件：毕业生小王在年初寒假期间参加招聘会，跟一家企业签订就业协议书，企业所在地人事部门也盖章进行鉴证，随后将协议书寄到学校，学校就业指导中心也盖章同意了。但是后来小王又参加了一家本地银行组织的面试，也通过了，该银行表示同意接收。相比之下，显然是后一份工作更具诱惑力。小王决定倾向后者，而且心想反正也还没有签订正式的用工合同，应该没什么损失。于是向学校就业指导中心索要就业协议，但是就业指导中心的老师对他解释说，因为他已经和前面一家企业签订了就业协议，如要再和银行签协议，就必须先承担违约责任，小王很不理解，连合同都没有签订，何来违约之说？

分析：这个案例中，小王就没有正确了解就业协议的约束力。就业协议与劳动合同是用人单位录用毕业生时所订立的书面协议，两者分处两个相互联系的不同阶段，但是都是具有法律效力的文件。一般来说就业协议签订在前，劳动合同订立在后。但是，就业协议已经是毕业生和用人单位关于将来就业意向的初步约定，对于双方的基本条件以及即将签订劳动合同的部分基本内容大体认可，并经用人单位的上级主管部门和高校就业部门同意和见证，一经毕业生、用人单位、高校、用人单位主管部门签字盖章，即具有一定的法律效应，是编制毕业生就业计划和将来可能发生违约情况时的判断依据。一经订立，就对当事人具有约束力，不得随意解除。所以，违反了就业协议中约定的内容，也就自然构成了违约，势必要承担相应的违约责任。因此，大学毕业生在就业过程应慎重选择，认真履约。

由于就业协议的三方在签订就业协议时的法律地位是平等的，一方不得将自己的意志强加给另一方。学校也不得采用行政手段要求毕业生到指定单位就业(不包括有特殊情况的毕业生)，用人单位亦不应在签订就业协议时要求毕业生交纳过高数额的风险金、保证金。本着公平协商的原则，三方当事人的权利义务应是一致的。但实际操作中学生一方还是会遇到比较大的压力。

由于对劳动政策法规的生疏，导致了许多应届毕业生在和单位签订就业协议和劳动合同时十分被动，最后不能合法保护自己的权益。大学生就业协议和劳动合同是不同的，但有些毕业生对二者的法律性质还缺少真正的了解。

因此，在协议内容中，应详细表述当事人双方的违约情形及违约后应负的责任，同时还应写明当事人违约后通过何种方式、途径来承担责任。这样，才能更有利于当事人双方履行协议，也有利于以后违约纠纷的解决。

(二)劳动争议的处理

劳动争议也叫劳动纠纷，是指劳动关系双方因为权利和义务问题发生的纠纷。根据《劳动法》第七十七条规定："用人单位与劳动者发生劳动争议，当事人可以依法申请调解、仲裁、提起诉讼，也可以协商解决。调解原则适用于仲裁和诉讼程序。"因此，毕业生与用人单位可以选择下列方式解决劳动争议：

1.协商

协商是指劳动者与用人单位就争议的问题直接进行协商，解决纠纷。在实践中，通过协商而解决纠纷的情况非常多，效果很好。但是，协商不是处理劳动争议的必经程序。

2.调解

调解是指劳动纠纷的一方当事人就已经发生的劳动纠纷向劳动争议调解委员会申请调

解的程序。根据《劳动法》规定，用人单位可以设立由单位、职工和工会三方代表组成的劳动争议调解委员会来负责调解本单位的劳动争议。调解也属自愿选择，且调解协议不具有强制执行力，如果一方反悔，同样可以申请仲裁。

3. 仲裁

仲裁是劳动纠纷的一方当事人将纠纷提交劳动争议仲裁委员会进行处理的程序。该程序既具有劳动争议调解灵活、快捷的特点，又具有强制执行的效力，是解决劳动纠纷的重要手段。劳动争议仲裁委员会是国家授权、依法独立处理劳动争议案件的专门机构。申请劳动仲裁也是提起诉讼的前置程序，即如果想提起诉讼，必须先经过仲裁程序，而不能直接向人民法院起诉。

4. 诉讼

根据《劳动法》第八十三条规定："劳动争议当事人对仲裁裁决不服的，可以自收到仲裁裁决书之日起 15 日内向人民法院提起诉讼。一方当事人在法定期限内不起诉，又不履行仲裁裁决的，另一方当事人可以申请人民法院强制执行。"诉讼程序具有较强的法律性、程序性，做出的判决也具有强制执行力。

对用人单位违反劳动保障法律、法规和规章的情况，高校毕业生可向人力资源社会保障部门举报、投诉。劳动保障监察机构将依法受理，纠正和查处有关违法行为。

思考题

1. 劳动合同对试用期有哪些规定？签订劳动合同需要注意哪些问题？
2. 求职过程中的侵权违法行为有哪些？

Chapter 11

职场适应与职业发展

学习目标

1. 了解学生角色与职业角色的区别。
2. 了解如何适应职场新环境及职业规划的发展变化。
3. 掌握适应职业角色的技巧。
4. 学会在职业发展过程中适时调整自己的职业发展规划。

第一节　转换角色

毕业生完成学业步入社会，这是人生的一大转折。在学校里对社会的认识与社会现实是有差距的，在校园里的为人处世规则与工作中的做人做事规则有一定的差异，校园里的学生角色与职业生活中社会人角色也有很大的区别。

绝大多数毕业生在角色转变中，有个适应过程，如果能够顺利度过“职业适应期”，就有可能走向成功的职业生涯。及时转换角色对于毕业生的职业发展具有重大意义，同学们应以积极、乐观、正确的态度，认知新的角色，扮演新的角色，促使角色转换顺利进行。

一、什么是角色转换

角色转换是指个体的人因社会任务和职业生涯的变迁，从一个角色进入另一个角色的过程，其根本的变化是社会权利和义务的变化。

在社会生活中，每个人都履行着不同的社会责任，遵循着不同的社会规范，扮演着不同的社会角色。对自己的社会角色认识得越清晰越全面，就越能顺利地实现角色的目标与任务，就越符合社会的期望。

二、正确认识角色转换

社会角色由角色权利、角色义务和角色规范三个要素组成。学生角色与职业角色的根本不同在于以下三点：

（一）社会权利不同

社会赋予角色的权利，就是角色依法应享受的权益，或叫应取得的精神或物质报酬。学生角色的权利主要是依法接受教育，并取得经济生活保证或自主。职业角色则是依法行使职权，开展工作，并在履行义务的同时取得报酬。

（二）社会责任不同

社会角色的角色义务就是社会责任。学生角色的主要责任是努力学习知识、掌握本领。整个角色过程是一个接受教育、学习知识、锻炼能力的过程。而职业角色的责任，是以特定的身份去履行自己的职责，依靠自己的本领或技能去为社会服务。

（三）社会规范不同

社会赋予角色的规范，就是社会提供的行为模式。学生规范多是从培育、教育的角度出发，促使其以后能顺利成长为合格的人才。例如，怎样遵守国家的法律法规、遵守学校的规章制度，如何待人接物等等。社会赋予职业角色的规范、提供的行为模式，则因职业的不同而不同。这些规范既具体又严格，违背了就要承担一定的责任。例如，国家工作人员，必须严于律己、克己奉公，如果玩忽职守、收受贿赂就要受到纪律甚至法律的处罚。

总之，学生角色与职业角色的不同点在于：一个是受教育，掌握本领，接受经济供给和自主，逐步完善自己的过程；一个是用已掌握的本领，通过具体的工作岗位向社会付出，独立作业，具有一定的权利和义务，以自己的行为承担责任的过程。

三、如何转换角色

（一）角色转换过程中容易出现的问题

（1）依恋和畏惧并存　经过十多年的读书生涯，对学生角色的体验非常深刻，在学习、生活和思维方式上都养成一种相对固定的习惯。因此在职业生涯初始，许多人常自觉或者不自觉地置身于学生角色，以习惯方式待人接物、观察分析事物。而面对新环境，不知工作该从何入手，如何应对，因此工作中缩手缩脚、怕担责任、怕出事故、怕闹笑话，缺乏年轻人的朝气和锐气。

（2）自傲与浮躁同在　有些毕业生对人才的理解不够全面和准确，认为自己接受了高等教育，是高层次人才，看不起基层工作人员，认为做一些琐碎工作是大材小用，有失身份。一些人在角色转换过程中受社会环境的影响，表现出不踏实的浮躁作风和不稳定的情绪。一会儿想干这项工作，一会儿想干那项工作，不能深入工作内部了解工作性质、工作职责和工作技巧。

这些心理问题都反映了毕业生没能顺利地从学生角色转换为一个社会职业人的角色，这必然会对毕业生的职业适应能力和后期的职业发展造成各种不良影响。因此，在两种角色的过渡阶段，毕业生一定要谨慎对待，同时采取必要的方法帮助自己平稳转换角色。

（二）解决问题的对策

（1）调整就业心态，做好心理准备　调整就业心态，做好心理准备是角色转换的基础。过硬的职业技能对职业成功固然重要，但充分的心理准备更是不可缺少的，一般来说，事业不会是一帆风顺的，如果心理准备不足，就会产生过激情绪，导致能力低下。因此，毕业生要有“抗挫折”的心理准备，在事业顺利的时候不沾沾自喜，在事业失意时不自暴自弃，这是事业成功者的必备素质。

（2）热爱本职工作，培养职业兴趣　热爱本职工作，安心工作岗位是角色转换的前提。刚刚走上工作岗位的大学生，应当尽快地从学生学习生活的模式中解脱出来，全身心地投入到工作岗位中。如果“身在曹营心在汉”，不仅对角色转换不利，而且会影响职业兴趣的培养和工作成绩的取得。

（3）勤于观察思考，善于发现问题　勤于观察思考，善于发现问题是角色转换的有力保障。大学毕业生进入职业角色，只有善于观察，才能发现问题；只有运用自身掌握的知识去努力解决问题，才能掌握第一手资料，分析研究职业对象的内部规律，才能逐步具备独立开展工作的能力，更好地承担角色责任。

（4）虚心学习知识，提高工作能力　虚心学习知识，提高工作能力是角色转换的重要手段。毕业生在校期间学习到的东西毕竟是有限的，很多知识和能力需要在工作实践中去学习、锻炼和提高。而对全新的职业，毕业生要虚心向有经验的技术人员、领导和同事学习，不断丰富专业知识，提高专业技能，最终达到自我完善。

（5）增强交往能力，加强协作意识　增强交往能力，加强协作意识是角色转换的关键。人际关系是社会中人与人之间必然发生的联系。人际关系如何对于一个人未来的发展至关重要。好的人际关系可以帮助你在事业上取得成功；糟糕的人际关系则会使你陷入孤立无援的境地。人际交往能力是初涉职场的毕业生重点学习和培养的能力。要主动与人交往，建立自己的人际网络，加强与他人的合作意识。

(6)勇挑工作重担，乐于奉献　勇挑工作重担、乐于奉献是完成角色转换的重要标志。毕业生走上工作岗位以后，应当从一开始就严格要求自己，树立主人翁意识，增强社会责任感，培养无私奉献的精神，任劳任怨，不计较个人的得失，努力承担岗位责任，主动适应工作环境，促使自己更好、更快地完成角色转换。

【知识拓展】角色的差异

学生和职业人身份的差异见表11-1。

表11-1　学生和职业人身份的差异

比较项目	角色	
	学生	职业人
任务、人生阶段	学习知识文化、投资	创造财富、经营
社会角色	消费者、被保护者	创造者、保护者
社会环境	学校、较单纯	社会、单位、复杂
社交圈	同学、老师，利益关联少、冲突少	同事、领导、朋友，利益关联多、复杂、冲突多
角色评价体系	学习成绩、单纯	工作业绩、体现综合能力

学校和公司的区别见表11-2。

表11-2　学校和公司的区别

比较项目	角色	
	学校	公司
社会责任	培养社会有用的人才、社会投资者	制造商品、提供服务、提供就业、创造财富
角色评价体系	提供多少高素质的人才	产品和质量、职工收入、税收

第二节　职业适应

一、什么是职业适应

职业适应，是指人在职业活动中，面对工作提出的各种问题时一系列的心理适应和行为调整的过程，包括个体对工作环境、工作任务的适应，以及对自身行为和新的工作需要的适应。

二、职业适应的表现

职业适应涉及许多方面，它包括从生理到心理的适应，从职业岗位到社会生活的适应。主要表现在以下五个方面：

（一）心理适应

心理适应包括观念和意识的适应，如树立整体协作意识、独立工作意识和创造意识。也包括角色适应、认知适应、情感态度适应、意志适应、个性适应等。

（二）生理适应

生理适应包括对工作时间、劳动强度以及紧张程度的适应等。既然步入了职场，就已经从学生转换成了职业人，原有的生活习惯就需要随着职业而改变，要根据工作环境和公司文化来调整自己的生活规律。

（三）岗位适应

岗位适应即对职业岗位的性质、特点、要求的适应，包括对劳动制度、岗位规范等的适应。

（四）知识技能适应

知识技能适应即对工作岗位所需的知识、技术、能力的适应。在学校的学习以理论知识为主，步入职场，新人们要投入到再学习中。这个学习是一种见机行事，是适应工作的知识技能，以动手能力和经验累积为主。正所谓干到老，学到老。竞争在加剧，学习不但是一种心态，更应该是我们的一种生活方式。同事、上级、客户、竞争对手都是老师。谁善于学习谁就掌握主动，就能使得自己职业岗位的智能结构更加完善，就会获得成功。

（五）人际关系适应

人际关系适应即能处理好与同事、上级领导等方面的关系。在新的环境中，有些毕业生由于性格等方面的原因，能很快与自己的同事和领导形成融洽的关系，很快找到自己的角色。而对于一些平时就比较内向或不善沟通的毕业生来说，在人际关系的互动上就会出现暂时的不适应，或需要花费很长的时间才能取得同事的认同。

三、如何快速适应职业

要快速适应职业，就要大胆面对现实，立足岗位，尽快在思想上、行动上和业务能力等各方面适应新的职业要求。

（一）树立职业意识

刚刚毕业的高职生在走上工作岗位之前往往对角色转换认识模糊，对将从事的职业缺乏全面的了解。因此，毕业生在踏上工作岗位后，要能够根据现实环境快速调整自己，要尽快树立职业意识。

1. 独立意识

高职毕业生在校主要依靠老师家长，存在依赖心理。工作后，要承担一定的社会责任，要在工作中独当一面。要学会独立思考、独立分析、独立处理问题，摆脱对家长的依赖心理，特别是遇到人际关系矛盾时，要摆脱学生角色，不要想当然地认为别人应该照顾或谦让自己。在工作中既要谦虚，又要敢于大胆发表自己的见解，不要人云亦云。

2.主人翁意识

学生时代，在校有老师指导，在家有父母照顾，社会责任较少。走上工作岗位后，个人工作的好坏不仅影响自己的事业和发展，而且也影响到单位、部门的发展，对单位和部门要承担更多的社会责任和义务。这就要求高职毕业生要树立高度的主人翁责任感和积极的奉献精神，不斤斤计较个人得失，以单位、部门的兴衰荣辱为己任，主动积极地承担岗位责任。主人翁意识最主要体现在工作主动性上。许多单位领导反映，那些干事不讲条件、主动找事做、干活不需要催促的毕业生就是单位的后备力量，值得进一步培养。

3.团队意识

从某种意义上说，学生在校学习是一种单纯的个体劳动，而走上工作岗位之后，面对的是科技高速发展，社会分工越来越细，部门与部门之间、个人与个人之间的团结协作关系日益密切的环境，许多用人单位更加注重团队精神。科研项目的完成、工程计划的实施、工作的组织管理等，都必须具有团结协作精神。“单枪匹马闯天下”已渐行渐远，时代呼唤团队精神。因此，刚刚走上工作岗位的毕业生，一定要树立协作意识，要从整体利益出发，顾全大局，在促进所在集体的发展中实现自己的人生价值。

(二)不断自我完善

初到工作岗位，毕业生对自己所要从事的工作还不了解，只有不断学习、勤于思考、善于总结，不断完善自我，才能更好地适应工作。

1.学习单位规章制度及办事规则

初到一个新的单位，一定要认真学习本单位、本部门的规章制度，要充分了解自己所承担工作的职责及要求，并在实际工作中严守规章制度，做一名遵规守纪的员工。

2.学习他人工作经验

研究数据显示，在大学期间所掌握的知识，30%左右是在工作中能用得上的，70%左右属于备用的知识。初涉职场的毕业生在工作岗位上所用的知识大部分需要随时学习和充实，要不断地更新知识，开阔视野，以适应新的形势。

学习的形式有很多，主要是多向前辈请教工作方式方法，注意在小事中积累工作经验，在实践中将书本知识消化、掌握，增长业务知识。特别要强调的是，要成为有心人，处处学、时时学。例如，要注意观察单位公认业务能力最强的上级或者同事，琢磨他们的工作思路和工作特点。平时不妨主动给他们做义务的助手，在潜移默化之中，获得过硬的业务知识和能力。

【知识拓展】职场适应——来自北森生涯(北京)教育科技有限公司的微博

一、职场中要“先”行一步

1.在你说话之前，先听。　2.在你回应之前，先想。

3.在你传播之前，先慎。　4.在你盈利之前，先俭。

5.在你消费之前，先挣。　6.在你承诺之前，先决。

7.在你做到之前，先忍。　8.在你退出之前，先试。

二、给职场年轻人的10个忠告

1.眼高手低将一事无成。

2.不要像玻璃那样脆弱，要像水晶一样透明。

3. 好人缘是成功的铺路石。

4. 不是你选择工作而是工作选择你。

5. 机会不会从天而降。

6. 走运时要做好倒霉准备。

7. 忍受孤独是必修课。

8. 时光不会等你。

9. 管住自己嘴巴。

10. 贪睡和不守时是最大的绊脚石。

三、职场必知5项原则

1. 没有目标的人永远为有目标的人去努力;没有危机是最大的危机,满足现状是最大的陷阱。

2. 下对注,赢一次;跟对人,赢一世。

3. 老板只能给你一个位置,不能给你一个未来。

4. 学历代表过去,财力代表现在,学习能力代表将来。

5. 所见所闻改变一生,不知不觉断送一生。

四、成功社交的12个细节

1. 守时。

2. 微笑。

3. 每天抽空反省1次。

4. 多说"我可以"。

5. 错误面前负起责任。

6. 遇到挫折积极应对。

7. 用心倾听。

8. 说话声音有力。

9. 考虑对方感受。

10. 恪守诚信培养公信力。

11. 少用指责的口吻说话。

12. 控制住情绪。

四、初入职场应注意的几个问题

初入职场如果能够注意一些细节,能够帮助新人更快地适应岗位,融入到单位之中,达到事半功倍的效果。

(一)了解单位的文化氛围

每个单位都有自己的文化氛围,有的崇尚张扬,有的崇尚沉稳踏实,有的要求员工按部就班,有的需要员工更活跃一些等等。要先去了解这个单位的"生存法则",尽早融入其中。

(二)善于向别人学习

毕业生毕竟缺乏实践经验,要想迅速成长,必须善于向同事学习,虚心请教,不要自以为是。另外,近几年企业常提到"团队精神",就是因为许多人自恃学历高或毕业于名校,不善于与他人合作，过于以自我为中心，企业绝不欢迎这种人。所以年轻人应谦虚，善于倾听，常做换位思考，不说非建设性的话。

(三)从小事做起

年轻人容易好高骛远，不屑于做日常工作中的琐事。其实领导考察你，正是从小事开始，所以无论领导交给你的事多么零散，或者根本不是你分内的事，都要及时地、充满热情地处理好，即使领导不再追问，也不可不了了之，一定要给一个下文。只有逐渐得到领导的信任和肯定，才会有"做大事"的希望。

(四)适时表现自己

领导在场时不要缩头缩脑，退到别人后面，而是要适度表现，敢于说话。开会时不妨坐得离领导近一点儿，尤其当领导让大家发言时，平时积累的几条合理化建议可以让领导对你刮目相看。当然，举止应稳重，不要随便打断领导的发言，更不可夸夸其谈，喧宾夺主。

(五)正确对待批评

刚开始工作时犯的错误不会葬送你的前途，要抢先道歉或主动检讨，并虚心听取批评。总想着掩盖错误或满口辩解之词——不是强调客观、就是推罪别人，这种表现比错误本身更糟糕。

(六)不要随便踏入人际关系的旋涡

毕业生缺乏处世经验，有时一上班会发现办公室里分成几个小帮派，千万别急着给自己归堆。有时某些同事会对你讲一大堆某人怎样好、某人怎样坏的话，道听途说、添油加醋，不要轻易被误导。最好先对是非保持沉默，对同事全都笑脸相迎，独立观察和思考，看清形势再说。不要讲同事与领导的坏话，这些话多半会很快传到他本人耳朵里，弄得你不好立足。

(七)注重一些细节

手脚要勤快，不仅自己的办公桌要井井有条，同事或上司做一些体力活如打扫办公室卫生时一定要主动抢着做。穿得干净利落，会让人觉得你精神百倍，干劲十足。不要迟到。有必要时，把工作带回家处理，不要对领导说"这事我明天再干行不行"一类的话。

【启示】

孙悟空的故事，可以说是一个由个人奋斗失败后转向团队成功，最终实现个人价值的经典案例。孙悟空成长的故事，告诉我们这样一个道理：当我们学会了做人后，自然就会懂得如何与人为善，懂得如何建立一种互相帮助的人际关系。所谓"心生则种种魔生，心灭则种种魔灭"，反观诸己，所有的困难都源于我们的性格和观念。战胜困难的过程，就是战胜自我的过程，就是融入团队的过程，也就是生命成长的过程。

团队的成长是一个艰难的过程，因为组成团队的每一份子都是人，而做人似乎从来就不是一件容易的事情。人们之所以喜欢看《西游记》，多半是因为里面有一个神通广大的孙悟空。在21世纪的今天重读这部文学名著，你会发现孙悟空身上闪烁着的那种历久弥新的个性和魅力。在花果山占山为王的孙悟空精力充沛，意志坚决，行动果敢，酷好变化，干劲十足，愈挫愈勇，俨然是个天生的创业者。而在去西天取经的路上，他也表现出了一个团队成员的优秀特质，目标明确，行动迅速，无惧困难，总是能够找到有效的解决方法。

第三节　职业发展

一、什么是职业发展

职业发展是个人根据自身情况、专业特点以及眼前的机遇和制约因素，为自己确立职业发展目标，选择职业道路，确定发展计划、教育计划等，并为自己实现这一目标而确定行动方向、行动时间和行动方案并适时调整的过程。

二、制定符合自身特点的职业发展方向

好的职业发展规划是适合自身特点的，做好个人的发展规划，需要注意以下几点。

(一)认清自己的能力

做职业发展规划，首先要认清自己的能力和价值，不能丧失自信低估自己的能力，也不要好高骛远。要客观的了解自己的能力，分析自己的知识和技能适合干什么行业、走什么路线，确定自己的想法。这一点对于初入职场的新人尤为必要。

(二)根据自己的能力制定规划和目标

在确定自己的能力后，明确职业发展目标和方向，然后做出细致的规划。这个目标和方向一定是比现阶段的成就和能力高一层次的，因为距离下一阶段目标的实现过程也是督促自己提升技能的过程，如果目标过低就失去了制定规划的意义，工作也就是在原地踏步。

(三)确认发展目标，坚持不懈走下去

综合以上因素确认了个人发展目标之后，就要坚持不懈的走下去，不管遇到什么挫折，都不要放弃，同时一定要不断学习，只有这样，才能获得成功。

三、积极促进职业发展的途径

职业不是一成不变的，每个个体的职业生涯都是一个循序渐进的发展过程，是个体在职业领域中不断学习与进步的过程。在职业发展的过程中，个体要想进步，就要不断学习，为实现职业顺利发展创造条件；要加强自我职业规划管理，保持职业发展有一个良好的方向。

(一)做好终身学习

当今社会一个人的水平高低和能力强弱，在很大程度上根源于是否拥有丰富的知识。社会在不断发展变化，职业的结构、内容和用人要求也在不断地变化，而个人的职业意识、职业素质以及知识能力必须通过学习才能提高，因此，终身学习对于职业发展具有重要的意义。

做好终身学习要注重以下原则：

第一，要有清晰的人生蓝图。一个连自己想要什么、想成为什么都浑然不知的人，必然不清楚自己应当学什么，怎么学。所以，有清晰的人生蓝图至关重要。

第二，要明白自己的劣势。终身学习的内容不单单是知识的学习，更多是要学习如何更好的在社会和职业中求发展，所以必须明确自己在工作中的劣势，从而有目的、有方向的进

行学习，逐渐将自己的劣势发展为优势，发挥自己的最大能力。

第三，要有自我激励。终身学习不同于阶段学习，需要一个人有强大的意志力和持久性，因此制定一些能够自我激励的方法不失为督促终身学习的好助手。

第四，要重视历练和借鉴。终身学习与学生时代的学习不同，要更加注意实践和历练。同时，"独学而无友，则孤陋而寡闻"，学习不是一个人孤芳自赏，更多的是与身边的人沟通、交流，在终身学习中要学会向有经验的前辈请教、借鉴，才能较快地学到真本事。

联合国教科文组织曾在《学习：内在的宝藏》报告书中指出，终身学习包括有四大支柱，分别是：学会与人相处、学会追求知识、学会做事、学会发展。这四个方面无疑都是职业发展中必须要面对、必须要学习的。在制定自己的终身学习计划时，一定要同时思考这些方面，缺一不可。

(二)强化职业发展规划管理

只有善于对职业发展规划进行管理，才能保证成功的职业发展有充分的条件。就个体而言，要尽可能了解自己所在组织的职业发展管理模式，要根据自己的兴趣、能力和个人发展目标有效地管理自己的职业发展规划，使个人和组织目标协调一致、共同发展。

1.适时进行自我评价

适时进行自我评价是职业发展规划管理的一个重要内容。很多毕业生在毕业前已拟定了非常具体详细的职业生涯规划，但是在以后的职业发展过程中却一味地跟着感觉走，结果会慢慢地偏离自己当初的职业生涯规划，使职业发展又变成了盲目的发展。所以，在职业发展的过程中应适时的将自己的职业发展状况与职业规划进行评价，及时调整行为，或更改规划目标，使自己的职业发展有规划而非盲目。

2.时间管理

时间管理是职业规划管理中关键的一个环节。对时间的管理实际上就是对资源和对自我行为的管理，因为只有管理好自己的工作生活时间，才能更好地提高效率，将有限的生命发挥到最大潜能。时间对任何人都是公平的，不以人类意志转移而改变，只有那些合理安排时间、运用时间的人，才有可能取得更高的工作效率！

要想管理好自己的时间，一定要讲求策略。首先将事物以紧急性和重要性为标准分为四大类：

(1)紧急而且重要的事情　危机、紧急的问题、有限期的任务、有限期的准备事项、有限期的会议。

(2)重要而不紧急的事情　准备事项、预防工作、计划、关系的建立、真正的休闲充电。

(3)紧急而不重要的事情　干扰、信件报告、突发事件，许多凑热闹的活动。

(4)不重要不紧急的事情　细小而忙碌的工作、一些电话、浪费时间的事、逃避性的活动、无关紧要的信件、邮件、party、聚会。

高效能的人士在处理工作中以"要事第一原则"为基本原则。在工作生活当中，他们处理问题的焦点是要事，尽可能处理那些"重要而紧急的事情"和"重要而不紧急的事情"，从而减少"紧急不重要的事情"的发生。他们知道不要被那些琐碎的小事所牵绊，不能把宝贵的时间花在"灭火"的工作上。所以高效能人士总是有充足的时间做更多的事情。

3.职业规划调整

人生道路没有一成不变的，职业发展也是如此。成功的职业发展路程不仅仅是实现自己最初的职业理想，更应当是能够顺应社会和职业的发展要求，灵活变动以求最优的结果。在职业发展过程中，很多因素会导致职业的改变甚至是重新选择，包括个体的主客观因素以及社会和职业的原因。例如，当兴趣志向发生了转变，或教育深造所产生的变动，家庭环境的变化，工作环境的改变等等。在这种时候，就需要我们对先前的职业发展规划进行适时调整和修改。这种调整可以是对职业的重新选择，也可以是对职业发展路线的改变，或是阶段目标的一些修正，或是变更实施措施等。

对于职业发展规划调整，要根据个人意向和环境需要而决定。而且，调整要遵循一定的法则，第一反应应当是修正计划而不是目标；当修正计划无法达成目标时才应考虑修正目标达成的时间；当延长时间和降低要求都不能实现目标时则要考虑放弃目标而重新设定新的目标。但是无论怎样调整，通过不断的评估和修正，最终的职业发展规划应该是更成功的、更加适合自己职业发展的。

总而言之，每个人都有属于自己的职业发展道路，道路的崎岖蜿蜒或是平坦宽广并不是决定一个人人生发展的根本因素。只要能够在心中坚守自己最初的梦想，并且沿着这条梦想道路不断学习、不断进步，才会真正成为人生的最大赢家。

【案例】跳槽

事件：大学生小张和小王比较相似，在学校的表现都属于优良的水平，毕业以后，分别进入了不同的单位工作。三年之后，两个人的命运却产生了差异，小张已经成为公司的骨干，担任部门的主管，每月的收入也在5 000之上；小王还是公司的一般职员，收入只有2 500，正准备寻找机会跳槽。在这三年期间，两个人都跳过槽，都换过3家公司，可是最后的结果却大相径庭。小张毕业后进入一家卖电器的店做销售代理，工作中勤学好问，很快掌握了销售技巧，成为了卖场一名不错的销售员；一年之后，跳槽到规模更大的电器连锁店做组长；第三年，跳槽到国内知名的电器销售连锁店做部门的主管。小王毕业后进了一家卖电讯器材的公司做销售员；一年后跳槽到一家网络公司做网管；第三年，换工作进了一家生产企业做办公室的文员。

分析：一般来说，大多数人频繁跳槽的根本原因是职业定位的不清晰造成的职业迷茫。盲目择业，盲目跳槽，这种现象在刚刚参加工作的大学生中比较普遍。案例中，小张找准了自己的职业发展方向，一直在自己熟悉、擅长的电器销售行业工作，期间跳槽也是为了有更好的发展，而小王却没有找准自己的职业发展方向，在不同的行业领域跳来跳去，最后还是只能从事低岗位的工作。因此，找准职业发展目标，坚持不懈地走下去对职场新人是至关重要的。

思考题

1. 由学生角色向职业角色的转换是每名毕业生必须经历的过程，也是人生过程中最重要的转折，那么你如何适应这个转换过程呢？

2. 如果现在就进入现实的工作世界，你认为你目前具备的哪些能力会帮助你渡过前期的困境？你是如何发展这些能力的？

Chapter 12

自主创业

学习目标

1. 明确大学生创业的重要意义。
2. 了解大学生创业应具备的能力、素质和条件，以及创业的类型和方式。
3. 掌握大学生创业的基本程序。
4. 掌握创业过程中各个关键环节的知识、方法和技能。

第一节 认知创业

从20世纪90年代开始，大学生自主创业在全球范围内蓬勃发展，涌现出了许多成功创业的案例。到了当代中国，大学生创业已经成为一股风潮，吸引着众多大学生投身其中。因此，自主创业对于当代大学生来说，是一条光明之路、希望之路。

首先，大学生自主创业是成就事业、实现自己人生价值的重要途径。大学生通过自主创业，在创造财富、满足自身物质文化生活需求的同时，也为社会的物质进步、人类的精神文明做出了贡献。自主创业，就是那些在追求实业报国的实践中实现自己人生价值的大学生的必然选择、必经之路。

其次，大学生自主创业是解决大学生就业难的有效办法。随着高校的逐年扩招，大学生毕业即失业的现象越来越普遍，大学生就业问题已经成为一个严重的社会问题。在这样的就业形势下，有条件的大学生进行自主创业，不仅能够找到适合自身能力、意愿的职业，还能够在创业过程中寻找机会，发挥自己的聪明才智，促进自我完善和提高。

再次，大学生自主创业具有比以前更优越的社会环境。从国家、地方、学校及相关部门都大力支持大学生创业，并制定了许多的优惠政策，涉及融资、开业、税收、创业培训、创业指导等诸多方面。这些优惠政策的出台，对于有条件进行自主创业的大学生来说，是一个难得的机遇。

最后，大学生自主创业具有广阔的发展前景。受传统观念的影响，绝大多数的大学生还是把毕业后找一份稳定的工作作为第一选择。这种现象，从一方面来讲，大学生自主创业还存在一些障碍需要破解，从另一个方面说明，大学生自主创业存在着巨大的市场潜力，大学生创业的路子相当的广阔，等待你开发的项目比比皆是。

大学生创业，是时代的呼唤，是市场经济的必然要求，每一个希望发挥自身聪明才智、实现人生价值的大学生，都应当在这个时代大舞台上一展身手，开创一番事业。而现在，正是大学生开展自主创业最佳的切入时机。

一、创业的价值

(一)什么是创业

1.创业的概念

创业，顾名思义，就是创立事业，是指承担风险的创业者，通过寻找和把握商业机会，投入已有的技能和知识，配置相关资源，创建新企业，为目标客户提供产品和服务，为个人和社会创造价值和财富的过程。

2.创业成功的标志

能够生存下去的企业是成功的企业，而判断企业能否生存的标准有三点：

(1)它是否赢利，即收入大于支出；

(2)是否拥有了稳定的客户群体；

(3)是否实现了持续赢利和持续发展的良性循环。

你所创办的企业如果做到了这些，你就是成功的创业者，并且是比较理想的成功者，因为你不仅实现了企业存活，而且能够使企业逐渐成长和不断发展。

由此可以看出，判断一个企业是否成功，不能以一时的收支情况来评估，更应该注重的是企业的持续赢利和持续发展。

概括起来，我们可以这样讲，一个企业无论规模多大和人员多少，只要它的盈利收入能够支付企业的所有费用，并且能够可持续地维持企业的收支平衡，那么它就是成功的企业。如果能够通过企业的积累或资金的不断投入，使企业获得进一步的发展，那就是我们理想状况下的优质企业。

(二)创业的价值

你如果选择创业，至少有五大好处，即：自我满足、独立自主、账务自由、就业保障、社会认同。

1.自我满足

创业是个自我设计、自我规划和自我实施的事业工程。因此，创业最能够实现自我的意识、能力、智慧和价值，也就能够最大限度地实现你的自我满足感。选择自主创业，你可以每天做你自己喜欢的事情。例如，你喜欢摄影，你可以开自己的照相馆，每当顾客对你的服务表示满意的时候，你会获得自我满足感；当顾客对你的摄影水平大加赞赏时，你的成就感和自豪感会进一步强化你的自我满足感。

创业也是个不断进取的过程，在这个过程中你需要不断开拓市场、完善企业的产品或服务、改进你的经营。因此你的努力是没有止境的，也正是这种不断创业的努力，能够让你的能力和价值不断提高，你的自我满足得到不断的深化和升华。

2.独立自主

创业的另一个好处在于独立自主。作为创业者，在工作上，你自己当老板，不受命于人，能够自由发挥自己的聪明才智，自主地做出与你的工作相关的一切决定。在考勤上，你上班没有时间限制，没有人给你打考勤。在机构关系方面，你没有上级领导单位，不需要定期提交你企业的工作计划、总结报告等。在企业经营和发展方向上，没有人会给你下指示，要求你必须怎么做。

独立自主是创业的最大魅力之一。很多人喜欢完全靠自己的本事和能力去开创属于自己的天地，他们不喜欢被领导、被指示或被命令地做工作。如果你属于这种人，你就应当考虑创业。

3.财务自由

办企业能够赢利赚钱，企业赚了钱就可以给你带来比打工更丰厚的收入回报，这是创业最吸引人的地方之一。在职场工作和给人打工，工资再高都是有限度的。而创业如果取得成功，你的收入有可能不断提高。没有人可以限制你的收入水平，只要你的企业能够创造足够的利润，并且你是按照法律法规的规范来支配你的企业利润的话。

4.就业保障

创业不仅可为他人提供就业岗位，也为自己提供了工作保障。为他人打工你是受雇于人，你工作得再好，也不能保证你不会下岗。创办企业你是给自己打工，只要你的企业能够运营下去，你的工作就有保障，没有人能够解雇你。

创业成功你就能够享受到就业保障，而且没有工作年龄限制，只要你还想工作，在自己的企业里，多大年龄也不会有人强制你退休。

5.社会认同

人们在满足了自己的生存和安全需求之后，必然需要追求社会的尊重和认同。成功的企业家和成功的创业者，在实现自我和给自己创造价值和财富的同时，也在不断给社会带来价值和财富。由此，他们会受到社会的关注，并因为他们的成就和贡献而享受一定的社会地位。这种社会的认同能够给成功的创业者带来无比的快乐、自豪和满足，反过来会进一步促进他们把企业做得更大更好，从而为社会做出更多更好的贡献。这种鼓励的良性循环也是创业的一大魅力所在。

总而言之，以上五点基本涵盖了创业的主要价值和好处。当然，得到这些价值和好处的前提是你必须创业成功，而取得创业成功的前提是你必须拥有创业成功所需要的条件。

二、创业者应具备的素质和能力

创业是一项复杂的系统工程，创业的过程也是非常艰辛的。因此，大学生自主创业并不是适合所有人。创业者的个人条件，尤其是创业者个人的素质和能力，对于创业成功与否起着至关重要的作用。大学生在决定自主创业之前，必须评估自己是否具有创业所必需的素质和能力。

(一)创业者应具备的素质

1.强烈的创业欲望

从所有创业成功的案例中总结，但凡创业成功的创业者，都具有想改变现状、创造财富、实现自我价值等的强烈愿望和梦想。

【案例】

李勇是四川省绵阳市涪城区杨家镇人，高中文化。1987年2月，21岁的他到广州打工，可一直没有找到正式的工作。7月底的一天，他到深圳南头边关检查站碰运气，却没有边防证过关。

他在南头关口徘徊时，一个与他年龄相仿的人拉着他找了个“蛇头”，各交了50元后，从铁丝网下面的一个洞爬了过去。李勇当时还心痛花了50元钱，同伴却兴奋叫道：“深圳，我潘石屹来了！”

李勇细问之下才知道，这个大他三岁的潘石屹是甘肃天水人，居然是从河北廊坊石油部管道局经济改革研究室辞职来闯深圳的！

两人越聊越投缘，很快就以兄弟相称。

一个多星期后，两人只剩下5元钱，仍没找到工作，只得到布吉镇一家工地挑砖，每天10元，晚上加班每小时1元。

一个月后，两人领到了350元工资，潘石屹决定离开。李勇恋恋不舍：“一年可以存好几千元呢！”潘石屹劝他：“老弟，只要我们找到更好的机会，不要说几千元，就是几万元，也不值一提！”李勇这才决定跟潘石屹走。

1987年11月，两人应聘为深圳市福田区正泰贸易公司的业务员。公司主要销售电话机，底薪200元，按业绩提成。

可两人不懂粤语，说普通话口音又重，业绩始终上不去。一次，他俩到一家公司推销，对方怎么都听不懂，干脆恼了："你们普通话都不会说，捣什么乱？出去！"李勇涨红着脸扭头就走，潘石屹却掏出笔和纸，飞快地写道："我们是推销电话机，而不是推销普通话，我们的普通话说得不好，但电话机的质量很好。"

对方接过一看，不由点了点头。5部电话机就这样卖出去了。

渐渐地，两人打开了局面，月收入涨到500多元，潘石屹还因为点子多，被提拔为业务经理。

李勇至今记得，海南建省的消息传来时，潘石屹拿着报纸，满脸激动："我们一起闯海南吧！"

李勇大吃一惊："潘哥，去海南人生地不熟的，每月能挣五六百元钱吗？"潘石屹却说："你放心吧，海南刚刚建省，机会多的是。我们去，一定不会错！"

1988年5月底，两人各自带着1 000多元的积蓄到了海口。

然而，相比深圳，经济极其落后、人满为患的海口，想找到一份工作绝非易事。

三个月过去，两人已经身无分文，只好找到海口市东英镇的一家砖厂。

岂料砖厂的王老板认为他们穿得干净整洁，"一看就不是做砖的样子，走吧！"潘石屹却挽起裤管往黄泥中一站："我这样像做砖的样子了吧？你放心，只要来了砖厂，我们就不会比其他人差！"老板来了兴趣，收留了他们。

砖厂建在山上，不通电，只能点煤油灯照明，挖土、和泥……所有工序全靠人力，一天下来累得要命。

20多天后，潘石屹扛不住了。他径直找到王老板，提出如果自己当厂长，工地混乱和效率低下的问题全都可以解决。

李勇觉得潘石屹胆子太大，潘石屹说："他如果答应，我觉得我能管好；不答应，我也不会亏什么。但不试试，怎么知道呢？"

第二天，王老板答应了。

潘石屹立刻开始改革：花几百元钱买来水管，引水到砖厂和泥；又买来了小型发电机，方便夜间照明和加班……

一年后，厂长潘石屹的薪水从500元涨到1 000多元，而李勇也被他提拔为组长，每月也有300多元收入。

1989年10月，王老板把经营重点转到房地产，准备转让砖厂。

潘石屹马上找李勇商量："老弟，我们把砖厂承包下来，干不干？"

李勇担心欠债，不肯投钱，又不好意思拒绝，只说"赚得多你就多给我点工资；亏了，算我白干。"

潘石屹以每月8 000元承包砖厂。在他的经营下，第一个月交了承包款后，还净赚1万多元。很快，砖厂员工从最初的100多人增加到400多人，每月都赢利两三万元，李勇的收入也涨到了两三千元。

但好景不长，由于经济基础薄弱，当地户籍人口很少，海南房地产的疯狂开发大大超出了市场的正常消化能力，1990年初，房地产热急剧降温。潘石屹承包的砖厂难以为继，苦撑数月后关门大吉。当潘石屹遣散工人时，赚到的钱基本赔光了。

这次打击之后，李勇痛下决心：明明知道潘石屹过不了安稳日子，自己为什么要跟着他这样瞎折腾啊？

1990 年 8 月 25 日，潘石屹与相处三年的李勇在倒闭的砖厂分手，消失在人海茫茫的海口街头。

与潘石屹分别后，李勇又去海口的一家建筑工地上打工，每月 200 多元。1993 年 5 月，李勇在街上碰到了潘石屹。

这时，全国皆知“要挣钱，到海南；要发财，炒楼花”，潘石屹已和王功权、易小迪、刘军、王启富等人贷款 500 万元，以 2 000 元/米^2 的价格买了 8 栋别墅，准备高价转手卖掉赚钱。

李勇十分担心：“潘哥，500 万哪！万一亏了，一辈子就完了……”潘石屹却笑道：“老弟，你不必为我担心。我即使失败，也是轰轰烈烈地失败……”

1993 年 8 月，一名山西老板愿以 4 000 元/米^2 买入别墅。尚未签单又遇上一位内蒙古商人，潘石屹的商业本能马上闪现，将价格提到 4 100 元。山西老板很生气，但马拉松式的谈判后，潘以 4 200 元/米^2 的价格卖给山西老板 3 栋，余下 5 栋以 6 100 元/米^2 的高价售给内蒙古商人，第一桶金 300 万到手。

当年底，潘石屹嗅到海南房地产泡沫即将破灭的信号，万通公司由此转战北京，1995 年他和海归妻子张欣创立 SOHO，事业越做越大……

而李勇在海南打了两年工后，回到老家结婚生子，此后四处打工，养家糊口……

2007 年 10 月，李勇来到北京建国门外的 SOHO 工地上做小工。当他听说 SOHO 的老板是潘石屹时，内心顿时掀起狂澜：如果一直和潘石屹在一起，自己怎么可能还在工地上卖苦力！

然而，不知是出于自卑还是自尊，惭愧还是懊恼，他最终并没有去见“潘哥”。

26 年时间，能让潘石屹成为众人瞩目的亿万富翁，也仍然把李勇困在工地上打工。

接受采访时，李勇感慨地说：“以前，我以为潘石屹的成功很偶然，可现在不这样认为了。因为每次在生活的岔道口，我只图安稳，满足于第二天明白自己干什么工作，害怕失去现有的一切。当初，我还觉得潘石屹每次都是瞎折腾，其实他每次再折腾时，都有了更高的起点，终于折腾成了拥有几百亿的富翁！这就是我跟他的区别呀！”

李勇的反思的确有道理，他之所以没有成功，是因为贪图安逸，只要能吃着馒头，就不会再奢求蛋糕。而潘石屹的成功，与他“能折腾”息息相关。只有敢于折腾，永远不满足现状，才能赢得机会，才能不断占据更高的人生新起点，获得新的成功。这样的人生虽然充满了动荡与坎坷，但正应了“无限风光在险峰”这句话，经过磨砺的人生才能大放异彩。李勇和潘石屹的人生之所以产生这么大的落差，其原因正在于此。

创业者的欲望有别于普通人的欲望。他们的欲望往往走出他们的现实，往往需要他们舍弃现在的立足点，打破眼前的“平静”，做一些超常规的选择。所以，创业者的欲望往往伴随着行动力和牺牲精神。这不是普通人能够做得到的。普通人的欲望，它悬挂的位置只需掂一掂脚就能够得到，而创业者的梦想，需要它的追求者尽力跳起来！

因为想得到，但凭自己现在的身份、地位、财富得不到，所以要去创业，要靠创业去改变身份、提高地位、积累财富，这是许多创业者创业的原动力。因为欲望，而不甘心，而创业，而成功，这是大多数白手起家的创业者走过的事业“三步曲”。

因此，强烈的欲望是创业的最大推动力，有志于创业的大学生，一定要有这种必备品质。

2. 吃苦耐劳的精神

创业的过程是艰难和辛苦的，可能要经历摸爬滚打，可能要经历起早贪黑，可能要风里来、雨里去。如果不愿吃苦，贪图舒适和稳定，就不能适应创业，更谈不上创业成功了。吃苦耐劳是创业者获取成功的秘诀，也是每一位渴望走向成功的人应该具备的基本素质。有道是“苦尽甘来”，当一个人通过勤劳苦干，让自己的能力提高到了一定的程度时，自然有各种发展机会降临。

【案例】

闻名世界的台湾“塑料大王”王永庆，1954 年筹资创办台塑公司，全部资本额在 1984 年就达 45 亿多美元，年营业额达 30 亿美元，在民间企业中首屈一指。在 2008 年 5 月 12 日四川汶川发生地震后，王永庆捐款 1 亿元人民币用于恢复建设。

作为台湾著名的企业家、台塑集团创办人，被誉为台湾的“经营之神”的王永庆，并没读过多少书，从小在米店当学徒。那么，王永庆成功的秘诀是什么呢？

四个字——“吃苦耐劳”。这也是他自己说的。

小时候，王永庆家里十分贫穷。由于他在兄妹中排行老大，从小就担负着繁重的家务。六岁起，每天一大早就起床，赤着脚，担着水桶，一步步爬上屋后两百多级高的小山坡，再赶到山下的水潭里去汲水，然后从原路挑回家，一天要往返五、六趟，十分辛苦。不过，这也锻炼了他的耐力。

小学毕业后，为了维持一家人的生计，王永庆没有继续去上初中，而是来到嘉义一家米店当学徒。在那待了大概一年，他的父亲见他有独立创业的潜能，就向亲戚朋友借了两百块钱，帮他开了一家米店。

米店虽小，但王永庆精心经营着。为了建立客户关系，他用心盘算每个客户的消耗量，比如一家十口人，每月需大米 20 千克，五口之家就是 10 千克，他按照这个数量设定标准，当他估计某某家的米差不多快吃完了的时候，就主动地将米送到顾客家里，这种周到的服务一方面确保顾客家中不会缺米，另一方面也给顾客提供了方便，尤其是那些老弱病残的顾客更是感激不尽，自从买过王永庆的大米后，再也没到别家米店去买过米。

当然，王永庆这样送米上门，由于诸多原因，不一定当时能及时拿到米款，但王永庆不以为然，他想，对于大多数领薪水的人来说，没到发薪之日手头也没有几个钱，于是他牢记每个在不同机构上班的顾客，每月是哪一天领薪水，就在那一天去收米款，结果十有八九都能让他满意而归。

王永庆是一个胸怀大志的人，单独卖米，他并不满足，为了减少从碾米厂采购的中间环节，增加利润，他增添了碾米设备，自己碾米卖。在王永庆经营米店的同时，他的隔壁有一家日本人经营的碾米厂，一般到了下午五点钟就要停工休息，但王永庆则一直工作到晚上十点半，所以日本人的业绩总落后于王永庆。

王永庆正是由于具有此种吃苦耐劳的精神，后来在经营台塑企业时便变得得心应手，即使遭遇挫折，也能坦然面对。取得成功，成名之后，王永庆深有体会地说：“对我而言，挫折等于是提醒我——某些地方疏忽犯错了，必须进行理性分析，以作为下次处事的参考与借鉴，这样便能以正确的态度面对人生所不能忍的挫折，并从中获益，挫折的杀伤力就等于锐减了一半，因此，我成功的秘诀就是四个字——吃苦耐劳”。

“吃得苦中苦，方为人上人。”这句流传千百年的至理名言告诉我们一个这样的道理：吃苦耐劳也是成功秘诀。那些能吃苦耐劳的人，很少有不成功的。这是因为苦吃惯了，便不再把吃苦当苦，能泰然处之，遇到挫折也能积极进取；怕吃苦，不但难以养成积极进取的精神，反而会采取逃避的态度，这样的人当然很难成功了。

3.顽强的毅力

创业的过程永远不会一帆风顺，必然要经历大大小小的困难和挫折，甚至有时会使人倾家荡产。如果不具备顽强的毅力，没有不服输的劲头，没有跌倒了再爬起来的韧性，很容易在困难和挫折面前低头、退缩，最终导致创业失败。

在我国，许多创业者在成功的历程中都有着不平凡的经历。我国著名的企业家步鑫生，因在海盐衬衫厂的成功改革而蜚声全国。然后又因为生产西装的决策失误而被海盐衬衫厂免去了厂长职务。此后他再度出山，先后应聘北京一家童装厂和上海组建鑫生制衣有限公司，遗憾的是均不能重整旗鼓。1991 年 6 月，这位 59 岁的下岗厂长只身来到资不抵债，累计亏损达 200 万元，工人已放假 3 年的盘锦服装厂，扔下两句话：不出效益不回家，不创牌子不回家。这一次他卧薪尝胆，埋头苦干。上班时要一条围裙就下了车间，不会做饭吃方便面，逢年过节守厂。半年之内，他创出的阿波罗衬衫终于一炮打响，不仅在东北受欢迎，拿到俄罗斯更抢手，一件卖到 40 美元。到 1992 年 6 月，这个服装厂创出了建厂以来的最高利润 50 万元。以后，小个子的步鑫生到俄罗斯去筹建一家中俄合资企业——阿波罗衬衫分厂。

创业者是否具有毅力，往往是其成败的一个十分关键的因素。创业者如果缺乏坚韧的毅力，办事三分钟的热情，稍遇挫折就垂头丧气、心灰意冷，怎么可能取得成功呢？

4.健康的身体和心理

具有强健的体魄，才能承受创业活动可能带来的高强度和超负荷的工作；具有健康、平和、阳光乐观的心态，才能正确地看待困难和挫折，才能保持持续旺盛的创业激情。以顽强的精神努力拼搏，勇于竞争求胜，不服输。创业者一定要抱有平和乐观的心态，乐观看待困难，平和接受挫折。

5.敢于冒险的精神

创办企业，风险是在所难免的。在企业经营的过程中，随时随地都要面对不可预知的行动后果和难以确定的风险。如果瞻前顾后、患得患失，不仅会错失良机，甚至有时会使企业经营陷入困境。因此，创业者应具备敢于冒险的精神和勇气。当然，具有冒险精神并不是说我们可以意气用事、鲁莽草率，而是应该审时度势，认真细致的分析判断，并制定相应的防范预案和对策，把可能出现的风险和损失降低到最小的程度。

【案例】

中国有一位富豪叫李晓华，他从一无所有发展到亿万富翁的过程中，敢于冒险是他短期内积累起巨额财富的一大秘诀。

在李晓华的创业史上，最冒险的一次是在马来西亚的投资。那时，马来西亚准备筹建一条高速公路，对外公开招商。政府给了非常优惠的政策，但是却没有客商参加竞标，因为这段公路不长，而且车流量也不大。李晓华得知这个消息后，立即飞往马来西亚进行实地考察。在考察过程中，他得到了一个极其重要的信息，离公路不远的地方发现了一个储藏量十分丰富的油气田，因为最后确认工作还没有完成，这条重大的新闻在马来西亚还没有正式公布。如果这个油气田的储藏量得到证实并正式开采，那么这条公路的汽车流量可想而知，这个地区发现大型油气田的消息一经发布，这块地皮的价格就会直线上升。

经过周密的筹划，李晓华决定投资这个项目，他拿出自己全部的积蓄，又以房子等财产作抵押从银行贷款，以3 000万美元的价格拿下了这个项目。可是贷款只有半年，到期必须还本付息。如果半年内这段公路不能脱手，他就会倾家荡产。

这桩生意的风险太大，亲戚朋友都劝李晓华不要去冒这个险，李晓华的妻子多次劝阻也无济于事。他在想，大不了回国去，以前过什么日子还过什么日子。等到房屋抵押完成后，李晓华手中的钱已所剩无几，这位富翁不得不节省开支，吃盒饭，坐6元钱的“当当车”，更厉害的是精神上的压力和折磨，他每天都盼望有关油气田的新闻能够发布，只盼得望眼欲穿，茶饭不思。

偿还银行贷款的日子一天天临近，半年的借贷期限，到了第5个月还没有发布油气田的消息。李晓华每天什么都不干，就等着消息的发布。眼看着第6个月也一天天地过去，还是什么动静也没有，这时他甚至开始考虑“后事”了。

到了第6个月零16天的时候，消息终于发布了，李晓华在报纸上看到新闻的标题时，紧闭双眼，一下子坐在沙发上，过了好长时间才睁开眼睛看下去。

就在消息发布的当天，投标项目的价格就翻了一番，以后几天都在持续上涨，李晓华的这次冒险得到了回报。

6.具有商业头脑

商业敏感性是许多创业者的共性之一，大学生想创业、创大业，就必须培养自己对商机的灵敏嗅觉，否则，只会与财富和成功擦肩而过。

地产大腕潘石屹的成功是有他充分的理由的。你能从别人的一句话里听出8亿元的商机，而且是隔着桌子、几个不相干的人说的一句话？潘石屹就有这个本事。

1992年，潘石屹在海南任万通集团财务部经理，被派到北京为成立北京分公司做准备工作。这天，他在怀柔县政府食堂吃饭时，听旁边的人说北京市给了怀柔四个定向募集资金的股份制公司指标，但没有人愿意做。在深圳工作过的潘石屹知道指标就是钱。他不动声色地跟那位怀柔县体改办主任边吃边聊：“我们来做这个股份制公司行不行？”体改办主任说：“行是行，可是现在来不及了，要准备6份材料，下星期就要报上去。”

潘石屹通过关系联系到北京市体改委的一位负责人。这位领导说：“这是件好事，你们如果愿意做是对改革的支持，我们可以给你们宽限几天。”

就这样，潘石屹拿到了8个亿的现金融资。

“美心防盗门”的创始人夏明宪，最开始的时候是在重庆经营一家小五金杂货店。1989年的时候，他忽然发现来买水管接头的人多了起来。他觉得奇怪，经过询问才知道，是一些先富起来的重庆人，为了自身和家庭财产的安全，把水管接头焊接在一起做成铁门防盗。夏明宪知道这个秘密后，意识到机会来了。他马上租了一个废弃的防空洞，买来相应的工具，利用一个多星期的时间，做了20多扇“铁棍门”，赚了一大笔钱。后来顺着这个思路发展，就有了现在的“美心防盗门”，与“盼盼防盗门”一起，成为中国防盗门行业响当当的品牌。

7.竞争的意识

竞争是市场经济最重要的特征之一，是企业赖以生存和发展的基础，也是一个人立足社会不可缺乏的一种精神。

随着中国市场经济从低级向高级发展，竞争愈来愈激烈。从小规模的分散竞争，发展到大集团集中竞争、从国内竞争发展到国际竞争、从单纯产品竞争，发展到综合实力的竞争。因此，创业者如果缺乏竞争意识，实际上就等于放弃了自己的生存权利。创业者只有敢于竞争，善于竞争，才能取得成功。

有一所职业学院的两个毕业生久怀创业之志，然而选择什么样的行业作为自己的努力方向，却让他俩费了一番脑筋。一位同学一心只想找一个没有竞争的行业大干一番，可是他发现，市场上根本没有。他想到的别人早就干了，他没有想到的别人也在干。转眼三年过去了，这位同学仍没找到自己想干的行业，一无所获。而另一位同学虽然也希望开拓出新的行业，新的领域，但最终还是选择了通过竞争来开创自己的事业。在经过市场调查后，他发现当地房地产发展对红砖的需求量大，附近虽然已有两家制砖厂，但工艺落后，价高质次，因而固定客户少，生意差。他想，只要自己在这方面有所突破，就一定能够占领市场。于是，他与别人合伙开办了一个制砖厂，高薪聘请技术人员攻破质量关，并千方百计降低成本，生意很快越做越大，逐步占领了当地大部分市场。同时，还销往临近的不少地区。

创业者创业之初面临的是一个充满竞争压力的市场，如果创业者缺乏竞争的心理准备，甚至害怕竞争，就只能是一事无成。

在这个时代，人们的模仿力很强，即使你开拓了崭新的领域，成功地实现了一个创新活动之后，接着面临的便是蜂拥而至的竞争者的竞争。创业者必须要有充分的心理准备，在已经开拓出来的事业领域里，还需不断进一步创新。因为模仿者有后来居上之势，创业者如果不审时度势，及时开辟新的项目，就有可能遭受灭顶之灾。

8.知识和经验

从创业成功的案例来看，文化知识虽然不是创业成功的必要条件，但丰富的科学文化知识会给创业者创业、守业、事业发展提供强大的推动力。在企业界不乏创业成功之后，由于创业者缺少文化，在人员管理、企业经营策略等方面出现重大失误而使企业迅速走向衰落的现象。同时，创业项目的行业专业知识和技术也是创业成功的重要因素。

此外，经验的累积对于创业成功也起着至关重要的作用。这些经验包括相关行业的工作经验、企业经营或管理经验、产品营销经验以及其他相关的社会经历等。

(二)创业者应具备的能力

1.学习和适应能力

创业者在创业过程中会不断接触到新事物、新环境、新问题，而现有的知识和经验贮备不可能完全满足创业的要求。这就要求创业者要具备不断、主动、自觉地学习新知识的能力，从书本上、从自身经历中、从他人的成功或失败的案例中汲取营养，不断提高自身的素质和能力，以满足成功创业的要求。

在企业创立、经营的过程中，创业者所处的环境、生活的状态都会与以往发生较大的变化，周围环境的变化也是瞬息万变，尤其是市场的变化。这就要求创业者能够不断调整自己去适应企业经营管理的节奏；能够细心观察周围的事物，调整企业经营策略，适应市场的不断变化。

2.经营管理能力

经营管理能力是创业能力中较高层次的能力，是将人、财、物、时间、空间合理组合和运用的能力，它直接关系到创业活动的效率和成败。

经营管理能力主要包括善于经营、善于管理、善于用人、善于理财四个方面。

(1)善于经营　成功的创业者,不仅要有果敢的开拓创业精神,还必须精于经营之道,熟悉市场行情,了解和掌握生产经营活动的内容和规律,学会生产经营的策略和手段,及时掌握准确的市场信息。

(2)善于管理　所谓管理,就是根据企业的内在活动规律,综合运用企业中的人力资源、财力资源、社会资源及其他资源,高效率地实现企业目标的过程。事实证明,在生产条件和资源投入相同的企业之间,其生产效率总是存在差异的,造成这种差异的主要原因就是管理水平的高低。善于管理,必须了解生产环节,掌握管理的技巧,精通经营核算,做好生产过程的组织、生产计划的编制、生产的安排调度、产品和服务质量的控制等各个环节。

(3)善于用人　在生产经营活动中,人是最活跃、起决定作用的因素,是创业能否成功、企业能否健康发展的决定因素。

在我国历史上著名的楚汉相争就是一场善于用人、如何用人的战争。项羽刚愎自用、不善用人,先后失去了韩信、陈平、范增等人,结果上演了一场霸王别姬、乌江自刎的悲剧;刘邦则善于用人,成为汉朝的开国皇帝。刘邦在总结自己之所以能战胜项羽的原因时说:运筹于帷幄之中,决胜于千里之外,我不如张良;治国安民,供应军需,我不如萧何;统帅百万大军,战必胜,攻必克,我不如韩信。此三人乃人中豪杰,但我能用之,故我能得天下!

善于用人,就能调动人的积极性,使人尽其能,人尽其才,使个人的长处得到充分的发挥,就能构建一个无坚不摧的坚强团队。企业的竞争,归根结底是人才的竞争,以人才来衡量企业的财富,要比用金钱来衡量企业的财富更有长远的意义。

要做到善于用人,必须统一指挥,权责分明,建立规章制度并严格执行,民主管理,奖勤罚懒,赏罚分明。

(4)善于理财　俗话说,你不理财,财不理你。创业者从事生产经营活动,要想获得利润,就必须善于理财。理财就是对资金流转的过程进行正确的组织、指挥和调节,在保证生产活动顺利进行的基础上,尽可能地减少劳动和物质资源的损耗,从而降低生产和服务成本,提高资金的利润率,增加经济效益。

在当前商品经济的社会环境下,创业者必须精于"算计",每做一件事,都要评估这件事是否有利于企业发展,有没有经济效益或将来会不会对企业带来效益。善于理财的实质就是使资金增值,它是创业成功的一个重要保证。

3.专业技术能力

专业技术能力是最基本的创业能力,是人们从事某一特定社会职业所必须具备的能力。一个具有丰富经验的较高水平的经营管理者,如果不熟悉、不了解某一专业或职业的特殊性,就无法施展和发挥其经营管理能力,而只有把握住了某一专业、职业的特点,才能对症下药,因事制宜,采取适当的经营管理方法。

专业技术能力包括专业知识和专业技能两个方面。专业知识是指从事某一专业工作所必须具备的知识,一般具有较为系统的内容体系和知识范围。掌握专业知识是培养专业技能的基础。专业技能是将专业知识应用于生产实践中动手操作的能力,只有将专业知识转化为专业技能,才能发挥专业知识的作用。

4.人际交往能力

经商是与人打交道的社会行为,人际关系好,自然有利于你的创业成功。

在创业及经营企业的过程中，创业者要能够妥善处理与政府部门、新闻媒体、客户之间的关系，同时能够协调下属各部门成员之间的关系。还要善于团结一切可以团结的人和力量，求同存异共同发展。创业者搞好内外团结，处理好人际关系，才能建立一个有利于创业的和谐环境，为成功创业打好基础。

人际交往能力是一种社会实践能力，它不是天生的，也不是在学校的课本上能够学到的，它需要在实践活动中学习，不断积累总结经验。人际交往能力的形成需要做到以下几点：一是敢于与不熟悉的人和事打交道，敢于冒险和接受挑战，敢于承担责任和压力，对自己的决定和想法要充满信心、充满希望；二是养成观察和思考的习惯。社会上存在许多复杂的人和事，在复杂的人和事面前要多观察、多思考，总结出自己与人交往的原则和准则。三是处理好各种关系。

可以说，社会活动是靠各种关系来维持的，处理好各方面的关系、善于应酬，对于企业的发展能够发挥巨大的促进作用。要做到宽以待人，严于律己，尽量做到既了解对方的立场又让对方了解自己的立场。

5.分析判断能力

作为企业的经营管理者，要勤于和善于思考，能够经常提出有益于企业发展的新点子和创意。能够通过细致入微的观察，从错综复杂的现象中发现事物的本质，找出存在的真正问题，并通过对问题进行科学的分析、归纳、整理、判断，制订出合理解决问题的方法和手段。

6.语言表达能力

在企业经营管理过程中，无处不需要良好的口语表达能力和文字表达能力，如洽谈、会议、演讲、产品宣传、企业宣讲、文案等诸多方面。

三、创业成功所需的外部条件

和所有的事情都是由内因和外因共同构成的一样，创业成功，不仅需要创业者具备一定的素质和能力等内部条件，还要靠一些创业所需的外部条件。

创业所需的外部条件一般包括以下几个方面：

(一)一个好的项目

一个好的项目，是创业成功所需的最重要的条件。什么样的项目是好的项目？好的项目应该具备什么样的条件？如何论证你的项目？这些都将在以后的内容中详细介绍。

(二)志同道合的创业团队

一个人创业虽然自主性强，但毕竟人单势孤。如果能够组建一个志同道合的创业团队，团队成员分别掌握技术、生产、管理、销售、财务等技能，彼此之间相互了解、相互信任，彼此之间能力和资源互补，就能够大大提高创业成功的概率。

(三)充分的资源

(1)产品资源　你或你的创业团队拥有某项产品的进货渠道和良好的货源，或者是具备为客户提供某项服务的便利条件，再或者是拥有某个新产品的生产技术。

(2)市场资源　你的项目或产品在市场竞争中具有一定的优势，在你的社交圈内有一些人将来会成为你的客户，或者你已经拥有了一定的销售渠道或模式，在开业后就能拿到订单，或者你能够获得一些特许经营项目的经营资质。

(3)资金资源　针对你的项目所需要的资金数量，你的自有资金或是通过筹集获得的资金能够完全满足你的资金需求。

(4)场地资源　开办企业所需的办公、店面、库房、生产等场地都能够通过自有或租借等方式解决。

(5)人脉资源　你的亲朋好友很多，针对于你所开办的企业，他们能够为你提供各个方面的支持和帮助。

(四)明确的创业目标

1.要有一个远大的目标

每个创业者的心里都有自己渴求的愿望，都有自己的奋斗目标，为实现这个目标，自然会产生实现这个目标的动力，去为实现这个目标而努力。有什么样的目标就会有什么样的动力，如果你的目标不够大，就不能刺激你的心，你就很难成就更大的事业。

创业目标应将自己的财富目标和人生规划、事业目标、家庭和谐、社会责任结合起来。单纯的财富目标，不会成就伟大的创业者。

2.创业目标应易于操作，通过努力能够实现

只有能够实现的目标才能称得上真正的目标，才是有意义的目标。不能实现的目标就好比镜中花水中月一样中看不中用。因此，在制定创业目标的时候应达到以下几点要求：

(1)创业内容要具体明确。

(2)短期目标和长期目标要与实际情况相结合。

(3)在规定时间内完成目标任务。

(4)做任何事情必须要留有余地。

(5)要知足，千万不能贪心。

3.创业目标必须要有“亮点”

能不能模仿成功人士的路去走呢？当然可以，但并不是所有的人都可以。对于部分大学生来说可能是一条铺满鲜花的道路，但又有可能是一场充满险阻的坎坷道路。道理很简单，人与人之间的先天差别虽然很小，但是社会却决定了人与人之间的差距。成长在不同的环境，就会形成明显的差距。对此，大学生在创业时必须要三思而后行，根据自己的条件，挖掘出自己的创业目标“亮点”，而这亮点需要符合自身。

四、创业的代价和风险

创业能给我们带来好处，但任何事物都具有两面性，创业也不例外，也是有风险和代价的。每一个创业者都要做好这方面的心理准备。

(一)创业的代价

1.承受高强度的紧张和压力

创业成功带来的果实是美好和甜蜜的，但取得成功的过程却可能充满着艰辛和痛苦。俗话说，万事开头难。创业初期，你可能面临各种问题和困难，可能每天都在绞尽脑汁和不遗余力地去克服困难和解决问题。

尤其是企业初创期间的问题，包括市场的问题、人员的问题、资金的问题，都关系到企业的生存，如果解决不好，不仅会影响企业的经营效益，甚至会导致创业失败。因此，在创业成功之前，你的心情很难轻松，必须时刻承受各种困难带来的紧张和压力。

2.收入起伏不定

创业能给创业者带来高额收入，但这种收入又是不确定和不稳定的。在创业初期的收入通常是比较低的，甚至不如你在职场打工挣得多。即使企业渡过生存期进入到成长期后，也不能保证收入持续增长和稳定不变，这是由市场的不断变化决定的。

3.无休止的超负荷工作

在创业期间，有太多的事情要做，有太多的问题要解决。因此，你通常每天要工作10小时或更长，每周要工作6～7天。尤其是在创业初期，企业人手通常不足，很多事情都需要你亲自办理，以至于必须超负荷地工作，加班加点是家常便饭，且无论周末和节假日。

4.休闲及与家人在一起的时间减少

为创业而不分昼夜和没有节假日地工作，必然造成你与家人、朋友在一起的时间减少，你用来休闲娱乐的时间也很少。创业的紧迫感和经济利益的驱使，会迫使你不得不牺牲与家人、朋友在一起休闲的时间。

5.有时会做不喜欢但不得不做的事情

在创业期间，企业的生存和经济效益永远是第一位的。为了求得企业的生存，为了取得创业的成功，你可能不得不违心或不情愿地做一些自己不想做或不喜欢做的事情。目的是为了实现企业的效益，这也是一种创业的代价。比如说你不会喝酒，但为了应酬，有时你不得不拼命喝酒。

6.比打工更加辛苦和劳累

各种创业难题给你造成的紧张和压力会使你容易心理疲劳和心力交瘁；收入不稳定会加剧你的精神负担；终日超时超负荷的工作，可能使你的身体透支；不能与家人和朋友在一起可能给你带来种种怨言。

事实上，创业确实比打工更加辛苦和劳累，付出的更多，尤其是在初创期。然而，与创业成功能够给我们带来的好处和价值相比，所有的付出和代价都是值得的。

(二)创业的风险

1.个人财产遭受损失

如果创业者创业投资用的是自己的存款，或用房产等抵押来贷款，那么一旦创业失败，创业者的个人财产和储蓄必然遭受损失。

2.负债

有不少创业者创业之初好高骛远，喜好大项目，在贷款投资时高估项目的赢利周期或高估自己的还款能力，这样，一旦创业失败，创业者所背负的债务将很难还清，他们的尊严和生活品质将因此大打折扣。

3.身体累垮，精神崩溃

在创业初期，创业者可能面临高度的紧张和压力，以及经常高负荷的工作，如果不能张弛有度地应对，长久下去，他们可能累垮自己的身体。一旦经营遭受重大打击，导致创业失败和损失惨重，有的创业者可能一时难以接受，出现精神失常甚至崩溃。

4.与朋友反目

很多创业者往往与自己的亲朋好友结成创业伙伴，发生利益纠纷之后，如果处理不好，可能导致友情受伤，甚至反目为仇。

5. 亲人离弃或家庭破裂

有些创业者进行创业投资时，并未与家人沟通协商和达成一致。如果创业投资失败，造成家庭财产受损或背负家庭债务，那么事先不知情或对创业不予理解的家人，就可能离弃创业者，造成家庭破裂。

创业风险的案例在现实生活中时有发生。创业者必须在创业开办之前做好充分的准备，把各种风险降低到最小。

(三)造成创业失败的原因分析

1. 项目选择错误

选对创业项目是创业的第一步。如果第一步没有走好，选择了一个不适合自己经营的错误项目，创业失败的结局几乎是注定的。

2. 创业准备不充分

鉴于如今市场竞争激烈，创业风险较高，只有做好充分的创业准备，才能提高创业成功率。充分的创业准备包括：切实筛选创业项目、周密地论证项目的可行性、筹集好创业资金、找好合作伙伴(如果需要合作创业的话)、考察好自己的经营场地、进货和销售渠道，以及拟订好创业计划书，等等。

很多创业者都是在失败后才意识到，自己当初创业时太冲动、太盲目，假如创业准备充分的话，很多错误本来在创业之前就完全可以避免。

3. 经营选址不当

经营场址对于创业成功非常重要，如果是商品销售类企业或服务性企业，选址就更加至关重要。如果经营场址选择不当，就会造成客户人流不足，或造成其他经营不便，最后导致创业失败。

4. 经营失策，难以打开市场

有了好的项目并做好了充分准备之后，创业经营就成了决定成败的关键。创业企业在推广宣传、销售和售后服务以及应对竞争等方面的策略和做法，如果有失策或严重缺陷，又得不到及时纠正，最后可能导致市场难以打开，销售达不到预期，最终企业将因不堪亏损而关门。

5. 管理不善，成本太高

有的创业者销售做得不错，销售额也不低，企业能盈利一段时间，但因为管理混乱，渐渐出现开支过大，资金流失，销售人员留不住，最终企业无可挽回地走向了失败。

管理不善也经常反映于企业产品或服务的质量低劣，严重的产品质量问题会导致企业因失去市场而失败。

6. 没有良好的团队和人才，执行力不佳

一个创业企业如果没有一个良好的经营团队，关键岗位上如果缺乏必要的人才，该企业的执行力就会成为创业的主要障碍。如果执行力长期得不到改善，创业的任务无法有效完成，经营效益不能实现，创业一定会以失败而告终。

7. 资金断流，难以支撑

有不少创业者，项目选得不错，经营做得也还可以，但他们对自己创业初期的亏损期会有多久预估不足，因此没有后续资金，导致还没有支撑到企业盈利的那一天，现金流就断了，只能关门。

8. 意外变化，导致夭折

由于市场行情的突变、竞争对手的行为、行业或国家政策的改变、合作伙伴或关键技术人员的变动、创业者本人或家庭的意外事故等，都可能导致创业失败。

五、创业评估

创业需要冒很大的风险，并付出很大的代价。一旦创业失败会对个人和家庭造成打击和损失。所以，在创业之前，应对自己进行评估，判断自己是否适合创业。

要评估自己是否适合创业，首先要检查自己的创业动机和目标。只有具备了创业的动机和目标，你才能够创业。没有创业动机和目标，你很难有强烈的创业愿望，更不会有高昂的创业激情，如果在这种情况下选择创业，你将难以成功。其次你不光要有创业的动机和目标，而且你的目标还应当是合理合法的，因为这样的创业才能给你本人和社会带来积极和正面的效果。否则，如果创业动机不合理甚至不合法，你的创业可能让你误入歧途，也可能造成对社会的危害，最终可能让你付出惨重代价。

(一)创业的动机和目标

通常，创业者的动机和目标主要包括以下几种：

1. 谋求生存

很多人选择创业，是因为找不到工作，例如许多 40、50 岁的人。他们迫于生存压力，想通过创业来获取收入和维持生计。还有一些人因为找不到合适的工作而选择创业。但他们创业的首要目标是为自己和家庭创收。因此，这些创业的动机和目标都是为了生存，或者为了更好地生存。这种创业者在我国创业人群中占绝大多数，通常我们称这种创业为生存型创业。

2. 把握机会

有些人创业并非为了谋生，而是因为他们确信自己遇上或发现了某种商机，他们想抓住和利用市场机遇，为自己获取正常打工所难以得到的财富或其他利益。这种创业有一点的投机性和偶然性，但如果发展顺利和创业成功，也能挖掘出创业者的创业潜质，把企业办好，为自己和社会都创造价值。

3. 追求兴趣

有些人创业并不是因为就业或谋生的需要，也不是因为发现了自认为很好的创业机会，而是因为喜欢创业，喜欢挑战自我，想通过创业来实现自我，把创业当作一种生活方式。例如有的白领人士不缺钱花，却会在晚上去摆个地摊，去体验那种创业经营的快乐。

4. 寻求发展

有些拥有良好工作的在职人员，工作职位和薪酬待遇都很好，生活品质也不错，只是在一家单位工作时间长了，不再有工作新鲜感，难有创新突破，或者职位和待遇不会有更高的升级，跳槽要么找不到合适的单位，要么无法实现自己的抱负或价值。因此，他们中很多人也可能选择创业，以寻求更好或更大的事业发展，或在有了经验、资金、渠道及人脉等资源的积累之后，通过创业来寻求自己价值的最大化。

我们通常称这种创业为机会型创业。这种创业者往往创业比较理性，有良好的创业素质，具备较好的创业条件。他们创业也相对比较容易成功，由此给他们本人和社会带来的正面积极效应也比较大。

5.预期收入

大多数创业者在决定走创业之路时，心里会预定一个收入目标，生存型创业者更是如此。你的收入目标可以是你的生存标准，也可以是你的理想目标。为兼顾两者，你制定的收入目标应该是一个收入范围，例如从年收入3万～30万元。目标的低端是你的生存底线，目标高端是你在一定时期内期望达到的理想收入。用你的收入目标与你的创业条件做比较分析，可以在一定程度上看出自己是否适合创业。

6.赚更多的钱

有太多的创业者在描述自己的创业动机和目标时，往往会说他们创业就是为了赚更多的钱。毫无疑问，赚更多的钱是众多创业者的共同动机。赚钱盈利是企业成功的检验标准，有了钱，你可以解决你的生存问题，或投资去追求你的兴趣爱好，或寻求实现你的抱负和梦想。

因此，如果你想创业，你的赚钱动机还不足以判断你的创业属性。前面几种动机和目标，才有助于了解你属于哪一种创业人。分析你赚钱后要实现什么样的目标，可有助于确定你是否具备应有的创业条件，这样才能帮助你判断自己是否适合创业。

(二)是否具备创业成功所需要的条件

我们可以把打算创业的人群分为三类，第一类是具备所有公认的创业条件的人；第二类是具备部分创业条件的人；第三类是基本不具备创业条件的人。下面我们就这三类人来看一下，哪些人适合创业。

1.具备所有创业条件的人

如果具备上面所描述的创业成功所需的全部条件，那么毫无疑问，这种人是条件非常优秀的创业者。如果他们做好充分的创业准备，脚踏实地、刻苦耐劳地实施自己的创业计划，相信他们创业成功的概率会非常高。可以肯定地说，这种人非常适合创业。

2.具备部分创业条件的人

多数人可能都不具备上文所述的所有创业条件，而只是具备某些内在或外部的创业条件，但缺乏其他一些创业条件。即使这样，只要他们充分利用已有的创业条件，通过创业的实践探索来改善和获取自己的创业资源，他们也完全可以创业成功。这种创业者，虽然欠缺一些创业条件，但往往具备较好的个人条件，尤其是出色的基本能力，例如学习和适应能力。他们如果下决心要创业的话，能够很快进入创业的角色，探索和走上属于自己的创业成功之路。因此他们是适合创业的人群。

具备部分创业条件的人群中，有些人虽然拥有一定的创业资源，但如果在个人基本条件和能力方面存在严重不足，例如缺乏健康的创业心态和明确的创业目标，学习和适应等方面的基本能力欠缺，那么，他们的创业可能难以成功，也可能误入创业歧途。显然，这些人不一定适合创业。

3.基本不具备创业条件的人

完全不具备任何创业条件的人可能很少，很多人可能只是具备某一、二项非关键性的创业条件，例如只有强烈的创业愿望，但没有合理的规划和健全的创业心态，也不具备重要的创业能力，这些人应都属于基本不具备创业条件者。这样的人不适合从事创业。

另外，对很多人来说，自己当老板比为别人打工要难得多。创业不仅对能力和素质要求更高，而且在创业初期，当老板比当员工往往要承受更多的压力、辛劳和付出。如果对此不习惯和难以适应，这种人可能也不适应创业。

我们知道，打算创业的人群里有不少属于这种缺乏基本创业条件的人，他们如果一定要创业，应该认真参加各种培训学习，尤其是创业培训，在社会实践中锻炼自己的创业能力，同时花一段时间来积累自己的创业资源。经过这种努力，如果他们的创业条件得到改善，他们也完全有可能成功创业。

【课堂活动】创业能力测试

下面的问题，结合自己的情况答“是”或“否”。

1. 你是否曾经为了某个理想而设下两年以上的长期计划，并且按计划进行直到完成？

2. 在学校和家庭生活中，你是否能在没有父母及师长的督促下，就可以自动地完成分派的工作？

3. 是否喜欢独自完成自己的工作，并且做得很好？

4. 当你与朋友在一起时，你的朋友是否能经常寻求你的指导和建议？你是否曾被推举为领导者？

5. 求学时期，你有没有赚钱的经验？你喜欢储蓄吗？

6. 你是否能够专注地投入个人兴趣连续10个小时以上？

7. 是否有保存重要资料的习惯，并且井井有条地整理，以备需要时可以随时提取查阅？

8. 在平时生活中，你是否热衷于社会服务工作？你关心别人的需要吗？

9. 是否喜欢音乐、艺术、体育以及各种活动课程？

10. 在求学期间，你是否曾经带动同学，完成一项由你领导的大型活动。比如运动会、歌唱比赛等？

11. 喜欢在竞争中生存吗？

12. 当你为别人工作时，发现其管理方式不当，你是否会想出适当的管理方式并建议改进？

13. 当你需要别人帮助时，是否能充满自信地要求，并且能说服别人来帮助你？

14. 当你要完成一项重要工作时，总是给自己足够的时间认真完成，而绝不会让时间虚度，在匆忙中草率完成？

15. 参加重要聚会时，你是否准时赴约？

16. 是否有能力安排一个恰当的环境，使你在工作时能不受干扰，有效地专心工作？

17. 你交往的朋友中，是否有许多有成就、有智慧、有眼光、有远见、老成稳重型的人物？

18. 你在工作或学习团体中，被认为是受欢迎的人物吗？

19. 自认是一个理财高手吗？

20. 是否可以为了赚钱而牺牲个人娱乐？

21. 是否总是独自挑起责任的担子，彻底了解工作目标并认真完成工作？

22. 在工作时，是否有足够耐心与耐力？

23. 是否能在很短时间内，结交许多朋友？

测评标准：

答“是”记1分，答“否”不记分。

0～5 分：目前不适合自己创业，应当训练自己为别人工作，并学习技术和专业。

6～10 分：需要在旁人指导下创业，才有创业成功的机会。

11～15 分：非常适合自己创业，但是在否的答案中，必须分析出自己的问题加以纠正。

16～20 分：个性中的特质，足以使你从小事业慢慢开始，并从妥善处理中获得经验，成为成功的创业者。

21～25 分：有无限的潜能，只要懂得掌握时机和运气，将是未来商业巨子。

第二节 创业调研

创业对于任何一名刚走出大学校门的毕业生来说都是一件充满着未知和风险的事情，即使是有了几年工作经验和一定资金积累的人也不能保证创业必定成功。因此，在创业之前需要通过调查研究，了解一些未知的事情，求证一些关键的信息，以帮助你对你的创业项目进行论证，评估创业项目的可行性。在创业的过程中也需要不断地进行调查研究，以帮助你做出正确的判断和生产经营决策，尽量规避风险，少走弯路。

一、调研的目的和内容

(一)创业调研的目的

1.什么是创业调研

创业调研是创业者在进行创业活动时开展的调研，是为了评估创业项目的可行性、解决创业过程中遇到的困难，以及帮助制定正确的生产经营决策，最终实现创业目标而进行的调研。

具体来说，创业调研就是通过各种方式和方法收集与调查目的相关的信息和数据，并对这些信息和数据进行科学的归纳、整理和分析，从而得出可以指导创业活动的意见结论的过程。

2.调研的目的

创业调研的目的多种多样，概括来讲，主要包括以下几个方面：

(1)选择和评估创业项目　多数创业者在打算创业时，还不清楚或是不确定自己应当做什么项目。为了找到一个适合自己的创业项目，需要进行项目调研。在初步选定了创业项目之后，还要进一步围绕创业项目进行更深层次的项目调研，如项目的投入成本、赢利状况、市场前景、风险等，以评估创业项目是否可行。

(2)开拓市场　万事开头难，创业也是如此。在创业初期为了迅速为你的企业产品找到客户、提高销量，需要进行市场调研。如调查收集市场需求情况、客户群和竞争对手等方面的信息，根据这些信息制定相应的经营管理策略。在企业不断发展扩张的过程中，也需要根据发展过程中遇到的各种问题开展调研，以促进企业的生产和销售。

(3)解决企业经营管理中出现的问题　在企业经营过程中难免会遇到困难和问题。如营业额出现了明显的下降、员工的工作热情不高、老客户出现流失情况，等等。要想解决这些困难和问题，首先要找出出现这些问题的根源。这就需要创业者进行深入有效的调研，找出原因，进而制定相应的解决问题的方案。

（4）寻求合作伙伴　创业者在创业的过程中如果感到势单力薄，就需要寻找合作伙伴或者是与其他的企业进行合作，以弥补自己在资金、技术、人脉、社会资源等方面的不足。在寻求合作伙伴的过程中，需要对合作伙伴进行调研，分析是否志趣相投、是否资源互补、是否品行端正，等等。

（二）创业调研的内容

1. 市场调研

市场调研被广泛地应用于创业的各个阶段，是被使用最多、也是使用最广的一种创业调研。市场调研的质量好坏，直接关系到我们对市场因素的分析和判断是否准确，也直接影响到创业项目决策或创业经营决策的正确与否。因此，学习和掌握市场调研的方法，对每一位创业者来说都至关重要。

（1）市场的概念　通常，市场是人们进行买卖交易的场所，如各种商品批发市场。很多人把企业产品的买主或客户都通俗地称为市场，例如，当他们在谈论某产品是否有市场时，他们所说的“市场”往往指的就是产品的客户。还有许多经营者通常把与企业产品的买卖相关的事物都泛称为市场，其中包括：

与自己的产品形成竞争关系的同类产品；

与产品的生产和交易相关的单位和人，例如，生产厂家、供应商、客户等；

对自己产品的赢利有影响的环境和条件等，例如，价格行情。

市场的主要成分包括企业的产品、生产商、供应商、经销商（代理商）、客户（用户）等。

（2）市场调研的内容　市场调研，顾名思义，就是关于市场的调研，也就是说，上述市场的成分就是我们市场调研的对象和内容（表 12-1）。

表 12-1　市场调研的目的和内容

调研对象	调研目的	调研内容
产品调研	产品的研发、升级；改进产品质量、外观、包装、相关服务等。	产品的开发技术、功能功效、生产所需的原材料、生产和销售成本；同类产品的功能功效、质量、销售价格、相关服务等。
客户调研	寻找客户；为产品定价；制定营销策略；改进和完善产品等。	产品的消费人群；目标客户的收入水平、消费需求、消费习惯和消费趋势；消费者对产品和服务的期望值等。
营销调研	做营销规划；制定营销策略；扩大产品销售等。	市场需求；市场容量；与产品特点匹配的营销手段和销售技巧；营销成本等。
竞争调研	制定经营策略；确定自己产品的特色；向竞争对手的市场渗透等。	同类经营者的经营策略、产品特色和价格、营销手段、市场份额、营销投入、经营规模等。
市场行情调研	制定价格策略和给产品定价；掌握市场的供需状况等。	市场对产品的需求现状和动态；产品的生产供应商和经销代理商；同类产品的品种、质量和价格等。
经营效益调研	企业成本和利润的计算和预测；盈亏平衡及投资回报计算等。	产品研发、生产、流通和终端销售等各环节的投入及产出；产品的价格行情等。
市场前景调研	掌握市场发展趋势；制定企业的发展愿景；产品生产和销售的长远规划等。	产品的市场供需现状及发展趋势；产品所处的生命周期；产品经营者的变化及趋势；行业发展趋势；国家相关政策和法规的走向等。

在创业过程中，市场调研很可能有着多重目的，因此调研对象往往不止一个，调研内容也是交织复杂的。这时你通常做的应当是将上述两项或多项调研合并在一起进行的综合的市场调研。

2.项目调研

创业项目调研，主要是围绕创业项目的产品、客户、商业模式等开展的调查研究，它既是项目论证的重要步骤，也是搜集和筛选项目信息的有效手段。可以说，做好项目调研，是创业者选对和选好创业项目的必要保障。

创业项目调研一般分为以下三个步骤：

第一步，广泛搜集和筛选各种创业项目信息、创业思路和好点子，对照自己的情况进行分析，初步形成自己的创业项目构思。

具体内容包括调研适合自己操作的各种现有的项目、创业模式、企业类型的利弊和风险；调研市场上的热门行业及产品，了解哪些产品好卖，哪些消费者认知度高，哪些利润大；还可以研究潜在的消费领域和产品，预测未来人们需要的产品；了解那些赚钱的企业是以什么样的模式经营的。

第二步，宏观论证自己的项目构思。通过信息收集、项目考察、情况核实、市场分析、SWOT分析等，从宏观角度验证自己的创业项目是否可行。

具体调研内容包括调研你的产品的功能、对消费者的价值、市场价格、潜在的消费需求量；调研同类经营者的情况，包括分布、市场份额、规模、经营状况、与自己的项目的差异，周边竞争对手的情况；调研目标客户对你的产品的认知和认可程度，他们的消费习惯和对你的产品的期望价格；调研行业和市场的宏观发展前景，国家的优惠和限制政策等。

第三步，微观论证创业项目的可行性。

了解你的项目产品适合采取哪些模式进行营销；了解与你的经营相关的各种成本和费用；估算你的预计毛利和纯利润；调研和分析你经营该项目所需要的投资及回收投资所需的时间；调查和研究你未来经营中可能出现的各种风险以及你能够采取的防范措施。

3.商圈调研

商圈调研是在创业开办和初创经营阶段必须开展的创业调研。商圈一般是指零售企业的顾客所在或所来自的区域，广义上的商圈可以是任何一家企业的顾客或客户所在的区域。

进行商圈调查，就是要了解你的顾客来自何方；你的顾客找你或者你找他们是否方便；如果你是家零售店，你的顾客人流量会有多大；你的商圈内，尤其是你的周边有哪些竞争对手；它们的经营状况如何；等等。因此，商圈调查往往是在创业开办阶段经营选址时应当进行的调研。你在初创经营时期，为了正确制定你的经营或竞争策略，也需要开展商圈调查。

商圈调查的内容也是因目的不同而异。如果商圈调查是为了选址，则调研内容主要是商圈内的目标客户、过往的人流、交通便利情况、相关服务设施、有关经营场址的费用、同类经营对手的状况等。如果你是为了做好或改善你的企业经营而进行商圈调查，你的调研则应当着重于你和竞争对手间的比较分析。

4.可行性调研

可行性调研也是在创业过程中经常用到的创业调研之一。你在创业准备阶段进行的项目调研，实际上就是一种可行性调研。然而，可行性调研又不仅仅局限于选择项目的调研，在创业经营中，对于一项新的投资、一项新的工程、一项大型活动、甚至一个对企业经营关系重大的创新举措或者一个创意想法，都可能需要开展可行性调研，以便决定是否要将其付诸实施。

虽然可行性调研的用途比较广，但概括来说，都是一种在要决定是否实施一件涉及面广、周期长、动作比较复杂的行动之前进行的相关调研，目的是确定该行动是否可行。这种调研的内容涉及很多方面，通常都会涉及的内容包括：对该项行动的成功有影响的各种因素、实施的费用、所涉及的人员和时间等。

5. 满意度调研

满意度调研通常是指客户或顾客的满意度调查，这种满意度包含客户在消费之后对企业产品、服务和品牌的满意和认可。创业者在创业经营中，可以通过满意度调查，来改进产品的质量、改善服务的流程或调整经营策略。显然，这也是创业中十分必要的一项创业调研。

满意度调研的内容包括：消费客户在消费前对你企业产品或服务的期望值、他们在消费你企业的产品或服务之后的真实感受以及消费前期望值与消费后真实感受之间的差距。

6. 合作可能性调研

创业过程中经常会有合作的需求。无论是团队核心伙伴的合作，还是业务上的合作，你在决定是否合作之前，必须要搞清楚合作什么及怎么合作的问题，这往往就意味着要收集相关信息和对信息资料进行分析。

关于合作可能性的调研，通常是围绕意向中的合作伙伴来进行，同时也需要对合作事项能给双方带来的利益、合作的风险及其防范以及合作的前景等开展详尽的调查。

7. 现状调研

就创业调研而言，这里所说的现状调研是指对企业的经营或管理的现状或某个项目的运行现状所开展的调研，目的是发现问题，或针对已出现的问题找出原因，以便改善企业的经营管理、或改善项目的运行。你在创业经营和管理过程中，不可避免地会遇到这样或那样的难题。如何解决这些难题涉及诸多方面，并且需要大量的投入，你在着手之前就需要借助调研来掌握准确的信息，以便有效的解决问题。

引发现状调研的问题很多，例如，员工的士气低迷或绩效不佳、产品销售停滞、客户的退货或投诉频发、市场迟迟难以开拓，等等。因此，你的调研必须围绕这些现象或症状来进行。

二、调研的方法

创业调研的方法有很多，创业者需要根据创业经营的特点采取低成本的调研手段完成必要的调研任务。下面主要从信息渠道、调研步骤和方法、调研信息的处理，以及调研结论等方面介绍创业调研的方法。

（一）调研信息的来源或渠道

开展创业调研，首先应当明确你可以通过哪些渠道获取各种信息。通常情况下，创业者获取信息的渠道或来源主要包括以下几个方面：

①大众传媒。如报纸、杂志、互联网、图书、音像、电视、广播，尤其是杂志或出版社的专题刊物和出版物等。

②政府的统计资料、月报、公报等，相关的研究论文和报告等。

③政府的相关机构，尤其是人力和社会资源保障部门设立的创业指导中心和就业指导中心。

④行业协会，业内民间团体等。

⑤专业咨询和服务公司。

⑥项目的招商单位。

⑦各种与创业相关的展会和活动。

⑧你要考察和了解的对象，如你的潜在目标客户和同类经营者（竞争对手）等。

（二）调研的步骤和方法

1.创业调研的步骤

创业调研通常应当按照以下步骤来进行：

（1）明确调研目标　创业调研必须从需求分析着手，进而确定要通过调研来解决的问题，然后确定你的调研目标。

（2）制订调研计划　通常包括确定调研内容，选择调研方法，策划调研活动，做出调研的任务、人员和时间的安排，以及计算调研成本和制定预算等。

（3）进行调研准备　在实施调研计划之前，为确保调研效果你应当做好充分的准备，尤其是要设计好调查问卷或问题单，并构思好调查活动的实施细节，为可能的不顺利或意外情况做好预案。

（4）实施调研　按照调研计划开展调研活动，通过预定的调研手段收集所需的信息，力争在信息数量、质量及其他方面达到计划中的调研指标。

（5）整理和分析信息　汇总、归纳和分析所收集的相关信息，必要时采用图表方式展现数据分析的结果。

（6）得出调研结论　对照调研目标，说明调研结果是否解决了需通过调研加以解决的问题，提出你的判断和结论意见。

（7）完成调研报告　根据需要或调研结果的用途，完成相关的调研报告。

2.收集调研信息的方法

（1）利用上述信息渠道　通过查阅或索取资料、参会和上门咨询等，从媒体、相关机构和展会活动等地，收集有关项目、市场分析以及其他的相关信息。这种调研方式范围广，信息较全面，是最为常用的搜集信息的方式之一。

（2）网上搜索　在互联网上，通过搜索引擎、百度百科、各种资料下载网站、相关单位的网站等，可以搜集到你所需要的大量信息。但网上的信息有时比较零碎、不成体系，有些缺乏权威性，有的甚至属于虚假信息，对此，调研者需要认真分析，谨慎取舍。

（3）现场观察　收集第一手资料，进行数据统计，例如，你可在某项服务经营者的店内或附近，统计往来人流和顾客消费情况。

（4）问卷调查　设计调查问卷采集信息，例如你可针对某项产品的潜在客户群，进行消费意向的问卷调查；你也可通过登门拜访、电子邮件和电话、举办免费活动或在目标人群集中的地方随机访谈等方式，进行问卷调查。

（5）电话询问和咨询　例如，你可直接致电经营者或某主管部门，了解经营者的相关情况或国家的政策法规。

（6）实地考察和访谈　你在就某一问题或情况进行深度调研及核查时，这种方式比较有效。

(7)街头拦访　在你企业的附近周边，拦截与目标消费人群类似的过往者，调查其消费意向或对你的产品的反馈意见。

(8)活动调查　举办能够吸引目标人群参加的活动，如有价值的咨询、产品演示、专题讨论或座谈会等，收集目标人群的反馈意见、评价或相关信息。活动中，可以开展问卷调查、随机访谈或问题讨论等。

3.调查问卷和问题单的设计

调查问卷和问题单的设计是创业调研取得成效的关键之一。为保证调查问题和问卷的质量，你应当遵循合理的设计原则、正确的设计流程，并采用一些有效的问卷设计技巧。

(1)调查问题和问卷的设计原则

①目的明确原则。调查问题和问卷的设计，要紧紧围绕调研的目的和调研需求进行，也就是说，问题的设计要针对性强，设计的每一个问题都应当能够帮助调研者收集到必要的信息。要避免调研范围容易扩大的倾向。很多问题如果与调研对象有关、但与调研目的无关，就不必纳入调研问题和问卷。

②条理清晰原则。问卷和问题的设计应当结构合理、逻辑性强。排列问题时，应当尽量考虑到被调查者的思维习惯，并遵循人们对事物理解的逻辑顺序，按照先易后难、先简后繁、先具体后抽象等方式提出问题。

③通俗易懂原则。强调通俗易懂，是为了省时、省力和高效地完成问题调查。所提的问题，应当直截了当，让应答者一听就懂，一看就明白，以便他们愿意如实回答。问卷和问题的设计，要尽量顾及应答者的知识特点、理解能力和认识水平，要尽量符合他们的词语习惯。一般情况下，如果应答者属于非专业人士，应当避免使用专业术语。

④长度适宜原则。设计调查问卷和问题时，要充分考虑到被调查者的时间局限，控制好每次调查的时长，因此我们设计的问卷和问题，都必须长度适宜。

一般来说，应当根据被调查对象的特点，结合调查的时间和环境情况，确定每次调查的时长。通常对于有空闲时间、而且愿意配合的调查者来说，10～20 分钟的调查是比较适宜的。对于一位愿意配合但没有时间的应答者来说，问卷调查应当控制在 10 分钟左右。而对于一些工作很忙、不太愿意配合的被访者来说，有时问题和问卷调查时间应当控制在 5 分钟，甚至更短的时间内。

(2)调查问题和问卷的设计流程　正确的设计流程，可以有效地保障调查问卷或问题单的质量。以下是你设计调查问卷和问题时应当遵循的常见流程。

①已有信息的准备。通过手头的信息来源，如图书、期刊、印刷资料及互联网等，收集你能够收集到的相关信息，并根据调研目的整理好这些信息备用。

②确定需要采集的信息类别。根据已有的信息，进一步分析调研目的和需求，确定需要通过访谈调查来采集的信息类别。

③确定采集信息的调查方法。根据调研目的和需求、访谈对象的特点、调查访谈的环境条件等，确定采集信息的调查访谈方式。

④设计问卷的框架格式和问题题型。根据需要采集信息的类别和调查方式，按照问卷或问题单的设计原则，尤其是条理清晰的原则，设计出问卷或问题单的结构框架和呈现格式。同时，确定调查问题应采用哪些题型。

⑤草拟调查问题。按照需采集信息的类别以及调查方式和题型要求，分别草拟用来采

集各类别信息的调查问题。

⑥完善调查问卷或问题单。根据上述既定的要求以及调查访谈的时长限度，完成调查问卷或问题单的修改和定稿。

（三）调研信息的分析处理

创业调研的信息收集工作完成之后，你需要根据调研的目的，对所收集的信息进行分析处理，其中包括以下几项工作：

1.对调研信息进行确认

获得调研信息之后，首先应当对信息进行确认，以确保信息的真实性、有效性、准确性和可靠性。信息确认的工作应当着重于以下方面：

（1）信息是否真实　调查问题的应答人是否符合调查为其所定的身份；有无随意应答的迹象，或是否存在出于某种原因而编造事实的痕迹。

（2）信息是否可靠　调研是否按既定的要求进行；信息是否来自权威的渠道来源，例如，提供信息的人是否为权威机构的工作人员，如果是网上的信息，其网址是否为权威机构的网站。

（3）信息是否准确　很多收集的信息比较零碎，单个信息来源的信息可能有其片面性。你可检查有没有多渠道的相关信息等，同时检验所收集的信息是否达到调研计划所规定的完整性。

（4）信息是否有效　多数信息都有一定的时效性。如果是来自媒体上的二手信息，尤其是网络媒体上的信息，你需要检查信息发布的时间，或信息所述事物的相关时间段与你对信息时效的要求是否一致。

2.编辑整理调研信息

调研收集到的信息经常都是零碎或散乱的。你需要对调研信息进行编辑和整理加工，以达到适合使用的要求。最常用的信息数据整理方法包括：

（1）分类整理　按照调研计划所要求的信息类别，或根据信息分析的需要，将所收集的信息进行分类处理。为此，你应当确定各个类别的名称和分类标准。

（2）汇总整理　在信息分类的基础上，用手工或计算机汇总得出信息的分布数据。

（3）筛选整理　是将无序和无效的信息加以剔除，以筛选出对分析和结论有用的信息。

（4）加工整理　通过记录、归纳、图表编排、统计等手段，使所收集的信息更加条理化和系统化，便于分析和决策时使用。

3.对信息进行分析

为了得出调研结论，必须对所整理的信息进行分析。信息分析的方法很多，高端的信息分析可能要借助一些为调研目的专门设计的信息分析模块。作为创业者，你可以采用人们常用的信息分析方法，例如：比较分析、统计分析、推理分析、综合分析等。实际上，对信息的加工整理，就是一种初步的信息分析。

三、调研过程中需要注意的问题

创业调研是为了创业工程、创业行动、创业决策和实现创业目标而进行的至关重要的活动，对于创业的成败与否发挥着非常重要的作用。因此，创业调研得到的调查数据和结果务求真实可靠。

要做到调研数据和结果真实可靠，在调研过程中要注意以下几点：

1. 老板要亲自参与创业调研

鉴于创业调研的重要性，在进行此项活动时老板应当亲自挂帅，负责和抓好创业调研工作。老板不必亲自做调研的每一件事，但必须领导、主持和参与制定调研目标、拟定调研计划、确定调研信息的类别、选择调研方法、分析调研数据等关键环节。

2. 要选择合适的调研方法

调研方法多种多样，创业者应根据自己的企业实力，结合调研目标，尽量采用比较简单、直接和经济的方式完成信息收集和分析工作。如通过网络、实地考察、咨询和访谈等方式开展调研。

3. 要尽量收集第一手信息

为了保障调研信息的真实有效，绝不能完全依赖网络及其他媒体的信息。网络上的信息，虽然收集起来比较方便，但通常都是二手、甚至三手或四手信息，难免失真和误导。对于一些关键信息，如货源信息、价格信息、经营效益信息等，应当通过实地走访、现场考察等方式，尽量收集第一手资料。对于通过间接渠道取得的信息，一定要做好核实工作。

4. 信息收集要全面细致

创业调研需要收集的信息是多方面的，忽略任何一方面的信息收集，都有可能造成决策的失误。因此，在做调研计划、确定调研信息类别时，必须注意要调研全面，不要忽略任何关键的信息。

5. 要重视专业和能力分工，协同完成调研

对于关系到创业成败及企业存亡的调研活动，如果条件许可，最好组成一个调研小组，让具有相关专业和能力条件的人员参与，并让他们按照专业和能力分工，协同开展调研。这对于保证调研质量和效果非常重要。

第三节 选择创业项目

一、创业项目的确定

创业需要一个好的项目，选好和选对创业项目，通常是取得创业成功的第一步。但怎样选择一个好的创业项目，是困惑许多初次创业者的一大难题。人们选择创业项目，往往只关注项目是否能赚钱，但忽略了项目与自己的创业条件是否相匹配、现在赚钱的项目能否长久地干下去……结果往往是：别人赚钱的项目，当自己来做时却以失败告终。因此，选择创业项目要全面评估，用发展的眼光、长期的眼光选择创业项目。

（一）好项目的标准

1. 什么是项目和创业项目

在选择创业项目之前，首先要明确创业项目的概念。因为有不少创业者对创业项目的概念模糊，不知道创业项目的内涵是什么，以至于在选择项目时犯下这样或那样的错误。

项目是一件事情、一项独一无二的任务，是在一定的时间和一定的预算内所要达到的预

期目的。或者说,项目是指一系列独特的、复杂的并相互关联的活动,这些活动有着一个明确的目标或目的,必须在特定的时间、预算、资源限定内,依据规范完成。

依据项目的概念,我们可以说,创业项目是关于创业的一系列任务或活动,其目的是要把企业创办和经营成功,而且有着时间、预算和资源的限制。

一个完整的创业项目,除了经营的产品、目标客户、商业模式之外,还应该包括实现企业创办成功的行动计划或方案。因此,创业项目必须包含以下要素:

①产品;

②目标客户;

③商业模式;

④企业目标;

⑤创业者的相关条件;

⑥相关的行动预算和实施时间表。

一个创业项目如果不包含以上全部要素,就不是一个完整的项目。对一个创业项目进行评估,也要从这6个要素进行深入分析。创业者如果选择这样一个不完整或缺乏某些要素的项目,无疑会大大增加创业风险。

2.好项目的标准

一个好的项目,必须同时满足下面的两个条件:

(1)能赚钱　不仅当前能够赚钱,在未来的一段时期内也能够赚钱。

(2)适合自己经营　别人经营非常成功的项目,自己经营的时候并不一定都会成功。要结合自己的性格、能力、资源、特长、资金等各方面因素,寻找最适合自己的项目。

(二)如何判断项目的好坏

1.如何判断项目能否赚钱

(1)产品功能　凡是赚钱的企业,必定要有好的产品或服务。所谓好的产品或服务,是指它们的功能或功效好,能够满足人们的消费需求。因此,判断一个项目能否赚钱,你必须分析项目的产品或服务能否在人们的生活、工作、娱乐或其他某个方面解决人们的问题或满足他们的需要。

(2)客户需求　能够赚钱的项目,一定是能够满足客户的某种消费需求的项目。试想你提供的产品或服务在社会上根本没有人需要或需要的人极少,这样的项目怎么可能赚钱呢?

客户需求分为显性的需求和潜性的需求。社会上传统的产品或服务属于显性的需求,多年来人们一直在消费这样的产品或服务,虽然社会需求量大,但往往经营者众多,市场竞争激烈。潜性的需求是指人们需要但目前市场上还没有满足人们这种消费需求的产品或服务或者是人们还没有形成的一些消费意识。如我们根据发达国家的市场发展过程可以推断出人们的这些潜在的需求和未来的消费趋势。针对潜在的消费需求推出的产品或服务,因为市场竞争小,所以有机会获得较大的市场,从而赚取高额的利润。但市场开发的过程可能会比较艰辛,同时经营的风险也相对较高。

(3)商业模式　商业模式主要是指产品或服务的赢利模式,它包括企业的生产、营销、收入、管理和发展等涉及企业经营成败各个方面的方式和方法。

商业模式是好项目的关键要素之一。有了好的产品或服务,一定要策划出与之相适应的、可行的、好的商业模式。否则,再好的产品或服务也不会为我们带来效益。

(4)市场现状和趋势　一个项目能否盈利，还取决于该项目产品的市场现状和发展趋势，涉及众多的市场因素，如市场容量、同类产品的数量和质量、同类竞争对手的经营情况和市场份额、消费者的购买现状和消费趋势，等等。只有对上述市场因素进行深入调研和认真分析，才能预测你的项目有多大的赢利前景。

(5)其他影响因素　国家的政策走向、产业调整或限制、区域外投资者的进入、科技发展带来的影响，都会影响一个企业的生存和发展。因此，我们在判断自己的项目能否赚钱时，要把这些影响因素全部考虑进去。

2.如何判断项目是否适合你

看一个项目是否适合你经营，可以从以下几个方面来分析和判断：

(1)与你的能力、知识和经验匹配　创业是一项复杂的系统工程，它对创业者有能力、知识和经验方面的要求，而不同的创业项目对创业者的能力、知识和经验的要求是不同的，俗话说“隔行如隔山”，讲的就是这个道理。

因此，在选择创业项目时，应尽量选择与自己的能力、知识和经验相匹配的项目。即使有一个市场发展前景很好的项目，但对于自己是完全陌生和不熟悉的，这样的项目也应该尽量回避。有的人在选择项目时，忽略自己在能力和经验方面的差距，以为可以边干边学。这样选择创业项目会加大创业经营的风险，因为创业中要学习的东西太多，具备一定知识、经验的人也未必能够适应创业初期的艰辛，而对于缺乏相关能力、知识和经验的人则更可能导致很快失败。

(2)与你的资金、人才条件匹配　不同的创业项目要求的资金数额不同，在选择创业项目时应选择与自己的资金量相匹配的创业项目。切记不可好高骛远，盲目追求大项目。因为这样极易导致创业中负债过重或资金断流，这样的创业选项显然增加了创业失败的风险。

有些创业项目专业技术性较强，选择这样的创业项目，就要求创业者自己、或者创业团队的核心成员、或是你的合作伙伴具备所需的技术能力。如果仅凭招聘来的技术人员，无疑经营风险很大。

(3)与你的经营资源匹配　创办企业需要一些与创业项目相关的经营资源。如从事服务行业需要一些比较稳定的目标客户；从事商品零售或批发生意，需要好的进货渠道和销售渠道；从事教育培训业务，需要具备一定的生源条件，等等。在选择创业项目时尽量选择与自己的经营资源相匹配的项目，会大大增加创业成功的概率。

(4)能够发挥你的优点和优势，回避缺点和不足　在选择创业项目时应首先深入分析自己的优点和优势，然后选择能够综合发挥你的优点和优势的项目。如今的市场竞争激烈，尽量发挥自己的优点和优势，有利于在竞争中取得胜利。

为了创业成功，不仅要扬长，而且要避短。绝不能拿自己的劣势与别人的优势去竞争。

(5)符合你的兴趣、爱好及人生追求　如果你想要长久地创业，要把企业做大做强，那么最好选择符合自己的兴趣和追求的项目。这是因为，在创业初期通常比较艰苦，如果从事自己喜欢的事业，有利于你执着和专一地追求你的创业目标，有利于你挺过为企业生存而拼搏的初创时期，并且在整个创业过程中始终保持高度的激情和热情。这些都是取得创业成功所需要的。

(三)论证创业项目

创业项目是否切实可行，创业之前一定要经过充分的项目论证。论证的过程也是为创业做充分准备的过程。切忌盲目行事，否则结果很可能是失败。

1.经营成本和效益分析

经营成本和效益分析是指通过计算企业的收入和开支来分析企业的经营效益。

(1)成本分析　企业经营的成本分为直接成本和间接成本。

直接成本是指与销售额直接挂钩的成本，如商品的进货成本或产品的原料成本等。直接成本与销售额成正比，销售额越高，直接成本也随之越高，因此，直接成本也称为可变成本。

一般情况下，企业的月经营直接成本包括以下几项：

①采购和进货成本——采购商品的货款、采购时发生的差旅费和运费等；

②生产成本——生产产品所需原材料的采购款、生产人员工资、生产时的水电费等；

③直接的销售成本——与每次销售直接挂钩的推广宣传、差旅、通讯、人员补助、销售提成、奖励等；

④税费——与销售额挂钩的增值税、营业税等。

间接成本是指与销售额不直接挂钩的成本，如企业的场地租金、人员工资，等等。间接成本不随着销售额的增加或减少而发生变化，是无论销售额多少都要付出的费用，因此，间接成本也称为固定成本。

一般情况下，企业的月经营间接成本包括以下几项：

①经营场地租金——车间、厂房、写字楼、店铺、柜台、摊位等的月租金；

②人员工资——员工的工资、奖金、加班费、社会保险等；

③日常的营销费用——是指那些与销售额不直接挂钩的营销费用，如广告及制作费、宣传资料制作印刷费、销售人员每月固定的差旅、通讯、交通补贴等；

④其他办公费用——日常的水电、通讯、交通、办公用品耗材等杂项支出。

在计算企业月经营成本时，有一些经营过程中发生的大项费用，可按照寿命期或有效期分摊入各月。如采购设备支出 6 000 元，设备使用期是 6 个月，那么分摊入各月的间接成本就是 1 000 元；一次性奖励完成一定销售量的销售人员 30 000 元，达到销售量历时 5 个月，那么分摊入各月的直接成本就是 6 000 元。此外，如果创业者以自有房屋、设备、家具等投入企业中使用，也应按照市场价格，作为间接成本分摊入各月。

在企业经营之前，在设备、场地装修、广告等方面一次性支出的大项费用，属于企业的开办费用，应列入企业的启动资金预算，不必记入月经营成本。

综上所述，企业月经营成本＝月直接成本＋月间接成本。

(2)收入分析　企业月收入是指企业在一个月内销售商品、产品或服务所收到的销售款总额，也称毛收入。需要强调的，一是销售款一定是销售产品或服务得到的款项，以其他方式注入的资金不算销售款；二是产品或服务售出后已经收入到账的才是销售款，当月未能及时回收的款项应计入到账当月的月收入。强调这两点，有利于准确评估经营效益和准确把握现金流，这在创业初期尤其重要。

(3)效益分析　月经营效益是指企业的月收益或利润，其中包括毛利润和纯利润。

单项产品销售额＝销售价格×销售数量

月销售总额＝产品 1 销售额＋产品 2 销售额＋产品 3 销售额＋……

毛收入＝销售总额－应收销售款

毛利＝毛收入－直接成本

纯利＝毛收入－直接成本－间接成本

毛利率＝毛利÷毛收入×100％

纯利率＝纯利÷毛收入×100％

盈亏平衡点＝间接成本÷毛利率

盈亏平衡点即人们常说的保本点，是指为保证企业不亏损而每月必须达到的最低销售额。当企业月销售额低于盈亏平衡点，则说明当月是亏损的，反之，只有月销售额高于盈亏平衡点时，企业才有可能盈利。当然，如果销售时支出的直接销售成本过高，也可能出现销售额高于盈亏平衡点时，企业仍出现亏损情况。

2.投资分析

创办不同的企业，所需的投资额是不同的，事先应做好投资预算。企业在创办初期通常会经历一段亏损期，对企业亏损期的长短，也应进行预估分析。此外，还应该对你的投资回收期进行分析。这样，在企业开办之前做到心里有底。

(1)投资预算　创办企业需要两笔资金。一是启动资金，这是开办企业必须拿出的投资款，没有这笔钱，就无法真正有效地启动创业。二是后续资金，用以在企业运营过程中有足够的现金流去维持企业的正常运转，没有后续资金，创业就会半途而废。

因此，创业投资总额＝启动资金＋后续资金。

启动资金是指企业正常营业之前及营业之初需要一次性投入的费用，包括场地租金和押金、场地装修和装饰费用、首批进货款、生产设备、办公家具、广告标牌、人员薪酬及其他一些费用。

后续资金一般包括以下款项：

追加的经营周转金：开业后如果经营收入不够维持开销，必须追加投资，直至企业达到盈亏平衡。

后期进货款：企业开业之初一般进货较少，待试销稳定和经营成熟后，再追加进货。

分阶段的投资款：一些较大规模项目的运营需要比较大量的资金投入，为提高资金的利用效率，一般采用随着项目的进展分阶段投入的方式。

显然，创办企业应预备好一定的后续资金，尤其是应付因开业后经营不如预期而必须追加的周转资金。

(2)亏损期预估　绝大多数的新开办企业很难做到开业第一个月即盈亏平衡，更不用说盈利。从开业亏损到盈亏平衡的那一段时期，就是亏损期。

为保障投资款能支撑到企业实现盈亏平衡，必须预估企业的亏损期有多久。通常的做法是：

①确定企业实现盈利需要达到哪些条件？如客流量和消费人数需要多少、每天的平均收入额应是多少、产品需完善到何种程度、潜在客户认知你的产品的过程和时间跨度，等等。

②估算企业达到这些盈利条件所需要的时间。从你企业开业到达到这些盈利条件所需的时间，往往就是企业的亏损期。

(3)投资回收期计算　投资回收期是指企业收回全部创业投资所需要的时间，粗略的算法是：投资回收期(月数)＝创业投资总额÷每月纯利润

3.SWOT分析

SWOT分析是国际上流行的一种分析方法。项目的SWOT分析是在通过市场调研获

得的数据和信息的基础上，对项目构思的优缺点和发展前景进行宏观论证的一种方法。其分析的具体内容如下：

优势(S)：是指你的项目的优点，如你的产品比同类产品质量更好、价格更便宜，你经营此项目有独特的资源、技术、专长等；

劣势(W)：是指你的项目的缺点，如产品的市场认知度低、企业资金少、没有固定的客户等；

机会(O)：是指企业的经营环境或地区中对你有利的因素，如国家的优惠政策、行业的鼓励措施、市场竞争小等；

挑战(T)：是指环境中对企业经营不利的因素，如人们的消费习惯、对新产品认知需要较长的时间、市场上同类产品较多等。

4.投资风险分析

论证创业项目是否可行，还要看企业经营过程中会不会遇到风险，会遇到什么样的风险，一旦遇到这些风险你是否能够规避风险和化解危机。其实，企业风险是无处不在的，分析造成这些风险的原因，可以帮助创业者防范和抵御这些风险，将风险对企业的影响降低到最小(表 12-2)。

表 12-2　创业初期的常见经营风险

风险类别	风险及其原因和后果
市场变化风险	①价格变化——供需关系变化或其他意外事件造成价格大幅波动，销售价格大跌导致收入剧减；或进货价格飞涨导致成本大增； ②客户变化——场地或单位搬迁，造成商圈内消费人数减少； ③竞争变化——竞争对手增加，恶性竞争导致生意难做。
产品质量风险	①客户不认同企业的产品或服务； ②产品质量不过关，经常出现状况导致大量退货或退款。
收入风险	①企业销售预测不准，收入不如预期； ②企业成本核算错误，造成无法盈利； ③企业开业后长期入不敷出，面临倒闭。
管理风险	①企业经营混乱，管理事件频发； ②管理漏洞造成开支过大，收入和财产流失、客户流失； ③管理不善导致企业效率低下，人员流失。
执行力风险	①企业难以建立起高效的经营团队和运营机制； ②企业的重大任务迟迟难以完成； ③计划中的各项指标和目标得不到实现。
合作风险	①合伙人退出，抽走资金或关键技术； ②合作单位暗中违约； ③项目合作方的技术不过关或产品质量存在问题。
人员风险	①骨干员工被竞争对手挖走； ②核心员工辞职。
现金流风险	①计划投入的资金不能按期到位，项目任务无法完成； ②客户的应付款一直拖延，影响正常采购和生产； ③创业资金预算准备不充分，缺乏必要的后续资金，影响企业正常运转。
行业准入风险	国家政策发生调整，行业或产品受到限制。
其他风险	家庭变故，或自然灾害等不可抗拒的意外事件。

经过风险分析，如果你的企业可能存在的风险较少，一旦出现有可以应对的措施能够化解风险或危机，那么，你的项目就是可行的。如果项目风险较大，一旦出现又没有可以应对的措施，那么，这样的项目的可行性将大打折扣。

二、制订创业计划书

创业计划书是关于创业项目和创业行动的规划文件，是指导创业者创业实践的方向指南。写好创业计划书，有助于创业者理清创业思路，完整地勾画出自己的创业蓝图，并做出相应的战略规划和部署。

(一)制订创业计划书的意义

①高瞻远瞩地策划企业的未来前景；

②制定企业的奋斗目标；

③分析和论证创业项目的可行性；

④为具体的创业活动提供行动指南；

⑤掌控自己的创业项目，对创业风险进行预判断，降低风险发生的概率及可能造成的损失。

(二)创业计划书的内容

创业计划书应当包含的基本内容包括以下几方面。

1.创业者的个人基本情况

主要内容包括创业者个人受教育情况、工作或创业经历、创业者的动机与目标等。以此来分析和判断创业者具备哪些创业条件。

(1)受教育情况

时间	学校或培训机构	专业或受训内容

(2)工作或创业经历

时间	单位名称	部门及机构

(3)创业的动机与目标

创业动机	生存需要(　) 兴趣所在(　) 寻求发展空间(　)		
预期收入/元	半年	一年	二年

2.创业项目的基本信息

主要介绍创业项目的经营范围、项目的产品或服务，说明项目产品或服务的功能、功效和特征。

(1)企业经营范围

主要经营范围	具体描述

(2)产品或服务特征

产品或服务	新颖性、独特性和可行性

3.项目的市场分析

分析你的目标客户，说明他们的特征和消费的心理和习惯等，并指出你的主要客户是谁；预测你的产品市场前景、对项目进行 SWOT 分析，并指出项目未来可能面临的风险，针对风险提出对策或防范措施。

(1)目标客户描述

	目标客户	主要客户
基本情况		
社会特征		
消费习惯		

(2)市场情况分析

市场需求	
市场供应	
预期占有率	
竞争对手描述	
市场前景预测	

(3)SWOT 分析

优势(S)	
劣势(W)	
机会(O)	
挑战(T)	

(4)项目的风险和对策

	可能出现的风险	采取的对策和措施
政策风险		
人员风险		
资金风险		
管理风险		
市场风险		
其他风险		

4.市场营销计划

说明你的产品价格和定价策略,以及你的产品销售渠道和推广宣传方式。

(1)产品定价

产品或服务	成本价	销售价	竞争对手价格

(2)主要销售渠道

(3)宣传推广

广告推广		成本预测	
渠道推广		成本预测	
公关活动推广		成本预测	
网络推广		成本预测	
营业推广		成本预测	
人员推销		成本预测	

5.企业的基本概况

介绍创办企业的名称、类型和组织形式、人员和组织结构、企业股权分配情况、企业经营地、企业注册费用等等。

(1)拟创办企业概况

企业名称	
企业类型	
法定形态	

(2)部门及岗位设置

部门	岗位及岗位职责	雇员数	薪金

(3)企业合伙人

	合伙人1	合伙人2	合伙人3
出资方式			
出资额			
股权比例			
经营管理分工			

(4)经营选址

地址	面积	费用	选择该地址的原因

(5)企业注册登记

需申办的证照、许可	办理机关	预计费用

6.资金需求

企业开办所需的各项费用,包括生产经营所需的设备、工具和办公家具的购置费,企业开办初期的原材料采购费用,经营场地的租金和装修费用,用于企业正常开办所需的一次性投入的其他费用等。

(1)生产经营所需设备、工具和办公家具

名称	数量	单价	费用/元
合计			

(2)原材料采购计划

产品或服务	数量	单价	费用/元
合计			

(3)其他经营费用

项目	费用/元	说明
合伙人工资		
雇员工资		
房租		
装修费		
营销费用		
登记注册费		
水、电、交通费		
其他费用		
合计		

(4)资金筹集和使用计划

筹资形式	筹资金额/万元	所占比例	资金用途及用款计划
自有资金			
合伙人出资			
亲友借款			
贷款			
其他融资			
合计			

7.企业的经济效益分析

计算企业在正常盈利状态下能够达到的月销售额、企业的毛利和毛利率、税后纯利润；核算企业的月直接成本、间接成本以及各项税费，并计算出企业的盈亏平衡点。

(1)经营第一年月销售收入预测

	产品1	产品2	……	合计
平均售价				
月销售数量				
月销售收入				

(2)经营第一年月销售成本和净收入预测

月销售收入		
直接成本	原材料采购、进货费用	
	销售提成、分成费用	
	其他销售费用	
	合计	
流转税费		
毛利和毛利率		
间接成本	场地租金	
	人员固定薪酬	
	日常营销费用	
	用品及耗材	
	设备折旧	
	其他间接费用	
	合计	
利润		
所得税预计		
税后净收入		
盈亏平衡点		

8.企业的发展目标和规划

制定本企业的近期(二年以内)目标和远景规划,并且结合目标制定为实现或达到目标所计划采取的策略和措施。

(1)企业的远景目标________________

(2)头两年的发展目标、策略和措施

初创头三个月:________________

头半年:________________

第一年:________________

第二年:________________

(3)两年后的发展规划________________

9.企业财务计划明细表

为了准确地了解和预测企业的经营状况,在创业计划书中应制订以下三份财务计划明细表:

(1)第一年的月销售额和销售净收入表

产品或服务	统计项目	1 月	2 月	3 月	……	12 月	总计
产品 1	平均售价						
	销售数量						
	月销售额						
	销售成本和费用						
产品 2	平均售价						
	销售数量						
	月销售额						
	销售成本和费用						
……	……						
月销售额共计							
税前销售成本和费用共计							
月销售流转税							
月销售净收入							

(2)第一年的月固定成本费用和纯收入表

		1 月	2 月	3 月	……	12 月	总计
销售净收入							
月固定成本或费用	场地租金						
	人员固定薪酬						
	日常营销费用						
	用品及耗材						
	水、电、交通费						
	设备折旧						
	其他间接费用						
固定成本、费用合计							
企业纯利所得							
所得税预计							
企业税后净收入							

(3)第一年的月现金流量表

		1月	2月	3月	……	12月	总计
月初现金							
现金流入	销售收入						
	应收款收入						
	股东投入现金						
	借贷收入						
	其他现金收入						
现金注入合计							
现金流出	采购、进货						
	流转税和销售费用						
	场地租金						
	人员固定薪酬						
	日常营销费用						
	设备、用品及耗材						
	水、电、交通费						
	其他费用						
	借贷还款支出						
	其他现金支出						
现金流出合计							
净现金流量							
月底现金余额							

(三)制订创业计划书的注意事项

①创业计划书不同于商业计划书。创业计划书主要是给创业者自己看的,是创业者本人将要进行的创业实践的计划和指导工具,可以不拘泥形式,只要实用就行;而商业计划书主要是给投资者看的,有一定的格式要求。

②创业计划书一般先分析和介绍创业者本人的基本情况,然后是创业项目的基本情况,再然后按照创业准备、创业开办、市场营销等时间顺序,依次陈述。

③不必用摆事实、讲道理的方式进行论述,只需要用简短和明确的词句或数字把关键内容表述清楚就可以。

④在创业计划书里应对自己的创业项目的各个要素做出准确的定位和描述,以便于评估和测评创业项目,并对项目的可行性或盈利前景做出尽可能准确的预测。

第四节 创业开办

一、企业的申报条件与命名

创业者可以选择的企业组织形式主要有：有限责任公司、合伙企业、个人独资企业和个体工商户。

(一)企业申报条件

1.有限责任公司应具备的条件

有限责任公司是依照《中华人民共和国公司法》设立，由法律规定的一定人数的股东所组成，股东以其出资额为限对公司承担责任，公司以其全部资产对公司债务承担责任的企业。

有限责任公司的所有权被若干持股人拥有，这些股东根据股份的多少对公司拥有不等的控制权，这是一种比较普遍的企业形式。有限责任公司与股份有限公司有所不同，股份有限公司是将其全部资本分为等额股份，股东以其所持股份为限对公司承担责任，公司以其全部资产对公司的债务承担责任。

注册的企业是独立的法人，即公司与股东、董事和管理人员相分离。股东责任限于已付或已认购待付的股本，公司有无限的生命。但《公司法》对这种企业形式有许多严格的要求与限制，比如公司必须保存有关账目，必须任命审计师，必须向工商管理部门备案公司年报，公司年报中应该包括财务报表、董事会组成、董事个人情况以及各种重大问题。

根据2005年10月重新修订的《公司法》的有关规定，设立有限责任公司应具备以下条件：

(1)股东符合法定人数。有限责任公司由50个以下股东出资设立，可由一个自然人股东或者一个法人股东成立一人有限责任公司。

(2)股东出资额达到资本最低限额。①有限责任公司注册资本的最低限额为3万元人民币，一人有限责任公司注册资本的最低限额为10万元人民币，特定行业的注册资本最低限额高于上述限额的，由法律、法规另行规定。②注册资本可以分期缴纳，但首次出资额不得少于注册资本的20%，也不得低于法定注册资本的最低限额，其余部分由股东自公司成立之日起两年内缴足，投资公司可在5年内缴足。③股东可以用货币出资，也可以用实物、知识产权、土地使用权等可以用货币估价并可以依法转让的非货币财产作价出资，但法律、法规规定的不得作为出资的财产除外。全体股东的货币出资金额不得低于公司注册资本的30%。

(3)股东共同制订公司章程。

(4)有公司名称及符合有限责任公司要求的组织机构。

(5)有公司住所，即固定的生产经营场所和必要的生产经营条件。

【拓展知识】有限责任公司的优缺点

1.优点

(1)公司成员(董事和股东)的财务责任仅限于所支付的股份资本。

(2)有明确规定的管理机构和正规的管理制度、董事与经理的任命、解雇和退休均有章可循。

(3)有限责任公司需要额外资本时,可以通过出售股份的方式筹资,这样就便于接纳更多的成员。所以,从这个角度看,与个人独资企业、合伙企业相比,有限责任公司具有更大的开放性。同样,有限责任公司的全部或部分资产转让时,也比较容易。

(4)某个股东的去世、破产或抽走资本不会影响企业的经营,使企业经营具有稳定性和长远发展的可靠基础。

(5)信誉和地位都比个人独资企业、合伙企业高。人们普遍认为,与某一个公司打交道比与某一个人打交道更可靠。

2.缺点

(1)需要较多的注册资本。以商业零售为主的公司注册资本要达到30万元;以生产为主的公司注册资本要达到50万元。不少创业者在创业初期未必有这样的资金规模。

(2)注册时要求提供比较详细的资料,要有公司章程。这些工作需要专门的会计与法律方面专业人士的协助,这就使得组建费用可能会比较高。

2.个人独资企业应具备的条件

个人独资企业是指由一个自然人投资,财产为投资人个人所有,投资人以其个人财产对企业债务承担无限责任的经营实体。简单地说,就是一个人出资经营、承担无限责任的企业。

按照新颁布的《中华人民共和国个人独资企业法》的规定,设立个人独资企业需要具备下列条件:

(1)投资人为一个自然人;

(2)有合法的企业名称;

(3)有投资人申报的出资;

(4)有固定的生产经营场所和必要的生产经营条件;

(5)有必要的从业人员。

设立个人独资企业的基本要素:

(1)在银行为企业设立一个独立的账户。这是税务机构所要求的,也是个人顺利经营业务的需要。

(2)购买一份个人人寿保险和医疗保险。当你在大企业工作时,医疗保险和人寿保险一般都由专门的人力资源部门代劳,但当你自己成为企业主后,最好能自己购买一份医疗保险和人寿保险,因为各种不确定性因素都是存在的。

(3)为企业的设备进行投保,这也是减少风险的措施。

【拓展知识】个人独资企业的优缺点

1.优点

(1)注册手续简单,费用低。

(2)决策自主。企业所有事务由投资人说了算,不用开会研究,也不用向董事会和股东大会做出说明;"船小好调头",老板可以根据市场变化情况随时调整经营方向。

(3)税收负担较轻。由于企业为个人所有,企业所得即个人所得,因此只征收个人所得税而免征企业所得税。

(4)注册资金随意。个人独资企业法对注册资金没有规定,极端的说法是一元钱就可以当老板。

2.缺点

(1)信贷信誉低,融资困难。由于注册资金少,企业抗风险能力差,不容易取得银行信贷,同时面向个人的信贷也不容易。

(2)无限责任。当你作为一个独资企业主的时候,法律对你个人和对你的企业是不加区分的。法律上,独资企业就像个人的房屋、汽车和其他财产一样,也是个人财产的一部分。因此,当个人独资企业经营失败时,创业者面对的往往不仅是企业的资产要付诸东流,而且个人的其他财产都可能成为抵偿债务的物品,这就是所谓的无限责任。这种无限责任,加大了投资风险,成为个人独资企业最大的劣势。

(3)可持续性低。投资人对企业的任何事务具有绝对的决策权,这加大了个人的责任,如果投资人有所闪失,企业本身就不可能存在。而且个人决策也有武断的一面,带有很强的随意性,对企业不利。

(4)财务有限。企业的全部家当就是个人资产,财务有限,很难有大的发展。

(5)管理薄弱。这也是个人独资企业的一个大问题。

3.合伙企业应具备的条件

按照《中华人民共和国合伙企业法》的规定,合伙企业是指在中国境内设立的由合伙人订立合伙协议、共同出资、合伙经营、共享收益、共担风险,并对合伙企业债务承担连带责任的利益性组织。

国际上许多著名企业一开始便是合伙企业,比如微软公司是由盖茨和艾伦一起创办的,惠普公司是由休利特和帕卡德一起创办的。但在中国,成功的合伙企业的例子比较少。会计财务制度的不健全、社会信任度的低下以及中国传统人格中的缺憾,都不利于合伙企业在中国获得巨大的成功。但这并不是说合伙企业无法成功,只要合伙人精诚团结,并且制订切实可行的合伙协议,合伙企业成功的可能性还是很大的。

合伙企业应具备的条件:

(1)合伙人两个以上,依法承担无限责任。合伙人具有完全民事行为能力。在法律、法规中禁止从事营利活动的人,不得成为合伙企业的合伙人。

(2)有书面的合伙协议书。

(3)有合伙人实际缴纳的出资。合伙人可以用货币、实物、土地使用权、知识产权或其他财产权出资。经全体合伙人协商一致,合伙人也可以用劳务出资,其评估办法由全体合伙人协商决定。

(4)有合伙企业名称。名称中不得使用"有限"、"有限责任"、"公司"字样。

(5)有经营场所和从事合伙经营的必要条件。

合伙企业中合伙人的关系,实际上是一种个人独资企业主的联合,通过这种组织方式共同承担与个人财产相关联的法律责任。

由于合伙企业是共同经营、利益共享、风险共担,因此选择合适的合伙对象就成为合伙企业成功的关键。

选择合伙对象的基本要求:

(1)合伙者必须相互信任,做到密切配合。这一条在目前中国的情况下尤为重要。众所周知,中国目前企业经营过程中的制度还不是很健全,尤其是一直无法形成严格规范的财务与会计制度,如果合伙人之间无法相互信任,那么就很可能在一些非经营问题上发生争执,导致合伙企业关系破裂。

(2)性格相宜。当你拟创立合伙企业时,应该考察一下你的性格是否适合当合伙人,是否适合与其他合伙人合作。有的人个性太强,不能平等地接受他人的想法,不能与人共享资源,就不适合参加合伙;有一些合伙人都很优秀,但彼此之间性格冲突,这样共同创业也很容易失败。

从合作的方式与风险的分担情况来看,合伙关系几乎同婚姻关系一样密切。因此,选择合伙对象就像找结婚对象一样必须十分认真和慎重。合伙人对企业责任承担无限连带责任,当企业破产时,不管谁的过失,所有合伙人都必须以个人物品抵债。因此,如果想选择合伙企业作为创业的开始,在选择合伙人方面要慎之又慎。在商业社会中,并不存在成功建立合伙企业的黄金定律,但从已有的商业实践来看,大多数成功的合伙关系建立时,合伙人往往互相认识很长时间,可能是朋友,也可能是贸易伙伴,而且他们的才能和性格恰好能够形成互补。如果两个多年的老朋友一个精通技术,另一个精通管理;一个善于销售,另一个善于管理生产,那么成功的可能性就要大得多。

(3)要恰当地处理合伙协议问题。合伙企业法规定,任何合伙企业成立都要签署书面的合伙协议。合伙企业的合伙协议实际上在某种程度上就决定了合伙企业能否成功。一般来说,请律师起草合伙协议是一种比较稳妥的做法,可以确保合伙协议的质量。但对于创业初期的合伙人来说,律师费用过于高昂,因此很多人愿意自已起草合伙协议。如果你在创业前能对合伙企业法进行一定的研究,并且能对合伙人的所有利益要求有充分的考虑,那么起草一份成功的合伙协议也不是一件很难的事。

根据《中华人民共和国合伙企业法》第十三条的规定,合伙协议应当载明下列事项:

合伙企业的名称和主要经营场所的地点;合伙目的和合伙企业的经营范围;合伙人姓名及住所;合伙人出资的方式、数额和缴付出资的期限;利润分配和亏损分担办法;合伙企业事务的执行;入伙与退伙;合伙企业的解散与清算;违约责任。

另外,合伙协议可以载明合伙企业的经营期限和合伙人争议的解决方式。

【拓展知识】合伙企业的优缺点

1. 合伙企业的优点

(1)建立合伙企业的手续简单,非常便利。

(2)如果合伙人都对企业投入资金的话,合伙企业能够获得较多的启动资金,而这种资金的集合,对创业者初期的创业活动可能是非常重要的。

(3)合伙人之间可以形成技能互补。如一个合伙人擅长技术,另一个合伙人具有管理才能,还有人善于理财和提出创意,这与一个人单枪匹马相比,往往更能有效地利用各自的优势,而优势的整合往往意味着成功。

(4)合伙人之间可以互相增强信心。一个合伙人可以从其他合伙人身上获得力量,而且合伙人之间能够分担责任。

(5)与有限责任公司相比,合伙企业在公司管理制度、会计财务制度等方面可以相对简单一些。对注册资金实行申报制,没有最低限额。

2.合伙企业的缺点

(1)承担无限责任。不管是谁的过失造成了企业的损失,每个合伙人都对合伙企业承担无限责任。

(2)容易发生信任危机。合伙企业比较容易出现信任问题,而这一问题可能是中国合伙企业失败的主要原因。如果合伙人之间互相猜疑,或者的确有人出于自己利益的考虑采取了不忠于其他合伙人的行为,那么合伙关系很有可能破裂。

(3)容易发生意见分歧与个性冲突。合伙企业成功的前提往往是大家意见一致。对任何重大经营问题上的意见分歧,以及合伙人之间的个性冲突,都可能是合伙企业趋于解体的因素。在这方面有经验的人士都知道,在合伙关系中只要出现一个武断的人,这种合伙关系就极有可能破裂。

(4)关系的稳定性差。由于以上两个原因,合伙关系较不稳定,容易破裂。所以,对创业者来说,与人合作创办企业与创办个人独资企业相比,要更加谨慎。有利的合伙很可能成为一个人走向成功创业的第一步,而不利的合伙可能耗尽一个人的精力,使人陷于无所作为的境地。

4.个体工商户应具备的条件

个体工商户是指从事个体工商业经营的个体经济形式。它以本人或家庭的生产经营资料进行生产经营活动,成员为劳动者本人或其家庭成员。

根据法律有关政策,申请个体工商户的基本条件如下:

(1)公民具有经营能力,个体工商户可以个人经营,也可以家庭经营。

(2)申请时需要提交登记申请书、经营证明和经营场所证明。个体工商户的登记事项包括经营者姓名和住所、经营范围、经营场所。个体工商户使用名称的,名称作为登记事项。

(3)交纳相关的费用。个体工商户办理登记,应当按照国家有关规定缴纳登记费。登记机关办理年检不得收取任何费用。当前,有的地区对创业者有优惠的政策,免收了个体工商户的管理费,简化了办理执照的手续,同时税收上也有一定的优惠。

(二)企业命名

工商注册时需要给企业取一个名称。如果是生产型企业,还要给你的产品取一个名称,并注册商标。

1.企业名称的构成

企业名称一般按照行政区划、字号、行业、组织形式的顺序依次构成。如北京全聚德烤鸭股份有限公司,"北京"为行政区划;"全聚德"为字号;"烤鸭"为行业;"股份有限公司"为组织形式。

企业名称中的行政区划应是本企业所在地县级以上行政区划的名称或地名。

企业名称中的字号应当由2个以上汉字组成。可以使用投资人的姓名作字号。

企业名称中的行业应当是反映企业主要经济活动性质所属国民经济行业或者企业经营特点的用语。有时,企业为反映其经营特点,可以在名称中的字号之后使用国家或地区名称,如北京×××四川火锅餐饮有限公司、上海×××韩国烧烤有限公司。名称中的"四川火锅"、"韩国烧烤"均为企业的经营特点,不视为行政区划。

依据《中华人民共和国公司法》、《中华人民共和国中外合资经营企业法》、《中华人民共和国中外合作经营企业法》、《中华人民共和国外资企业法》申请登记的企业名称，其组织形式为有限公司（有限责任公司）或者股份有限公司；依据其他法律、法规申请登记的企业名称，组织形式不得申请为有限公司（有限责任公司）或者股份有限公司。非公司制企业可以申请用"厂"、"店"、"部"、"中心"等作为企业名称的组织形式。

2.如何给你的企业取名

（1）企业取名的基本原则

①合法性。我国企业登记注册的有关法律法规对企业命名有许多规定，企业取名必须符合这些法律法规的规定。企业名称必须经过工商注册部门的审核批准后才能使用，因此，合法性是企业取名的首要条件。

②唯一性。企业命名不能与社会上现有的公司名称或市场品牌相同，相同的名称或品牌在审核时不会被批准通过。也不要与现有的公司名称或市场品牌重音或近形，否则容易惹上侵权纠纷。

③没有歧义。公司命名就像给人取名字一样，一定要注意不要采用有歧义的名字。比如"药家鑫"事件发生后，社会上许多人拿药家鑫的名字作调侃。"花柳"意境高雅，适合艺术设计、服装、家居产品，但因为与疾病有歧义，会给公司带来不好的品牌形象。"北岛"既是地名，也是著名诗人的名字，因此也不适合给公司命名，否则带来不必要的麻烦。

④适合远观。在户外标牌广告越来越重要的今天，如果你的公司名称能够从很远的地方就能让开车或行走路过的客户辨识清楚，会大大增加你的广告效果。

⑤适合书写、易记、不拗口。我们创办企业，都希望自己的公司名称和产品品牌在社会上广泛传播，为大家所熟知。所以在取名上我们不要人为设置障碍，使传播途径不畅通。公司名称和产品品牌都要适合书写，符合人们的思维习惯，便于记忆，读起来朗朗上口，不要使用生僻字。

（2）企业取名的常用方法　我国有句俗话叫做"不怕生错相，就怕起错名"。可见名字在中国人心目中的地位是何等重要。有的人开店铺，资金、场地都准备好了，就是为起店名而苦恼。有时绞尽脑汁苦苦思想，结果挂出的招牌令顾客看了反感望而止步，退避三舍。例如，一个小小的日杂店却称为"环球贸易中心"，岂不令人喷饭？为店铺起名称，基本要求是名副其实，起个别致、通俗、让顾客产生好感的名字，有助于做生意，其重要性不亚于选择一个好地点。怎样起一个富有吸引力的好名字呢？

①以经营者本人的名字命名。如"冠生园"食品厂取自老板冼冠生之名。因冼冠生是上海著名粤菜粤点大师，又待人诚实热情，使得企业在一般民众心中很有影响力。天津"盛锡福"帽店原名"盛聚福"，为了突出信誉，老板刘锡三将店名改为"盛锡福"，又以"三帽"为商标，把他的名字与店名、商标结合为一体，表明非创出名牌不可的抱负，终使企业成为全国闻名的帽店。苏州"雷允上"药店起初命名为"涌芬堂药铺"。因其创始人雷大升，字允上，把脉问病很有名气，人品俊逸，人们只知有雷允上而不知道有"涌芬堂"，企业干脆顺应民意改名为"雷允上"，以突出其个人信誉。

②以经营团体命名。突出集体信誉，体现企业精神。在以经营者团体命名的老字号中，上海"老介福"绸布店的命名最富有特色和幽默诙谐。创始人程用六、李山石、姚应生三人长相各具特点，程用六人矮且胖，活像一尊惠山泥人，人称"大阿福"；李山石年事已高，老态龙钟，人称"老寿星"；姚应生奇高，身长脚大，人皆戏称"长脚"，三人聚首成无语之诙谐，天然之

相声。他们在给企业命名时，将错就错，巧妙运用其绰号的知名度，从每一绰号中取一字，合成“老介福”，使企业命名新奇趣巧，体现了经营者的团结精神。北京“六必居”酱园的命名还有一段趣闻。六必居创业之初，重金请宰相严嵩题写店名。当时酒店有财东六位，严嵩先写了“六心居”三个字，写毕细品，觉得中国自古一盘散沙，各人自扫门前雪，六心焉能居一处，于是又提笔在“心”上添了一撇，便成为“六必居”，使店名又多了一层含义，从此名扬天下。

③结合汉字原理命名。结合汉字原理命名给人以融会贯通，回味无穷的感觉。汉字是中国特有的文化，义蕴含蓄、字形优美、变化无穷。字义上要健康，有现代感，有冲击力，品味起来有深度，利于传播，或寄托意愿，或描写特征，或构思独特，或意境深远。音律上要琅琅上口，不拗口，有韵律美。字形上要有创意性，易于识别，简洁明快，端庄郑重。例如：“元和正肝”胶囊，“太和”时装，“红双喜”香烟，“三九胃泰”等。

④以地域文化及五行学说命名。“通化东宝”药业公司，地处长白山脚下，取传说中的东北三宝为名，且取东方木的“东”来合五行学说。所以“东宝”是符合地理人文、地域文化及五行学说的。再如“白沙”牌卷烟，“白沙”取自湖南长沙市著名的“白沙古井”，而且名中暗藏着“长沙”市的“沙”。还有，武汉市的“黄鹤楼”牌白酒、“行吟阁”啤酒，均成功地展示了当地的地域文化。

⑤以典故、诗词、历史轶闻命名。简明达观，富有艺术感染力。北京“张一元”茶庄，取自“一元复始，万象更新”的典故，又暗含老板以一元钱起家的经历，简单明了，易读易记。开封“又一村”饭店取自陆游“山重水复疑无路，柳暗花明又一村”的佳句，又暗示老板先办“座上春”饭店失败，盼望春风再度的愿望，寓意深刻，读来上口。“红豆”衬衫，取自王维的“红豆生南国，春来发几枝”。“扳倒井”酒业，取自历史掌故。这些名中都蕴涵了深厚的文化内涵。北京“都一处”烧卖馆的命名则更富历史和戏剧的美感。清乾隆三年，一山西李姓商人在北京鲜鱼口南街开了家无名酒店，为在竞争中求生存，坚持除夕夜照常营业。乾隆十七年除夕，恰逢乾隆皇帝从通州微服私访归来，人困马乏，转遍京师唯见这家酒店灯火通明，生意兴隆，便入店饮酒，一尝之下大为赞赏，忙问酒店字号，伙计答曰小店尚无名号，乾隆感慨地说：“这时候不关门的酒店，京都只有你们一处了，就叫‘都一处’吧。”回宫后，御笔亲题“都一处”店名，并制成虎头牌匾送于李姓酒店。从此“都一处”因皇帝题名而身价百倍，誉满京华，从一无名小店一跃成为京师名店。

⑥以英文的谐音命名。如“雅戈尔”集团的“雅戈尔”是英文“younger”的谐音，是年轻的、青春的意思。国际性品牌，最好是中英文发音接近，意义好，有发音类似意义好的也可以。

⑦运用出奇制胜的辩证美学思想命名。用丑的形式来对衬美的实质，使企业命名特征突出，影响深刻。北京“王麻子”剪刀铺挂起“三代王麻子剪刀铺”的招牌，突出特征，以丑寓美，给人以滑稽、幽默的美感，且琅琅上口，听来亲切，又易与别家区别，极具名牌效应，使顾客记忆深刻，乐于光顾，遂使“王麻子”剪刀成为京城产业一绝。

⑧用企业的经营特色起名。表明店铺的性质和经营范围。如“女衬衣专营店”，“女衬衣”是经营项目，“专营”是性质；“钟表修理店”，“钟表”是范围，“修理”是性质。表明服务的对象。如“妇女儿童用品店”、“盲人用品店”、“大学生书屋”，等等，表明服务对象分别是“妇女儿童”、“盲人”、“大学生”。当然，如果一位眉目清秀的女士到你的盲人用品店选购墨镜，你大可不必拒之门外，而应殷勤相待。

体现服务特色和风格。一个命名为“狼吞虎咽”的快餐店意味着非正式的快速就餐；而命名为“寻梦园”或者“昨夜蜜”的咖啡厅则意味服务的高级和格调的高雅。当然你会知道，“狼吞虎咽”是不大适合淑女和绅士的，而对于饥肠辘辘又急于赶路的人，你热情地上前招呼，他一定会慷慨解囊，欣然就餐的。“名”发廊对想美容的男女来说，就很有吸引力。

表明店主身份特征。如“甜姐美食店”、“广州仔美容厅”、“迪胡子槟榔店”。“甜姐”定是城里有名的美人儿，“广州仔”是广州来的英俊小生、“迪胡子”是个做槟榔的大叔。如果你起个什么“邓丽君歌厅”、“周润发健身院”之类，人们一望便知你在哗众取宠，不由胃口大倒。

表明营业时间的长短。比如“不夜天餐馆”、“当天取家电修理店”，则向顾客表明你的服务时间是 24 小时、12 小时。

表明店面的大小与方位。如“小不点发廊”、“转弯角加油站”。“小不点”店面虽小，但顾客看了，会产生一种“小而可爱”的感觉；“转弯角”让司机每到那个转弯角，就联想到有个服务周到的加油站而不由自主地停车加油。

暗示价格的幅度。如“一角钱店铺”，向顾客暗示你的小店经营的都是价格在一角钱左右的商品，如各类精美纽扣、文具、橡皮筋、小卡片等；“九九时装店”暗示你的时装价钱都在一百元以下。

企业命名方法因人而异，不一而足，它体现企业的经营头脑和文化水平，直接关系到开业后的兴衰。所以好的企业名，会对顾客产生奇妙的吸引力。而虚伪、轻浮、无聊、哗众取宠、甚至刺激顾客平安感的店名，都会吓跑顾客，严重影响商品的销售。例如，假如你把你的专营杀虫药的店铺命名为“杀无赦”，看谁还敢上门？

3.企业取名的注意事项

按照我国有关法律法规的规定，企业名称中不得含有下列内容和文字：

①有损于国家、社会公共利益的；

②可能对公众造成欺骗或者误解的；

③外国国家(地区)名称、国际组织名称；

④政党名称、党政军机关名称、群众组织名称、社会团体名称及部队番号；

⑤外国文字、汉语拼音字母、阿拉伯数字；

⑥企业名称中不得含有另一个企业名称；

⑦与其他企业变更名称未满 1 年的相同名称；

⑧与注销登记或者被吊销营业执照未满 3 年的企业相同的名称。

二、选择经营场址

企业经营场址的选择是一项长期投资，关系着企业未来的经济效益和发展前景，对于创业者迈向成功是至关重要的一步。俗话说天时不如地利，一些连锁经营的企业，在各个分店之间，即使商品构成、服务水平、管理水平、促销手段等方面基本相同，但仅仅由于所处的地址不同，经济效益就可能有较大的差别。这就证明了经营场址对于创办企业的重要作用。

(一)选择经营场址需要考虑的因素

一般情况下，在选择经营场址时需要综合考虑以下几个因素：

1. **交通便利，人、车流量大**

交通便利是指顾客乘坐公共交通工具能够很方便地到达店铺，自驾的顾客能够很方便地停车，同时企业自身进货、送货运输也很方便。交通便利对商品的销售有很大的影响，在人、车流较大的地段开店，虽然租金可能会比普通地段高一些，但人、车流量大，意味着销售量大，成功的几率比普通地段要大许多。考虑到租金的因素，我们通常不能把店面开在市中心的繁华地段，但一定是靠近马路，车辆通行方便，商业活动频繁、人口密度高、人员聚集的场所。如主干路旁、交叉路口、居民住宅楼集中的地方、电影院、公园、工厂、机关、学校附近等。

人、车流量是选择经营场址的重要决定因素，但一定要注意是有效的人流、车流。在高速路、交通枢纽、火车站、长途汽车站周围，虽然人车流量较大，但不一定是你的客源。

2. **同业竞争情况**

店铺周围的竞争情况对经营的成败产生巨大影响，因此选择店铺开设地点时必须分析竞争形势。一般来说，在开设地点附近如果竞争对手（经营项目或所售商品相同、相近的店铺）众多，商店经营独具特色，将会吸引大量的客流，促进销售增长，这就是我们常说的"店多隆市"效应。如小商品批发城、茶叶一条街、小吃一条街、酒吧一条街等。同时，"店多隆市"带来的负面影响是往往会出现过度竞争，因此，在竞争相对激烈的地段开店，要想赢得顾客，必须要在经营特色、店铺形象、服务质量、产品质量等方面下功夫。尽管如此，作为店铺的地点还是尽量选择在商店相对集中且有发展前景的地方，当店址周围的商店类型协调并存，形成相关商店群时，往往会对经营产生积极影响，如妇女服装店与婴幼儿服装店、卖木地板的与卖厨卫用具的相邻而设，常常会带动双方的经营。

3. **设施情况**

水电等基础设施是店铺正常运转最基本的条件，如果这些条件都不能保证，经常的停水、停电，那无论地理位置多好、租金多么低廉，都是不能考虑的。在智能手机普及的今天，有一些经营项目如餐饮、旅店、游戏厅等，若能提供免费的 wifi，有时会成为吸引顾客的利器。

4. **场所大小与成本**

经营场所太小会影响自己的店铺形象、限制经营规模和销售额；经营场所太大会提高经营成本。因此，要结合自己的经营项目、规模和自己的承受能力综合考虑经营场所的大小。另外，门面最好要开阔，门前有硬化的停车场，这样更能招揽顾客。

5. **周围环境**

店铺周围的环境状况有时会影响消费者的消费情绪。如果把一家饮食店开在公共厕所附近，或不远处有垃圾堆、臭水沟，或店门外尘土飞扬，或附近有散发异味的化工厂，就会直接影响消费者的食欲，从而影响饮食店的经济效益。此外，有的店铺虽然开在城区干道旁，但干道中间的隔离带和两旁的栅栏却会阻挡驾车经过的顾客进店消费，从而流失很多的生意。

在选址时除了要综合考虑以上几个因素之外，不同的行业还要结合自己的行业特点进行店址的选择。例如，对于服务型企业来说，把店铺地址选在繁华地段意味着一定的客流量；对于生产型企业来说，把场址选在较偏僻但交通便利的位置意味着低成本和高效率。所以，对于初次创业者来说，掌握选择开业地址的思路和方法，并将企业开办在适合的地点，可以在较短的时间内使业务发展起来。

(二)企业选址的步骤

1.准备工作

创业者在选址前首先要明确以下问题:

①企业需要多大的生产经营场所。

②依据自己的生产经营项目,明确自己的生产经营场所必须具备哪些基本条件,需要考虑哪些因素。

③准备在哪个地区开办企业,这个地区至少有哪些条件。

④结合自己的经营项目的赢利预测,估算自己可以承受的场地租金是多少。

⑤在选址的过程中,通过哪些渠道寻找出租场地或门面房,以及哪些人可以给你提供帮助。

2.场址调查

(1)*初步调查* 初步调查时要通过网络、报纸、专业信息网站及亲朋好友等各种渠道,尽可能多的找到可供选择的场址。网撒的越大,可供选择的地址越多,找到适合经营场地的可能性就越大。

(2)*初步考察* 了解每个供选场地的基本情况,排除肯定不适合自己经营的场地,找出基本满足企业开办条件的场地。

(3)*详细考察* 将不适合场址排除后,对剩下的地址进行详细的考察。了解每一个场址的转手情况,需要进行哪些改造,水电供应能否保障,是否满足企业的特殊需求,了解周边商圈的经营状况,了解当地居民对你的经营项目的态度,考查当地行政管理服务状况,并与业主洽谈租金多少及支付方式。

3.落实经营场址

在对考察对象进行反复比较之后,最终确定落实最适合自己的地址。落实所选地址时特别要注意创办企业的风险,如当地有什么样的自然灾害、社会治安状况、当地未来几年的发展规划是否会涉及所选地址,附近有无可能会影响企业发展的工程或活动等。

(三)企业选址的原则

1.综合分析利弊

凡事有利必有弊,为企业选择地址也是如此。任何一个场址对于自己的经营项目来说,都有其有利的一面和不利的一面。因此,在企业选址时要综合分析其利弊,认真分析利大还是弊大,分析有没有可能通过主观努力克服不利之处,并使之转化的可能性。

2.考虑问题要全面

影响企业场址选择的因素很多,有有形成本因素和无形成本因素,有关键因素和非关键因素,有促进因素和阻力因素,等等,所有这些因素在选址时都要考虑进去。在企业经营过程中,没有不重要的因素,一个小小的失误就可能给企业造成重大的损失。因此,为企业选址时要有辩证的眼光、动态的眼光、发展的眼光,把大大小小、方方面面、前前后后的问题都考虑进去。

3.关键因素优先

不同的企业在选址时的关键因素是不同的。例如,对于服务型企业来说,特别是用户上门的服务型企业，客流量可能是最关键的因素。对于大批量生产的企业，低成本可能是最重要的因素。对于单件小批量生产的企业，高水平的工人可能是关键因素。对于科技型开发型企业来说，人才可能是最关键的因素。对于部分食品企业来说，原料来源可能是最重要因素。在企业选址时，关键因素要优先考虑，在满足了关键因素之后，再考虑其他方面的条件，并从中进行选择。

(四)企业选择经营场址的技巧

①店铺的位置，尽量选在车站、学校、影剧院、公园名胜附近，或工厂、机关单位、商号、居民住宅聚集的地方。

②以在25米左右宽度的街道旁开店比较适宜，因为这样的街道只有车道和人行道之分，车辆穿梭其中，视线容易扫描到两边的铺面，而行人在其间行走，感觉也比较舒服，有亲和力。相反，街道过宽本身就不聚集人气，如果中间有隔离带或栅栏，就较难滞留过往车辆和行人。

③街道两旁建筑物的高度与街面宽度之比接近于一比一时，较为适合开店，否则建筑物太高，会造成压抑感。

④选择靠近大公司、大企业的街道一边开店。因为这些单位的人本身就可能是你的顾客，同时，靠近大公司或大企业，便于以它们为标志方便别人指引出你的店铺的位置。

⑤选择经营方向相辅相成的店铺作邻居。如一家儿童服装店靠近一家妇女服装店，两家店铺的顾客都有可能成为彼此的顾客。

⑥在同一条街道两侧选择店铺时，以客流量多、能见度高、交通不易堵塞的位置最好。

店址的确定是店铺经营目标和经营策略制定的重要依据。不同地区在社会地理环境、人口交通状况、市政规划等方面都有别于其他地区，它们分别制约着其所在地区的店铺顾客来源、特点和店铺对经营的商品、价格、促销活动的选择。所以，经营者在确定经营目标和制定经营策略时，必须考虑店址所在地区的特点，使得目标与策略都制定得比较现实。有时与其定好经营方向再去选择店铺位置，不如先找到一个地点适中、价格较合理的营业场所，再根据当地情况确定一个有发展潜力的经营方向。

三、企业的注册登记

在完成了创业的前期工作，有了项目、场地、资金等条件后，开始进入为自己的企业申请合法身份的阶段。也就是按照我国法律规定，到相关管理部门进行工商注册、税务登记和各项审批手续，拿到营业执照和发票后，就可以正式营业了。

企业注册登记的一般流程：到工商局申请营业执照→到质量监督局申办企业代码证书→到公安局备案、刻章→到税务局申办和领取税务登记证和发票→到银行开立基本账户→到人力社保局开立社保账户→正式开业经营。

(一)到工商局申请营业执照

申请营业执照的流程见图12-1。

1.企业名称预先核准

企业名称需要经过工商局核准，符合相关法律、法规的规定，不与其他企业名称重复的

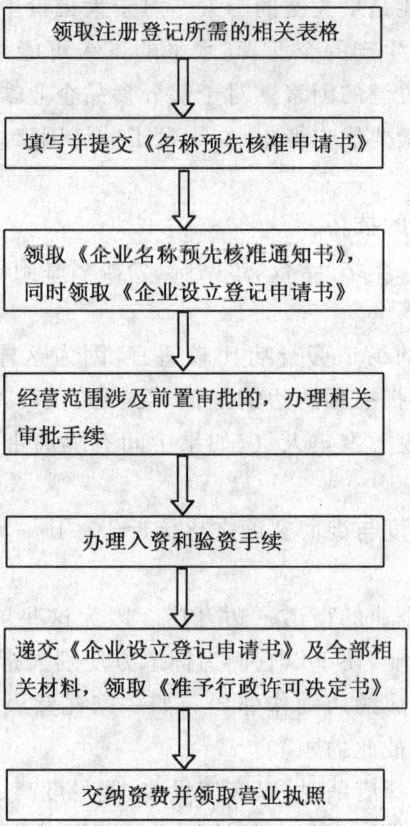

图 12-1　企业工商登记的基本程序

才能使用。这就需要到工商局填写《名称预先核准申请书》，报送工商局同意后方可进行下一步的申办手续。

2. 特别许可申请

我国法律规定，部分比较特殊的业务或项目，需要经过相关主管部门的专项审批，企业取得特殊业务或项目的经营资质后，才可以开展相关的贸易或经营。这些申请、审批手续需要在申请工商营业执照之前进行，所以也称为前置申请。

(1)不需要专项审批的常见经营项目主要有：

销售类：针纺织品、百货、日用杂品、五金交电、化工产品、土产品、民用、工艺美术品、家具、计算机及外围设备、金属材料、机械电器设备、木材和橡胶制品、建筑材料、装饰材料、办公用品等；

技术开发类：技术开发、技术咨询、技术转让、技术培训、技术服务；

咨询服务类：信息咨询、企业策划和管理咨询、装饰设计、劳务服务、彩扩、翻译、打字等。

如果企业的经营范围只属于上述项目，则不需要进行前置申请这个步骤。

(2)需要专项审批的一些常见项目及其当地的政府审批机关见表 12-3。

表 12-3　经营项目与政府审批机关

经营项目	审批机关	经营项目	审批机关
食品、餐饮(生产、经营)	卫生检疫部门,环保局	印刷	新闻出版局,公安局
烟草制品(批发、零售)	烟草专卖局	特种行业(旅馆、刻字、刻章、物品寄存等)	公安局
建筑、装饰	建设管理委员会	婚介	民政局
道路货物运输	交通运输指挥部	幼儿园,学校	教育委员会
搬家公司	公安局交管部门	对外贸易	商务局
医疗机构	卫生局	网吧	通信管理局,公安局
旅行社	旅游局	网站、网上论坛	通信管理局,新闻管理局
图书、报刊、音像(批发、零售)	新闻出版局,文化委员会	台球、保龄球馆;电子游艺厅;棋牌室;歌舞厅;卡拉 OK	文化委员会,公安局
化肥、农药、农具、种子	农业局	保险代理	保监会

政府主管部门的专项审批,可分为前置审批和后置审批。前置审批是指必须在申办工商执照之前完成的审批手续。此外,还有一些审批手续是在办完工商执照之后予以补办的审批,称为后置审批。

3. 向工商局递交企业设立登记申请书等相关材料

这一步是正式向工商局申请企业的营业执照,根据所设立企业组织形式不同,需要递交的材料也有所不同。

(1)个体工商户　需要递交的材料包括:

①个体工商户开业登记申请书。

②名称预先核准通知书。

③经营者资格证明。主要是身份证原件及复印件。

④经营场所使用证明。主要是经营用房屋的产权证及租赁合同。房屋产权属自然人的,由自然人在产权证复印件上签字确认;房屋产权属单位的,在产权证复印件上盖单位公章确认。

⑤指定委托书。

⑥许可项目审批文件。若经营项目和业务不需前置审批的,则不需要提供这份文件。

⑦补充信息登记表。

(2)个人独资企业　个人独资企业需要提交的材料包括:

①个人独资企业设立登记申请书。

②投资人身份证明。

③企业名称预先核准通知书。

④住所使用证明。

⑤指定委托书。

⑥许可项目审批文件。

⑦企业联系人登记表。

⑧补充信息登记表。

(3)合伙企业　合伙企业需要提交的材料包括：

①合伙企业设立登记申请书。

②全体合伙人身份证明。

③合伙协议。

④全体合伙人对各合伙人认缴或者实际缴付出资的确认书。

⑤名称预先核准通知书。

⑥指定(委托)书。

⑦住所使用证明。

⑧许可项目审批文件。

⑨企业联系人登记表。

⑩补充信息登记表。

(4)有限责任公司　有限责任公司需要提交的材料包括：

① 内资公司设立登记申请书。

②公司章程。

③名称预先核准通知书。

④股东资格证明。

⑤指定(委托)书。

⑥住所使用证明。

⑦许可项目审批文件。

⑧企业联系人登记表。

⑨补充信息登记表。

上述材料提交后，如果符合要求，5 个工作日后就可交费领取工商营业执照；若不符合要求，则需要根据要求修改后再次提交。

(二)办理组织机构代码证书

组织机构代码是对中华人民共和国境内依法注册、依法登记的机关、企、事业单位、社会团体和民办非企业单位等机构颁发在全国范围内唯一的、始终不变的代码标识，其作用相当于单位的身份证号。组织机构代码证书包括正本、副本和电子副本(IC 卡)，正本、副本和电子副本(IC 卡)具有同等的法律效力。

办理组织机构代码证书需要到市、区县级的质量监督局办理。首次申请需提交的材料包括：

①营业执照副本及复印件；

②法定代表人或负责人身份证件及其复印件；

③经办人身份证件及其复印件；

④组织机构公章；

⑤组织机构代码申请表(图 12-2)。

北京市组织机构代码申请表

1、申请单位信息

所填信息是否涉密：是 □ 否 □　　职工人数：________

经济行业代码：□□□□□　　单位邮政编码：□□□□□□

投资国别（内资企业不填）：________　　单位电话：________

上级主管部门的组织机构代码：□□□□□□□□□　　（无上级主管部门可不填）

其他需要说明的情况：

____

2、申请单位承诺

（1）授权经办人办理组织机构代码事宜；

（2）保证所提交的材料真实、合法、有效。

经办人：________　　经办人电话：________　　公章

以下信息由受理人填写　　新办 □　　外省市迁入 □

受理日期：________　　证书有效期：________

受理人________　录入人________　审核人________　制证人________　扫描人：________

组织机构代码：□□□□□□□□-□　　受理机关：□□□□□□

图 12-2　北京市组织机构代码申请表

(三)办理税务登记手续

在办理企业税务登记手续时，需要用到企业的印章。所以，取得营业执照后，在办理税务登记手续之前，需要凭营业执照和身份证复印件到当地公安机关批准的印章公司刻公司章、财务章和人名章。

按照规定，在领取工商营业执照后的 30 日内，必须办理税务登记手续。

办理税务登记需要的资料包括：营业执照复印件、身份证复印件、经营场地证明、组织机构代码证复印件、印章。

取得税务登记证后，纳税人应将证件张挂在其生产、经营场所内明显、易见处，亮证经营。税务登记证不得转借、涂改、毁损、买卖或伪造。遗失税务登记证，应及时报告税务机关并申请补办。

纳税人在申请减税、免税、退税、领购发票等事项时，都必须持税务登记证件办理(图 12-3)。

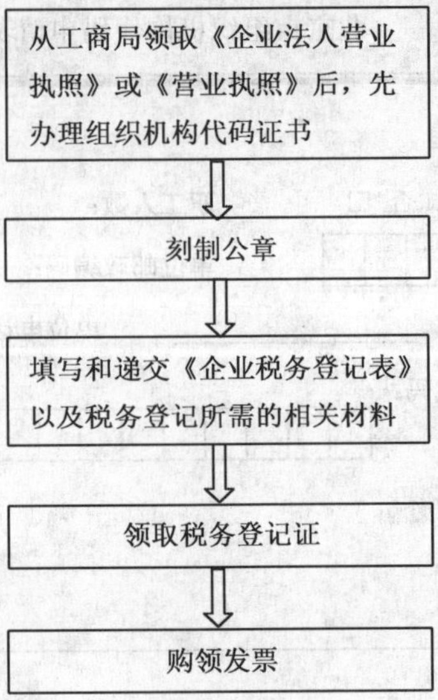

图 12-3　企业税务登记的程序

税务登记证件每年验审一次、每 3 年更换一次。

(四)其他登记事项

①执营业执照去银行开立基本存款账户。

②去相关部门申请特别许可。如果你的项目属于需要专项审批的业务或经营资质。

③统计登记。在领取营业执照后的 30 天内向当地统计局办理统计登记。

④社会保险登记。向当地人力社保局的社保中心办理。

第五节　创业营销

营销是企业的基本职能之一，是企业成功的关键因素。作为创业者，学习市场营销学的知识是必不可少的。

一、营销概述

(一)认识营销

1. 市场

市场是供需双方在共同认可的一组条件下所进行的商品或者劳务的交换活动，是由一切具有特定的欲望和需求，并且愿意、能够以交换来满足此欲望和需求的潜在顾客构成的。市场包含 3 个因素：有着某种欲望和需求的人，满足需求而具有的购买能力和购买欲望。

2. 市场营销

市场营销是与市场有关的人类活动，它以满足人类各种需要和欲望为目的，通过市场，变潜在交换为现实交换的活动。例如，某个商家，通过一些促销活动，使得那些有潜在需求的顾客实现自己的购买行为，变潜在交换为现实的交换，这样就实现了市场营销。

(二)营销原理

1.“4P”理论

传统的营销原理包括 4P 理论，是指产品(product)、价格(price)、渠道(place)和促销(promotion)是市场营销的四个要素，是企业市场营销活动的主要手段，要做好市场营销，就要从这四个方面下功夫。因为这四个英文单词的头一个字母都是 P，所以通常被称为“4P”理论。

(1)产品　产品是企业的产出，是企业向客户销售的、有形物品或服务。

产品的内容包括：产品的核心价值，即产品的基本功能和功效；产品的形式，即产品的品牌、式样、质量和包装等；产品的附加值，如送货、安装、培训和其他售后服务等。

营销的产品策略是指企业营销应当从产品方面下功夫，促使消费者了解和购买企业的产品。

(2)价格　价格是企业为自己的产品所制定的、客户购买该产品需要支付的金额，它是企业产品的价值标示。

产品价格包括成本和利润两个成分，在成本不变的情况下，利润幅度的高低是定价的考虑因素，同时它也是企业可用来影响市场的重要杠杆。对于客户来说，价格是影响他们是否购买产品的重要因素之一。

创业营销的价格手段，就是要通过合理的定价，促进销售目标的实现。

(3)渠道　渠道是使企业产品得以销售的地点、机构、途径、风格等。

它包括：企业自己的经营场地；企业的直营分支或专卖机构；产品销售的代理商或经销商；其他中介机构或个人；互联网等特殊渠道。

企业有了好的产品及合理的价格，就要设法让消费者能够买到产品，因此如何使企业的销售地点和途径便于客户得到企业的产品，就是渠道策略要解决的问题。

(4)促销　促销是指企业为把产品卖出去而做出的各种促进销售的努力，例如推广活动、广告和其他宣传、人员推销、折扣和其他优惠促销以及销售和客户服务等等。

2.“7P”组合和“4P＋3R”组合

“4P”理论主要是针对于传统的有形产品，对于无形而且难以统一质量标准的服务产品，营销学家在“4P”理论的基础上推出了“7P”组合和“4P＋3R”组合的营销理论。了解“7P”组合和“4P＋3R”组合的营销理论，有助于开展服务性企业的市场营销。

(1)营销 7P 组合　营销 7P 组合理论，包括上述传统的 4P 组合，另外根据服务产品的特点，增加了以下 3 个 P：

人(people)：指服务人员，即服务的载体。强调人是服务企业赢取竞争优势的重要条件。

过程(process)：服务的过程。强调加强对服务过程的管理，以改善服务质量。

客服(provision of customer service)：强调通过客户服务，与客户建立良好的长久关系。

(2)“4P＋3R”的营销组合　“4P＋3R”的营销组合理论，是在上述传统的 4P 组合之外，增加了以下服务营销的 3R 组合。

留住客户(retention)：积极与客户建立和保持长期的良好关系，以便留住客户和取得稳定的收入，而保持这种关系的有效方式就是提供良好的服务。

相关销售(related sales):指向老客户销售更新换代产品或相关产品,可大大降低销售成本并提高利润率。

客户推荐(referrals):忠诚客户将你的产品推荐给其他潜在客户,非常有助于你企业的形象和赢利,而这就是企业服务营销的目的。

二、产品策略

产品策略是指企业根据目标市场的需要做出的与产品开发有关的计划和决策。

产品是企业赖以生存的基础,是企业赢得竞争优势的核心。选择什么样的产品作为发展方向,运用什么样的产品策略进行生产经营,关系到企业的兴衰。

(一)产品整体观念及产品整体设计

1.产品整体观念

现代产品的整体观念,是指一切能够满足消费者某种需求或欲望的有形物质产品和与此相关的服务的组合,它能为消费者带来有形利益和无形利益。

"产品整体"的内容,可以分为三个层次:

(1)产品的核心　产品的核心,是消费者追求的实际效用或利益。它是产品整体的实质内容,是产品得以存在的根本原因,主要是通过产品的功能、适用性、可靠性、耐用性、经济性等指标来表现。

(2)产品的形式　是消费者追求的产品形态及外在质量,如产品的花色、品种、款式、规格、重量、包装、商标等。

(3)产品的附加利益　是指伴随着产品实体的服务,如产品知识介绍、使用技术培训、商品检查、维护与修理及其他销售前后的各种服务保证等。在产品技术性能相似、产品形式水平相近的情况下,企业间的竞争往往是产品的附加利益的竞争。一个企业,如果善于开发和利用产品的附加利益,就能在竞争中取得优势。

2.产品整体设计

产品整体设计是按产品整体观念来进行的,一般包括产品的基本功能设计、产品的形式设计和产品附加服务的研究等内容。

(1)产品基本功能设计　产品基本功能是指产品的主导功能,是产品的主要作用和性能。产品的基本功能是产品得以存在的主要条件,也是用户购买产品的主要原因。因此,产品的基本功能设计,是产品设计的核心内容。

企业进行产品基本功能设计时,必须把消费者的需求和愿望放在首位,充分考虑消费者的利益,最大限度地为消费者提供功能可靠、适用、质量好、价格合理的产品。

(2)产品形式设计　产品形式主要包括产品的品种、款式、规格、包装、商标等。产品的形式设计完美、新颖,有利于产品储存、运输和刺激销售。

随着人民生活水平的不断提高,消费的个性化特征越来越突出。消费的个性化必然要求企业经营方式的特色化和经营产品的特色化。尤其是中小型企业,要想在竞争中生存,一定要在产品形式的个性化上下功夫。

实践证明,提高产品个性化的有效方法是实现产品功能和形式设计的完美统一,而这其中的关键是提高商品的文化含量,也就是增加商品的文化价值。任何一种商品,在具有使用价值的同时，还具有文化价值。如衣服可以保暖和蔽体，这是服装的使用价值，但消费者对服装还有款式和花色等方面的要求，这就构成了服装的文化价值。食物充饥，这是食物的使用价值，但人们除了可以吃饱肚子，对食物还有色、香、味、形等方面的要求，这就构成了食物的文化价值。

(3)产品附加服务研究　产品服务是产品整体组成部分，是维护企业信誉，促进产品销售，提高产品竞争能力，增加企业收益的重要手段。

产品服务一般包括以下几个方面：

①咨询服务。回答客户或消费者的询问和要求。

②现场服务。对技术性较强的商品，现场安装、调试以方便客户或消费者。

③培训服务。为客户或消费者提供技术资料或技术培训，以方便客户或消费者使用商品。

④售后服务。随着人们生活水平的提高，消费者对商品售后服务的要求也越来越高。如果你创办的企业不能满足消费者对商品售后服务的需求，企业及其商品在客户心目中的形象就会受到损害。

(二)注重名牌产品战略

名牌产品是指质量优、信誉好、市场占有率高的产品。名牌战略就是以创名牌、保名牌为中心，带动整个企业向持续、稳定、健康方向发展的战略。

随着市场经济的发展，企业间的竞争已由过去以质量和价格为主的竞争，转变为质量、品种、信誉、企业形象和服务水平等综合素质的竞争，并进一步发展为商标和品牌之间的竞争。可以说，在当今市场上，谁能创出名牌，谁就拥有了称雄市场的资本，谁也就能够独占鳌头。

注重名牌产品战略，就必须搞好品牌的商标设计和包装设计，不断提高产品包装与商标的文化价值。虽然商品包装和商标不是商品，但它们同商品一同进入市场，一同被出售，它们已经与商品密不可分，构成了商品的一部分。

商标是一个企业生产或经营商品的牌子。其重要作用在于：一是区别同类企业生产的同类商品，有助于企业进行宣传，也有利于消费者识别选购；二是表明不同企业商品的质量和特点，当消费者熟悉后，能产生消费偏爱，反复购买。因此，名优品牌是企业重要的无形资产。如“美的”商标在1997年的评估价值达26亿元、“红塔山”商标的评估价值达353亿元。

1.品牌商标设计

品牌商标是指品牌中可以被识别，但不能用语言表达的部分。也可以说，品牌商标是一种“视觉语言”，它通过一定的图案、颜色来向消费者传输某种信息，以达到识别品牌、促进销售的目的。一个好的品牌商标，它的设计一般应遵循以下几个原则：

(1)简洁鲜明、独特新颖原则　品牌商标不仅是消费者辨认品牌的途径，也是提高品牌知名度的一种手段。品牌商标在设计上其图案与名称应简洁醒目、易于认知、理解和记忆，同时还要求设计能体现企业产品的特色，具有个性，让消费者识别出独特的品质、风格和经营理念。

(2)准确相符原则　准确相符原则是指品牌商标的寓意要准确，品牌名称与标志要相符。品牌商标要巧妙地赋予寓意，形象地暗示，以耐人寻味，这样才能扩大品牌的知名度。

(3)相对稳定原则　品牌商标要为消费者熟知和信任，就必须长期使用，长期宣传，在消费者的心中扎下根。同时,品牌商标一经注册即受到法律保护,就享有专用权,因此,品牌商标设计不能随心所欲、草率从事,而要采用那些不受时间和形势变化影响的名称和图案来表示。

2.品牌包装设计及策略

品牌的包装设计要完美和新颖,以有利于产品储存、运输和刺激销售。为了使包装在现代市场营销中发挥更大的作用,企业除了认真做好包装设计之外,还需要运用适当的包装策略,使包装的设计与策略的运用相得益彰。

常用的包装策略有以下几种:

(1)类似包装策略　这是指企业将自己的各类产品,在包装上采用相近或相同的图案、色彩和共同的特征,以使用户注意到这是同一家企业生产的产品。其优点在于一方面可降低包装成本;另一方面通过一系列格调一致的包装,使消费者受到反复的冲击,从而形成对企业产品的深刻印象,扩大企业的声势和影响。

(2)等级包装策略　这是指企业对不同档次或不同质量的产品分别使用不同的包装,并在包装材料、装潢风格上力求与产品档次相适应。采取这种包装策略可以满足不同消费层次的顾客在不同使用环境中的消费需求,也不至于因为某一种产品销路不畅而影响其他产品的声誉。但是该策略的实施必会加大包装的生产、设计成本,也会使新产品上市时的宣传推广费用提高。

(3)组合包装策略　这是指将相互关联的产品置于同一包装中,配套使用。如将口红、香水、粉底、眉笔、小镜子等置于同一化妆盒中销售。这种包装策略有利于带动多种产品的销售,特别是有利于新产品的推销,使顾客不知不觉中习惯使用新产品,既接受了新观念,也节省了包装费用。组合包装适合于购买频率高、配套性强的小商品。

(4)附赠品包装策略　这是指在包装物内附赠物品或奖券,如在儿童用品中附赠小玩具,在营养品中附赠象征吉祥如意之类的小装饰物等,特别是在各种节日前夕,对节日商品如中秋月饼等采用附赠包装效果尤佳,这样可以增加购买者的兴趣,吸引顾客重复购买。

(5)再使用包装策略　这是指包装物在产品用完后,还可以作其他用途,如常见的咖啡、酱菜瓶,当咖啡和酱菜用完后可用作茶杯。这样可以利用顾客一物多用的心理,使顾客得到额外的使用价值,同时,包装物在再使用过程中,还能起到广告宣传作用。

三、价格策略

产品的销售价格是企业营销管理中一个十分敏感的因素。给自己的产品制定一个合适的价格是一件比较困难的事情,因此,企业在定价时一定要认真研究产品的价格构成和市场状况,确定企业的定价目标,并在此基础上选择相应的定价策略。

(一)制定价格策略

价格策略是指企业通过分析客户的需求和企业的生产成本,选择一种能吸引客户和促进销售的策略。价格策略是企业市场营销组合的一部分,通常可以按照以下步骤制定企业的价格策略。

1.选择定价目标

企业定价首先要按照企业的目标市场战略和市场定位战略的要求,选择定价的目标。

一般来说，企业的定价目标大致有维持企业生存、最大当期利润、最高销售成长、市场份额领先、企业形象最佳化。

2.测定需求弹性

通常情况下，需求和价格是反向关系，即价格越高，需求越低。然而对于有的商品来说，需求曲线有时候呈现的却是相反的结果。因此，企业需要了解需求对于价格的变动将会产生怎样的反应以及反应的程度如何。

3.估算成本

需求为企业确定产品价格的最高上限，而成本构成下限。企业给产品定价时需要估算的成本主要包括：产品生产的平均单位成本、销售成本、运输成本、相关服务成本、税费成本等。

4.选择定价方法

产品的成本规定了价格的下限，竞争者的价格和替代品的价格提供了企业在制定价格时必须考虑的参数。企业可根据产品特性选用不同的定价方法。

5.确定价格策略

经过前四个步骤，基本可以制定出企业的价格策略，其中包括价格目标、定价方法、价格范围、促销手段、价格应用和促销的指导原则等。

(二)常用的定价方法

定价方法是企业为实现其价格策略和销售目标所采取的确定价格的具体方法。

1.成本加利润

将生产、采购进货、销售以及房租、人员工资等直接和间接成本计算出来后，加上应赚取的利润，就是你的产品或商品的销售价格。

2.随行就市，参照竞争对手价格

企业经营者在很多情况下，必须按照市场的行情确定自己的产品价格，尤其是那些大众消费品和市场价格比较透明的产品。另外，一些服务型产品，如房地产中介服务，通常会按照业内形成的行价来收取服务费。

3.根据客户的期望值定价

很多服务类型的产品，如美容美发、保健等，没有固定的价格和客观的定价依据，商家通常根据客户的消费能力和消费意愿，来确定自己的服务价格。这是许多经营以固定成本为主的服务型企业采用的定价方法。

4.高价策略

以大大高于正常利润加价的幅度给自己的产品定价，或以明显高于同类经营者的价格来定价，就是高价策略的做法。

价格高，往往能体现较高的档次、品位和价值，有助于提升企业形象和品牌价值。通常适于送礼的产品采用高价策略，此外，对市场有着垄断地位的企业，或产品具有独特性且短期内不会被仿制出来、市场竞争很小的产品，也有条件采用高价策略。

5.低价策略

以略高于成本的价格销售产品，就是低价策略。低价策略的优点是薄利多销，迅速提高市场的占有率，同时可以阻止新的同类竞争者的介入。这种定价策略适合于客户群大、销量可上规模、同时竞争又比较激烈的产品或服务，如大众消费的日用品、日常餐饮等等。

(三)常用的定价技巧

1.使用吉利数字

中国人在传统文化上历来喜爱6、8、9等象征着“顺”、“发”、“长久”等吉利数字，并喜好谐音吉祥的数字。如1498象征着“一世就发”、168象征着“一路发”。相反，中国人讨厌4、250等数字，西方人讨厌13。

2.利用顾客心理

大家都知道整数计算十分方便。但是在零售市场，几乎找不到用整数标价的商品，298元绝不会标成300元；16.80元不会标成17.00元。这不是商家在自找麻烦，而是商家的精明。因为在人的心理上都有一个先入为主的概念，虽然只差2元钱，298元给人的印象是200多元钱，不到300元；300元给人的印象就是300以上，使顾客感觉差别很大。

3.利用四舍五入

四舍五入也是一个重要的心理概念。由于人们将四舍五入作为数字处理的基本原则，已经进入了人的心里并广泛使用，使得在判断价格的时候也习惯性地进行四舍五入。14.80元与15.10元的感觉一样吗？14.80元的感觉是10元出头，15.10元则像是快到20元了。因此，在268元与288元之间作定价选择时，因为它们给人的感觉都是快300元，所以我们应当选择288元。

4.整数定价

是有意将商品价格中的零头抹去，升为整数。如一件首饰定价100元，而不是97元；一台电冰箱的价格定为2 400元，而不是2 398元。这样定价可以满足消费者的虚荣心和自尊心。礼品、高档消费品、高质量的名牌产品适合使用整数定价。

四、销售渠道策略

销售渠道是指你的产品或服务从你的企业到达用户手中所经过的途径。销售渠道畅通，可以缩短产品销售的时间、加快资金的流转、降低企业成本，从而提高效益。

销售渠道可分为两种类型，一是直接销售，即企业产品直接到达消费者手中，中间不经过任何环节；二是间接销售，也称渠道销售，即企业产品先到达中间商(批发商、零售商、代理商、经纪人)手中，由中间商销售给消费者。采取何种销售方式，或两种销售方式都采用，要根据企业产品特点和市场情况来确定。

(一)直接销售

1.坐店销售

这是商品零售和服务类门店的基本销售活动。对上门顾客的销售，需要注意以下几个方面：

①分析上门顾客的类别，研究和学习相应的推销技巧，针对客户不同的年龄、职业、性格、消费特点，采用不同的推销方式和技巧为顾客提供服务。

②对顾客主动相迎，热情接待。

③细心观察顾客的特点和反应，适时介绍自己的产品，尽量为顾客考虑，满足顾客的心理需求，激发顾客潜在的购买欲望，实现交易的完成。

④尽量让顾客体验拥有商品或享受服务的感觉。如卖服装的让顾客试穿衣服；做美容

服务的让顾客免费体验一小段服务等。

2.电话销售

电话销售是指通过使用电话、传真等通信技术，来实现有计划、有组织、高效率地扩大顾客群，提高顾客满意度、维护顾客等市场行为的手法。电话销售因其快捷、方便、经济等特点，已经成为一种常用的营销方式，在很多行业中得到普及。

需要说明一点，电话营销绝不是随机地打出大量电话，靠碰运气去推销产品，那样做只能引起消费者的反感，结果是适得其反。

电话销售的基本技巧：

(1)重要的开场白　首先要自报家门，把自己是谁，是哪家公司的，打电话是什么事等基本问题说清楚。要做到声音清晰、悦耳、吐字清脆、普通话标准。一般开场白要在30秒内完成，否则会引起对方不耐烦。

(2)态度决定成败　打电话过程中最好不要吸烟、喝茶、吃零食，即使是懒散的姿势对方也能够“听”得出来。因此打电话时，即使看不到对方，也要当作对方就在眼前。尽可能地注意自己的姿势，声音要温雅有礼，音量适宜，用恳切的话语表达。只要你保持良好的心态，真诚地与对方沟通，你的感染力就能通过电话传达给对方。

(3)认真做好记录　在电话机旁准备一个记录本，随时把接打电话过程中获取的重要信息记录下来，信息记录要尽可能地简单、明了、准确、完整。

(4)有效电话沟通　注重倾听与理解、抱有同情心、建立亲和力是有效电话沟通的关键。电话销售时通过多提问来了解顾客的需求和问题。

(5)礼貌挂断电话　在结束电话交谈之前，应有明确的结束语，彼此客气的道别，说一声“谢谢”、“再见”，再轻轻挂上电话，不宜只管自己讲完就挂断电话。

3.上门推销

上门推销就是由销售人员携带产品的样品、说明书和订单走访顾客，推销产品。上门推销时，销售人员首先要打消顾客的抵触情绪。下面是打消顾客抵触情绪的一些方法：

①尊重对方的时间，最好提前预约。

②设法营造良好的面谈气氛，让对方自我感觉良好。例如投其所好，谈论对方感兴趣的事情，真诚地赞美对方。

③以高度的自信、乐观的姿态和极大的热情去拜访顾客，给人积极振奋的感觉，以此感染对方，减少对方的抵触心理。

④穿着打扮要得体，给人舒适和专业的感觉，给对方留下良好的第一印象以促成销售。

⑤赠送小礼品或通过双方都熟悉的人介绍，以尽快获得对方的信任。

(二)间接销售

间接销售是指企业产品通过中间人转达到顾客手中。中间人包括批发商、零售商、代理商、经纪人等，所有的中间人都称为渠道，所以间接销售也称为渠道销售。

渠道销售是许多中小企业和初创企业采用的销售方式，这是因为中小企业和初创企业没有更多的财力、也没有必要去组建自己的销售渠道。一般情况下，从事实物产品的加工生产性企业、种植和养殖企业、从事大区域批发的产品贸易商和地区代理商、一些专业服务型企业适宜采用渠道销售。

1. 建立销售渠道方式

①按省、市、区县等级别，发展地区代理商，再由地区代理商发展经销商。通常面向全国推广新产品的初创企业多采用这种方式。这种全国性布局的渠道构建方式比较适合成长性较好、市场空间比较大的企业。

②在你的当地和周边地区发展经销商和产品代理商，有利于你在熟悉和便于抵达的范围内扩大你的销售圈。这种渠道构建方式比较适合于一些资金相对薄弱、操作简便、产品为大众日常性消费的项目。

③与有条件销售你的产品或服务的企业建立代销业务合作。这是许多企业普遍采用的方式。渠道构建的成本很低甚至是零成本，这种合作对双方都有利，而且双方的风险都比较小。

④以免费和简单易行的方式，谋求取得代理商或经销商的合作，以尽快开拓市场。这是一种双方经约定共同开拓市场，风险共担，利益分成而对对方约束很少的方式，对初创小企业非常适合。

⑤根据情况发展一些个人成为你的专职或兼职推销人员。

2. 渠道销售技巧

(1)市场利益刺激　在向中间人销售产品时，不仅要强调产品的价格、利润空间，更重要的是要强调产品的市场需求情况，以刺激中间人的销售激情。

(2)使用销售道具　如利用某些媒体对公司或产品的相关报道来作为我们销售过程中最有力的论证。

(3)分析调查数据　数据是最能说明问题的证据，能够把数据分析运用的好，会让对方没有理由拒绝。调查不但是我们做各种市场预测、促销策划等决策的依据，同时也可以作为我们销售的辅助工具。

3. 渠道管理要点

(1)选择渠道　就是对渠道经营者的推广宣传和筛选，找到最合适的渠道合作者，把自己的产品销售量和市场份额做得最好。

(2)激励渠道　通过制定渠道返点或铺货数量等激励机制，实现更好的合作并提升销售业绩。

(3)避免渠道冲突　要保护不同渠道经销商的利益，做到公平处理，避免渠道经销商之间产生一些利益上的纠纷。

五、促销策略

促销策略就是企业将有关产品、服务和观念的信息通过各种方式传递给用户，促进了解和信赖，以使消费者购买企业产品或接受企业服务，从而达到树立企业形象，扩大产品销售的目的。促销的基本方式有人员推销、广告促销、营业推广和公关促销。在市场经济条件下有效的促销策略会对企业的营销工作起到巨大的促进作用。

(一)人员推销

人员推销是通过销售人员和顾客的交谈，说服顾客，实现销售。人员推销是一种最早采用的推销方法，也是现代企业不可缺少的推销手段。随着商品买方市场的形成和竞争的日益激烈，人员推销在市场营销活动中的作用也日益重要。

（二）广告促销

广告是指企业通过广播、电视、报纸、杂志等媒体向目标市场和社会公众传递企业的产品和服务信息的一种宣传活动。广告是企业向消费者传播信息的重要手段，也是促销的一种重要方式。

在实施广告促销时，要注意以下几点：

①正确选择广告传递的载体和工具。

②注重广告设计。设计广告时，根据本企业产品对消费者的特殊优势，通过突出产品的特点和性能，使目标客户对企业产品产生稳定的印象，促使消费者产生购买欲望。

③明确定位。首先要明确产品定位，在此基础上明确广告定位。在广告宣传中突出宣传产品的特点以及给消费者带来的利益。常见的有功效定位，即在广告中宣传产品的特殊功能；品质定位，即在广告中突出宣传产品的良好品质；价格定位，即在产品质量、性能、样式、用途等与竞争者产品相近时，突出强调产品价廉的特点；档次定位，即在广告中宣传产品的高档次。

（三）营业推广

营业推广是为了刺激需求而采取的能够迅速产生激励作用的促销措施。与其他促销方式相比，营业推广也给消费者提供了一个特殊的机会，使其产生一种机不可失的紧迫感，促使消费者立即购买。正因为如此，营业推广一般也是短暂的、一次性的，如果频繁使用或使用不当，会引起顾客对产品质量的怀疑，从而降低企业的声誉。所以，营业推广只是在市场竞争激烈、产品积压等情况下采用。

常用的营业推广方式有以下几种：

(1)赠送样品　即把产品的样品赠送给消费者让其试用。这是向消费者推广新产品的一种有效方式。

(2)附送赠品　当销售某一特定产品时，免费附赠企业另一种产品。这样既可以促进特定产品的销售，有时也可以打开附赠品的市场。

(3)减价优惠和价格折扣　用降低价格的办法刺激消费者购买。一般在淡季或节假日使用较多。

(4)有奖销售　是利用顾客的侥幸心理来扩大销售的一种方法。根据顾客购买商品的数额发给相应数量的兑奖券，销售额达到一定数量时，公开抽奖。如果奖金数额较大，则会对顾客产生较强的吸引力。

(5)优惠券　顾客购买企业产品时赠送一种购物券，顾客可凭这些购物券，以优惠价格购买相同产品或企业的其他产品。

(6)量大优惠　将优惠折扣与消费者的购买量或消费额挂钩，买的越多，折扣越大。

(7)会员折扣　对会员提供优惠的会员制可促使客户经常来消费，并吸引潜在的消费者成为常客。

思考题

1.大学生自主创业应具备哪些素质和能力？如何培养？
2.创业调研包括哪些方面的内容？
3.如何论证你的创业项目是否可行？
4.企业的组织形式有哪些？各有何优缺点？
5.企业选址需要注意哪些方面的问题？
6.开办企业需要进行哪些登记注册？
7.促进企业产品销售,可以从哪些方面入手？

附录　主要就业网站

1. 中央有关部门主办的就业网站

网站名称	网址
全国大学生就业公共服务立体化平台	http://www.ncss.org.cn
中国高等教育学生信息网(学信网)	http://www.chsi.com.cn/
人才市场公共信息网	http://www.chrm.gov.cn/
中国劳动力市场网	http://www.lm.gov.cn/
中国中小企业信息网	http://www.sme.gov.cn/index.htm

2. 地方部门主办的毕业生就业主要网站

网站名称	网址
北京高校毕业生就业信息网	http://www.bjbys.net.cn/
北京市人力资源和社会保障局毕业生就业网	http://www.bjbys.com/bjbysnew/
天津市高校毕业生就业信息网	http://www.tjbys.com/
河北省大中专毕业生就业服务信息网	http://www.hbxsw.com/
山西毕业生就业信息网	http://www.sxbys.com.cn/
内蒙古高校毕业生就业信息网	http://www.nmbys.com/
辽宁省高校毕业生就业信息网	http://www.lnbys.com.cn/
吉林省高校毕业生就业信息网	http://www.ybrc.gov.cn/graduate/link/jiling.htm
黑龙江省大中专学校毕业生就业服务信息网	http://www.work.gov.cn/
上海高校毕业生就业信息网	http://www.firstjob.com.cn/
江苏毕业生就业网	http://www.jsbys.com.cn/jiuye/
浙江省大学生网上就业市场	http://www.ejobmart.cn/
安徽省大中专毕业生就业信息网	http://www.ahbys.com/
福建省毕业生就业公共网	http://www.fjbys.gov.cn/
福建省人事厅网站	http://www.fjrs.gov.cn/templates/index.html
江西省高等院校毕业生就业信息网	http://www.jxbys.net.cn/Default.asp
山东高校毕业生就业信息网	http://www.sdbys.cn/index.html
山东人事信息网	http://www.sdrs.gov.cn/
湖北毕业生就业信息网	http://job.e21.edu.cn/
河南省毕业生就业信息网	http://www.hnbys.gov.cn/BysWeb/Index.aspx
湖南省毕业生就业信息网	http://www.hunbys.com/
(广东)大学生就业在线	http://www.gradjob.com.cn/
广西毕业生就业网	http://www.gxbys.com/

网站名称	网 址
海南大中专毕业就业指导信息网	http://www.hnbys.net/graduate/web2/index.jsp
四川省高校学生就业网	http://job.scedu.net/structure/index.xml
贵州省大中专毕业生就业指导中心	http://www.gzsjyzx.com/
云南省教育厅大中专毕业生就业服务网	http://www.yn111.com/
西藏高校毕业生就业信息网	http://www.xzjyzdzx.gov.cn/
陕西省毕业生就业服务网	http://www.sxsbys.com/
甘肃教育信息网	http://www.gsedu.cn/structure/sy/index
甘肃省人事厅网站	http://www.rst.gansu.gov.cn/
宁夏毕业生就业网	http://www.nxbys.com/
青海毕业生就业信息网	http://www.qhbys.com/
新疆人事人才信息	http://www.xjrs.gov.cn/
新疆生产建设兵团人事人才网	http://www.xbrs.gov.cn/

3.部分就业招聘及留学网站

网站名称	网 址
校毕业生就业服务信息网	http://www.myjob.edu.cn
网(人事部)	http://www.newjob.com.cn
彩虹网(团中央)	http://www.yoll.com
中国大学生创业就业信息网	http://www.yoll.com/job.jsp
中国青年创业在线	http://www.yoth.yoll.com
前程无忧网	http://www.51job.com
百大网	http://www.baidajob.com
中青在线	http://www.cyol.com
中国人才黄页	http://www.job114.cc
中关村人才网	http://www.zgcrc.comcn
北京职业在线	http://www.bjol.com
北京人才网	http://www.bjrc.comcn
高新技术人才网	http://www.21jobs.net
Job China 人才网	http://www.jobchina.net
中国劳动网	http://www.labournet.com.cn
中国人才热线	http://www.cjol.com
外企人才环球网	http://www.fescochina.com
智联人才网	http://www.zhaopin.com
中国电脑人才网	http://www.jobcn.net
中国人才网	http://www.chinacareer.com
留学人才网	http://www.cscse.edu.cn

参考文献

[1] 张文双,冯丽,孙伟.大学生职业生涯规划与素质能力提升[M].北京:现代教育出版社,2013.

[2] 曹鸣岐.职业生涯规划[M].北京:高等教育出版社,2008.

[3] 张渤,宁焰.职业生涯与发展规划[M].西安:西北工业大学出版社,2010.

[4] 侯志瑾等译.职业生涯发展与规划[M].北京:中国人民大学出版社,2010.

[5] 王春明,杨建宏,罗尤海.大学生职业发展与就业指导[M].北京:中国农业大学出版社,2011.

[6] 陈丰.创业培训一体化教程[M].吉林:延边大学出版社,2011.

[7] 屈正良,夏金星,王兴权.大学生职业生涯与发展规划教程[M].北京:中国传媒大学出版社,2009.

[8] 李鹏林,王兴权.大学生就业与创业指导教程[M].北京:中国传媒大学出版社,2009.

[9] 杨晓华、曹炳志.择业与创业指导教程[M].北京:化学工业出版社,2008.

[10] 张文双,杜世智,李云海.大学生就业指导教程[M].北京:现代教育出版社,2013.

[11] 张辉,张宪国.北京地区高校毕业生就业实用手册[M]北京:中国宇航出版社,2014.

[12] 汪力,创业无师自通[M].北京:北京工业大学出版社,2006.

[13] 高绪界,薄爱敬,王彦明.就业与创业指导[M].北京.化学工业出版社,2006.

[14] 肖作举.世界 500 强人力资源总监教你成功应对面试[M].北京:中国铁道出版社,2014.

[15] 李鹏林,张新国.大学生职业规划与就业创业指导[M].北京:首都师范大学出版社,2012.

[16] 张文贤.人才测评[M].北京:科学出版社,2010.

[17] 胡解旺.高职院校毕业生就业报告[M].北京:中央编译出版社,2004.

[18] 杨晓华,曹炳志.择业与创业指导教程[M].北京:化学工业出版社,2004.

[19] 穆学君,英宝有.高职学生职业素质培养[M].北京:高等教育出版社,2009.

[20] 张文英主编.新编应用文写作教程[M].天津:南开大学出版社,2010.

[21] 刘一兵.面试宝典[M].北京:北京工业大学出版社,2014.

[22] 程宏伟,周斌.大学生职业素养开发与职业生涯规划[M].成都:西南大学出版社,2008.

[23] 伍静.新的就业趋势下大学生就业观念转变的研究[J].青年与社会,2014(16).

[24] 丁俊.浅析高校毕业生就业观念的调适[J].太原大学教育学院学报,2014(2):17-18.

[25] 李志艳,大学生求职常见陷阱及应对策略[J].产业与科技论坛,2014(19).

[26] 王向前,庞欢.专家支招大学生:避免掉入求职陷阱[J].中国大学生就业,2011(2):54-56.

[27] 李洪梅. 浅谈大学生职业生涯规划的意义[J]. 课程教育研究,2014(12).
[28] 尹诗伟. 新形势下转变高职毕业生就业观念的思考[J]. 考试周刊,2014(57).
[29] 申越,教盈利. 高职院校大学生就业意向特点分析[J]. 辽宁行政学院学报,2014,16(1).
[30] 董桂银. 提升高职生综合素质,树立正确的就业观[J]. 东方教育,2013.(5).
[31] 张佳. 论文式大学生职业生涯规划书的写作报析[J]. 学理论,2014(36).
[32] 于兆华. 我国高校大学生职业生涯规划的研究[J]. 科教导刊-电子版(上旬),2014(7).